ET N'OUBLIE PAS
D'ÊTRE HEUREUX

DU MÊME AUTEUR
CHEZ ODILE JACOB

Sérénité. 25 histoires d'équilibre intérieur, 2012.
Secrets de psys. Ce qu'il faut savoir pour aller bien (sous la dir.), 2011.
Les États d'âme. Un apprentissage de la sérénité, 2009.
Le Guide de psychologie de la vie quotidienne (sous la dir.), 2008.
Imparfaits, libres et heureux. Pratiques de l'estime de soi, 2006.
Psychologie de la peur. Craintes, angoisses et phobies, 2004.
Vivre heureux. Psychologie du bonheur, 2003.
La Force des émotions. Amour, colère, joie..., avec François Lelord, 2001.
L'Estime de soi, avec François Lelord, 1999 et 2007 (2de édition).
Comment gérer les personnalités difficiles, avec François Lelord, 1996.
La Peur des autres. Trac, timidité et phobie sociale, avec Patrick Légeron, 1995 et 2000 (2de édition).

Rejoignez l'auteur :
http:/christopheandre.com/
http:/psychoactif.blogspot.fr/
http:/www.facebook.com/pages/Christophe-ANDRÉ/153891714694886

CHRISTOPHE ANDRÉ

ET N'OUBLIE PAS
D'ÊTRE HEUREUX

Abécédaire
de psychologie positive

© Odile Jacob, janvier 2014

15, rue Soufflot, 75005 Paris

www.odilejacob.fr

ISBN 978-2-7381-2905-5

À Christian Bobin,
qui va toujours sans peur
vers ce que son cœur aime.

Introduction
« Appelez-moi le patron ! »

Jusqu'ici tout allait bien, tout était normal : nous arrivions à la fin de notre déjeuner de travail, dans un petit restaurant parisien, avec un ami extraverti, un peu agité et très affirmé, mais que j'aime beaucoup. Nous avions bien mangé, dans un cadre agréable, avec un service rapide et souriant. Impeccable. Et le voilà qui interrompt notre discussion, fronce le sourcil et hèle le garçon. Ce dernier, un peu inquiet, tente de savoir ce qui se passe, mais mon ami se contente de répéter : « Appelez-moi le patron, s'il vous plaît ! » Le garçon s'exécute donc, piteux et perplexe. Je questionne : « Qu'est-ce qui se passe, camarade ? Qu'est-ce qui ne va pas ? » Il ne me répond pas, ou de façon énigmatique : « Rien, rien, tu vas voir », avec un petit air content de lui qui ne me rassure qu'à moitié.

Voilà le garçon qui revient avec le patron, sorti de sa cuisine : « Il y a un problème, messieurs ? » Et mon ami de répondre avec un large sourire : « Absolument aucun problème, patron ! Je voulais juste vous féliciter en personne ! Le repas était délicieux et le service parfait ! » Un moment interloqués (apparemment, on ne leur avait jamais fait ce genre de truc), patron et serveur prennent finalement la remarque avec le sourire, et un plaisir manifeste. Nous bavardons un instant avec eux de la manière dont les clients, effectivement, n'appellent le patron que pour se plaindre, jamais pour le féliciter.

Je venais de découvrir la psychologie positive.

Psychologie négative ?

Jusque-là, je faisais de la psychologie négative, dans mon métier et dans ma vie. J'adhérais à la vision de Jules Renard[1] : « On n'est pas heureux : notre bonheur, c'est le silence du malheur. »

En tant que jeune psychiatre, j'avais de mon métier une vision simple : soigner les personnes malades et les remettre d'aplomb pour qu'elles puissent reprendre le cours de leur existence. En espérant ne pas les revoir, ou pas trop vite. En tant que jeune humain, je n'étais pas un surdoué du bonheur, même si je trouvais la vie intéressante et parfois joyeuse. Lorsqu'il n'y avait rien de positif dans le cours de mes jours, je me contentais du négatif, quitte à en rire un peu, à la manière de Woody Allen, lorsqu'il dit : « J'aimerais terminer sur un message d'espoir, je n'en ai pas ! En échange, est-ce que deux messages de désespoir vous iraient ? » Bref, c'était « pas drôle la psy, peu drôle la vie ».

Puis, peu à peu, j'ai ouvert les yeux, sur mon métier et sur ma vie.

Ma vie, je ne vais pas vous la raconter ici, je parle déjà suffisamment de moi dans ce livre (de moi comme représentant ordinaire de l'espèce humaine, et non comme être particulier, différent ou remarquable). Cependant, la psychologie positive a changé pour moi beaucoup de choses, en bien, évidemment. J'ai compris aujourd'hui que mon travail de médecin psychiatre ne consiste pas seulement à réparer ce qui est abîmé dans l'esprit et l'âme de mes patients (psychologie *négative*), mais aussi de les aider à développer ce qui va bien en eux, ou qui pourrait assez facilement aller mieux, afin qu'ils arrivent à se rendre plus heureux et à savourer l'existence (psychologie *positive*). Pas seulement parce que je leur veux du bien, mais aussi parce que je sais, parce que nous savons désormais, que le bonheur est un excellent outil de prévention de l'apparition des souffrances mentales ou de leurs rechutes (et comme on rechute beaucoup en psychiatrie, il y a de la place pour le travail sur le bonheur). On ne peut plus continuer à voir la psychothérapie comme une démarche consistant à dire : « Parlez-moi de vos problèmes, encore et encore, puis on verra ce qu'on peut en faire... » On ne peut plus continuer à attendre que les gens tombent et retombent malades pour les soigner et les resoigner. Voilà pourquoi nous avons besoin de la psychologie positive. Encore faut-il qu'il s'agisse bien de psychologie positive, et pas d'ersatz ou de faux-semblant...

« N'y pensez plus ! Positivez ! »
Ce que n'est pas la psychologie positive...

Quand j'étais jeune psychiatre, je me souviens que mes aînés disaient à leurs patients déprimés, une fois qu'ils étaient guéris : « Allez, tout va bien maintenant, oubliez tout ça, positivez et profitez de la vie. » Et souvent hélas, quelques mois ou années après, les patients rechutaient.

Nous avons depuis compris que la dépression est une maladie qui a tendance à la récurrence, comme le cancer aux métastases. Attention : une tendance n'est pas une certitude ; ce que signifie ce terme, c'est qu'en l'absence d'efforts ou de changements de style de vie, si nous continuons tout comme avant, nos souffrances auront *tendance* à recommencer. C'est pourquoi, aujourd'hui, nous nous intéressons à la prévention des rechutes : nous ne disons plus à nos patients d'oublier mais de modifier leur style de vie, leur manière de penser. Nous ne cherchons pas forcément à les rassurer (« c'est fini, ça ne reviendra plus »), mais à leur ouvrir les yeux (« ça peut revenir ») tout en leur donnant espoir (« mais il y a plein de choses à faire pour l'éviter »). Nous leur disons

« pensez-y », non pas pour leur faire peur, mais pour les motiver à prendre soin d'eux. Et nous leur donnons un programme précis et non de vagues bons conseils : c'est cela, le travail de psychologie positive !

Quand on est guéri, il faut certes arriver à ne pas trop penser à ce qui pourrait aller mal (ce à quoi peut nous aider la psychothérapie), mais aussi à mieux penser à ce qui pourrait aller bien (c'est le rôle de la psychologie positive).

Pour autant, la psychologie positive ne consiste pas à délivrer de vagues bons conseils : « prenez la vie du bon côté ! » ou encourager à « positiver ». Ce n'est pas non plus un paravent pour ne pas voir les problèmes, incitant le patient à tourner son attention seulement vers les aspects heureux et joyeux de sa vie, au risque d'oublier que l'adversité et le malheur font eux aussi partie, intégralement, de cette même vie. Ce n'est pas une vision chimérique de l'existence, qui consisterait à espérer que la vie soit douce avec nous, ou à nous efforcer de la voir ainsi, de toute force.

C'est évidemment plus ambitieux, plus compliqué et plus subtil que tout cela...

Qu'est-ce que la psychologie positive ?

C'est tout simplement l'étude de ce qui marche bien dans l'esprit de l'être humain, l'étude des capacités mentales et émotionnelles qui nous aident à savourer la vie, à résoudre les problèmes et à surmonter l'adversité, ou du moins à lui survivre. C'est travailler à cultiver en nous optimisme, confiance, gratitude, etc. Afin de comprendre comment ces précieuses capacités peuvent exister et durer dans nos esprits, et surtout de l'apprendre à qui en a besoin. Pour moi, qui suis médecin, j'en vois l'intérêt pour mes patients, bien sûr : aider les déprimés à moins déprimer, les anxieux à moins s'angoisser, non pas seulement en réduisant leurs symptômes mais en les aidant aussi à tourner leur attention vers tous les aspects heureux de leur vie, ce qu'ils *ne peuvent pas faire* quand ils sont en phase aiguë de leur maladie, et ce qu'ils *ne savent pas faire* quand ils vont mieux. Plus largement, au-delà des seules personnes vulnérables, tous les humains peuvent bien sûr apprendre à mieux accomplir leur « métier d'homme ». Le but premier de ce métier est le bien-être et le bonheur, à cultiver pour soi et à transmettre aux autres. De là découleront de nombreux bénéfices, qui intéressent bien sûr, au-delà du monde de la santé, toutes les institutions humaines dans lesquelles on est aujourd'hui convaincu – à juste titre – que les personnes bien dans leur tête donneront le meilleur d'elles-mêmes, qu'elles soient en situation d'apprendre (à l'école), de produire (en entreprise) ou de diriger avec courage et générosité (en politique)[2].

La psychologie positive repose sur un triptyque : elle est une conviction, une science et une pratique.

Une conviction, d'abord : vivre est une chance. Que nous gâchons souvent, par manque d'intelligence. Pas l'intelligence qui sert à résoudre des opérations mathématiques ou des problèmes complexes, mais l'intelligence du bonheur, qui consiste à voir la vie telle qu'elle est, en entier, avec ses bons et ses mauvais côtés, et à l'aimer quoi qu'il arrive. Cette intelligence implique non pas d'acquérir de nouveaux savoirs, mais de larguer de vieilles certitudes, de balayer devant la porte de son esprit pour frayer un passage au bonheur, qui comme chacun sait réside dans des choses simples. Comme l'écrit Simone Weil : « L'intelligence n'a rien à trouver, elle a à déblayer[3]. »

Une science, ensuite : ce qui différencie la psychologie positive des bons conseils ou de méthodes plus anciennes (parfois pertinentes dans leurs intuitions), c'est la recherche de validation scientifique. Pas seulement les bons sentiments, mais aussi les bons arguments : les études cliniques (qu'est-ce qui marche et qu'est-ce qui ne marche pas ?), la biologie, la neuro-imagerie, etc. Dans sa recherche méthodique et rigoureuse de ce qui peut nous amener vers davantage de bien-être, la psychologie positive retrouve et confirme bien souvent les concepts et convictions de la philosophie antique à propos du bonheur : pour les Grecs et les Romains, la recherche intelligente et citoyenne du bonheur était un objectif valorisé et légitime, et elle supposait un travail sur soi régulier.

Une pratique, enfin : le savoir et les concepts ne suffisent pas. Jamais. Pour progresser, il faut pratiquer...

Cinq règles pour la pratique de la psychologie positive

Il existe de très nombreux travaux et de très nombreux manuels concernant la psychologie positive, mais tous insistent sur les points suivants, que l'on peut considérer comme cardinaux.

1) L'important est *ce que je fais* et non *ce que je sais*.

Depuis plus de deux millénaires, en Orient comme en Occident, les sages délivrent aux humains les mêmes messages : pour vivre heureux, il suffit de savourer l'instant présent, rester proche de la nature, respecter les autres humains, mener une vie simple et sobre, être lent à la colère, etc. C'est tellement évident qu'on parle parfois à propos de ces conseils de « grandes platitudes ». Pourtant, toutes plates qu'elles soient, ces recommandations nous parlent : nous savons et sentons bien qu'elles sont justes. Tout le monde écoute les sages, tout le monde admire, tout le monde approuve. Puis chacun s'éloigne, personne ne se met au boulot, et on continue comme avant. Au mieux, on essaye vaguement, puis on n'insiste pas, parce que c'est plus difficile que prévu, parce qu'on n'obtient pas de résultats instantanés, ou parce que c'est lassant ; et on finit par abandonner. Et si le sage, un peu agacé, nous court après et nous rattrape par la manche, nous lui disons : « Oui, oui, je sais, je sais... » Bien sûr qu'on sait ! Même un enfant sait ce qui rend heureux et fait la vie belle ! Mais on ne voit pas que la difficulté n'est pas dans le savoir mais dans la mise en application, surtout si elle doit être régulière et prolongée. On ne voit pas que l'important n'est pas *ce que je sais*, mais *ce que je fais*. Peut-être d'ailleurs est-ce pour cela que nous autres les Français avons tant de mal avec la psychologie positive ? Parce que nous préférons ricaner que tester, parce que nous valorisons trop l'intellect et pas assez la pratique ? Nous préférons être les penseurs et commentateurs du bonheur plutôt que ses artisans et pratiquants.

2) Pas de sueur, pas de bonheur ?

Nous comprenons parfaitement que pour avoir plus de souffle, plus de force, plus de souplesse, nous allons devoir faire des efforts réguliers. Nous savons bien qu'il ne suffira pas de dire : « Tiens, à partir de maintenant, je vais essayer d'avoir davantage de souffle, de force ou de souplesse » et de le vouloir très fort. Mais que nous allons devoir nous efforcer de faire de la course à pied, de la musculation, du yoga ou de la gymnastique. Régulièrement.

Nous comprenons cela, et pourtant nous continuons de raisonner ainsi pour nos résolutions psychiques : « Cette fois-ci, c'est sérieux, je suis motivé(e), et je vais essayer de moins stresser, de mieux profiter de la vie, de moins rouspéter, de mieux savourer les bons moments au lieu de les laisser polluer par mes soucis, etc. » Mais non ! Ça ne va pas marcher comme ça ! Là aussi, comme pour le souffle ou les muscles, il ne suffit pas de le vouloir, mais il faut s'entraîner. Cet « entraînement de l'esprit » correspond à tous les exercices de psychologie positive. Qu'il ne faut pas percevoir comme d'aimables gadgets, mais comme une création et une activation régulière de réseaux cérébraux mobilisant les émotions positives.

Je reconnais volontiers que la formule « pas de sueur, pas de bonheur » est un peu radicale. Certains bonheurs nous sont offerts par la vie comme des chances inespérées et imméritées ; en tout cas, sans efforts. Mais il y a deux inconvénients à ne s'en tenir qu'à ces grâces tombées du ciel : 1) elles ne sont pas si fréquentes ; 2) nous pouvons les gaspiller et ne même pas les voir à nos côtés si notre esprit est rétracté sur les soucis et les « choses à faire ». C'est pourquoi un peu de sueur nous amènera beaucoup plus de bonheur. Un ami me disait à ce propos : « Mais Christophe, est-ce que le bonheur qui sent la sueur, ce n'est pas comme un couple qui s'efforce de s'aimer ? Le véritable amour n'est-il pas en dehors des efforts ? Comme le véritable bonheur ? » Oui, camarade, sauf que... En amour aussi, il y a tout de même des efforts à faire !

Non pas tant pour susciter l'amour que pour lui permettre de durer, de s'approfondir, d'évoluer, de rester vivant et intéressant tout au long d'une vie de couple. Faute de quoi, même si l'amour est là au départ, il ne sera pas un carburant suffisant sur la distance[4]. Il en est de même pour le bonheur : nos efforts ne nous serviront pas tant à le convoquer ou le faire surgir *ex nihilo,* qu'à nous aider à mieux le saisir au vol lorsqu'il passera, à mieux le savourer. Et à le maintenir vivant et présent tout au long de notre existence.

Des études ont montré que ces efforts ne valent pour accroître le bonheur que s'ils sont appliqués à des stratégies efficaces : plus on fait d'efforts, plus on a de résultats. À une condition : que l'on fasse les bons efforts[5] ! La psychologie positive s'attache à rechercher lesquels.

3) Persévérer.

Les exercices de psychologie positive ne donnent pas de sensation de bonheur instantanée. Ou du moins, rarement. Ils se contentent de préparer et faciliter ces sensations, de nous rendre plus attentifs aux situations agréables, plus sensibles aux bonnes choses et aux bons moments de notre vie. Les changements sont donc progressifs, comme pour tout apprentissage. Cela aussi, nous le savons tous : lorsqu'on apprend quelque chose de nouveau, on sait qu'il nous faudra souvent du temps pour obtenir des résultats tangibles. Nous le savons et l'acceptons pour tous les apprentissages – piano ou anglais, aquarelle ou bilboquet... Pour tous, sauf pour ceux liés au bien-être psychologique. Nous voudrions que ça fonctionne tout de suite. Et comme ce n'est pas le cas, nous nous disons souvent : « J'ai essayé, mais ça n'a pas marché. » Et nous en concluons que la méthode est inefficace, ou qu'elle n'est pas pour nous. Il y a souvent des articles satiriques sur ce thème dans la presse, des ricanements sur les plateaux télé : « On a tout essayé pour être heureux, et vous savez quoi ? C'est bidon, nous ne sommes pas du tout plus heureux ! » Que dirait-on de quelqu'un qui nous raconterait : « J'ai pris le violon, j'ai frotté l'archet sur les cordes, et non seulement rien n'est sorti de beau, mais en plus ça faisait un son horrible. C'est nul, le violon ! » ?

4) La corde et les brins.

Les exercices de psychologie positive obéissent à ce que j'appelle la logique de la corde : une corde est composée d'une multitude de brins ; chacun d'eux isolément est trop fin pour soulever quoi que ce soit de lourd. Mais tressés les uns aux autres, ils se transforment en corde, capable, elle, de soulever ou de tracter des poids très importants (comme de soulever le couvercle du malheur, même s'il est très pesant). L'entraînement de l'esprit propre à la psychologie positive obéit à ce modèle : un seul type d'effort, d'exercice, ne suffit pas pour changer nos habitudes mentales. Nous devons non seulement les répéter, comme vu plus haut, mais aussi les accumuler, les multiplier. Associés, ils représenteront alors une force de changement importante. Cela se passe finalement comme pour l'alimentation : même si nous ne mangeons que des aliments bons pour notre santé, il faut tout de même un régime varié et équilibré. Même si les fruits sont bons pour la santé, ne manger que des fruits finira par nous poser un problème. Il existe une très grande variété d'exercices de psychologie positive, qui correspondent à la très grande variété des qualités que nous avons à cultiver pour une vie heureuse.

5) Une place pour le malheur.

La psychologie positive n'a pas pour but de totalement nous éviter d'être malheureux. Ce serait irréaliste. Elle a pour but de nous aider à ne pas l'être inutilement, ou trop longtemps. Car l'adversité et le malheur font bel et bien partie de la destinée humaine, toutes les traditions, orientales et occidentales, n'ont jamais manqué de nous le rappeler : le malheur est l'ombre indissociable de la lumière du bonheur. C'est pourquoi la psychologie positive s'intéresse aussi à la résilience, aux moyens de faire face à la souffrance, non pas seulement en évitant ou en limitant les occasions de souffrir, chaque fois que cela sera possible, mais aussi en puisant dans des ressources mentales présentes en chacun de nous. Il existe d'ailleurs un intéressant paradoxe dans notre monde actuel, au moins dans sa partie riche et occidentalisée : plus notre société tente de nous protéger du malheur, par une multitude d'assurances et d'assistances, plus l'évolution des pratiques psychothérapiques (et pas seulement en psychologie positive) réintègre le discours classique des stoïciens sur la nécessaire acceptation que des événements contraires surviendront forcément dans nos vies, et l'importance de s'y préparer, plutôt que de rêver de ne jamais avoir à les affronter.

Vers un bonheur lucide

Il est clair que le bonheur, individuel et collectif, est le grand objectif de la psychologie positive. Mais il est clair aussi que le bonheur n'a pas à servir de paravent, d'écran pour nous faire oublier l'adversité. Il doit plutôt nous servir de carburant pour nous aider à lui faire face, comme le notait Claudel : « Le bonheur n'est pas le but mais le moyen de la vie. » Le bonheur est le moyen de supporter la face sombre de la vie. Sans lui, l'existence ne nous apparaît que comme une succession d'ennuis et de soucis, parfois de drames. Ce qu'elle est, vraiment. Heureusement, elle n'est pas *que* cela : elle est aussi une succession de joies et de découvertes, qui nous aident à traverser l'adversité et nous motivent à continuer, quoi qu'il arrive.

Alors, inutile de nous lancer à la recherche d'un bonheur hors sol et hors saison comme ces sinistres fruits poussés sous serre et sans terre. Le seul bonheur qui vaille est celui qui s'enracine dans les saisons de notre vie : tout cabossé, irrégulier, imprévisible, mais finalement d'autant plus délicieux, avec une histoire qui en fait la teneur et la saveur.

Pour autant, accepter le malheur, ce n'est pas le souhaiter, le chérir, le subir. C'est simplement reconnaître sa présence sombre, savoir qu'il sera là, régulièrement, à toutes les époques de notre vie, par petites touches légères (des « ombres au tableau » de nos instants heureux) ou par violentes tempêtes (les heures les plus sombres de notre existence). C'est reconnaître aussi que ce qui ressemble aujourd'hui à du malheur, nous le considérerons peut-être, demain ou après-demain, comme une chance douloureuse, mais qui a changé favorablement le cours de notre vie. Faut-il chercher immédiatement une signification, positive ou négative, faut-il chercher une cohérence, dans tout ce qui nous arrive ? Ou faut-il l'accepter, sourire aux lèvres et esprit ouvert au mystère, comme le suggère le poète Christian Bobin ? Bobin le clairvoyant, qui nous dit ceci : « Je compris aussi très vite que l'aide véritable ne ressemble jamais à ce que nous imaginons. Ici nous recevons une gifle, là on nous tend une branche de lilas, et c'est toujours le même ange qui distribue ses faveurs. La vie est lumineuse d'être incompréhensible[6]. »

Voilà : gifles et lilas sont au programme des pages qui vont suivre.

Et l'ange ?

L'ange, il est là, derrière toi.

Juste au-dessus de ton épaule.

Comme d'habitude.

A comme Aujourd'hui

*S'il n'y avait qu'un mot
pour parler du bonheur,
ce serait celui-ci : aujourd'hui.*

Abécédaire L'idée de cet ouvrage m'est venue (en partie) en contemplant mon bureau : le spectacle d'un joyeux désordre. Il s'y trouve évidemment plein de livres et de revues scientifiques. Et aussi toutes sortes d'objets : banc de méditation, plantes vertes, icônes, statues de Vierge ou de Bouddha, bidule pour se gratter la tête... Un mur couvert de dessins d'enfants, réalisés par mes filles, mes neveux ou filleuls, ou d'autres enfants encore. Des tableaux offerts par des amis, un poster des All Blacks, un portrait de Martin Luther King, un Freud en peluche, des photos de mes filles, un fanion du Stade toulousain. Tout cela est pour moi source de bonheur et de gratitude envers la vie. C'est un assemblage hétérogène, mais le bonheur est comme ça : un empilage de moments et d'expériences apparemment aussi hétéroclites que ces objets.

D'où l'idée de ce livre, comme une collecte d'histoires et de réflexions autour de la quête de la vie heureuse, dans sa version moderne et scientifique qu'on appelle la « psychologie positive ». Cet assemblage sans autre ordre apparent qu'alphabétique permet de mieux rendre, peut-être, l'essence complexe et imprévisible du bonheur. De mieux en rappeler la nature, et la nature de sa quête : des petits bouts de bonheur ramassés çà et là, éparpillés, dont la répétition signe le sentiment d'une vie heureuse. De temps en temps, émerge en nous le sentiment que tous ces instants ont un sens et une cohérence. Cela ne dure jamais, bien sûr ; heureusement car ce serait bien trop sérieux et ennuyeux. Nous retournons ensuite à la dispersion, c'est-à-dire à la vie. Mais ce dévoilement fugitif est merveilleux et motivant.

Ce livre est-il un abécédaire ou un dictionnaire ? À première vue, les deux se ressemblent, par leur ordre alphabétique. Sauf que, autrefois, l'abécédaire des écoliers avait l'ambition de leur apprendre à lire. Tout au long des pages de cet *Abécédaire de psychologie positive*, j'espère que vous ressentirez, au fur et à mesure de votre lecture en zigzag, plus de clarté s'installer dans votre esprit sur ce qui peut rendre votre vie plus heureuse. Je suis convaincu que le bonheur peut s'apprendre. D'abord parce que de nombreux travaux le montrent[1]. Ensuite, parce que je l'ai appris moi-même. En matière de bonheur, nous le verrons, il y a des surdoués : je n'en fais pas partie. Je suis plutôt de ces élèves ordinaires, que la matière intéresse, et qui font donc des efforts. Ces efforts portent toujours leurs fruits. Ils ne font pas forcément de nous des virtuoses toujours radieux. Mais des humains nettement plus heureux que s'ils n'avaient fait aucun effort, et s'ils avaient laissé la vie se charger de leur bonheur, en envoyant sur leur chemin événements et rencontres, à prendre ou à laisser.

Cet abécédaire, les surdoués n'auront donc guère besoin de le lire, les désabusés n'en auront pas envie, mais tous les autres seront peut-être intéressés !

Abîmes « Le passé est un abîme sans fond qui engloutit toutes les choses passagères ; et l'avenir un autre abîme qui nous est impénétrable ; l'un s'écoule continuellement dans l'autre ; l'avenir se décharge dans le passé en coulant par le présent ; nous sommes placés entre ces deux abîmes et nous le sentons ; car nous sentons l'écoulement de l'avenir dans le passé ; cette sensation fait le présent au-dessus de l'abîme. »

Cette phrase de Pierre Nicole, théologien janséniste, m'a beaucoup secoué la première fois que je l'ai lue (c'était dans le livre de Pascal Quignard, justement intitulé *Abîmes*). Et elle continue de m'ébranler à chaque relecture, par sa musique, son mystère et son enseignement, me rappelant cet abîme au-dessus duquel sont construites nos vies fragiles, et l'écoulement incessant du temps. Effroi. Puis, passé ce moment d'effroi, que faire ? Respirer, sourire. Prendre la douleur et la crainte. Prendre la fragilité folle du présent. Accepter que cela soit ainsi, continuer de contempler régulièrement l'abîme, qui se rappelle à nous sans cesse, cet abîme incarné par un mouvement incessant et inexorable, dans lequel le présent n'est que « l'écoulement de l'avenir dans le passé ». Puis regarder aussi tout le reste : la vie est là. Respirer, sourire, encore et encore. Des amis m'ont dit : « Ne commence pas ton abécédaire par des mots négatifs. » Mais non les amis, ce n'est pas grave, les lecteurs ne sont pas des idiots : ils savent que le malheur n'est jamais loin du bonheur. Et cela permet de rappeler cette évidence : face à certains effrois, nous ressentons la nécessité du bonheur. Ses limites aussi : il n'empêche pas la présence de ces abîmes. Mais surtout sa nécessité : seul le bonheur peut nous arracher à leur contemplation, en nous amenant à contempler d'autres choses aussi fascinantes : la vie, l'amour, la beauté...

Abondance Le « trop » tue-t-il la capacité au bonheur ? Trop de facilités, trop de chance, trop de protection, trop d'amour ? Les enfants gâtés de la vie finissent-ils par être moins heureux ? C'est en partie possible, ils risquent d'être blasés. *Nous* risquons d'être blasés, puisque c'est de nous tous que je parle : nous, Occidentaux du XXIe siècle, qui sommes pour l'instant des privilégiés au regard de nombreux habitants de la planète ; car la plupart d'entre nous avons accès à l'eau, à la nourriture, à des soins, de la culture, etc. Abondance et permanence représentent deux facteurs d'endormissement (non de suppression, heureusement), de nos capacités au bonheur. L'explication s'appelle *habituation hédonique* : lorsqu'une source de bonheur est toujours là, elle finit par perdre de son pouvoir réjouissant sur nous. Pour contrer cette habituation, deux solutions : l'adversité (qui nous rappelle toute la valeur du bonheur) ou la prise de conscience (qui nous pousse à garder les yeux ouverts, même quand tout va bien). Si nous étions des sages, la seconde nous suffirait pour savourer nos bonheurs simples ; mais souvent, c'est la première qui nous ouvre les yeux de force.

Abstinence Dans son *Dictionnaire du diable*, l'écrivain américain Ambrose Bierce définit ainsi un abstinent : « Personne faible qui cède à la tentation de se refuser un plaisir. » Il y a ainsi beaucoup d'abstinents du bonheur, qui pensent que le bonheur les ramollira définitivement. Alors, ils remettent à plus tard, ils préfèrent continuer d'avancer, de travailler, de ne faire que trimer et souffrir. Au mieux, le bonheur, ils en rêvent. Ils se pensent forts, mais peut-être sont-ils faibles, tout simplement : ils ont peur de lâcher prise et de s'abandonner.

Acceptation Tout commence par l'acceptation. Dire oui à la vie, dire oui aux soucis. Aux soucis aussi ? Oui, aux soucis aussi. Alors que le malheur nous saute au visage et que le bonheur se cache ? Oui, là aussi. Dire oui.

L'acceptation, ce n'est pas se réjouir de ce qui nous fait souffrir, c'est juste constater que c'est là. Ce n'est pas dire « c'est bien », mais dire « c'est là ». Puis, tout de suite après, « que puis-je faire ? ». Et accepter que dans ce « que puis-je faire ? » figurent toutes sortes de possibles : changer la situation ou changer ma réaction, bouger ou attendre. Souvent, nous pensons que la révolte du « non » (« non, c'est n'est pas possible ; non, je vais me battre ») est supérieure à la force calme du « oui ». C'est parfois juste, mais pas toujours. Et la séquence la plus puissante est sans doute l'alliage des deux : « Oui, c'est ainsi, je l'accepte, je le vois, c'est là ; mais non, je ne peux pas laisser les choses aller en ce sens. » Beaux discours, mais en pratique ?

En pratique, l'acceptation consiste à dire oui dans sa tête à quelqu'un qui n'est pas d'accord avec nous ; pas oui à ses arguments (« oui, il a raison »), mais oui à l'existence de ses arguments et de son désaccord (« oui, je vois bien qu'il n'est pas d'accord ») et continuer de l'écouter, pour bien comprendre avant de bien contredire.

C'est dire oui à l'échec, sans s'y soumettre pour autant. Dire oui à l'adversité, puisqu'elle est là, mais ne pas baisser les bras ensuite. L'acceptation, c'est prendre le temps d'examiner ce qui se passe, le temps de souffler pour comprendre et ressentir avant de voir que faire. Ce n'est pas l'acceptation *à la place* de l'action, mais l'acceptation *avant le choix* de l'action adaptée. Le vrai choix. Sans acceptation, nous aurons des réactions impulsives, qui nous mèneront toujours de la même manière, au même endroit. Le rapport avec le bonheur ? Il est simple : l'acceptation nous allège des vaines luttes. Luttes sur le terrain, épuisantes et parfois inutiles, là où le lâcherprise serait parfois préférable ; luttes dans notre esprit, car nos ruminations d'opposition au réel (« c'est pas possible ! », « c'est pas vrai ! », « je rêve ! ») nous épuisent de l'intérieur.

Accuser Lorsque nous avons des ennuis et des déceptions, pour peu que s'y ajoute une pincée de frustration et de colère, nous ne percevrons plus les situations contrariantes comme des problèmes normaux dans une vie normale, mais comme des anomalies dans une sale vie. Et nous aurons envie de chercher des coupables, autour de nous ou en nous. Voici ce que nous rappelle à ce propos le sage Épictète : « Accuser les autres de ses malheurs, cela est d'un ignorant ; n'en accuser que soi-même, cela est d'un homme qui commence à s'instruire ; et n'en accuser ni soi-même ni les autres, cela est d'un homme déjà instruit[2]. » Nous gagnerons beaucoup de temps, d'énergie et de bonheur en apprenant à ne pas toujours chercher à accuser ou à juger qui est responsable : soi, ou les autres, ou cette chienne de vie. Voir ce qui doit être réparé pour que cela ne revienne pas, agir en fonction de cela, et passer à autre chose. Le temps donné à la colère et à sa rumination est du temps perdu pour le bonheur. Et, de plus, la vie est courte, ajouterait Épictète !

Acheter Pour se soulager, s'enivrer, se réconforter. Pour se rendre un peu plus heureux ou un peu moins malheureux. Pour ne pas trop penser à ce qui est compliqué dans nos existences. Pour

accéder à un monde que l'on sait factice et simplifié, mais que l'on espère facile et confortable. Pour ne pas penser au malheur ou à la vacuité de notre vie à ce moment. Dépenser pour dé-penser...
Bien sûr que consommer ne nous rend pas plus heureux. En tout cas, la consommation peut être un piège : comme dans la blague de l'homme qui cherche ses clés sous le réverbère, et qui explique qu'il les cherche à cet endroit, même s'il les a perdues ailleurs, juste parce que c'est là qu'il y a de la lumière. Le problème de la consommation, c'est qu'elle est comme la lumière : une solution de facilité. Acheter quelque chose nous procure du plaisir. Certes, l'usage de cette chose peut nous procurer du bonheur, éventuellement. Ou de la déception. Ou peu à peu de l'indifférence. L'acte d'achat est sans doute l'acte rendu le plus simple par les sociétés de consommation : acheter d'un clic de souris, d'un clac de carte bleue, acheter même avec de l'argent qu'on n'a pas (on achètera alors à crédit), acheter sans sortir de chez soi, à toute heure du jour et de la nuit. Quel autre acte est plus facile dans nos sociétés ? Face à toute cette facilité factice, le bonheur réside alors, pour une fois, dans la non-simplicité : réfléchir avant d'acheter. « En ai-je vraiment besoin ? Ou suis-je juste en train de chercher une consolation facile à je ne sais quel manque obscur en moi ? »

Acrasie Faiblesse de la volonté, qui fait que nous n'arrivons pas à agir selon nos valeurs et nos intentions. Se mettre en colère alors que nous avions décidé de rester calmes ; agir de manière égoïste alors que nous savons que la générosité est le seul moyen de bien vivre tous ensemble ici-bas ; se plaindre alors que nous savons que cela ne sert à rien, etc. Pourquoi cela ? Pascal nous suggère que c'est dans notre nature : « L'homme n'est ni ange ni bête, et le malheur veut que qui veut faire l'ange fait la bête. » La psychologie parle de déficit d'autocontrôle : il n'est jamais facile de maîtriser un comportement que nous n'avons pas appris très tôt dès notre enfance, longuement observé chez beaucoup d'autres, et personnellement pratiqué. En psychologie positive, l'acrasie nous semble une difficulté normale et prévisible, au moins pour les comportements que nous avons à développer à l'âge adulte, pour ne pas les avoir acquis dans nos premières années : une fois que nous avons décidé de changer, c'est une question de circuits cérébraux, de réflexes et de pratiques répétées ; une question de durée, de cap à tenir, toute une période pendant laquelle on n'a pas à se juger sur les résultats obtenus. Avoir du mal ne signifie pas que c'est impossible, humainement ou personnellement, mais juste que c'est difficile.

Admirer Une émotion positive marquée par le plaisir de découvrir ou contempler quelque chose ou quelqu'un dont les qualités nous dépassent et nous réjouissent. L'admiration est plus facile si ces qualités ne nous écrasent pas, ne nous menacent pas. On peut admirer une personne ou un de ses comportements, admirer une œuvre d'art ou un paysage, un animal ou une plante. Lorsqu'on admire, on se sent heureux de découvrir quelque chose de beau ou de bon. Pourquoi est-ce si agréable ? Parce qu'on se sent alors intéressé, reconnaissant, réjoui, enrichi par la vie et la rencontre avec l'objet de notre admiration.

L'incapacité à admirer peut être liée à une étroitesse d'esprit : admirer un humain ? Bof, si on cherche bien, il a toujours un défaut ! Admirer un paysage, un animal, un monument ? Ouais, bon, OK, mais quelle utilité ? Allez, vite, on passe à autre chose, aux choses sérieuses : critiquer, par exemple...

Une autre source de l'incapacité à admirer réside dans nos insécurités psychologiques personnelles : quand on n'a pas confiance en soi, admirer est douloureux. Admirer, notamment admirer autrui, c'est s'inférioriser ; on pense alors, automatiquement : « Je n'ai pas cette qualité, que j'admire chez cette personne », puis : « Je lui suis donc inférieur. » La mésestime de soi peut ainsi être un obstacle à l'admiration tranquille, c'est-à-dire une admiration sans dévalorisation de soi, ni idéalisation d'autrui. Pourtant, apprendre à admirer sans se dévaloriser est un très bon exercice, et pour le bonheur, et pour l'estime de soi.

C'est pourquoi des exercices d'admiration sont recommandés dans les programmes de psychologie positive : pendant une semaine, chaque jour, s'entraîner à admirer ! Avec deux principes fondamentaux.

Le premier, c'est d'admirer avec son cœur, pas seulement avec son esprit. Il ne suffit pas de noter mentalement que quelque chose ou quelqu'un est admirable : il est nécessaire de s'arrêter un instant, de l'observer, de prendre le temps de comprendre ce que nous admirons, et de ressentir le plaisir de le contempler. Cela demande quelques minutes : juste s'arrêter pour admirer. S'arrêter physiquement, dans le cas d'un paysage ou d'un objet (au lieu de passer et de continuer, en ayant juste noté que c'était beau). S'arrêter mentalement, dans le cas d'un être humain (inutile de se poster sous son nez avec un sourire béat pour que l'exercice soit efficace, mais prendre le temps de songer à lui).

Le second principe, c'est d'affûter son regard admiratif : faire qu'il ne soit plus seulement accroché et déclenché par l'exceptionnel et le visible, mais aussi par tout ce qui est discret et invisible au regard pressé, et qui mérite pourtant admiration. Abaisser le seuil de ce qui suscite mon admiration revient à multiplier les occasions de me sentir heureux.

Adversité Elle fait partie de la vie. Contribue-t-elle à nous rendre plus heureux ? Je veux dire : plus intelligents avec le bonheur ? Plus lucides sur son importance ? Oui, bien sûr.

L'adversité nous aide aussi à reconsidérer la manière dont nous conduisons nos existences : elle le fait en nous éloignant du bonheur, ce qui nous permet de mieux le voir. L'adversité (maladie, souffrance, détresse, pour nous ou nos proches) nous ouvre les yeux sur ce qui compte vraiment et ce sur quoi nous recentrer. À un moment de ma vie où j'avais des soucis, un ami chrétien m'écrivit ceci : « Tu sais que je te confie au Seigneur, chaque jour dans ma méditation ignacienne. Il m'est venu, un soir, cette affirmation, tirée du Livre de Job (36, 15) à ton intention : "L'opprimé, Il le sauve par l'oppression. Et, par la détresse, Il lui ouvre l'oreille." »

Par la détresse Il lui ouvre l'oreille ? Et Il le force à mieux écouter son cœur : vers où se trouve mon bonheur ? Et est-ce le bon chemin que je suis en train de suivre ?

À l'occasion des crises et de l'adversité nous nous apercevons souvent que nous gaspillons notre vie et notre temps et notre énergie à des objectifs matériels, au lieu d'en consacrer une plus grande part à ce qui compte : bonheur, amour.

Plusieurs études ont confirmé cela de manière claire : de petites doses d'adversité rendent ensuite les humains plus solides et plus heureux, alors que les adversités majeures ou les environnements surprotégés les rendent plus fragiles ou moins aptes au bonheur. Mais il ne faut pas tarder, car d'autres études, conduites sur les « leçons » de l'adversité, montrent impitoyablement ceci[3] : l'adversité ne nous sert que si l'on agit tout de suite pour changer notre vie. Passé quelques mois, elle reste un mauvais souvenir, mais n'est plus une source d'inspiration et de motivation pour un changement existentiel[4]. Ne tardez pas trop à modifier votre vie, après que l'adversité vous aura ouvert les yeux sur l'essentiel, sinon ils se refermeront très vite.

Agacements Je n'y arrive pas tout le temps, mais quand j'y arrive je suis vraiment content : l'accueil tranquille des agacements. La déferlante des coups de téléphone alors qu'on s'efforce de travailler sur un truc urgent ; la mauvaise foi d'un interlocuteur alors qu'on a raison (comme d'habitude !) ; les trucs et machins et bidules qui tombent tous en panne en même temps ; et tout le reste…

Autrefois ça m'agaçait beaucoup, ça me rendait fou. Puis, j'ai compris que c'était normal, que ça faisait partie de la vie. Mais quand les ennuis revenaient, je m'énervais à nouveau. Alors je me suis entraîné à les accueillir : commencer par respirer, sourire, me dire : « OK, OK, c'est bon, j'ai compris, ça ne va pas se passer comme je voudrais… » Parce qu'en fait il est là, le problème : les agacements empêchent la réalité de correspondre exactement à nos attentes. Et au lieu de lâcher nos attentes et de nous adapter à la réalité, on s'en prend à elle, on lui en veut, on s'énerve ; et si notre but était de ne pas perdre de temps, on en perd trois fois plus.

À force d'entraînement, je vois que j'arrive plus souvent qu'avant à ne pas régir bêtement aux agacements en m'agaçant moi-même. Je commence par accepter ; puis je m'occupe du vrai problème, qui n'est pas les soucis mais mon énervement, je m'occupe de me calmer ; puis je fais ce que je peux faire. Ça ne marche pas tout le temps, bien sûr. Mais quand ça marche, je suis content.

Aggravations à cause du bonheur On connaît l'avis de Flaubert, dans une lettre à son ami Alfred Le Poitevin : « Bonheur : as-tu réfléchi combien cet horrible mot a fait couler de larmes ? Sans ce mot-là, on dormirait plus tranquille et on vivrait à l'aise. »

Vouloir se rendre heureux peut-il nous rendre malheureux, comme certains le pensent et le disent ? Pas sûr. C'est plutôt l'injonction extérieure : « Tu as tout pour être heureux(se) ! » Et, encore plus, s'approprier cette injonction et se la répéter : « Pourtant, j'ai tout pour être heureux(se) ! », sans produire ni efforts ni actions. Catastrophe assurée. En revanche, se mettre au boulot, pour apprendre doucement et modestement à mieux savourer l'existence, ne posera pas de problèmes. Sauf si on est déprimé : dans ce cas, l'aide d'un soignant sera nécessaire[5].

Une étude[6] a ainsi montré que faire l'apologie du bonheur peut rendre certaines personnes plus malheureuses : on y avait fait lire aux participants un article présentant les résultats d'une prétendue recherche de psychologie. Dans un cas, les résultats indiquaient que la plupart des gens préfèrent les personnes heureuses à celles qui sont tristes, et qu'ils ont une préférence pour celles qui ne ressentent jamais de vague à l'âme, ou ne l'expriment pas. L'autre moitié des participants lisait un article aux conclusions opposées, affirmant que les personnes tristes sont tout autant appréciées que celles qui sont heureuses, et qu'il est important de ressentir et d'exprimer ses émotions, même si elles sont négatives. On demandait ensuite aux participants de se remémorer une situation au cours de laquelle ils avaient ressenti une émotion désagréable, telle que de la dépression, de l'anxiété ou du stress. Pour finir, les chercheurs évaluaient l'humeur des participants juste après tout cela.

Bien sûr, après s'être remémoré le souvenir d'un événement très triste, les participants se sentaient davantage déprimés. Mais le résultat le plus surprenant est que lorsqu'on pense qu'il n'est pas adapté de se sentir triste, on l'est davantage. En effet, les résultats montraient qu'après avoir été rendus tristes, les participants ayant lu l'article indiquant que la plupart des gens préféraient les personnes heureuses étaient bien plus tristes que ceux qui avaient lu l'article stipulant qu'on pouvait ressentir et exprimer sa tristesse.

La pression sociale au bonheur semble donc condamner ceux qui ressentent de la tristesse. Ils se sentent coupables de ne pas être comme les autres, puisque ceux qui les entourent leur semblent bien dans leurs baskets, et véhiculent implicitement le message que le bonheur doit être la norme et que la tristesse constitue une faiblesse. C'est peut-être une des explications au fait que les taux de suicide sont étonnamment élevés dans des pays où la majorité de la population se sent et se dit plutôt heureuse, comme le Danemark[7] ? L'effet de contraste entre souffrances personnelles et bonheur collectif serait alors insupportable...

Que faire alors ? Peut-être la première démarche serait-elle de ne pas s'exposer aux conseils de bonheur quand on est malheureux. Plutôt s'occuper de comprendre puis de digérer sa tristesse, et de l'alléger en s'engageant dans l'action. Pour l'entourage, ne pas casser les pieds des personnes malheureuses en leur proposant des leçons sur le bonheur. Là encore, leur proposer d'aller se balader ou voir un film bien choisi (ni comique ni sinistre !).

Air heureux sur aire d'autoroute Certaines images, certains visages, croisés au hasard de nos vies, nous suivent pendant des années. Je me souviens, au moment où j'écris ces lignes, du visage d'une dame en fauteuil roulant, sur une aire d'autoroute un jour de retour de vacances. Un soleil pâle et fragile brillait de son mieux dans un ciel venté d'automne. Un monsieur, son mari sans doute, poussait la dame, avec un air tranquille et peu expressif. Mais le visage de la dame dans son fauteuil rayonnait : elle souriait en regardant devant elle, autour d'elle. L'air si intensément contente malgré son handicap que j'en fus évidemment retourné : j'étais alors en train de me laisser bêtement aller à une petite mauvaise humeur, inutile et sans vrai fondement, liée à la fatigue du voyage et à l'anticipation Des embouteillages du soir, car nous étions partis un peu tard. Et, comment dire ? la croiser me fit du bien. Son air heureux ne me culpabilisa pas, mais me motiva ; à cet instant, je ne me suis pas dit : « Tu n'as pas le droit d'être de mauvais poil pour rien alors que d'autres ne le sont pas quand ils auraient de bonnes raisons de l'être », mais plutôt : « Tu fais comme tu veux, mon pote, mais franchement tu as l'air un peu crétin, là, avec ta trogne et ton cerveau renfrognés ; ça t'avance à quoi ? Essaye plutôt de faire comme la dame, et de rendre hommage à son courage et son intelligence : souris et réjouis-toi de ce que tu vis… » Ce jour-là, ça a marché, comme souvent depuis quelque temps.

C'est un des progrès dont je suis content : je n'arrive toujours pas à sécréter spontanément et constamment de la bonne humeur ; mais quand je me laisse aller à de la mauvaise humeur inutile (et inutile, la mauvaise humeur l'est souvent), il m'en faut peu pour me remettre d'aplomb et m'ouvrir les yeux. Ce jour-là, c'était le sourire de cette dame ; cela aurait pu être un coin de ciel bleu aperçu dans les nuages, ou une blague idiote d'une de mes filles. Voilà en quoi consiste ce type de progrès : davantage de réceptivité aux petites joies du monde. Pas seulement les croiser, mais s'ouvrir à elles et les laisser entrer en nous.

Alcool Je comprends fort bien pourquoi l'alcool a connu un si formidable destin auprès des humains. Lorsqu'on boit, notre vision du monde change et va vers le bonheur : on se sent apaisé ; nos tourments se révèlent moins graves que prévu, finalement ; ils sont toujours là, mais nous voyons mieux que nous y survivrons ; nous

nous sentons proches des autres, nous sentons dans notre corps ce qu'est la fraternité humaine ; nous nous sentons liés au monde entier. Quand on en est là, il faut vite s'arrêter de boire pour savourer et s'interroger : que m'arrive-t-il ? Comment ce monde qui me pesait tant a-t-il pu devenir soudain aussi amical ? Rien n'a changé autour de moi, c'est juste mon ressenti qui n'est plus le même. Tout ne serait donc qu'une histoire de regard porté sur l'existence ? Alors, la conclusion est simple : je dois pouvoir atteindre cette capacité à regarder la vie d'un œil apaisé et joyeux, sans toujours passer par l'alcool. Je dois pouvoir ressentir ces expériences de paix et de fraternité, sans toujours avoir bu. Apprendre à m'enivrer sans autre substance que le bonheur de vivre et d'être là.

Alimentation Ce que nous mangeons influence-t-il notre équilibre intérieur ?

Il y a bien sûr la manière de manger : on déconseille de manger à toute allure (sans quoi les aliments ne sont pas prédigérés par la salive et la mastication), ou en faisant d'autres choses en même temps, comme écouter la radio, regarder la télé, lire, téléphoner ; en mangeant ainsi, nous ne savourons par les aliments et surtout nous ne ressentons pas les signaux de satiété, donc nous mangeons trop. Manger en pleine conscience nous permettra toutes sortes de petits bonheurs simples liés au fait de savourer[8].

Mais nous parlons ici de ce que l'on mange, de la nature même de notre nourriture. De nombreuses études montrent qu'en gros diminuer la viande et le sucre et augmenter les fruits et les légumes améliore à peu près toutes les variables de santé, dont les variables psychiques[9]. D'autres travaux semblent indiquer que la supplémentation en oméga-3 tend à nous rendre moins anxieux[10], est bénéfique aux patients déprimés[11], que la suppression des sucres rapides est bénéfique aux enfants hyperactifs[12]. Nous disposons d'encore trop peu de données en matière de promotion du bien-être psychique par l'alimentation. Il est probable que ce qui est bon pour le corps (moins de viande et de sucre, plus de fruits et de légumes) l'est aussi pour le cerveau. Comme ce dernier a besoin de lipides, il ne faut surtout pas limiter sa consommation de graisses, mais éviter celles qui sont d'origine animale (beurre) et favoriser les huiles végétales. Pour le reste, nous manquons de certitudes, bien qu'il soit évident qu'il s'agit d'un champ de recherches d'avenir[13].

Alléluia Ce mot de louange de la religion chrétienne vient bien sûr de l'hébreu (« gloire à Dieu »). Les croyants le chantent ou le disent pour remercier Dieu de les avoir aidés, protégés ou juste de leur avoir permis d'exister. Il me semble que ce n'est pas seulement une parole de foi, mais aussi d'intelligence vitale, qui célèbre la chance que nous avons tous d'être au lieu de ne pas être. Quel mot laïque pourrait remplacer le très chrétien *alléluia* ?

Altriste Rendre service aux autres nous rend plus heureux, et être plus heureux nous pousse à rendre service aux autres. De même pour ceux à qui nous avons rendu service : cela les rend un peu plus heureux (ou un peu moins malheureux) et les prépare donc à se tourner un peu plus facilement vers d'autres et à les aider, et c'est ainsi que se transmettent les bonnes vibrations de l'altruisme. Il existe des liens indissociables et réciproques entre altruisme et bonheur. C'est sans doute pour ça que la plupart des traditions philosophiques et religieuses insistent beaucoup sur le fait que la compassion doit être soutenue par la joie, pour ne pas faire souffrir la personne altruiste (ce qui finirait par tarir son altruisme). Nous avons ainsi à être altruistes et pas *altristes* : l'altruisme a tout intérêt à être joyeux, à ne jamais se couper de la joie d'aider. Il doit être fondé sur l'affection pour les autres humains, sur un désir sincère et heureux d'aider les autres : rendre service en étant content de rendre service. Les sinistres donnent des leçons de morale, les joyeux les mettent en pratique sans trop de discours. Supériorité de l'action sur la cogitation, et de la joie sur la tristesse...

Altruisme C'est avoir le souci du bonheur d'autrui, s'intéresser et se dévouer à son prochain sans attente de reconnaissance ni de contrepartie.

Certains esprits chagrins prétendent que l'altruisme n'est qu'un égoïsme déguisé : j'aide autrui car j'en attends en retour bien-être et plaisir, voire récompense et reconnaissance, de la part de la personne aidée (qui me rendra un jour la pareille, du moins je l'espère) ou de la société (qui m'accordera de l'admiration). Cela existe sans doute. Mais pas si souvent ; et on confond peut-être les motivations et les conséquences : que l'altruisme provoque de l'admiration et de la reconnaissance, c'est l'évidence. Qu'il n'existe que pour cela me semble l'exception plus que la règle. Les travaux de psychologie positive et évolutionniste vont aujourd'hui en ce sens[14]. Ce qu'il y a de bien aussi avec ces travaux, c'est qu'ils montrent que la pratique de gestes altruistes augmente tout doucement le bonheur de ceux qui les émettent.

Par quels mécanismes ? Multiples sans doute : le plaisir des remerciements (j'aime bien m'arrêter pour laisser passer les piétons sur les passages cloutés sans feux : ainsi, très souvent, j'ai droit à des sourires ou des petits mercis de la main) ; le plaisir d'avoir fait plaisir ; et sans doute un sentiment plus obscur et plus profond, le bonheur d'avoir rendu le monde meilleur ou un peu moins mauvais, l'impression d'avoir semé une petite graine de douceur, d'avoir peut-être motivé l'autre personne à être elle-même un peu plus gentille et altruiste. Le sentiment obscur et puissant d'avoir fait son devoir d'humain et d'avoir contaminé le monde par le virus salvateur de l'altruisme[15].

Amis Toutes les études le disent : avoir des amis, les voir, pour rire, agir, se consoler, se distraire, représente l'un des ingrédients du bonheur. « Des amis en toute saison, sans lesquels je ne peux pas vivre », écrit Apollinaire[16]. En psychologie on parle de *lien social*, qui comprend amis, famille, camarades, connaissances, voisinage, bref, tous les humains avec qui l'on entretient des liens, plus ou moins harmonieux et bienveillants, et que l'on perçoit comme des sources d'émotions agréables (qui vont du sourire d'un passant aux paroles réconfortantes d'une amie d'enfance). Pour ma part, j'ai beaucoup d'amis, de personnes proches de moi, dont je sais qu'elles m'aiment et que je les aime, dont je sais que nous sommes prêts à nous porter promptement secours mutuel en cas de besoin. Mais je ne les vois pas souvent, pas aussi souvent que je le voudrais. Parce qu'ils habitent au loin, parce que nous sommes très occupés, parce que je suis un solitaire ; un solitaire sociable, mais un solitaire. Mais savoir qu'ils existent me réchauffe le cœur. Et me procure du bonheur.

Amour Autrefois, je chantais et jouais de l'accordéon dans un groupe de copains. Nous aimions bien interpréter une chanson d'Édith Piaf, « La goualante du pauvre Jean », qui parlait de l'ascension et de la chute d'un homme en manque d'amour, et le refrain disait : « Dans la vie y a qu'une morale / Qu'on soit riche ou sans un sou / Sans amour on n'est rien du tout. » Je me souviens que cette dernière phrase m'avait occupé l'esprit pendant des semaines : tantôt je la trouvais fausse (on peut être heureux sans être amoureux) et tantôt vraie (il faut recevoir régulièrement une forme ou une autre d'amour pour se sentir heureux).

Le vrai grand problème, c'est bien sûr celui de la définition de ce qu'est l'amour, ce vaste truc : l'amour qui rend heureux, ce n'est pas la phase de passion, l'*innamoramento*. Ça, c'est un truc à part, comme l'effet d'une drogue ou de l'alcool : ça ne rend pas heureux, ça rend fou ; fou de bonheur. Sur la durée, ce que nous appelons amour, c'est toute forme de lien affectueux dans lequel on se sent bien, dans lequel on donne et on reçoit, sans compter, dans lequel on est prêt à souffrir et à pardonner. L'amour est bien sûr une des grandes nourritures du bonheur. Et, comme de toute nourriture, nous en sommes donc dépendants. Ce qui peut nous angoisser : et si on ne m'aimait plus ? Comme on peut s'angoisser en se disant : et si mon corps s'arrêtait de respirer, mon cœur de battre ? Nous sommes ainsi construits sur de multiples dépendances, c'est-à-dire sur de multiples sources de souffrance. Et de bonheur.

Angoisses existentielles « Depuis que l'homme sait qu'il est mortel, il a du mal à être totalement décontracté », écrit Woody Allen. Les angoisses existentielles, comme autant de moments de conscience qu'un jour nous allons tomber malades, souffrir, mourir, ne sont pas des idées délirantes (comme la certitude qu'un jour les extraterrestres vont venir me prendre) : elles sont des idées réalistes, et ce qu'elles annoncent s'accomplira tôt ou tard. Pour certains, cette certitude est un obstacle définitif au bonheur : soit philosophique (« À quoi bon être heureux, c'est dérisoire puisque je sais comment tout cela va finir »), soit psychiatrique (« Je sais que je me pourris la vie, mais je ne peux m'empêcher d'être hanté par ces peurs »). Et, pour d'autres, ces certitudes d'une vie transitoire et endolorie représentent au contraire une motivation supplémentaire : « Puisque nous allons mourir, puisque nous allons souffrir, comme tous ceux que nous aimons, autant savourer de toutes nos forces ce qu'il nous sera donné de vivre. » Accepter que nous sommes mortels et contempler régulièrement cette perspective, pour devenir, de notre mieux, des mortels heureux et joyeux. Il n'y a pas d'autre recette.

Animaux Quand tout va bien pour eux, sont-ils simplement contents ou pleinement heureux ? En restent-ils à une perception animale de leur bien-être : satisfaction d'avoir le ventre plein, de se sentir en sécurité, d'être au milieu d'autres bestioles bienveillantes ? Ou basculent-ils, comme nous pouvons le faire, dans un état de conscience réflexive qui fait qu'ils se sentent profondément heureux ? Les propriétaires d'animaux prétendent que oui, qu'ils savent lire le bonheur dans les yeux et dans le corps de leur chien ou de leur chat. Difficile de savoir, évidemment. Ce qu'on sait avec certitude, c'est que les animaux de compagnie rendent leurs propriétaires un peu plus heureux[17] : ils leur assurent une présence, précieuse pour beaucoup de personnes seules. C'est une présence aimante, stable, rassurante et expressive de la part des chiens, ces maîtres de l'amour inconditionnel. Une présence élégante, mais plus distante pour les chats, qui dispensent plus chichement leurs câlins, mais dont le côté imprévisible rend les faveurs plus savoureuses encore. Les chiens donnent à leur maître l'impression de l'aimer pour toujours quoi qu'il advienne. Les chats lui montrent qu'ils l'ont choisi et adopté. Dans les deux cas, ils procurent avec régularité de petites doses de bonheur.

Antidépresseurs Ils ne sont pas des « pilules du bonheur », malheureusement. J'écris « malheureusement » de manière consciente et délibérée : à certains moments, j'aimerais bien pouvoir offrir à certains de mes patients, particulièrement maltraités par la vie, la possibilité de souffler et de savourer. Or ça ne marche pas comme ça. Les antidépresseurs ne rendent pas plus heureux, ne font pas synthétiser de la bonne humeur à notre cerveau, mais ils réduisent plutôt l'intensité de nos douleurs morales, comme un antalgique réduit l'intensité de nos douleurs physiques. C'est déjà énorme, lorsque ça marche (tous les malades ne répondent pas aux antidépresseurs, hélas). Cependant, lorsque les antidépresseurs fonctionnent, et, chez certains patients, ils peuvent avoir un effet étonnant : ils peuvent donner une sorte d'aptitude à mieux savourer la vie[18], qui va au-delà de la diminution ou disparition des émotions négatives (dépressives ou anxieuses, car la plupart des antidépresseurs diminuent aussi, et nettement, l'anxiété). Comme si cette suspension des douleurs de l'âme permettait de voir enfin, et beaucoup mieux qu'avant, la lumière du bonheur.

Du coup, il arrive que certains patients – malgré d'éventuels effets secondaires, malgré la gêne symbolique de « dépendre d'une pilule » – ne veuillent ou ne puissent plus arrêter ce traitement qui, en allégeant leurs douleurs, les rend plus faciles à combattre, et qui leur permet de regarder et savourer les belles choses de leur vie. Ils nous demandent alors conseil : « Que faire ? Continuer toute ma vie ou prendre le risque d'arrêter, tenter d'apprendre d'autres méthodes ? » Bien sûr, les deux sont possibles : continuer est plus facile (avaler un comprimé ne prend que quelques secondes), apprendre est plus intéressant et plus satisfaisant (mais cela prend des années). Nous essayons toujours de proposer et de privilégier la seconde voie, mais quand les personnes en ont beaucoup bavé dans leur passé avec leurs douleurs morales, quand nous les sentons fragiles et à risque, alors nous préférons les savoir apaisées et aptes au bonheur avec un médicament, que déprimées et inaptes sans. Mieux vaut avancer avec des béquilles que rester immobile sans.

Antimodèles Dans la vie, nous avons des modèles, à qui nous nous efforçons de ressembler, mais aussi des antimodèles : aussi inspirants et motivants que les premiers, à ceci près que nous tenons plutôt à *ne pas* leur ressembler. Beaucoup d'entre nous courent après le bonheur parce que leurs parents étaient malheureux, qu'ils les ont vus se gâcher la vie et qu'ils ont senti à quel point cela ne les avait pas aidés pour leur quête du bonheur. Ne pas faire comme papa, ne pas faire comme maman, cela représente déjà de premiers repères, et des modèles dont nous faisons tout pour nous écarter ; et en général, tout au long de nos vies, nous réalisons à quel point nous aurons pourtant tendance à revenir insidieusement vers ce que nous avons vécu, observé et inconsciemment conclu à leurs côtés. Non que la tâche de ne pas faire comme eux soit impossible, mais elle est de longue haleine et fait partie de ces efforts à conduire toute notre vie durant.

Mais il y a aussi des antimodèles de papier. Pour moi, Cioran est l'un d'entre eux. Tous ses aphorismes, pleins de noirceur et de pessimisme, exercent bizarrement sur moi un effet stimulant (« Ouh là là ! Vite, au boulot, au bonheur ! »). Parce qu'ils sont intelligents, brillants et souvent justes. Et, précisément, parce que la vie est souvent telle que la décrit Cioran, c'est une raison de plus pour ne pas s'abandonner au désespoir. C'est d'ailleurs apparemment ce qu'il faisait lui-même : la plupart de ses proches le décrivent comme un homme de fréquentation agréable, plein d'humour, aimant bavarder, rire, marcher dans la campagne. Ses écrits lui servaient d'exutoire, mais ne le dissuadaient finalement pas d'aimer la vie.

Gratitude pour Cioran, de me montrer ainsi à sa manière le chemin vers le bonheur : il suffit de partir en direction inverse. Et gratitude pour tous mes antimodèles, pour les mêmes raisons.

Anxiété Notre anxiété est un obstacle à notre bonheur. Elle ne le rend pas impossible : contrairement aux personnes déprimées, les personnes anxieuses ressentent des émotions positives, et peuvent être heureuses. Cependant, l'anxiété est tout de même une entrave, pour au moins trois raisons.

Tout d'abord, l'anxiété focalise notre esprit sur les problèmes. C'est d'ailleurs son rôle, de nous prévenir des dangers possibles : l'ennui, c'est que, du coup, nous ne pouvons plus poser notre attention ailleurs que sur les seuls problèmes (car il y en a toujours suffisamment dans toutes les vies pour remplir notre esprit en permanence). Avoir l'esprit « préoccupé » est une expression parfaitement explicite : notre petit cerveau est déjà occupé par de gros soucis, et il n'y a plus de place pour rien d'autre, notamment pas pour les bonheurs furtifs (un bonheur très intense et spectaculaire pourra nous détourner, pas un petit bonheur discret).

Puis l'anxiété nous pousse au perfectionnisme et à ce que l'on nomme l'inquiétude du bonheur : « Suis-je suffisamment heureux ? Autant que les autres ? Autant que je devrais l'être ? »

Et enfin, elle nous souffle parfois à l'oreille : « Là, OK, je ressens du bonheur, mais est-ce que ça va durer ? Est-ce que, lorsque le bonheur cessera, ce ne sera pas pire qu'avant ? » C'est la logique des pessimistes, qui préfèrent ne pas s'abandonner au bonheur, pour ne pas souffrir de son reflux...

Anxieux et heureux Globalement, la plupart des humains sont plutôt heureux et plutôt anxieux. En même temps. Ne pas comprendre que cette association est parfaitement possible, et même inévitable, c'est ne pas comprendre la psychologie positive !

L'anxiété est la conscience douloureuse du réel, le bonheur en est la conscience joyeuse. Dans les deux cas, nous restons dans le réel. L'anxiété nous dit : « Certes, c'est un bonheur d'exister, mais il y a un loyer à payer, fait de soucis et d'adversité. » Et le bonheur nous murmure : « Certes, les soucis et l'adversité ne sont jamais bien loin, mais tout de même, quelle chance l'existence ! » Comme nous savons que les deux ont raison, nous hésitons sans cesse. Et notre esprit tend vers l'une ou l'autre de ces perceptions du réel. Jusqu'au jour où nous comprenons qu'il n'y a qu'un seul et unique réel, qui est fait bien sûr des moments heureux et des autres, malheureux ou douloureux.

Le réel, nous enseigne le philosophe Clément Rosset, c'est ce qui résiste aux illusions et aux chimères[19]. On critique souvent le bonheur sous prétexte qu'il ne serait qu'illusion, puisque le malheur existe et que la mort gagne toujours. C'est ne rien comprendre. Il existe aussi des illusions et des chimères du désespoir et du négativisme. Et seul le bonheur lucide, qui accepte l'adversité et la félicité, est un bonheur réel. C'est ainsi que nous sommes et anxieux et heureux.

Applaudissements Tordons d'abord le cou aux applaudissements et rires forcés à la télévision : vous savez comment ça se passe, un « chauffeur de salle » fait le job, en excitant le public avant l'entrée des stars. Factice, et donc inintéressant, même si ça met sans doute de bonne humeur, pour de vrai, au moins pour quelques minutes.

Non, c'est d'autres applaudissements dont je veux vous parler. Un été, je participai, avec quelques collègues psycho-thérapeutes, à un beau stage de méditation dans les montagnes suisses. Nous avions appris plein de choses utiles et intéressantes. Et vécu, comme toujours, des tas de petits moments étonnants. L'approche travaillée était celle de la pleine conscience. Qui encourage – entre autres – à ressentir l'expérience vécue plutôt qu'à discourir sur elle. Alors, nous nous taisions beaucoup, pour mieux entrer, aussi souvent que possible, dans cette expérience. Par exemple celle d'écouter un de nos collègues, pianiste talentueux, nous interpréter quelques morceaux de sa composition alors que nous étions tous assis, sur nos bancs ou coussins de méditation, les yeux fermés, installés dans la pleine conscience. Pendant chaque morceau, nous accueillions pleinement la musique, et pleinement tout ce qu'elle induisait en nous. Et, après chaque morceau, nous restions en silence dans cette expérience, dans le sillage de la musique, au lieu d'applaudir.

J'aime beaucoup de tels dérangements d'habitudes et d'automatismes. Rester en silence à observer ce qui se passe en nous après un morceau, ce serait logique, par respect et pour la musique et pour son interprète. Imaginez un peu, au lieu de ces applaudissements automatiques, comme à la télé ou lors de débats : pour manifester qu'on est là, et bien là, un grand silence concentré. Et, tout de même, cinq minutes après le dernier morceau, tout lâcher pour remercier et célébrer !

Apprendre Apprendre à être heureux ? Pour beaucoup de personnes, cela relève de la naïveté, de l'utopie ou de la filouterie. Personnellement, cette idée ne m'a jamais choqué ; sans doute parce que j'avais besoin d'apprendre à être heureux et que je suis volontiers prêt à reconnaître mes manques en la matière. C'est aussi parce que j'aime apprendre et que j'ai toujours progressé comme ça : j'ai l'impression de ne pas avoir de dons hors du commun, dans aucun domaine, et que tout m'est venu par effort ou expérience.

Le bonheur est au départ une émotion (que nous enrichissons et élargissons ensuite) et il a donc à voir avec le corps, comme toutes les émotions. À ce titre, son apprentissage obéit aux mêmes règles que l'exercice physique : si nous souhaitons avoir plus de souffle, de force ou de souplesse, nous savons pertinemment qu'il ne nous suffira pas de le *vouloir*, mais qu'il va falloir nous entraîner. Et pourtant, pour le monde de nos émotions, bizarrement, nous devenons irréalistes : nous pensons (ou espérons vaguement) qu'en décidant de moins nous mettre en colère, de moins stresser ou de davantage savourer la vie, ça va marcher. Eh bien non ! C'est comme pour le souffle, la force ou la souplesse : il va nous falloir pratiquer régulièrement des exercices dans le but de muscler nos capacités à héberger, amplifier, savourer des ressentis émotionnels positifs.

Après-guerre Pas facile de se laisser aller au bonheur quand on a passé beaucoup de temps à se battre pour résister et survivre. C'est le philosophe Alexandre Jollien qui en parle parfaitement dans ses livres[20] : il appelle ça l'« après-guerre ». Savoir se battre contre le malheur ne prépare pas à savourer le bonheur, et le bonheur des résilients nécessite qu'ils déposent les armes. Un autre auteur, l'écrivain Éric Chevillard, notait de son côté : « Quand les conditions du bonheur sont enfin réunies, nous nous sommes trop bien adaptés à celles de l'infortune : trop de corne pour les voluptés promises à nos tendres muqueuses[21]. »

Arcadie Quand j'étais collégien et lycéen, je faisais du grec, et j'adorais ça. J'adorais imaginer cette Grèce antique dont je déchiffrais laborieusement les auteurs. Et j'aimais beaucoup rêver à l'Arcadie et à sa vie si douce : cette région de la Grèce, de montagnes et de petits villages, était chantée par les poètes grecs et latins comme le pays du bonheur idéalisé, lors de l'Âge d'or, peuplé de bergers vivant en harmonie avec la nature. Une locution latine célèbre « *Et in Arcadia ego* » y fait référence : « Et moi aussi, j'ai vécu en Arcadie. » Un tableau de Poussin montre ainsi un groupe de bergers découvrant une tombe où ces mots sont gravés : même lorsque nos vies ont été belles, comme elles pouvaient l'être en Arcadie jadis, elles se terminent par la mort. Tout paradis terrestre n'est que transitoire. C'est drôle : autrefois, cela me glaçait les sangs de penser à cela. Aujourd'hui, non : à force d'y réfléchir et de méditer sur l'Arcadie, cela ne me donne plus envie de fuir l'idée de la mort, mais plutôt de courir après la vie.

Argent « L'argent ne fait pas le bonheur », disait l'un des personnages d'une pièce de Feydeau. Et Jules Renard notait dans son *Journal* : « Si l'argent ne fait pas le bonheur, rendez-le ! » Le rapport de l'argent au bonheur est (hélas) réel : dans une société donnée, les riches sont en moyenne plus heureux que les pauvres. Cependant, ce rapport n'est pas linéaire (comme vous pouvez le constater sur la courbe ci-contre) : il est logarithmique, pour être précis.

Autrement dit, l'argent augmente fortement le bonheur pour les très pauvres, car il leur permet de satisfaire les besoins humains fondamentaux (nourriture, hébergement, sécurité). Puis, son rôle devient plus faible pour les plus riches. Logique : 20 000 euros de plus par an sont décisifs pour un SDF, anecdotiques pour un P-DG. Au-delà d'un certain seuil de richesse (celui qui assure une vie digne et paisible, dans un pays donné), l'argent ne représente plus le facteur de bonheur le plus puissant. Certains font le choix de continuer de consacrer l'essentiel de leur temps et de leur énergie à gagner encore et toujours plus d'argent : cela augmente tout de même leur bonheur, parce que cela leur permet d'acheter de nouveaux biens, de se sentir encore plus à l'abri d'un éventuel retournement de fortune, ou bien tout simplement parce qu'ils aiment le sentiment de puissance, de réussite et de contrôle que leur procure le fait de s'enrichir. Cependant, une fois que l'essentiel nous est acquis, une fois passé le point d'inflexion de la courbe, il existe un autre moyen, plus puissant que l'argent, pour devenir plus heureux : prendre le temps de vivre et de savourer ce que l'on a déjà.

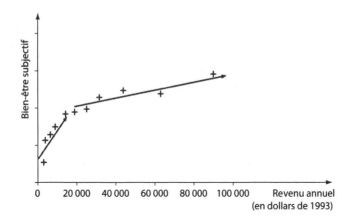

Le rapport entre revenus et bien-être psychologique[22]

Armistice Alice, 6 ans, qui s'intéresse de près à l'actualité, mais mélange parfois un peu les concepts, s'adresse à ses parents et à ses frères, réunis à table en ce soir du 11 novembre : « Vous savez pourquoi les gens, ils ont défilé et ils ont fait grève aujourd'hui ? Eh bien c'est parce qu'ils ont signé la fin de la Première Guerre mondiale ! » Tous les ans, lorsque viennent les célébrations et hommages rendus aux morts de la Grande Guerre, je pense au drôle de bonheur au goût amer des survivants, rentrant chez eux après quatre ans de carnage. Bonheur d'être encore en vie, de retrouver ses proches, de pouvoir écouter le chant des oiseaux plutôt que le bruit du canon, de dormir dans un lit plutôt que dans la crasse des tranchées. Mais toute la tristesse d'avoir vu la mort et le carnage et l'absurde, toute la culpabilité d'en être revenu alors que d'autres y sont restés. Je pense à tout cela en voyant ces vieux messieurs, ces anciens combattants d'autres guerres que la Grande, désormais, marcher l'air grave, avec leurs médailles et leurs drapeaux. Comment ont-ils fait pour redevenir heureux après l'horreur ?

Arrêter son cerveau Le bonheur, c'est parfois de ne penser à rien ; notamment lorsqu'on souhaite s'endormir. Je me souviens d'un soir, avec ma plus jeune fille, au moment où j'allais l'embrasser avant la nuit et où nous bavardions un moment, comme nous aimons bien le faire :

« Papa, je sens que je vais avoir du mal à m'endormir, je suis trop énervée.

— Ah bon ? Il y a des trucs qui ne vont pas, tu as des soucis ?

— Non, non, mais il y a plein de choses dans ma tête. Tu sais comment on fait pour arrêter de penser ?

— Ouh là ! Ça, c'est difficile, de s'arrêter de penser. Tu penses à des choses qui t'inquiètent ?

— Mais non, je te dis, arrête de faire ton psychiatre, papa ! C'est juste que je n'arrive pas à arrêter mon cerveau pour m'endormir. Dis-moi comment faire.

— Eh bien, souvent, ce qui aide, c'est de ne pas chercher à s'endormir, de ne pas se dire : "il faut que je m'endorme, il faut que je m'endorme", mais plutôt de se détendre. Par exemple, en sentant bien sa respiration : en prêtant attention à l'air qui rentre dans le nez, qui descend dans les poumons, puis qui ressort, un peu plus tiède ; en sentant bien comment la poitrine et le ventre se gonflent et se dégonflent, tout doucement... Tu sens tout ça ?

— Ouais, ouais. » Un instant s'écoule.

« Je sens, mais ça marche pas terrible, tout de même. Tu n'as rien de mieux ?

— Tu sais, le sommeil, on ne peut pas lui commander, on peut juste attendre qu'il arrive, en essayant de ne pas trop s'énerver à vouloir absolument dormir là, maintenant.

— Bon, OK. Alors laisse tomber, gratte-moi plutôt un peu le dos s'il te plaît... »

Ce que je fis. Et elle s'endormit.

Moralité : pour arrêter son esprit, pas forcément besoin d'un psy ; parfois un bon grattage de dos suffit.

Asie Parfois l'impression que l'Asie joue aujourd'hui, pour la sagesse, le même rôle que l'Arcadie jadis, pour le bonheur : un lieu mythique dans lequel nous imaginons que les humains disposent de vertus supérieures aux nôtres. Inexact mais délicieux.

Ataraxie Le bonheur comme absence de trouble et de souffrance ? Ce n'est pas toujours suffisant : ne pas être malheureux ne signifie pas être heureux. Ce n'est pas toujours nécessaire : parfois, nous pouvons être heureux malgré la souffrance et les tourments de notre vie ou d'une maladie[23]. Mais, le plus souvent, nous avons à apaiser nos douleurs pour nous ouvrir au bonheur. C'est la première étape, celle qui faisait écrire à Jules Renard : « On n'est pas heureux : notre bonheur, c'est le silence du malheur[24]. » Pour les philosophes de l'Antiquité, l'ataraxie, l'apaisement des passions, était une bonne chose. Elle ne signifiait pas l'indifférence ou la passivité : ce n'était pas de l'apathie. Mais elle était le fruit d'un travail de libération intérieure : se défaire de ses dépendances aux attachements inutiles et aux emportements toxiques. Elle était en quelque sorte un terreau fertile pour espérer alors voir pousser les fleurs du bonheur.

Attendrissement État d'âme agréable face à quelque chose de touchant et fragile (un enfant, un couple de personnes âgées, un geste de gentillesse imprévu). « Trop mignon ! », s'exclame-t-on aujourd'hui pour l'exprimer. L'attendrissement est plus facile aux femmes qu'aux hommes, qui trop souvent le dévalorisent (« trop gnangnan ! »). Dommage pour eux…

Attention Pour Daniel Kahneman, seul psychologue à avoir reçu le prix Nobel (mais c'était en économie) et spécialiste de psychologie positive, « l'attention est la clé de tout[25] ». Autrement dit, maîtriser les mouvements de notre attention (faisons-nous plutôt

dominar

attention aux bons ou aux mauvais côtés de notre existence, et sommes-nous conscients de ces mouvements attentionnels ?) représente une aide considérable pour notre bien-être subjectif.

Faire attention à ce que l'on fait, une source de bonheur ? Oui. Lorsqu'on évalue chez des volontaires leur niveau de bien-être de l'instant, en effectuant pendant plusieurs semaines des petits prélèvements émotionnels[26], on s'aperçoit de plusieurs résultats troublants. Tout d'abord, plus notre esprit vagabonde, moins nous sommes heureux : la dispersion mentale est fatale au bonheur. Ensuite, l'un des meilleurs prédicteurs des émotions positives n'est pas tant la nature de l'activité pratiquée que le degré d'attention avec lequel on la pratique : se concentrer sur son travail, par exemple, rend plus heureux que pratiquer des loisirs en pensant à autre chose. Apprendre à stabiliser son attention (par exemple par des exercices de méditation) est donc l'une des voies d'accès à davantage de bien-être.

Aujourd'hui Le présent est l'une des clés du bonheur. Lorsque nous sommes malheureux, nous avons intérêt à ne vivre *que* les malheurs d'aujourd'hui : inutile de penser en plus aux malheurs de demain, à la manière dont ils pourraient durer, s'amplifier ou s'envenimer. Et lorsque nous sommes heureux, nous avons intérêt à ne pas oublier de vivre pleinement les bonheurs d'aujourd'hui. Intérêt donc à bichonner chacune de nos journées avec amour et respect.

Auteur admirable ? Je suis embarrassé lorsque j'ai l'impression que mes lecteurs me prennent pour un sage. D'un côté, c'est normal : quand on aime un auteur, on a souvent tendance à l'idéaliser, à imaginer que c'est un humain différent des autres, aussi délicat et empathique dans le cours de ses journées que dans celui de ses livres. Je ne voudrais pas généraliser, car je ne connais pas tous les auteurs du monde mais, en ce qui me concerne, ça ne marche pas comme ça. Sur cette question, Christian Bobin écrivait très justement ceci : « L'homme dont on parle quand on parle de mes livres n'existe pas[27].» Bien sûr que les auteurs ne sont pas parfaits : même ceux qui, comme moi, écrivent sur la méditation, s'énervent ; même ceux qui écrivent des poésies magnifiques et éthérées s'intéressent aux moyens de payer leurs impôts. Les auteurs font juste les mêmes efforts que vous, lecteurs, pour progresser et se rapprocher de leur idéal. Peut-être ont-ils, dans certains domaines, un peu d'avance. Peut-être font-ils de plus grands efforts, dont ils ont justement envie de parler dans leurs écrits. L'admiration ou l'estime ne doivent pas nous aveugler : encore et toujours un grand principe de la psychologie positive, le mélange étroit entre le lumineux et le ténébreux, entre l'abouti et l'imparfait. C'est ce qui rend la vie – et la psychologie – si intéressante...

Autocontrôle Je me trouve un jour dans mon bureau, affairé à des travaux d'écriture : mon prochain livre, des articles, des préfaces. J'aime écrire, mais il y a des jours où c'est plus difficile que d'autres. Et c'est le cas ce matin-là : j'ai un peu de mal à stabiliser mon attention, à trouver l'inspiration. Face à ces difficultés, je sens en moi les premières impulsions à me désengager du travail. Il y a quelques années, cela pouvait prendre la forme d'une petite sieste vite fait, d'une descente à la cuisine pour manger un fruit ou d'un instant passé à bouquiner des revues ou des livres récemment reçus. Tout ça sous le prétexte de me changer un peu les idées avant de revenir au boulot. Aujourd'hui, il y a les mêmes tentations et de nouvelles encore : comme celles, si mon travail coince, de regarder les mails arrivés entre-temps, de lire tout de suite les SMS, de répondre dès que mon téléphone sonne (au lieu de laisser sonner et de rappeler tout le monde en fin de journée), de surfer sur Internet. Toutes ces interruptions ne sont pas si graves, sauf que si je ne gère pas un peu l'affaire, je n'aurai pas écrit grand-chose d'ici ce soir !

Au moment où je suis en train de rêvasser en songeant à tout cela, j'entends frapper à la porte de mon bureau : c'est ma deuxième fille. Elle aussi travaille à la maison, car elle prépare le bac. Elle a quelque chose à me demander :

« Papa, tu peux me prendre mon mobile ?

— Te prendre ton mobile ? !

— Ben oui, je veux te le donner pour que tu le gardes dans ton bureau.

— D'accord, mais pourquoi ?

— Parce que si je le garde à côté de moi, je n'arrive pas à travailler, c'est plus fort que moi, je réponds à tous les coups de fil et à tous les SMS. Et si je m'ennuie j'ai envie d'appeler ou d'en envoyer... »

Je me sens tout à coup moins seul dans mon combat et mes efforts d'autocontrôle !

L'autocontrôle n'est pas un terme de notre langage quotidien, mais sa réalité nous est familière. Et sa pratique indispensable. Il est ce qui fait de nous les pilotes de notre quotidien, ce qui nous rend capables, tels des marins, de naviguer au mieux et de tenir le cap sous toutes sortes de vents, favorables ou contraires. Sans lui, nous ne faisons que réagir à nos émotions et impulsions, aux pressions et modifications de l'environnement. Sans recul ni discernement. Et donc avec parfois quelques problèmes à la clé. Avec lui, nous devenons capables de répondre à tout ce qui nous arrive, intelligemment, en fonction de nos choix, décisions, et idéaux de vie.

L'autocontrôle est donc un ensemble d'aptitudes, qui s'avère très précieux dans de nombreux domaines de notre existence : santé, relations sociales, épanouissement scolaire et professionnel, bref tout ce qui peut concourir à augmenter notre bonheur.

Les capacités d'autocontrôle ont sans doute toujours été de la première importance dans la vie des humains, mais elles semblent encore plus importantes aujourd'hui : nos environnements modernes sont passionnants et riches, mais ils sont aussi peut-être les plus déstabilisateurs qui soient car ils nous exposent en permanence à la tentation ! Les sociétés matérialistes qui sont les nôtres ont porté au plus haut point l'incitation à « s'offrir un petit plaisir », à « acheter aujourd'hui et payer demain » et autres joyeux slogans incitant à obéir à ses impulsions, surtout lorsque celles-ci sont manipulées par une publicité et un marketing parfaitement au courant des données les plus récentes de la science. Le combat entre citoyens et firmes est donc à ce niveau inégal. Et cultiver son autocontrôle contribue à rééquilibrer cette confrontation entre nos libertés individuelles et les incitations déstabilisatrices organisées à une échelle industrielle.

L'autocontrôle, c'est la capacité de résister à une impulsion qui entraîne un plaisir immédiat (donc concret) mais qui sacrifie un bonheur ultérieur (donc virtuel) : manger du sucre alors qu'on est diabétique (pour un peu de plaisir on raccourcit son espérance de vie et ses chances d'y éprouver justement des instants de bonheur), boire de l'alcool alors qu'on va conduire ensuite, fumer alors qu'on sait que ce n'est pas bon, se distraire alors qu'on doit travailler. Le manque d'autocontrôle fait qu'on sacrifie souvent le bonheur de demain au plaisir d'aujourd'hui. L'autocontrôle est nécessaire au bonheur sur la durée : c'est lui qui nous permet de ne pas sacrifier l'important au facile et à l'immédiat.

Automne Saison préférée des poètes, qui aiment les choses finissantes, comme Apollinaire : « Mon automne éternelle, ô ma saison mentale[28]. » Le bonheur que procure la beauté de l'automne est un bonheur subtil, mêlant nostalgie de l'été, mais aussi peut-être un peu de lassitude à son égard (marre d'avoir trop chaud !), et d'attente des fraîcheurs et des joies de l'hiver qui s'annonce.

Autoréparation La plupart des études montrent que lorsque nous sommes confrontés à des adversités sévères, la plupart d'entre nous arrivent à s'en sortir sans séquelles et que seule une minorité développe des symptômes post-traumatiques[29]. De fait, notre esprit dispose, comme notre corps, de remarquables facultés d'autoréparation, qui échappent en grande partie à notre attention.

Vivre, c'est agir, avoir des liens avec les autres, regarder le ciel, manger, se distraire : plus nous nous tournons vers la vie, et moins nous nous tournons vers nous-mêmes, vers les épreuves douloureuses que nous venons de traverser, plus nous donnons de chances à ces capacités d'autoréparation de faire tranquillement leur travail. C'est pour cela que ruminer le passé est la pire des choses lorsqu'on a vécu des moments difficiles (c'est comme gratter une plaie, cela l'empêche de cicatriser) ; et que s'en libérer est ce que nous pouvons faire de mieux. Attention, se libérer du passé n'est pas l'oublier ou l'effacer, mais ne plus le laisser exercer son emprise sur nous.

C'est difficile ? Oui, c'est difficile. Mais il ne s'agit pas de viser un contrôle absolu : « Que pas une rumination ne passe ! » Plutôt un contrôle persévérant : chaque fois que je vois que je suis en train de ressasser, revenir vers le présent, l'action, l'observation du réel plutôt que la rumination de ce virtuel piégeant, que sont les douleurs du passé et les craintes de l'avenir.

Toutes les joies, même microscopiques, même éphémères, incomplètes, imparfaites, vont me soigner de ces blessures de l'existence. C'est pourquoi, plus je serai entraîné à savourer l'existence par temps calme, plus ce me sera facile de le faire en période de tempête, ou d'après tempête, face à tous les dégâts et tous les chantiers de reconstruction qui m'attendent. Et, dans ces moments, ne pas chercher à me sentir heureux, mais juste m'exposer au soleil du bonheur. En attendant que peu à peu il me réchauffe et me redonne bonne mine.

La vie est réparatrice ; la vie heureuse l'est encore plus.

Avant et après Il y a deux sortes d'émotions positives liées au bonheur, dont voici les appellations techniques : les « affects positifs précédant l'atteinte d'un but » et les « affects positifs suivant l'atteinte d'un but ». Cela dépend de deux circuits cérébraux différents. Et le premier est plus puissant que le second, pour des raisons de survie de notre espèce : il est plus important d'être motivé à atteindre un objectif qu'à le savourer. L'évolution ne s'intéresse qu'à la survie de l'espèce, pas au bonheur des individus qui la composent. C'est pour cela que nous sommes, biologiquement, puissamment équipés pour chercher le bonheur : « Le bonheur, c'est de le chercher », écrit Jules Renard. En revanche, nous sommes bien moins programmés pour le savourer, comme nous le rappelle Shakespeare[30] : « L'âme du bonheur meurt dans la jouissance. » Bon, tout ça, ce sont les prédispositions : ensuite, nous pouvons bien sûr nous en affranchir. Ce n'est pas parce que nous sommes biologiquement câblés pour cogner si on nous prend notre banane ou notre goûter que nous ne pouvons pas nous contrôler : c'est ce qu'on appelle l'éducation (au niveau individuel) et la civilisation (au niveau collectif).

Avenir Je ne sais plus qui disait (on évoque souvent Clemenceau, et c'est vrai que c'est un beau discours d'homme politique) : « L'avenir, ce n'est pas ce qui va nous arriver mais ce que nous allons faire. » Un exercice classique de psychologie positive (« Mon meilleur avenir possible ») nous aide à travailler en ce sens[31]. Pendant quatre jours consécutifs, vous allez écrire durant vingt minutes, et dans le détail, ce que vous aimeriez que votre existence devienne dans quelques années : à quoi ressemblerait votre vie familiale, amicale, professionnelle, vos voyages, vos loisirs, etc. Pas d'autre règle que le faire vraiment : écrire et pas rêvasser, vingt minutes et pas deux, de manière précise et détaillée et pas de vagues formules générales. Tous ces éléments sont importants pour que ça fonctionne, c'est-à-dire pour que : 1) cela vous fasse aller mieux ; et 2) cela facilite aussi votre engagement dans ces projets. Il vous semble que c'est trop facile et trop simple ? OK, facile, ça l'est ; mais pas « trop » : l'avez-vous fait ?

Awe Ça se passe au mont Sainte-Odile, un monastère en Alsace, une fin d'après-midi d'hiver. Je viens de donner un cours au diplôme universitaire de médecine, « Méditation et neurosciences », à Strasbourg, le premier du genre en France. Fait très rare et lié à la matière, l'enseignement est donné en résidentiel : les étudiants ont passé toute la semaine au monastère du mont Sainte-Odile, où les cours ont été entrecoupés d'exercices de méditation. Maintenant, à l'issue de cette première semaine, ils sont tous partis, et seuls restent les organisateurs et les enseignants.

J'en profite pour aller marcher tout seul sur le petit chemin qui fait le tour du monastère, au milieu des sapins. Les bâtiments sont perchés tout en haut d'un mont, perdu au milieu des forêts. Ce jour-là, comme souvent en hiver, tout est couvert de neige. Le ciel est sombre, obscurci par de gros nuages et la tombée du jour. Je marche lentement, en écoutant avec délices cet incroyable son de la neige qui crisse sous chacun de mes pas. Parfois, une percée dans la forêt ouvre l'horizon au regard : d'autres monts, couverts d'autres sapins enneigés. De temps en temps je relève la tête et j'aperçois la masse sombre et séculaire du monastère. Sentiment étrange. Globalement agréable, mais ce n'est pas du bonheur. Trop de gris dans le ciel, trop de rudesse dans le froid. Je suis juste étonné et content d'être là, un peu intimidé et impressionné par la beauté rugueuse de la nature et des bâtiments, par leur longue histoire.

Il n'y a pas de mot en français pour cet état d'âme. En anglais, il y a le mot *awe*, qui décrit le respect admiratif mêlé d'un peu de crainte et d'intimidation. C'est en quelque sorte l'émotion de la transcendance : ce que nous voyons et vivons dépasse notre cadre mental habituel, nos mots, notre intelligence sont impuissants à en prendre la mesure, à en saisir la complexité et la signification.

On admire, on se sent dépassé par quelque chose de bien plus grand que nous, d'un peu effrayant aussi. Mais on est content de le voir, de l'observer, de savourer. On se sent tout petit. Et le goût particulier de ce sentiment, c'est que ce n'est pas une joie ou un bonheur centré sur nous-même, mais sur ce que nous voyons ou devinons ou imaginons, et qui nous impressionne, et que nous admirons en silence, le souffle et la parole coupés.

Puis des fantômes arrivent tout doucement.

Je me souviens que dans ces sombres forêts a eu lieu un accident d'avion célèbre, en 1992 : 87 victimes d'un coup dans ces monts noirs et glacés. Il me semble entendre les âmes des morts, restées là depuis, voltiger dans les branches des grands sapins, et m'observer de leurs yeux impassibles.

Je suis toujours dans le sentiment de *awe*, mais je ressens maintenant de la compassion pour toutes ces vies écrabouillées et stoppées net un soir de janvier 1992, presque à l'heure où je marche, et où mon souffle fait de plus en plus de bruit dans le silence. Mon cœur cogne, jusque dans mes oreilles. Suis-je en train de marcher trop vite ?

Je m'arrête alors. Je prends le temps de bien ressentir l'air frais qui nourrit mon souffle, cette sensation incroyable et inimitable de l'air de neige. Il me semble entendre le souffle de la montagne qui respire aussi, étouffé lui par le lourd manteau de neige. Silence habité.

Bien présent à mon corps je laisse voltiger mes images mentales à leur guise : le monastère, le tombeau de sainte Odile dans la pénombre d'une crypte, le diplôme universitaire, les visages des étudiants et les discussions avec eux, l'avion qui s'écrase et les vies qui s'éteignent.

Comme à chaque fois, je suis touché par ce mystère des états d'âme : comment peut-on être à la fois apaisé et endolori ? Heureux d'être en vie et attristé par des faits de vie ? Écrabouillé par plus grand que nous et désireux pourtant de continuer à voir ce qui va se passer conscient pourtant que notre vie compte.

Dans quelques instants, mon corps va se remettre à marcher, je vais rejoindre mes amis là-haut dans le monastère, nous allons bavarder, partir reprendre nos voitures, nos trains ou nos avions. Aucune des énigmes ressenties pendant ma marche n'aura été résolue, mais j'aurai senti le souffle de la vie me traverser, et cela m'aura serré un instant le cœur, très fort, avant de le rendre plus léger.

Impression d'avoir été un oiseau, saisi un instant par un géant invisible, tenu dans sa main, puis relâché et rendu au ciel. Rien compris, pas bien vu. Quelque chose d'infiniment grand et infiniment fort existe, nous saisit parfois et nous relâche (en général).

C'est beau et effrayant.

Ça donne envie de continuer à vivre, à aimer, et à sourire tout doucement.

Awe...

B comme Bienveillance

Pose un regard bienveillant sur le monde :
écoute et souris ; prends ton temps,
tout ton temps, pour juger ; puis, agis.

Bach et Mozart Bach et Mozart nous rendent heureux, mais chacun à leur manière. Par sa régularité et son intelligence mathématique, la musique de Bach suscite en nous apaisement et gratitude, active un élan calme vers le divin, donne envie de prier, de regarder vers le ciel et de croire en Dieu. Par son allégresse et son élégance, celle de Mozart active en nous la joie, le désir de sortir, de sourire et de vivre, de parcourir le monde et de le trouver beau.

Balance hédonique Il y a le blanc, il y a le noir, les moments de bonheur et ceux de malheur. Et, au bout du compte, notre cerveau met tout cela dans les deux plateaux d'une balance. Pour que notre vie soit belle, quelle est la bonne mesure, le bon équilibre ? Nous avons apparemment besoin de deux à trois fois plus d'émotions positives que de négatives pour nous sentir bien[1]. Inutile donc de tout positiver ou de s'inquiéter de nos colères ou de nos tristesses. Mais important en revanche de s'assurer qu'elles soient limitées, contrebalancées, encadrées par suffisamment de moments joyeux, de moments heureux.

Béatitude La béatitude est cet état de « bonheur véritable que Dieu accorde à l'homme fidèle à sa volonté[2] ». Elle est souvent moquée : être béat, c'est être réduit à la passivité admirative et naïve, ne plus être très opérationnel ici-bas. Nous ne pouvons pas rechercher la béatitude en tant que telle, elle n'est pas de ce monde. Nous pouvons chercher à la mériter. Et parfois ressentir un peu de sa saveur, dans certains moments parfaits d'harmonie dans notre vie. Le bonheur comme un avant-goût de béatitude...

Béatitudes Dans son « Sermon sur la montagne », Jésus énonce ses célèbres « Béatitudes » : heureux les pauvres, les doux, les affligés, les affamés et assoiffés de justice, les miséricordieux, les cœurs purs, les artisans de paix, les persécutés... « Soyez dans la joie et l'allégresse car votre récompense sera grande dans les cieux. » Jésus s'adresse aux malheureux et aux vertueux, et leur promet le bonheur éternel du Royaume. Les premiers recevront le bonheur comme une consolation à leur souffrance car Dieu est bon et miséricordieux. Les seconds comme une récompense à leur vertu, car Dieu, apparemment, souhaite que nous puissions tout de même savourer un avant-goût de bonheur ici-bas. Sinon, pourquoi encouragerait-il la vertu, qui donne du bonheur à soi et aux autres ?

Beau C'est une histoire de naissance d'un sens, celui de la beauté de la nature. Ça se passe un été, lors de vacances dans les Alpes. Nous faisons une petite randonnée avec des cousins. Une de mes filles, la plus sportive, nous accompagne avec deux de ses copines. Après la marche d'approche dans la forêt, nous arrivons dans un vaste cirque naturel, avant la montée vers un beau sommet, d'accès facile (le Grand Morgon, pour les connaisseurs), mais d'une beauté magique. Je la sens touchée par l'endroit, et il me semble que c'est la première fois qu'elle me dit spontanément, sans que ça vienne au préalable de moi : « Papa, c'est incroyable ce que c'est beau ! C'est tellement beau qu'on se croirait dans un film, dans *Le Seigneur des anneaux* ! »

Puis, une fois ce moment d'émerveillement esthétique exprimé par des mots, elle se met à gambader, à faire la folle, suivie par ses copines, toute leur troupe poussant des cris aigus, comme de petits chevaux sur la prairie alpestre. Autre façon, plus physique, de dire que c'est beau.

Ça se corsera ensuite à la montée vers le sommet, un peu raide et longue, qui s'accompagnera de récriminations, mais ce n'est pas grave. J'ai assisté à une naissance, une naissance d'un sens : le sens du beau. En tout cas, de la capacité à s'en émouvoir, à s'en réjouir et à le dire. Belle journée...

Bien-être C'est une donnée animale, corporelle, qui se déclenche quand on n'a mal nulle part, qu'on a le ventre plein, qu'on est dans un endroit agréable et confortable, qu'on se sent en sécurité, entouré de congénères bienveillants. Ce n'est déjà pas si mal ! Cela suffit en général aux animaux. Pas toujours à l'humain, qui peut choisir deux voies. Soit quantitative, en cherchant à augmenter ou prolonger encore ce bien-être, en se lançant dans une quête extérieure de plaisirs toujours renouvelés, toujours plus nombreux. Soit qualitative, en se tournant vers une démarche intérieure : prendre conscience de ce bien-être et le transcender en bonheur. Cette expérience deviendra alors plus marquante, plus significative ; il est probable aussi qu'elle sera mémorisée de manière plus profonde (là où le simple bien-être s'efface et s'oublie souvent). Il n'y a ici qu'un exercice à faire, et c'est un des grands exercices de la psychologie positive : savourer et prendre conscience des instants de bien-être. Tous ? Peut-être pas, il y a d'autres objectifs que le bonheur dans la vie. Mais le plus sera le mieux.

Bien-être subjectif L'appellation scientifique du bonheur, dans la plupart des travaux. Le terme de « bonheur » est trop marqué, aux yeux des chercheurs, par des connotations philosophiques et religieuses, d'où celui de « bien-être subjectif », nettement moins sexy, mais sans histoire antérieure, et donc créant moins de débats...

Bienveillance C'est voir le bien chez les autres et aussi vouloir leur bien. C'est porter sur le monde un regard amical : ne jamais perdre de vue ce qu'il y a de bon, de fragile, de touchant chez les humains. Ne pas s'arrêter à ce qui agace ou ce qui déçoit, mais aller au-delà. La bienveillance, c'est le regard qui transperce la carapace des mauvaises manières et des sales habitudes, des défenses et des provocations, pour aller au cœur des autres et de leur fragilité. Elle déblaye les oripeaux de la souffrance ou des croyances dont les humains s'affublent pour paraître forts ou malins. La bienveillance est une décision existentielle : celle de s'avancer vers la vie avec le désir de voir ses bons côtés. Pas *que* ses bons côtés, mais *d'abord* ses bons côtés.

La bienveillance est la meilleure base pour rencontrer le monde et ses habitants. On commence toujours par la bienveillance ; puis on avise : elle n'empêche pas le sens critique. Mais l'idée est qu'elle soit première, à la différence de ce que font les grincheux, qui commencent toujours par un regard critique et malveillant. Attention : la bienveillance n'est pas la tolérance à ce qui nous dérange. Elle n'est pas du registre de la neutralité mais de la générosité, pas du registre du retrait mais de l'avancée.

Exercices de bienveillance : pour la muscler commencez par ce qui vous agace peu, les jours où vous êtes de bonne humeur. Puis augmentez la difficulté. Le sommet serait la bienveillance même quand vous êtes très agacé et pas très en forme. Personnellement, je n'y suis jamais arrivé : je me contente alors du silence et de l'écoute.

Bonheur des autres Se réjouir du bonheur des autres est une bonne chose : cela montre que nous avons compris deux phénomènes importants. Le premier est que l'envie et la jalousie sont des souffrances inutiles. Le second est que le bonheur des autres est toujours une bonne nouvelle pour nous : il ne nous retire rien et embellit le monde. C'est bien sûr toujours une erreur de le jalouser, émotionnelle et intellectuelle. D'abord, cela augmente notre malheur. Ensuite, c'est un mauvais calcul ; si d'autres sont heureux, nous avons tout à y gagner : plus les humains sont heureux, plus ils sont agréables à fréquenter, plus ils rendent ce monde vivable.

Bonheur et désir Le désir est une démangeaison ; le bonheur une lévitation : on n'y a plus besoin de rien ; juste envie que cela continue. Le temps du bonheur est celui de la disparition du désir : nous avons à ce moment tout ce qu'il nous faut. Même si ce « tout » ne représente pas grand-chose : un rayon de soleil, un rire d'enfant, un livre qui nous rend intelligent ; à cet instant où nous sommes heureux, cela nous suffit. Le bonheur est donc de plénitude (« j'ai ce qu'il me faut ») et d'apaisement (« je n'ai besoin de rien de plus »).

Bonheur et plaisir Le plaisir est une caresse ; le bonheur est le bouleversement tranquille provoqué par cette caresse, lorsque nous prenons conscience de son sens et de sa portée. Caresse agréable du vent d'été sur mon visage : plaisir. Conscience de tout ce que signifie ce vent (je suis vivant, c'est l'été, il fait doux, j'ai un corps) : bonheur.

Bonne humeur C'est l'état d'âme du bonheur, sa petite monnaie. Les billets de banque, ce sont les moments de bonheur. Et le chèque du Loto, avec tellement de zéros qu'on ne sait même plus dire le chiffre, c'est la félicité : mieux vaut en rêver que trop compter sur elle.

Bonnes actions Les scouts s'engagent à accomplir des bonnes actions. Sur une liste que j'ai trouvée[3], et qui en comportait cent, voici une petite sélection de B.A., à faire notamment lors des camps : aider un plus petit à porter les bidons d'eau, s'occuper de quelqu'un qui a le cafard, accueillir avec le sourire celui qui vient demander (encore) un service, réconcilier deux personnes après une dispute, mettre aussi en valeur les qualités de quelqu'un qui vient d'être critiqué, ralentir pendant la marche pour rester avec celui qui est fatigué, remercier en souriant des gens qui nous refusent l'hospitalité, faire passer sa gourde d'eau, au risque de la voir revenir vide, fermer la clôture d'un champ ou d'une pâture restée ouverte, retirer des chardons pris dans les poils d'un chien, prêter ses affaires avec le sourire, rendre un service avant qu'on ne nous le demande, écarter de la route un escargot (un hérisson) qui se ferait écraser, raccrocher des affaires tombées du fil à linge, calmer quelqu'un de trop énervé, empêcher une tricherie au jeu, dire bonjour aux gens qu'on croise dans un village, ramasser des bouts de ficelle qui traînent dans l'herbe, ramasser par terre des bouts de verre qui pourraient être dangereux, ramasser un petit bout de papier d'aluminium dans l'herbe, prendre le temps de ramasser un papier aperçu près d'un buisson, se proposer pour aller reconnaître un chemin, quand on hésite au carrefour, couper du lierre qui étouffe un arbre, partager son goûter avec un autre qu'on n'aime pas spécialement, partager un peu de ce qu'on a acheté avec son argent de poche, refaire le plein avant de rendre une gourde (ou un bidon) empruntée, s'interposer pour protéger un petit, réorienter une discussion qui tourne mal...

Bon, on peut penser ce qu'on voudra du scoutisme, mais tout de même, si nous faisions tous ça au quotidien, l'ambiance sur terre serait sacrément modifiée.

Bons sentiments Toute la critique systématique contre la littérature édifiante, le souci de morale dénigré sous le terme de « moraline », m'agace au plus haut point. La jubilation méthodique à dézinguer les « bons sentiments » m'horripile. Sous prétexte de contester ce qui serait politiquement correct, on fait du coup de l'intellectuellement correct : car il est encore chic, du moins en France, de critiquer le bonheur plutôt que de le respecter.

Avec toujours les mêmes vieux procédés : déformer pour rejeter. Transformer les recommandations faites à ceux que ça intéresse en « dictature du bonheur ». Transformer des conseils simples dans leur formulation (mais difficiles dans leur application) en « recettes débiles ». Et puis, ça doit me titiller en tant que thérapeute : mon expérience est qu'il est plus facile d'ouvrir les yeux à quelqu'un qui patauge trop dans les bons sentiments, que de rendre bienveillant un négativiste. En ce sens, la moraline me semble une drogue dont il est plus facile de se libérer que le cynisme.

« Bouge-toi les fesses ! » En thérapie comportementale – mais c'est aussi comme ça dans la vie –, il faut essayer de faire personnellement ce que l'on recommande aux autres de faire. Donner des conseils qu'on n'appliquerait pas soi-même, quelle drôle d'idée ! L'autre jour, je discutais avec l'un de mes patients, en période doucement dépressive. Il me racontait qu'il avait tendance à beaucoup rester chez lui, à tourner en rond, à peu s'activer, à peu sortir, à peu bouger. Comme il exerce déjà son travail à domicile, ça fait vraiment peu de mouvement dans sa vie ! Et ce qui nourrit la dépression, entre autres choses, c'est l'immobilité. Alors nous commençons à réfléchir à tout ce qu'il pourrait essayer de recommencer à faire, pour se bouger. Et, tout à coup, je réalise que la situation a quelque chose d'un peu absurde : nous parlons de nous bouger, tout en gardant les fesses bien calées dans nos fauteuils ! Du coup, je lui annonce : « Allez hop ! on prend nos manteaux, et on va continuer cette réflexion dehors, on sort se balader ! » Il est un peu surpris, mais il accepte en souriant. Dehors, il fait moche : gris, froid, un peu de crachin, un vrai temps de novembre, tout triste. Pas grave : nous marchons, d'abord dans les jardins de Sainte-Anne, puis dans le parc Montsouris voisin. Nous marchons et nous parlons. Et, à la fin, nous rentrons, tout tranquilles et contents d'avoir marché et parlé. Mon patient me dit que ça lui a fait du bien. Que ça lui rappelle les balades qu'il fait parfois le dimanche, lorsque des amis viennent le visiter. Qu'il aime beaucoup ces marches. Moi aussi, je suis content d'avoir marché avec lui sous ce ciel gris, qui du coup a cessé d'être hostile ou contrariant, mais qui a trouvé sa place dans notre journée, qui a accompagné notre balade. Je demande à mon patient de marcher, comme nous l'avons fait, une heure chaque jour. Je lui rappelle qu'un des moyens de ne pas ruminer, plutôt que vouloir mentalement s'en empêcher, c'est de sortir et d'aller marcher. Lorsque nous nous quittons, il me tarde déjà de le revoir, pour savoir si... ça aura marché !

Boulangère qui sourit Je suis en train d'acheter du pain dans une boulangerie loin de mon quartier. Il est 19 h 25, la fermeture approche. Plus beaucoup de choix. Devant moi, une jeune femme demande si elle peut ne prendre que la moitié d'une baguette restante. Elle précise : « C'est juste pour me faire un sandwich. » Et la boulangère lui dit non. Alors qu'elle ferme dans cinq minutes et que sa baguette va peut-être lui rester sur les bras. Ce qui me frappe, c'est qu'elle dit ça avec un sourire très gentil, ni factice, ni provocant, ni embarrassé. Un vrai sourire, où il y a tout : qu'elle comprend bien, mais que c'est non. Pas de justifications, pas de mauvaise humeur : juste un « non » calme et souriant. Franchement, à sa place, il me semble que je l'aurais vendue, la demi-baguette. Mais ce n'est pas ça qui m'intéresse le plus. Ce qui m'intéresse, c'est que son sourire marche fantastiquement. La cliente, qui n'a pas l'air commode pourtant, semble un peu décontenancée et par le refus et par le sourire. Puis elle dit, en souriant elle aussi : « Bon, alors je la prends en entier. » Et elle se met à bavarder de je ne sais plus quoi avec la boulangère. Je repense alors à une autre boulangère, dans mon quartier, souvent revêche et peu souriante (mais son pain est très bon !). Confrontée à ce genre de situation, elle dit non, mais avec un air tellement plein de mauvaise humeur, que ce « non » devient une agression. Alors que le « non » auquel je viens d'assister, qui pose les mêmes problèmes matériels (prendre le pain entier ou pas de pain du tout), se passe tellement mieux au plan relationnel ! Certains diront : oui, mais l'essentiel, c'est le pain. Pas si sûr : le lien, ça compte aussi. Pain et lien, deux nourritures de l'humain. Et dire non avec le sourire est une façon d'atténuer, chez celui qui reçoit les deux – le non et le sourire –, la petite souffrance du refus.

C comme Choix

Souvent tu n'y penses pas,
prisonnier de tes croyances anciennes ;
mais, presque toujours, tu as le choix :
parler ou bouder, construire ou détruire,
grogner ou sourire.

Caddie ou la vraie vie Un jour, lors de vacances au ski, je fais les courses dans le petit supermarché du coin. C'est mon tour de trouver de quoi nourrir vingt personnes. Je commence à remplir mon Caddie, puis, après quelques achats, je le laisse un moment tout seul, pour me faufiler dans un petit recoin de rayon. Et alors que je reviens, avec du lait ou de l'huile dans les bras, il n'est plus là. Je cherche un peu dans l'allée voisine : disparu… Mince alors ! Quel intérêt à voler un Caddie ? Je me dis que j'ai dû le mettre ailleurs ; je recommence à chercher. Et là, je vois mes premiers achats balancés sur des carottes : quelqu'un a vidé puis embarqué mon Caddie. Eh bien, ça m'a fait passer un sale quart d'heure. Tout d'abord, je suis un peu agacé bien sûr : je me suis fait piquer une pièce de 1 euro, et surtout je dois retourner sur le parking chercher un autre chariot. En réalité, je suis surtout attristé : le monde a changé.

Autour de moi, il y a désormais non plus des braves vacanciers et de paisibles habitants du coin, mais des coupables potentiels : des malpolis, des malhonnêtes, des sagouins paresseux et inciviques. Enfin, il y en a au moins un, mais la petite humanité du supermarché est contaminée. Je suis tout troublé par ce microdélit : des clients qui vont remplir leur Caddie de nourriture puis passer à la caisse, mais qui piquent calmement, vite fait bien fait, le chariot de quelqu'un d'autre.

Je n'aime pas être confronté à ça : ça me rend triste, et ça me fait dépenser de l'énergie psychique pour me calmer, relativiser et me dire que ce n'est pas méchant, qu'il y a des choses immensément plus graves, que ça a toujours existé, ces petites incartades, et que les gens qui l'ont fait m'aideraient peut-être si j'en avais besoin, si j'étais dans le pétrin. Bref, c'est tout un boulot pour me pacifier la tête. Pour remonter de l'émotion secondaire (la colère) à l'émotion primaire (la tristesse), puis bercer celle-ci pour qu'elle s'apaise.

N'empêche, mon nouveau chariot, je l'ai à l'œil ensuite. Et je porte un regard policier chaque fois que je croise un « suspect » : un sourire un peu large ? un regard fuyant ? des mauvaises manières ? Tiens, tiens, est-ce que ça ne serait pas lui qui... ?

Morale de l'histoire : j'ai eu de la chance, comme souvent. Je n'ai perdu que 1 euro et 5 minutes. Et pour ce prix modeste, j'ai eu droit à un petit rappel sans gravité de ces deux réalités : 1) les vacheries font partie de la vie ; 2) je suis comme tout le monde, une bêtise risque de m'embarquer dans des états d'âme disproportionnés, tout psychiatre que je suis.

Allez, mon vieux, au boulot...

Cadrage positif La psychologie positive, ce n'est pas renoncer à cadrer et être un adepte du laisser-faire. C'est préférer cadrer avec douceur mais fermeté.

L'autre jour, lors d'un colloque auquel je participe, la personne qu'on nomme le « modérateur » propose au public de poser des questions aux orateurs. Et comme c'est un modérateur expérimenté, il sait que, souvent, certains demandent la parole non pour poser des questions mais se lancer dans de longs monologues durant lesquels ils exposent leur propre vision de ce que viennent d'aborder les conférenciers. Et souvent, la salle rouspète, car du coup, même si c'est intéressant, il ne reste plus de temps pour les autres questions. Aussi, la loi est dure, mais c'est la loi : il faut s'efforcer d'être bref. Le modérateur fit ce jour-là le travail avec humour, malice et clarté : « Bien, nous allons donc commencer à prendre les questions de la salle. Alors je vous rappelle ce qu'est une question : c'est bref, et ça se termine par un point d'interrogation. » Et si je me souviens bien, nous eûmes droit grâce à lui à une belle séance de vraies, et fort intéressantes, questions...

Cafards, cerises et biais de négativité C'est un exemple célèbre de psychologie expérimentale : un seul cafard suffit à rendre tout un bol de belles cerises repoussant ; mais une belle cerise ne suffit pas à rendre un bol de cafards attirant[1]. Une des bonnes raisons de pratiquer la psychologie positive, c'est que, si nous ne le faisons pas, nous serons victimes du *biais de négativité*. Pourquoi le négatif est-il en général plus fort que le positif ? Parce que notre cerveau a été façonné par l'évolution pour assurer notre survie[2]. Il donne toujours la priorité aux mauvaises nouvelles et de manière générale à tout ce qui peut représenter un danger (attaque de prédateur). Le traitement des « bonnes nouvelles » (possibilité de trouver de la nourriture, un lieu de repos, d'avoir un échange sexuel) passe en second. Toujours. Et toujours priorité sera donnée à la survie : nous pouvons nous permettre de manquer une occasion de manger, de boire, de nous reposer, de prendre du bon temps. Nous ne pouvons pas nous permettre de passer à côté d'un prédateur ou d'une menace qui pourrait mettre notre vie en danger. D'abord la survie, donc, puis la qualité de vie. C'est pourquoi il nous est plus facile et rapide de ressentir des émotions négatives que des positives ; c'est pourquoi les premières ont tendance à durer plus longtemps, et à nous marquer plus fortement que les secondes (se souvenir des dangers est plus vital que se souvenir des bons moments). Et c'est pourquoi, maintenant que nous ne vivons plus dans la jungle au milieu des prédateurs, nous avons à travailler pour rééquilibrer tout ça !

Caligula Dans l'imaginaire collectif, Caligula est un empereur romain dément, débauché et violent, que sa garde prétorienne finit par assassiner à cause de ses délires meurtriers. Ce qu'on ignore en général, c'est que les débuts de son règne se sont très bien déroulés, et qu'il était fort populaire avant de basculer dans la folie qui entoure son nom. Que se passa-t-il ? Certains évoquent l'ivresse du pouvoir. Albert Camus, dans la pièce qu'il lui consacre, songe à une autre hypothèse. La clé de la folie qui va happer Caligula réside peut-être dans la douleur d'un deuil, qu'il n'accepte pas : « CALIGULA : Que d'histoires pour la mort d'une femme ! Non, ce n'est pas que cela. Je crois me souvenir, il est vrai, qu'il y a quelques jours une femme que j'aimais est morte. Mais qu'est-ce que l'amour ? Peu de chose. Cette mort n'est rien, je te le jure ; elle est seulement le signe d'une vérité qui me rend la lune nécessaire. C'est une vérité toute simple et toute claire, un peu bête mais difficile à découvrir et lourde à porter. HÉLICON : Et qu'est-ce donc que cette vérité, Caïus ? CALIGULA, *détourné, sur un ton neutre* : Les hommes meurent et ils ne sont pas heureux. » Caligula vient de perdre sa sœur et maîtresse incestueuse, et sa douleur va l'entraîner dans une rage destructrice de tout ce qui ressemble au bonheur. Et nous aussi, chaque fois que la souffrance nous submerge, sommes, comme lui, face au gouffre tentant de la détestation du monde.

Camps de la mort Rien de plus éloigné de notre sujet, puisqu'il s'agit du sommet de l'horreur et du malheur. Mais des historiens se sont intéressés à la manière dont les prisonniers avaient pu vivre et affronter cette horreur et cet absolu du malheur, des survivants ont raconté.

Il est impossible à mon avis de conduire toute forme de réflexion et théorisation sur ce qu'est le bonheur sans avoir étudié leurs écrits. Plusieurs choses m'ont marqué dans cette abondante, émouvante et dérangeante littérature. Tout d'abord, le fait que les femmes aient, en proportion, beaucoup mieux survécu que les hommes[3]. L'une des explications les plus convaincantes est qu'elles se sont montrées beaucoup plus solidaires entre elles, là où souvent les hommes s'ignoraient ou s'opposaient les uns aux autres. Le lien social est l'une des sources les plus puissantes d'émotions positives ; même s'il entraîne aussi des conséquences matérielles (entraide pour le travail, l'alimentation), son impact psychologique a très probablement contribué à la meilleure survie des femmes dans les camps. Je ne sais pas s'il est légitime ou indécent de parler alors de bonheur, mais le réconfort apporté par cette chaleur humaine au sein de l'enfer était sans doute infiniment précieux.

Un autre phénomène étonnant que rapporte cette littérature des camps est celui de la persistance d'expériences esthétiques ou intellectuelles : des récits d'émotion face à un coucher de soleil[4], à des lectures de poésie ou à des chants ou de la musique[5] bouleversent les prisonniers, ou du moins certains d'entre eux, pas forcément d'ailleurs les artistes ou les intellectuels. Il ne s'agit pas directement ici de bonheur, mais d'une émotion positive, l'élévation, que nous ressentons lorsque la grandeur ou la beauté nous fait sortir de notre simple condition humaine. Lorsque l'élévation nous touche dans notre vie ordinaire, c'est une expérience émouvante. Lorsqu'elle émerge au cœur de personnes en danger de mort et de déshumanisation, comme dans les camps de la mort, c'est un phénomène bouleversant. Et parfois salvateur.

Cassandre Fille de Priam, roi de Troie, Cassandre était très jolie. Elle reçut du dieu Apollon le don de prédire l'avenir. Ce don n'était pas désintéressé, et, comme elle repoussait ses avances, Apollon se vengea en la condamnant à ne jamais être crue. Cassandre passa ainsi sa vie à prédire les horreurs et malheurs qui allaient fondre sur elle et sa famille, mais personne ne l'écoutait et, de ce fait, ces malheurs arrivèrent. La légende ajoute que tout le monde avait tendance à l'éviter… Rien d'étonnant : les pessimistes lassent et font fuir ; ils finissent par peser à leur entourage et faire le vide autour d'eux. Essayons tout de même de les écouter (ils ont parfois raison), puis de les recadrer (ils sont pénibles et ils se font du mal).

Causalités En psychologie, le terme « causalités » renvoie aux attributions que nous faisons face aux traits de caractère : « Elle est pessimiste *parce que* ses parents l'étaient », ou aux événements :

« J'ai eu du mal à profiter de cette soirée : je me sentais très mal à l'aise *parce qu*'il n'y avait que des gens plus diplômés et cultivés que moi. » La recherche des *pourquoi* est parfois intéressante mais souvent piégeante. Elle n'est qu'une des deux dimensions de la recherche d'amélioration : 1) « Pourquoi suis-je comme ça ? » ; et 2) « Comment faire pour que ça change ? ». Ne passons pas trop de temps à nous demander pourquoi nous ne sommes pas capables d'être plus heureux. Cherchons aussi à travailler à comment l'être davantage.

Céder Jusqu'où céder – au nom du bonheur et du bien-être – sans que ce soit de la lâcheté ? Ne pas se fâcher avec un ami alors qu'il a tort ? Ne pas remonter les bretelles à un malpoli qui double tout le monde dans la file ? Où finit la sagesse et où commence le renoncement ? Protéger son confort, n'est-ce pas renoncer parfois au bien public ? Je n'ai pas de réponse qui vaille pour toutes les situations et toutes les relations. Sinon la certitude qu'il faut parfois sacrifier ce confort pour aller à la bagarre ; mais ne le faire alors qu'après avoir calmé sa colère.

Certitudes antipsychologie positive Elles peuvent être radicales : « Ça ne marche pas, ces petits trucs de bonheur, ce sont des sornettes et des gadgets. » Relatives : « En tout cas, ça ne marche pas pour moi. » Ou transitoires : « En ce moment je suis de mauvais poil, et entendre parler de bonheur m'agace. » Seules les deux dernières trouvent grâce à mes yeux !

Cerveau Évidemment, c'est dans notre cerveau que presque tout se passe en matière de bien-être[6]. Tout le reste de notre corps compte – le cœur, le ventre, la peau – mais c'est quand même le cerveau la grande plate-forme, le poste de contrôle, le terminus, le centre vital. Grâce à ce qu'on pourrait appeler pompeusement la « science du bonheur », grâce à la neuro-imagerie, à la neurobiologie, etc., on commence à savoir ce qui se passe dans notre crâne quand nous sommes heureux ou malheureux, quels rythmes électriques se modifient à quels endroits, quelles zones se mettent à sur-consommer de l'oxygène, quelles autres entrent en sommeil, etc. Il y a des personnes que cela inquiète de voir ainsi nos petits secrets biologiques de plus en plus transparents aux explorations scientifiques. Moi, ça ne me dérange ni ne me préoccupe. Ça me rassure au contraire : savoir que nos efforts, tranquilles et répétés, peuvent modifier doucement et dans le bon sens notre fonction-nement cérébral aussi bien, sinon mieux, que les médicaments ou les drogues, ça me rend heureux !

Chance Les Français sont réputés râleurs et dépressifs. Peut-être est-ce dû à la manière dont ils perçoivent le bonheur ? Dans notre langue, le mot « bonheur » dérive de la juxtaposition de bon-heur, l'« heur » désignant la chance. Le bonheur comme un coup de chance ? Voilà de quoi dissuader de faire des efforts et alimenter nos côtés pessimistes et grincheux. Nous avons tort : les modernes travaux sur la chance montrent en effet qu'elle ne tombe pas du ciel, mais résulte d'un ensemble d'attitudes et de comportements bien réels, mais dont nous ne sommes pas conscients[7].

Premier point : la chance est un état d'esprit, une manière de lire notre vie. Un test : vous êtes à la banque pour retirer un ché-quier. Un homme masqué arrive, brandit un pistolet et réclame la caisse. En fuyant, pour faire peur à l'assistance et dissuader les poursuites, il tire dans tous les coins et une balle vous atteint au bras. Vous avez eu de la chance ou de la malchance ? De la mal-chance, diront les tristounets ! Si j'étais arrivé cinq minutes plus tôt ou plus tard, je n'aurais pas eu de souci. Et en plus, j'ai été le seul à être blessé. De la chance, diront les joyeux ! J'aurais pu y passer, à vingt centimètres près, c'était le cœur, heureusement que mon ange gardien veillait sur moi !

Deuxième point : la chance est aussi un ensemble de comporte-ments, qui facilitent la survenue de bonnes choses. Des recherches ont montré que les personnes qui se disent chanceuses, lorsqu'elles arrivent dans une situation nouvelle, regardent davantage autour d'elles (et trouvent ainsi les billets de banque posés par terre par les chercheurs, lors d'une étude) ou engagent plus facilement la conversation avec les inconnus (et recueillent ainsi des informations, des sourires, des contacts, qui leur sont agréables sur le moment et leur seront peut-être utiles plus tard). Il existe ainsi un cercle vertueux entre la chance et les émotions positives : plus on est heureux, plus on a de la chance ; et plus on a de la chance, plus cela nous rend heureux. Il semble aussi que le lien de causalité le plus fort aille dans le sens suivant : se sentir heureux rend plus chanceux. La chance comme un effet secondaire du bonheur...

Changer : la possibilité Est-il possible de progresser en matière d'aptitude au bien-être ? On a longtemps pensé que ce n'était pas évident, et qu'il y avait un niveau moyen vers lequel nous avions inévitablement tendance à revenir, pour le meilleur (après de gros chagrins) ou pour le pire (après des événements merveilleux). C'est toujours vrai, mais la nouveauté, c'est qu'on considère aujourd'hui qu'il est possible d'élever ce niveau moyen de bonheur : ponctuellement à la suite d'événements favorables, ou plus durablement, à la suite d'efforts adaptés. Bonne nouvelle, donc : nous sommes moins prédestinés par notre passé, nos gênes et nos habitudes qu'on ne le pensait. Moins bonne nouvelle cependant : ça peut aussi marcher dans l'autre sens, et notre bonheur moyen peut diminuer si nous passons notre temps à ruminer, rouspéter et à nous focaliser sur les mauvais côtés de notre existence. Restons donc attentifs à la maintenance !

Changer : les étapes L'écrivain américain Mark Twain disait : « On ne se débarrasse pas d'une habitude en la flanquant par la fenêtre ; il faut lui faire descendre l'escalier marche par marche. » De fait, nos décisions à être plus heureux ne suffisent jamais. Nous avons besoin d'un programme par étapes, comme pour n'importe quel apprentissage. Pensez à vos efforts pour être plus heureux comme ceux qui vous sont nécessaires pour faire du footing ou de la gymnastique : certains jours, on n'a pas envie d'y aller, mais si on s'y contraint, au retour, on se sent en général mieux de l'avoir fait. En tout cas, bien mieux que de ne pas l'avoir fait...

Chanter sous la douche (et ailleurs) Mon cousin Marc chante volontiers sous sa douche. Lorsque nous sommes en vacances ensemble, c'est un bon moyen pour savoir, même de loin, que la salle de bains est occupée. Et un bon moyen aussi de sourire et d'attraper au vol quelques petites molécules de bonheur expulsées de ses poumons joyeux. Entendre quelqu'un chanter fait du bien. Un cousin qui chante de l'opéra sous sa douche, un enfant qui chante tout seul pour lui dans son petit coin, une chanson qui sort d'une fenêtre un dimanche matin de printemps : autant de petits bonheurs. Nul besoin que la chanson parle elle-même de bonheur. Il en existe de fort célèbres et réjouissantes, comme la leçon de vie chantée par l'ours Baloo à Mowgli dans le dessin animé *Le Livre de la jungle* : « Il en faut peu pour être heureux. » La plupart suggèrent qu'il a fallu surmonter ses soucis et ses malheurs pour accéder au bonheur (comme le tube américain « Don't worry, be happy »). Et certaines rappellent que le malheur n'est jamais loin, comme dans la chanson de Charles Trenet, « Je chante », dont peu de personnes savent qu'elle se finit par un suicide :

> *Ficelle,*
> *Tu m'as sauvé de la vie,*
> *Ficelle,*
> *Sois donc bénie,*
> *Car, grâce à toi j'ai rendu l'esprit,*
> *Je me suis pendu cette nuit.*
> *Et depuis...*
> *Je chante !*
> *Je chante soir et matin,*
> *Je chante*

Sur les chemins.
Je hante les fermes et les châteaux,
Un fantôme qui chante, on trouve ça rigolo.
Je couche,
Parmi les fleurs des talus,
Les mouches
Ne me piquent plus.
Je suis heureux, ça va, j'ai plus faim,
Heureux, et libre enfin !

Malgré tout, elle reste l'une des plus belles chansons sur le bonheur écrites dans notre langue, et l'une des plus fortes, justement grâce à ce rappel du tragique dans le joyeux.

« Chassez le naturel, il revient au galop » Je n'aime pas cette phrase. Elle encourage à abandonner rapidement nos efforts de changement. Lorsque nous décidons de changer nos automatismes émotionnels (moins râler, moins se plaindre, voir les choses du bon côté, savourer davantage les bons moments, exprimer nos émotions agréables...), notre simple volonté ne suffit pas : nous devons nous entraîner et pratiquer régulièrement les comportements et attitudes visés. Ce n'est ni plus ni moins compliqué que de vouloir courir plus vite, plus longtemps, avoir plus de souffle, de force, de souplesse. Nous savons bien qu'il ne suffit pas de le vouloir, mais que nous devons nous entraîner régulièrement : footing, yoga, musculation. C'est la même chose pour nos changements émotionnels et psychologiques : seule la pratique régulière nous fait progresser[8]. Et nous permet de maintenir nos progrès. Si nous arrêtons de courir, nous perdons en souffle. Et si nous arrêtons de nous réjouir, nous perdons en bonheur.

Chiens et chats Ce sont souvent des sources de bonheur pour leurs propriétaires, nous disent les études[9]. Ils peuvent aussi être des maîtres de bonheur, chacun dans leur style. On admire plus facilement les chats, qui nous impressionnent par leurs longues siestes langoureuses, qui les occupent en général quinze à dix-huit heures par jour, dans des positions de grande décontraction. Les chiens sont peut-être plus heureux encore : leur affection incondi- tionnelle pour leur maître ou maîtresse est certainement, comme l'est l'amour inconditionnel chez l'animal humain, un puissant fac- teur de bien-être pour eux. Que leurs leçons nous éclairent ! Soyons avec les humains tantôt chats et tantôt chiens ! Parfois dans la distance aimable et parfois dans le don inconditionnel de nous- même. Selon les gens, les moments, notre humeur, les besoins de nos proches…

Choisir d'être heureux Peut-on vraiment dire les choses comme ça : je choisis le bonheur ? Certains moments de notre vie ne le permettent pas : on n'y a pas d'autre choix que celui de la lutte pour la survie. Mais le reste du temps, on peut choisir de veiller sur lui et sur les conditions de son éclosion. Choisir de le faciliter.

Choix Notre société de consommation et d'abondance tend à nous faire croire qu'avoir le plus grand nombre de choix possibles est une bonne chose. Ce n'est pas si sûr, en tout cas pas tout le temps et pas dans tous les domaines[10]. Le choix entre quinze marques d'huiles d'olive, vingt modèles de voitures, trente desti- nations de vacances, etc., n'est pas une si bonne chose que ça : vous vous souvenez de votre dernier petit mouvement de recul face à une carte de restaurant comportant des dizaines de plats ? Cette pléthore de choix a deux inconvénients : nous inoculer des microstress inutiles ; nous faire dépenser de l'énergie psychique pour rien. On a pu montrer que les consommateurs perfectionnistes

(« faire le meilleur choix ») étaient plus stressés et moins heureux que les relativiseurs[11] (« Bon allez, je ne vais pas me casser les pieds, ce truc a l'air correct, je le prends, on ne va pas y passer des heures non plus... »). Il en est sans doute de même dans nos vies que dans les linéaires du supermarché. Ne confondons pas profusion et liberté, encore moins profusion et bonheur...

Choses sérieuses Dans la vie, il y a les choses sérieuses et les choses pas sérieuses. Pour beaucoup de personnes, la psychologie ne fait pas partie des choses sérieuses. Et encore moins la psychologie positive. Il y a quelque temps, je donnais une conférence aux anciens élèves d'une grande école renommée. Une conférence sur le bonheur. Conscient qu'il s'agissait d'un public avec un bon niveau scientifique, j'avais pas mal insisté sur les travaux de recherche en psychologie positive. D'après leurs têtes et leurs réactions, ça leur avait convenu... Après la séquence des questions-réponses, j'étais en train de quitter l'estrade lorsque le président de séance, qui m'avait très poliment écouté, en commençant à présenter l'orateur suivant, membre de cette grande école, laissa échapper : « Bien, merci encore au docteur André ! Et maintenant, nous allons passer aux choses sérieuses... » Énorme éclat de rire dans l'assemblée ! Au moins, c'était clair : j'avais joué le rôle de la danseuse ou du bouffon ; allez, disons du *distracteur*. Il y a quelques années, ça m'aurait vexé sans doute. Plus maintenant. J'ai même trouvé ça très drôle : c'est toujours mieux de savoir exactement quelle place nous tenons dans le grand spectacle de la vie !

Cimetière Endroit idéal pour réfléchir sur le bonheur (pas lors de l'enterrement d'un proche, bien sûr). On y trouve le calme, la solitude, la présence du temps qui passe, l'annonce de notre future disparition, la relativité de toutes choses : tous les ingrédients pour nous aider à comprendre à quel point notre vie ici-bas est une chance passionnante, en attendant la suite. Évidemment, ce genre d'exercice n'est à pratiquer que les jours où nous sommes de bonne humeur, et sans drame dans nos vies. On s'entraîne toujours mieux par temps calme.

Cioran C'est bizarre comme la lecture de Cioran m'est nécessaire. Cet homme, que ses proches décrivaient comme un homme souvent gai et plein d'humour, était fasciné par le sombre comme Paul Valéry l'était par l'intelligence. Par exemple[12] : « Je ne vis que parce qu'il est en mon pouvoir de mourir quand bon me semblera : sans l'*idée* du suicide, je me serais tué depuis toujours.» Ou : « Le spermatozoïde est le bandit à l'état pur.» Je me suis longtemps demandé pourquoi j'aimais tant cet auteur, sombre et pessimiste s'il en est, moi qui suis par ailleurs attiré par la quête du bonheur. J'ai longtemps cru que c'était parce qu'il parlait à mon fond triste et dépressif. Ou aussi parce qu'il représentait un contre-modèle : au-delà d'un certain seuil et d'une certaine répétitivité, tristesse et pessimisme ne sont plus contagieux, c'est ce qu'on appelle l'effet de *satiation*, par lequel le « trop », même de ce qu'on aime, provoque le « stop ». Je me souviens qu'autrefois, on tentait parfois de soigner ainsi les dépendances tabagiques : en demandant aux fumeurs de fumer plusieurs cigarettes d'affilée, sans pause, jusqu'à la nausée. Le pessimisme à hautes doses donne peut-être un effet de satiation et devient alors stimulant. Peut-être qu'il donne aussi envie de légèreté et de bonheur, et montre leur nécessité absolue pour supporter la vie. J'aime aussi Cioran parce qu'il nous révèle nos erreurs et nos outrances, dans une sagesse grinçante, et qu'il sait éclairer les pièges de notre pensée : «L'anxiété – ou le fanatisme du pire.» C'est Christian Bobin qui m'a un jour ouvert les yeux[13] : « Il libère en réalité le champ de l'espérance réelle car il en a chassé toutes les ivresses faciles [...]. Avec un petit balai, il enlève tout le déchet des consolations faciles, et c'est pour moi après ce travail que commence la parole vraie. Il fait le travail de l'hiver : il enlève enfin les branches mortes : cela s'appelle préparer le printemps.» C'est exactement cela : j'aime Cioran parce qu'il balaye et dégage devant nous le chemin du bonheur.

Cloches Toutes les cloches sonnent, ce dimanche matin de printemps ; le soleil est déjà haut dans le ciel, l'air commence à tiédir. Tout à l'heure, des amis viendront pour déjeuner, nous nous installerons au jardin, il y aura des cris d'enfants et des bourdonnements d'abeilles. Sensorialité du bonheur. Les cloches, c'est parce que je suis né dans un pays chrétien ; leur son a rythmé toute mon enfance, et puis ma vie. Tout à coup, je me demande comment ça se passe par exemple pour les musulmans ? Est-ce que l'appel des muezzins, un matin de printemps, leur procure autant de joie et de souvenirs de bonheur ?

Cohérence Comment les menteurs, mythomanes, pervers, dissimulateurs, violents et autres personnes ayant des problèmes et créant des problèmes peuvent-ils être heureux ? Ils ne peuvent pas l'être. Ils peuvent ressentir du plaisir, du soulagement, de la satisfaction. Pas du bonheur. Il leur manquera toujours ce sentiment d'être en paix avec le monde, d'avoir fait, ou de pouvoir faire, du bien tout autour de soi. J'ai toujours eu du mal à croire aux salauds heureux.

Coloscopie et règle pic-fin Oui, je sais, une coloscopie, ça n'évoque pas directement la psychologie positive. Mais vous allez comprendre...

C'est une recherche scientifique conduite dans les années 1990[14], à l'époque où les coloscopies étaient souvent réalisées sans anesthésie, alors qu'il s'agit d'examens assez douloureux (on introduit un tuyau dans l'anus du patient pour explorer son tube digestif bas). Les 154 patients participant à l'étude devaient évaluer leur douleur toutes les minutes (de 0 : pas de douleur, à 10 : insoutenable). Deux exemples de résultats, obtenus par deux patients différents, A et B, figurent sur les courbes ci-dessous. Certaines coloscopies étaient brèves (quatre minutes), d'autres longues (plus d'une heure). À la fin de l'examen, un regard sur les courbes permettait de juger de la « quantité de douleur » subie : plus la surface sous la courbe était importante, plus le patient avait souffert moment après moment. Pourtant, quand la question de leur souffrance totale était posée aux intéressés, leur jugement subjectif n'avait rien à voir avec ces mesures objectives. Leur autoévaluation de la douleur subie était en fait liée à deux phénomènes précis : le pire moment de douleur ressenti (le « pic » douloureux), et la douleur éprouvée à la fin de l'examen. Ce qu'on appelle depuis la règle « pic-fin ». Ainsi, si vous retournez à nos deux courbes, le patient A, chez qui l'examen a pourtant été plus bref, et la quantité de douleur totale moindre, gardera un souvenir bien pire que le patient B, chez qui la coloscopie a été plus longue et douloureuse ; mais, chez lui, la douleur de fin d'examen était redescendue depuis un moment à des niveaux supportables, alors que chez le patient A, la coloscopie avait cessé lors du pire pic douloureux.

Ces travaux, et tous ceux qui y sont rattachés, intéressent bien sûr les gastro-entérologues ou les spécialistes de la douleur : lorsque nous souffrons, une fin apaisée adoucira le souvenir de notre souffrance. C'est sans doute le principe des accouchements : comme ça se finit merveilleusement, la plupart des femmes sont prêtes à recommencer. En réalité, nous fonctionnons de la sorte dans notre vie tout entière. Nous avons une forte tendance à juger de la tonalité agréable ou désagréable de nos événements de vie en fonction de la règle pic-fin : les souvenirs de vingt ans de mariage heureux peuvent ainsi être gâchés par une année de divorce conflictuel. La loi pic-fin s'applique à tous les moments de notre existence : on a ainsi pu montrer que si on demandait à des volontaires d'évaluer leurs vacances au jour le jour par des évaluations quotidiennes, le résultat final à distance était peu influencé par la réalité de ces évaluations en temps réel, et davantage par les meilleurs moments des vacances et leur fin[15]. Et c'est cette évaluation qui guidait le désir des vacanciers de reprogrammer le même type de vacances l'année suivante.

Moralité : nous sommes capables, inconsciemment, d'embellir le souvenir de périodes ternes si nous pouvons en extraire un ou deux grands moments, surtout vers la fin. Et nous pouvons nous souvenir de périodes difficiles sans trop d'abattement, si notre douleur n'a pas atteint des sommets, là encore surtout vers la fin. Le happy-end hollywoodien, c'est donc plutôt bien vu !

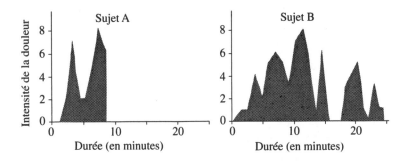

Le souvenir d'une expérience douloureuse ne dépend pas de la quantité totale de douleur subie (surface sous les courbes), mais de l'intensité de la douleur finale. Ici, le souvenir de la coloscopie sera pire pour le sujet A que pour le sujet B[16].

Commérages Dire du mal des autres entre amis : une bonne idée ? Je n'en suis pas sûr. Ce qui est étrange, c'est l'irrésistible attrait que ça exerce sur la plupart d'entre nous, sauf si nous sommes des saints ou des sages. Comment l'expliquer ? Comment dégommer autrui en son absence, même gentiment, peut-il ainsi représenter une activité amusante et attirante ? En général on dézingue plus volontiers les personnes qui nous agacent ou nous surpassent (une autre façon de nous agacer). Il y a donc bien dans le commérage une forme de punition inconsciente de celui ou celle qu'on critique. Et aussi un défoulement, un soulagement : la plupart du temps, nous évoquons alors tout ce que nous n'avons pas osé dire en face. L'un de mes amis, un sage, avait d'ailleurs pris la décision de ne plus critiquer les absents : dès que quelqu'un commençait à le faire et à chercher à l'y entraîner, il refusait : « Soit on réfléchit à la manière dont on pourrait le lui dire en face, soit ça ne m'intéresse pas. » Je m'efforce de l'imiter. Succès irréguliers…

Comparaisons La comparaison, en psychologie positive, c'est en général du poison, pour le bien-être. On dit souvent qu'il y a trois comparaisons pour gâcher son bonheur : comparer ce que je suis en train de vivre maintenant avec ce que j'ai vécu de mieux dans ma vie passée ; avec ce que vivent des personnes plus chanceuses que moi ; avec ce dont je rêvais. Après ce triple travail, il y a de bonnes chances que vous vous sentiez moins heureux que vous ne l'étiez auparavant.

Je me souviens d'un de mes patients avec qui je parlais de ça, et qui me racontait ainsi sa vision des choses : « Pendant longtemps, j'étais facilement envieux du bonheur des autres, il me semblait que ça m'enlevait quelque chose, comme si la quantité de bonheur ici-bas était limitée, comme peut l'être l'argent. Du coup, le bonheur que mes voisins avaient, c'était du bonheur en moins pour moi. Puis j'ai compris que si je continuais comme ça, je me condamnais au malheur et à l'insatisfaction. J'ai peu à peu fait l'effort de ne plus me comparer avec les autres, de ne me comparer qu'à moi-même : as-tu fait ou non des progrès ? Et de me réjouir du bonheur des autres. D'abord pour des raisons égoïstes : après tout, les gens sont plus agréables à fréquenter lorsqu'ils sont heureux ! Puis pour des raisons altruistes : à quoi bon souhaiter leur malheur ? »

Les travaux disponibles[17] montrent que les personnes heureuses comparent moins leur sort avec celui des autres. Et aussi qu'elles se réjouissent de ce qui arrive de bien aux autres. Les bouddhistes appellent cela « amour altruiste ». On découvre aujourd'hui que cultiver de telles « bonnes pensées » fait beaucoup de bien à ceux qui les hébergent !

Compassion C'est se montrer sensible et attentif à la souffrance d'autrui, et souhaiter qu'elle diminue ou s'interrompe. Cette sensibilité et ce souhait sont bien sûr des préalables aux actions d'aide et de soutien face aux douleurs et aux détresses que nous croisons régulièrement.

La compassion peut sembler nous éloigner du bonheur dans un premier temps, ou l'interrompre s'il était là dans nos vies, puisque c'est une forme de souffrance : nous souffrons de voir souffrir les autres. C'est vrai. Mais qui pourrait imaginer que le bonheur puisse être permanent ici-bas ? Et qui a dit qu'il devait rendre aveugle au malheur des autres ? Personne, évidemment. Le bonheur est au contraire impliqué dans la compassion : en nous rendant plus ouvert à ce qui nous entoure, et donc plus à même de voir ce qui ne va pas autour de nous. Et en nous donnant l'énergie d'aller au secours de qui en a besoin. On peut même aller plus loin : le bonheur est renforcé par la pratique de la compassion : cette dernière nous apprend à voir le monde tel qu'il est, et non tel que nous le rêverions. Elle nous apprend qu'il est possible d'aller vers la souffrance sans renoncer à être heureux. Elle habille notre empathie naturelle (cette capacité innée chez les humains à ressentir les émotions d'autrui) avec les valeurs culturelles de la psychologie positive (partager son bonheur, s'en servir comme moteur).

Conjoint C'est la personne qui en sait le plus sur nous et nos capacités émotionnelles : beaucoup d'entre nous exportent rarement leurs plaintes, états d'âme négatifs et mauvaise humeur ; nous les réservons en général à nos proches. Traiter son conjoint comme son supérieur hiérarchique serait alors, parfois, une bonne idée. On ne peut pas en même temps vouloir le bonheur de quelqu'un et le traiter comme une poubelle à émotions négatives.

Conscience Le bonheur, c'est du bien-être dont on prend conscience. Le bien-être, c'est avoir le ventre plein, être au chaud, en sécurité, entouré de congénères paisibles et bienveillants... On peut ressentir du bien-être que l'on soit un cochon, un mouton, un dindon, ou un humain. Le bien-être, c'est déjà intéressant ! Mais les humains peuvent ressentir quelque chose de plus fort qui s'appelle le bonheur. Grâce à leurs capacités de conscience réflexive, ils sont capables de se dire : « Ce que je suis en train de vivre est une chance, une grâce ; à cet instant ma vie est belle et bonne. » Ce faisant ils transcendent leur simple bien-être en une expérience beaucoup plus forte, en un moment de bonheur. Il est probable que ce changement de perspective fait que l'instant ainsi conscientisé nous est encore plus agréable, et va être stocké dans notre mémoire de manière plus profonde ; il pourra alors nous servir de ressource ultérieure quand les temps seront plus durs. Nous pouvons hélas traverser tout un tas de moments agréables sans en bénéficier autant que nous le pourrions : si nous sommes préoccupés, c'est-à-dire si notre esprit est occupé par autre chose (nos soucis, ce qui va venir après, les petits détails de la situation qui nous agacent), nous n'aurons vécu que du bien-être animal (déjà pas si mal, après tout) mais nous n'aurons pas basculé dans le bonheur. C'est pour cela que j'aime bien cette phrase d'Albert Camus : « Ce n'est plus d'être heureux que je souhaite maintenant, mais seulement d'être conscient[18]. »

Consolation « Le but, c'est d'être heureux. On n'y arrive que lentement. Il y faut une application quotidienne. Quand on l'est, il reste beaucoup à faire : à consoler les autres. » Jules Renard, dans son *Journal*[19], nous rappelle ainsi avec élégance que se rendre heureux nous permet : 1) de nous ouvrir au malheur des autres ; 2) d'avoir la force de les aider. Sans le bonheur, ce sera plus compliqué.

Contagion Le bonheur est contagieux, comme toutes les émotions, positives ou négatives. Des chercheurs ont montré qu'année après année, fréquenter des personnes heureuses augmentait peu à peu notre bonheur[20]. Sans doute le moyen le plus reposant de se rendre plus heureux !

Content Être content paraît quelque chose de moins fort et noble qu'être heureux. Plus léger, plus puéril ; les enfants ne disent pas en croisant quelqu'un : « Il n'a pas l'air heureux, le monsieur », mais : « Il n'a pas l'air content.» Le contentement n'a pas le prestige du bonheur. C'est peut-être sa grande supériorité : être content, c'est être heureux juste à cet instant, sans en attendre plus, sans en demander plus à la vie. S'efforcer d'être content de ce que l'on vit, sans trop se demander si l'on est vraiment heureux ? C'est un programme raisonnable, surtout pour les perfectionnistes.

Contraire Dans son livre *Prisonnier au berceau*, le poète Christian Bobin raconte ceci[21] : « J'avais appris à connaître toutes choses par leur contraire : le clair par le sombre, le chant par le silence, l'amour par la solitude.» Le philosophe André Comte-Sponville écrit quant à lui que le bonheur est un « état subjectif, bien sûr, relatif, évidemment, dont on peut pour cela contester jusqu'à l'existence. Mais qui a connu le malheur n'a plus de ces naïvetés, et sait, au moins par différence, que le bonheur aussi existe ». Nous savons tous que le contraire du bonheur (le malheur) et l'absence de bonheur (le vide existentiel) existent. Faut-il les expérimenter personnellement ou simplement savoir qu'ils existent, pour qu'ils puissent être des sources de motivation à chercher et préserver le bonheur ?

Contrôle Le bonheur, c'est parfois de lâcher prise ponctuellement et de se laisser aller à ce que nous offre l'instant présent. Mais, sur la durée, percevoir que l'on contrôle plus ou moins son environnement augmente plutôt notre bien-être. De nombreuses études l'ont montré. Par exemple, à un moment de la vie où les possibilités de contrôle diminuent en général, dans les maisons de retraite[22] : dans l'une d'entre elles, on proposait aux pensionnaires d'améliorer leur quotidien en mettant des plantes vertes dans leur chambre et en leur projetant un film sur grand écran par semaine. Soit ils géraient la situation eux-mêmes (c'est eux qui choisissaient et arrosaient leurs plantes, eux qui décidaient du programme de cinéma), soit on le faisait pour eux (le personnel choisissait les plantes, les arrosait et proposait un film). Les différences étaient très nettes entre les deux groupes, en termes de gains de bien-être, de santé, de mortalité : cela allait du simple au double.

Corde et chaîne Tous les efforts de psychologie positive sont comme les brins d'une corde. Isolément, aucun n'est capable de soulever un poids très lourd sans se rompre. Aucun ne suffit s'il est seul. Associés les uns aux autres, ils fournissent par contre une corde solide. Parfois plus qu'une chaîne, qui n'est pas plus forte que le plus faible de ses maillons. Et plus le poids de l'adversité sera lourd, plus les efforts devront être nombreux et variés.

Cordonnier On connaît le proverbe : « Les cordonniers sont les plus mal chaussés. » En tant que spécialiste de psychologie positive, on me demande souvent si je suis un homme heureux, si je suis un cordonnier bien chaussé ? Je réponds alors que je suis un cordonnier aux pieds fragiles qui prend soin de ses chaussures ! Je ne suis pas doué pour le bonheur. J'ai des tendances anxieuses et dépressives, comme beaucoup de monde. Ce n'est évidemment pas un hasard si je me suis intéressé aux souffrances psychiques et à leur prévention. Je suis le premier utilisateur de toutes les méthodes que je conseille à mes patients. Le proverbe équivalent en anglais dit ceci : « *The cobbler's children go barefoot* » (« Les enfants du cordonnier vont les pieds nus »). Cela n'a pas été mon cas, du moins il me semble : me sachant peu doué pour le bonheur, j'ai fait de mon mieux pour trouver une compagne douée dans ce domaine, la convaincre de m'épouser, et transmettre à nos enfants le goût du bonheur et de sa quête !

Corps Il faut rendre son corps heureux. Le bien-être de notre esprit est lié à celui de notre corps. C'est pour cela que marcher, bouger, se faire masser, avoir des rapports sexuels sont des occasions de bien-être. Si nous les habitons avec conscience, ces plaisirs se transformeront en occasions de bonheur. Il y a aussi, tout simplement, le sentiment de la vie qui coule et palpite en nous. Si nous prenons régulièrement conscience de cela, de cette chance simple de vivre, c'est une source de bonheur. Cela marche dans les deux sens : lorsque nous nous sentons heureux, si nous prêtons attention à la manière dont cela se traduit dans notre corps, on peut toucher du doigt ce que représente l'expression « élan vital » : le corps est content, léger, prêt à l'action.

Coué Émile Coué, pharmacien puis psychothérapeute, devint mondialement célèbre au début du XXe siècle pour ses travaux sur l'autosuggestion. Loin d'être aussi simplistes qu'on le dit parfois, ses observations et conseils se fondaient tout simplement sur l'influence importante, et aujourd'hui démontrée, de nos contenus mentaux sur notre moral et notre santé : plus nous ruminons de sombres pensées, plus nous diminuons nos chances d'aller bien. Simple et juste. Les études montrent que le fait d'écrire, de lire, d'entendre des phrases qui nous sont favorables, qui disent des choses gentilles ou valorisantes sur nous, a un impact sur notre santé, nos capacités d'autocontrôle (moins fumer, moins boire). L'inverse est aussi vrai, hélas : à force d'entendre, de la part des autres ou depuis notre petite voix intérieure, que nous sommes nuls ou que nous ne nous remettrons pas de notre maladie, nous finissons par le croire… Le truc étrange, tout de même, c'est que tout le monde est convaincu que se répéter inlassablement dans sa tête qu'on est nul va s'avérer toxique, mais que tout le monde est convaincu à l'inverse que se répéter dans sa tête qu'on peut s'en sortir ne peut pas marcher. Peut-être la méthode Coué et ses avatars américains de la Pensée Positive Permanente nous ont-ils été survendus ? En tout cas, il est aujourd'hui clair que nous avons intérêt à nous tenir des discours intérieurs aussi amicaux et *réalistement* positifs que possible.

Coup de vieux Je me souviens, la première fois où on m'a appelé « monsieur », ça m'a fait drôle. J'étais cependant préparé et entraîné, car on m'avait dit « Docteur » très souvent auparavant, lorsque j'étais étudiant en médecine puis interne, et ça fait un peu le même effet. Mais le jour où, pour la première fois, on m'a demandé si j'avais des petits-enfants (j'achetais une carte « Famille » au musée du Louvre), eh bien ça m'a fait encore plus drôle ! Puis, je me suis dit que tout était bien : à mon âge, je pourrais effectivement avoir des petits-enfants. Et qu'alors il est normal d'accepter l'âge qui va avec cette possibilité. La vie est bien faite : elle nous rappelle tranquillement ce que nous oublierions volontiers, et nous contraint amicalement à nous y habituer.

Coupable d'être heureux Ce sentiment étrange de culpabilité à se sentir heureux ! Que se passe-t-il alors dans nos têtes ? Le plus souvent, ce qui nous gêne, c'est la conscience que d'autres sont malheureux dans le même temps. Or le bonheur n'est pas une denrée à somme nulle, il est comme l'amour : illimité. Être heureux n'enlève rien aux possibilités de bonheur des autres, ni n'ajoute à leur malheur (sauf en cas d'ostentation indélicate).

Couple Source de bonheur, au moins sur le plan statistique !
En moyenne, les personnes en couple se sentent plus heureuses que les autres, c'est-à-dire, dans l'ordre, que les personnes célibataires, veuves, et divorcées. Ce qu'apporte le couple au bonheur des humains évolue au fil des années : au début, le sentiment amoureux ; puis peu à peu, s'y ajoutent l'affection, la camaraderie, la sécurité, la diversité joyeuse d'une vie de famille avec des enfants ; et enfin le simple confort de ne pas être seul face à la vie, l'adversité matérielle ou existentielle.

Existe-t-il un mode d'emploi du bonheur à deux ? Il y aurait beaucoup de choses à dire, mais parmi les points de détail auxquels on ne songe pas, il y a notamment ceci : savoir se réjouir de ce qui arrive de bon à son conjoint. On pense souvent qu'il faut le soutenir quand il a des problèmes, ce qui est vrai, et qui a longtemps été une des principales fonctions du couple : à l'époque où la vie était dure, ne pas être seul en cas de maladie ou d'infortune était vital. Aujourd'hui, alors qu'il est matériellement possible, et socialement toléré, de vivre seul, on attend du couple autre chose : qu'il nous épanouisse et nous rende heureux, plus heureux que si nous vivions seul ; sinon, ça ne vaut pas la peine, car il y a tout de même aussi des contraintes dans la vie de couple. Les études montrent ainsi que se réjouir activement (pas seulement dire « oui, super », mais exprimer ses émotions, poser des questions, etc.) est un très bon prédicteur de la durée de vie des couples[23]. Autre facteur facilitant de bonheur à deux, et donc de longévité du couple : régulièrement passer du temps ensemble, hors de chez soi, dans des environnements agréables. Le ronron du quotidien a du bon (savoir que l'on va retrouver tous les soirs chez soi son conjoint et ses enfants), mais encore plus s'il est agrémenté par de petites doses d'inédit et de changement. Sinon, le couple ressemble à un plat sans sel et sans condiments : il contient tout ce qu'il nous faut, mais c'est un peu fade.

Cousins en bonheur « Le mécontent est peu regardant. Il se nourrit indifféremment d'une chose ou de son contraire. De toute façon, rien ne lui convient. Cet absolu est en somme ce qui ressemble le plus à l'idéal inaccessible de la béatitude », écrit Chevillard[24]. Eh oui, les râleurs et les ravis se ressemblent plus qu'il n'y paraît : mêmes certitudes et même volonté de ne voir du monde qu'un seul de ses côtés. Lesquels préférons-nous fréquenter ? Et desquels sommes-nous en train de nous rapprocher ?

Créativité : la souris, la chouette et le fromage[25]

Pendant longtemps, le stress a été surévalué en tant qu'outil de performance et de créativité. Tout comme on répétait qu'« il faut souffrir pour être belle », on pensait que le prix de la performance était la souffrance. Pas si sûr, nous montrent de nombreux travaux de psychologie positive. Ainsi cette étude qui consistait à demander à des volontaires de participer à un jeu dans lequel ils devaient aider une petite souris à sortir d'un labyrinthe. La moitié d'entre eux y était incitée avec une motivation positive : aider la souris à sortir pour qu'elle puisse savourer un délicieux morceau de fromage (se rapprocher d'un petit bonheur). L'autre moitié y était encouragée par une motivation négative : aider la souris à sortir pour qu'elle puisse échapper à une chouette qui survolait le labyrinthe et finirait par la dévorer si elle tardait trop (s'éloigner d'un grand malheur). L'épreuve était facile, et tous les volontaires trouvaient la sortie assez vite. Puis on leur faisait passer des tests de créativité : et là, on s'apercevait que les volontaires qui avaient aidé la souris à trouver le fromage (motivations et émotions positives) trouvaient deux fois plus de solutions aux questions posées que ceux qui avaient aidé la souris à fuir la chouette (motivations et émotions négatives).

Moralité : l'état d'esprit dans lequel nous faisons quelque chose compte beaucoup. Les deux familles de volontaires avaient accompli exactement la même tâche, mais pas dans le même esprit. De même, selon que nous agissons de manière détendue ou crispée, nous ne nous retrouverons pas dans le même état à la sortie et pour la suite de nos activités. Les émotions et motivations positives vont nous ouvrir l'esprit à la nouveauté et à la créativité, et à l'inverse pour les négatives.

Crise Ça m'étonne toujours quand on m'interroge à propos du côté « décalé » de mes livres sur le bonheur ou la sérénité, en cette période de crise économique mondiale. La sérénité, l'équilibre intérieur, le bonheur, ça n'est pas fait pour nous couper du

monde, nous isoler, nous inciter à nous replier sur nous ! La sérénité, ça n'est ni l'immobilité ni le retrait. C'est exactement le
contraire ! Pouvoir nous stabiliser intérieurement, ne pas oublier
de nous réjouir de ce qu'il y a de réjouissant dans les détails du
quotidien, cela nous aide encore mieux à nous engager dans
l'action pour changer le monde, mais une action sereine, lorsque
c'est possible. Et puis même si elle n'est pas sereine, même s'il
faut de la bagarre, des secousses, même s'il faut s'engager de toutes
ses forces pour que « ça bouge », il va bien falloir ensuite s'apaiser,
pour souffler, pour préparer les prochaines actions. Engageons-
nous dans ces efforts d'apaisement de toutes nos forces aussi !
Nous avons besoin de tout : de l'énergie pour nous lancer, de la
sérénité pour récupérer, et de l'envie de bonheur pour ressentir
aussi l'envie de reconstruire.

Crise du milieu de la vie La crise de la quarantaine, en
d'autres termes. C'est quand on réalise qu'il nous reste peut-être
moins de temps devant que derrière, moins de temps à vivre que
de temps déjà vécu. Alors on commence à réfléchir différemment
à l'existence et au bonheur. On a moins envie de sacrifier le présent
au futur, moins envie de se dire : « Aujourd'hui j'en bave mais
demain j'en profiterai. » En général, la crise du milieu de vie nous
rend un peu plus clairvoyants à propos du bonheur : on commence
à comprendre que c'est maintenant ou jamais. C'est pourquoi la
plupart des études[26] démontrent deux points fondamentaux :
d'abord, que chez la plupart des humains, au moins occidentaux,
c'est bien entre 40 et 50 ans que le niveau de bien-être perçu atteint
son point le plus bas. Ensuite, que les « sorties de crise » de milieu
de vie, avec le recul, se passent plutôt bien : on ne retrouve que
finalement peu de cas de dépression ou de régression (vouloir à
tout prix nier son âge, et revivre une nouvelle jeunesse), mais au
contraire un accroissement des capacités à être heureux, et davantage de satisfaction avec l'existence. Après 70 ans, les choses se
compliquent à nouveau un peu, avec l'arrivée de nouvelles difficultés à surmonter : deuils réguliers tout autour de nous, maladies

handicapantes, etc. Cela ne signifie pas que le bonheur devient impossible, mais juste qu'il nécessite alors un peu plus d'efforts et d'attention.

Évolution du sentiment de bien-être au cours de la vie

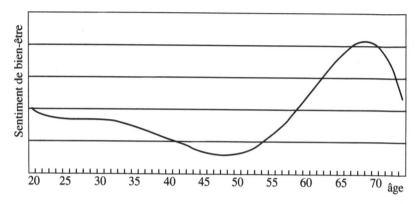

Lecture : en moyenne, un individu est sensiblement moins heureux entre 45 et 50 ans qu'aux environs de 20 ans, et nettement plus heureux aux alentours de 65 ans.
Champ : France métropolitaine.
Source : Eurobaromètres 1975-2000.

Critiques du bonheur Elles ont des causes multiples : snobisme (le bonheur, c'est pour les ploucs), intellectualisme (le bonheur, c'est pour les niais), etc. Ce qui est historiquement intéressant, c'est que les critiques sur le bonheur sont arrivées au moment de sa démocratisation. Jusqu'aux révolutions française et américaine, le bonheur était un objet de respect, les philosophes considéraient avec attention sa nature et les moyens de s'en rapprocher. Puis, dès lors que les révolutionnaires du XVIII\ :superscript:`e` siècle décrètent que le peuple a droit au bonheur, et pas seulement les nantis, cela change. Un peu comme une plage, autrefois réservée aux privilégiés, qui est envahie par la populace. Les critiques sur le bonheur émergent alors à partir du XIX\ :superscript:`e` siècle. Il faut toujours écouter les critiques, mêmes antipathiques, même de mauvaise foi. Le plus convaincant dans ces critiques du bonheur émane peut-être de celles qui considèrent qu'il peut être un leurre ou un obstacle sur le chemin de la vérité. Il serait une sorte de valeur inférieure, une sorte de confort à peine habillé d'un peu de métaphysique. C'est ça : le bonheur confort, pantoufle. Comme un état qui détournerait de toute forme de curiosité pour autre chose que lui. C'est idiot, à première vue. Et à seconde vue ? C'est faux. Toutes les études montrent à l'inverse que le bonheur a tendance à insuffler de l'énergie et de l'intérêt pour le monde environnant.

Culpabilité Même les ressentis émotionnels négatifs ont leur intérêt. La culpabilité, par exemple. On critique souvent la « culpabilité judéo-chrétienne ». Mais imaginez un monde sans culpabilité ! Un monde où les vacheries faites aux autres seraient absolument indolores, ne seraient suivies d'aucun inconfort, d'aucun regret, d'aucune remise en question. Où on abuserait des faibles sans états d'âme. Ce ne serait pas un monde très agréable à vivre. La culpabilité nous pousse à réfléchir à la souffrance que nous avons pu infliger, volontairement ou non, à autrui. Et à nous demander si cela aurait pu être évité, et comment l'éviter la prochaine fois. Plusieurs études ont montré qu'à doses modérées, la culpabilité est bénéfique : elle est associée à davantage d'empathie, de désir de ne pas faire de mal, de capacité à résoudre les conflits. On a pu montrer aussi que, en général, ressentir facilement de la culpabilité faisait de meilleurs leaders[27], disposant d'une meilleure écoute, de moins d'agressivité inutile, d'un sentiment de responsabilité envers les autres.

Curiosité État d'âme agréable lié à l'approche de quelque chose d'inconnu. Sans doute une source d'émotions positives. Et aussi une de leurs conséquences, toujours dans cette logique d'ouverture au monde qu'elles favorisent, et d'élan aussi. C'est en partie une histoire de tempérament et en partie une histoire d'état émotionnel, lié à l'ouverture, à la disponibilité. Rien n'assassine plus sûrement la curiosité que le fait d'être triste, d'être pressé, d'être inquiet. Dans ces moments, nous cherchons à rester sur nos habitudes et sur nos rails. Et nous nous privons des découvertes et déstabilisations de la curiosité : elle est ce qui permet une extension de notre monde connu, et donc un accroissement de notre bonheur de vivre, de connaître et d'expérimenter. Sans elle, pas d'émerveillements : ce serait bien dommage !

Cygne Lors d'un colloque, j'ai entendu un jour une conférencière, qui était chef d'entreprise dans le luxe, faire une belle comparaison : elle expliquait que, dans son métier, elle devait toujours donner l'impression que tout était simple, facile et harmonieux. Mais qu'en réalité c'était beaucoup de travail par-derrière, imperceptible et invisible pour les observateurs. Elle comparait ce travail à la nage du cygne : il avance avec facilité et élégance, mais sous la surface, ses petites pattes palmées s'agitent avec énergie… Combien d'efforts, passés et présents, derrière les apparentes facilités que nous admirons chez les autres ? Ou que, parfois, les autres admirent chez nous ? Combien d'efforts aussi consacrés à écarter de nous les pensées douloureuses ou amères, les ressentiments inutiles ? Combien d'efforts pour chasser les nuages et libérer pour le soleil une place dans le ciel ?

D comme Don

Donne, et ne garde qu'une chose :
le bonheur d'avoir donné.

Danemark Le Danemark arrive très souvent en tête des pays dont les habitants se sentent les plus heureux. Alors un été, j'y ai emmené toute ma famille en vacances, pour essayer de comprendre le secret des Danois... J'avais un peu lu avant le voyage, et je savais que, parmi les éléments expliquant le contentement des citoyens du pays, figurent notamment le relativement faible écart de revenus entre les plus riches et les plus pauvres, le partage de valeurs culturelles et identitaires fortes, un État providence encore en bon état[1]. Et puis, j'ai regardé vivre les Danois au quotidien, et ma conclusion, plus prosaïque, a été la suivante : à mon retour, m'acheter un vélo, manger beaucoup de poisson et parler davantage à mes voisins du quartier. Ce que j'ai fait...

Décider d'être heureux Décider d'être heureux, c'est comme décider d'aller faire une promenade, mettre ses chaussures et attendre qu'elles marchent pour nous : c'est bien, c'est une première étape (certes mieux que songer vaguement à une promenade en restant vautré dans son canapé), mais ça ne suffira pas. Il va falloir marcher soi-même. Le bonheur se facilite, se rencontre, se travaille même. Mais ne se convoque pas. La décision d'être heureux n'est en fait qu'une décision à faire des efforts réguliers pour l'être plus souvent.

Dédicace Ça se passe lors d'un petit tour de France des librairies, à la rencontre de mes lecteurs, lors de la sortie d'un de mes ouvrages. J'aime beaucoup ça, rencontrer mes lecteurs et bavarder un instant avec eux ; même si c'est bref, forcément, j'essaie d'y mettre autant de présence et de sincérité que possible. Du coup, cela permet tout un tas de petites rencontres et discussions toujours agréables et intéressantes, parfois émouvantes et passionnantes. Car il se passe toujours, à un moment ou un autre, quelque chose de fort, une sortie de ce qui est habituel ou prévisible.

Cette fois-ci, c'est en bavardant avec une dame un peu étrange mais très gentille : après m'avoir raconté combien elle se sent seule parfois, elle me demande de dédicacer mon livre pour sa fille et elle. J'obtempère, en lui demandant un peu qui est cette fille, si elle aime la psychologie, etc. Et au bout d'un moment, à force de questions, elle m'explique que cette dernière est morte il y a longtemps, que cela l'a rendue folle de chagrin, et que cette dédicace, c'est une manière de garder sa mémoire vivante, à ses côtés. Je suis pétrifié, ne sachant que dire ni que faire, sinon hocher la tête, et répéter : « Je suis désolé, je suis désolé. » Elle, elle n'a pas l'air désolée, juste contente de la dédicace et de notre discussion, avec l'air ailleurs, avec le visage calmement douloureux et les pensées différentes des personnes dont la vie ne sera jamais tout à fait la même que celle des autres, celles qui n'ont jamais perdu un enfant. Puis elle s'en va, son livre sous le bras, sa fille dans sa tête et dans son cœur. Je continue mes dédicaces, vaguement perturbé, doucement bouleversé. Content de l'avoir rencontrée, espérant que mon livre va l'aider. Et dans ce genre d'état d'âme très particulier, qui fait de nous des humains : je ne suis ni heureux ni malheureux, ou plutôt je suis les deux, en même temps.

Défauts des autres Certains me surprennent énormément, parfois : ceux que je n'ai pas. Les autres, je les repère très bien : j'ai les mêmes, j'en suis donc un expert. Je sais comment ils se manifestent, je connais leurs masques et leurs manières parfois détournées de se manifester. Les défauts des autres, lorsque je suis de bonne humeur, m'inspirent de la bienveillance et de la compassion : pour être en lutte constante contre eux, je sais à quel point il s'agit d'un vaste chantier, qui dure souvent toute notre vie. Il est rare qu'on supprime totalement un défaut ; mais il est fréquent qu'on en atténue considérablement l'emprise sur notre vie, en s'efforçant un peu. Alors je me dis que la personne en face de moi, qui m'agace, est peut-être engagée dans un de ces chantiers. Et je me rappelle que je ferais bien, au lieu de seulement rouspéter après elle, de me remettre moi aussi au boulot.

Déferlement négativiste L'histoire se passe un jour de consultation à Sainte-Anne, avec une patiente que je vois environ deux fois par an. Elle est suivie par une autre psychothérapeute, que je connais et avec qui elle fait du bon travail, mais elle tient à nos consultations de loin en loin, ça la rassure.

En général, nos entretiens se ressemblent : elle commence par me submerger d'un déferlement de propos négatifs, sur elle et le monde qui l'entoure. Je tiens bon, je souris sans la contredire à ce stade, mais en la recadrant doucement (« vous pensez vraiment que ?... », etc.). Elle ne lâche rien, fait comme si elle ne m'entendait pas et continue ses propos pleins de malheur et de bile. Effectivement, il lui en arrive pour de vrai des malheurs, elle n'invente rien, mais elle ne me parle jamais, à ce stade, de ce qui va correctement dans sa vie.

Puis, durant les cinq dernières minutes, elle baisse la garde et se met à sourire un peu et à relativiser. Elle me dit que ça lui a fait du bien de discuter avec moi. Elle termine notre entretien allégée, sans doute rassurée que je n'aie pas cédé sur l'essentiel : notre existence ici-bas n'est peut-être pas ce qui se fait de mieux, mais ce n'est pas non plus l'enfer total. Je suis un peu sonné, mais soulagé moi aussi : soulagé que ça s'arrête, soulagé qu'elle reparte en meilleur état moral qu'elle n'est arrivée. Et je sais, car elle m'écrit souvent après les consultations, que nos discussions lui font du bien ensuite, dans les semaines et les mois qui suivent. J'ai mis quelques années à comprendre que nos entretiens avaient un effet retard : ils ne marchent pas vraiment tout de suite ; il lui faut du temps, à ma patiente, pour malaxer nos échanges dans sa tête, et s'en trouver mieux. Au début, ça m'affligeait, j'avais un sentiment d'impuissance, et j'étais crispé, prêt à l'envoyer sur les roses. Puis, j'ai compris ce que je devais faire pour l'aider : rester calme, continuer de bien l'aimer et de le lui montrer malgré les plaintes déferlantes et peu gratifiantes, et faire tranquillement le boulot. Toujours croire en elle, en ses bons côtés et en son intelligence de la vie.

Souvent, lorsque je vois son nom sur la liste des rendez-vous du jour, je soupire (« ça va être dur... »), puis je souris (« je suis content d'avoir de ses nouvelles... »). Enfin, je repense à la maxime de Pasteur : « Guérir parfois, soulager souvent, écouter toujours. » Mon mantra de thérapeute pour les cas difficiles.

Défilé C'est un souvenir ancien, la scène se passe il y a quinze ans environ. Ce jour-là – c'était un après-midi de semaine –, je marchais dans la rue principale de notre petite ville de banlieue parisienne. Tout à coup, je vois arriver un cortège enfantin, déambulant au milieu de la chaussée, précédé par deux policiers municipaux débonnaires qui dégageaient le passage. C'était Mardi gras, les enfants de l'école étaient tous déguisés pour le carnaval et devaient sans doute se rendre au gymnase proche pour une petite fête.

Amusé et attendri, je m'arrête pour observer leur passage : certains étaient joyeux et excités, d'autres un peu perplexes, voire inquiets de se trouver en train de marcher au milieu de la rue (un endroit où on ne va jamais quand on est un petit enfant de maternelle) sous les regards de quelques parents et passants. Le spectacle était mignon, mais un peu triste aussi : ces enfants défilant sans public, ou presque, agitant leurs petits drapeaux sans que grand monde les regarde. Je ne suis jamais très à l'aise avec les défilés ;

en général ils m'inquiètent ou ils m'attristent. Et j'ai toujours de la peine quand je vois un spectacle sans spectateurs. Mais je n'allais pas prendre un visage consterné à leur passage, tout de même ! Alors, pour les encourager, je reste là à applaudir et faire bonjour, à leur proposer un comportement de badaud joyeux, qui leur manque peut-être à ce moment.

Et j'aperçois au milieu de la petite troupe ma fille aînée, qui devait avoir à l'époque 4 ou 5 ans. J'avais oublié qu'elle pouvait se trouver là ! J'observe son visage : un peu inquiet, observant la scène de l'intérieur, de manière incrédule et préoccupée. Elle ne me voit pas. Je l'appelle, elle m'aperçoit, et un sourire éclaire son visage ; elle me salue, me montre à ses copines et copains, agite un peu plus fort son drapeau, soulagée d'avoir peut-être trouvé un sens à ce défilé étrange. Puis le petit cortège s'éloigne, j'aperçois encore ma fille se retournant une ou deux fois, pour me faire au revoir de la main.

Au revoir, ma fille que j'aime, au revoir...

Un étrange sentiment de fragilité de la vie humaine monte alors doucement à mon esprit. Ces enfants trimballés pour un spectacle auquel ils ne comprennent pas grand-chose, dans l'indifférence des passants, me semblent un instant à l'image de l'humanité tout entière : fragile, orpheline, perdue. Je devais être dans un jour triste.

Ce souvenir a aujourd'hui pour moi comme un goût de rêve. Vous avez remarqué comment certains rêves nous restent en mémoire des années après ? Je crois que je m'en souviens comme d'un rêve parce que j'éprouvais des états d'âme complexes et intenses, que la scène était un peu étrange et inhabituelle, et que ma tristesse du moment me rendait archi-réceptif aux petits décalages d'un spectacle censé être joyeux.

Il y a toujours de petites déchirures dans le bel habit des fêtes. On dit que c'est par là qu'entre la lumière. Certains jours, cette lumière est sombre. Mais j'aime bien. J'aime bien que ce souvenir soit porteur d'une douce tristesse. Il me rappelle notre fragilité : celle de ma fille, la mienne et celle du genre humain.

Delteil Joseph Delteil : mon écrivain oublié préféré ! Un sage malicieux et heureux. Il fut la coqueluche du Paris mondain et littéraire des années 1930, avant de décider de se retirer, en pleine gloire, dans sa thébaïde près de Montpellier, une ancienne tuilerie nommée La Massane. Il y vécut joyeusement et simplement jusqu'à la fin de ses jours : « Au fronton de ma maison des champs, j'ai inscrit la formule sacrée de Confucius : vivre de peu. » Fagoté comme un escargot, béret sur la tête et souvent en sabots, Delteil était le chantre de la nature et de l'élan vital, le célébrateur d'un « bonheur paléolithique ». Voici un extrait de son délicieux *François d'Assise* : « C'était déjà le premier automne, car il y en a trois, l'automne de l'éclat, l'automne de la dépouille et l'automne du silence. Adieu ! adieu ! adieu ! chantaient de toutes parts les plantes et les vents, les champs archi-mûrs, les prairies mordorées. Adieu, paniers, vendanges sont faites. Les moissons à la grange, les âmes au bercail... » Le lire me réjouit, m'élève, me soigne.

Demain Demain et le bonheur, c'est toute une histoire. Parfois, l'idée d'un demain est pour nous une source de lumière et d'espérance pour supporter l'adversité : « Aujourd'hui, c'est dur, mais demain ce sera mieux. » Souvent, hélas, cet espoir des lendemains qui chantent nous piège : on se dit qu'aujourd'hui, c'est le temps des efforts et que demain sera celui du bonheur, lorsque nous aurons atteint tous nos objectifs professionnels, familiaux, financiers, et autres. Mieux vaut ne pas se le dire trop longtemps. Car, parfois, demain sera le jour de notre mort, et non celui de notre bonheur.

« Démerdez-vous pour être heureux ! » C'est vrai, quoi ! Il y a des fois où on a envie de secouer certaines personnes qui se plaignent de ce que ce n'est pas facile d'être heureux. C'est vrai, mais on peut toujours y arriver, disent certains. Enfin, moi, je n'ose jamais dire ça : en tant que médecin des âmes, je sais à quel point c'est compliqué, mais ça me réjouit que d'autres, parce qu'ils ont plus de facilités ou moins de contraintes que moi, osent le dire. C'est pour cela que cette formule, « Démerdez-vous pour être heureux ! », qui faisait le titre (excellent !) d'un livre du père Jaouen[2], jésuite plein d'énergie, me met en joie : elle émane non pas d'un égoïste ou d'un inconscient, mais d'un homme qui aide les autres à être heureux, à sa manière un peu rude.

Démocratie La démocratie est bonne pour le bonheur, de nombreuses études de psychologie positive l'attestent[3]. Tout d'abord en tant que telle : pouvoir se sentir libre d'exprimer son avis, et avoir le sentiment qu'il compte, cela facilite le bonheur. Par exemple, les cantons suisses où il existe le plus grand nombre de « votations » sont aussi ceux dont les habitants se sentent le plus heureux[4]. La démocratie est également bénéfique au bonheur par les valeurs qu'elle véhicule et les sentiments qu'elle permet d'éprouver : les perceptions et observations quotidiennes de justice, d'égalité, de confiance entre les individus jouent un rôle majeur dans le sentiment d'être heureux au sein d'un pays donné. C'est vrai aussi d'un faible niveau d'inégalités et d'écarts de revenus, et d'une solidarité perceptible au quotidien (entraide entre voisins, entre inconnus dans les lieux publics). C'est ce qui a par exemple manqué aux citoyens de certains pays de l'Est lors de leur transition vers la démocratie : celle-ci a commencé par s'accompagner d'inégalités croissantes et d'une destruction du tissu des solidarités traditionnelles, d'où une nostalgie paradoxale du bon vieux temps de la dictature du peuple.

Les dirigeants politiques devraient s'inspirer davantage de ces travaux. Non pour *imposer* à leurs citoyens une forme particulière de bonheur (il ne s'agirait plus de démocratie mais de dictature), mais pour en créer les conditions. C'est ce qu'avaient pressenti les révolutionnaires américains en proclamant dans leur Déclaration d'indépendance de 1776 que les trois droits inaliénables de chaque humain étaient le droit à la vie, à la liberté et à la *poursuite* du bonheur. Pas le *droit* au bonheur, mais à la poursuite du bonheur : j'insiste car cela me semble visionnaire et intelligent. Le rôle des politiques est de créer un environnement permettant à chacun de s'occuper de son propre bonheur. De l'autre côté de l'Atlantique, et quelques années plus tard, Saint-Just écrivait en 1794, dans son rapport à la Convention : « Le bonheur est une idée neuve en Europe. » C'est de ce XVIIIᵉ siècle finissant et bouillonnant qu'a jailli la démocratisation du bonheur : autrefois réservé aux élites assez riches et cultivées pour se le permettre, le bonheur est devenu une quête légitime et accessible à tous. Cela a provoqué de l'agacement et du snobisme chez les nantis du XIXᵉ siècle (d'où la tradition critique du bonheur très enracinée chez nous), mais on s'en fiche, n'est-ce pas ?

Démocratie et douche chaude Contre l'habituation hédonique, il existe un exercice que j'appelle « démocratie et douche chaude » et que je propose parfois en psychologie positive : de temps en temps, sous sa douche d'eau chaude, se réjouir de ce confort (et ne pas attendre la panne de chauffe-eau pour gémir) ; de temps en temps, en lisant les journaux, se réjouir de vivre en démocratie (ne pas avoir à craindre d'être réveillé à 5 heures du matin par la police politique, pouvoir voter pour qui l'on veut, et dire librement ce qu'on pense de la vie publique). J'en avais parlé un jour à une amie. Peu après, alors qu'elle revenait d'une mission humanitaire en Afrique, elle m'écrivit un mail qu'elle intitulait « Dictature et douche froide ». Le voici :

« J'espère que tu vas bien et que tu tiens le coup malgré ta "saison" chargée. Je viens de rentrer de dix jours en République démocratique du Congo. Depuis, j'essaie de trouver un sens à toutes ces situations injustes et atroces dont j'ai été témoin, j'essaie d'accepter la manière dont fonctionne le monde et de me décoller de mes pensées de révolte et de tristesse. Il me faudra encore beaucoup de pratique pour accepter tout cela, je crois. Que c'est dur, de retour de mission, d'apprécier – sans culpabiliser – tout ce qui nous est donné ici (et qu'on gaspille ou dont on ne profite pas assez). À quand la démocratie et la douche chaude pour tous ? Je t'embrasse. »

Toujours la même question : comment se permettre du bonheur au milieu du malheur ? Et toujours la même réponse : ne pas se culpabiliser des bonheurs qui nous sont permis, mais : 1) ne pas les gaspiller ; 2) y puiser la force d'aider ceux qui en sont très, très loin. Comme le fait mon amie.

Dépendance Être heureux, c'est être dépendant. Philippe Delerm écrit même : « Être heureux, c'est avoir quelqu'un à perdre[5]. » Dépendance à l'amour, dépendance au bonheur ? Comme la dépendance à la respiration ou à la nourriture : normal puisque ce sont des besoins fondamentaux de tout humain.

Dépendance à l'humeur Terme technique, mais notion importante et utile. Chaque état émotionnel est associé à ce que les chercheurs en psychologie des émotions appellent un « programme comportemental » : c'est-à-dire que chaque émotion s'accompagne de tendances spécifiques à l'action, automatiques, programmées pour se déclencher lorsque l'émotion apparaît. Pour la tristesse, ces tendances à l'action poussent au repli et à l'immobilité, pour s'économiser et réfléchir (ce sont alors plutôt des tendances à l'inhibition de l'action). Pour l'inquiétude, ce seront des comportements de prudence, de surveillance de l'environnement, pour y scruter les dangers. Pour la colère, des manifestations d'intimidation et d'hostilité. Pour le dégoût, du recul. Ces tendances à l'action sont des automatismes, ce qu'on pourrait appeler un « premier mouvement » déclenché par l'émotion. Elles sont adaptées en milieu naturel : elles nous aidaient autrefois à mieux faire face à des menaces ou dangers physiques. Mais elles sont moins adaptées en milieu culturel, face à des dangers symboliques ou virtuels.

Il en est ainsi du mouvement naturel du corps vers l'agressivité, contenu dans la colère : pour un animal il sert à intimider adversaires et partenaires ; pour un humain, il complique parfois les situations dans lesquelles la diplomatie ferait mieux que les hurlements. L'inhibition de l'action qu'induit la tristesse peut aider un animal à se refaire des forces et à récupérer, le temps de la laisser passer, comme on laisse passer un orage (les animaux ne ruminent pas leur chagrin). Chez l'humain, hélas, cette inhibition de l'action peut aggraver encore l'humeur triste (ce que vivent les déprimés : moins ils en font, plus ils dépriment).

C'est pourquoi, repérer cette dépendance à l'humeur et ces programmes comportementaux, et les entraver, peut parfois être une bonne idée. Du moins, une idée à tester. Par exemple, aller marcher alors que la dépression nous donne le sentiment d'être très fatigués. Après une heure de marche, il arrive que fatigue et déprime soient toujours là ; mais après vingt jours où nous nous sommes astreints à une heure de marche quotidienne, elles ont l'une et l'autre reculé[6]. Quand nous sommes en difficulté devant un travail, la dépendance à l'humeur consiste à obéir au ressenti émotionnel et à abandonner, ou à se « changer les idées » en allant faire un tour sur Facebook ou sa boîte mail. Pas toujours une bonne idée... Ce n'est pas qu'il ne faille jamais écouter ses ressentis émotionnels, mais plutôt qu'il faut vérifier si nous ne les écoutons pas trop, à certains moments. L'inverse ne serait pas mieux (ne jamais lâcher un boulot avant d'avoir trouvé la solution), mais c'est la flexibilité et le discernement qu'il faut viser : écouter mes ressentis, voir vers quoi ils me poussent, et choisir d'y aller ou non.

Vous remarquerez peut-être que je n'ai parlé jusqu'ici que de la dépendance à l'humeur de nos comportements lors des émotions négatives. La même chose existe pour les émotions positives : joie et bonheur nous poussent à des comportements spontanés d'approche et d'exploration, de confiance en nous et en les autres, d'expression de notre bien-être. C'est en général moins problématique, mais cela peut quelquefois ne pas être adapté, dans des environnements hostiles ou malveillants. Ou face à des personnes malheureuses. Donc, là aussi, un peu de discernement et d'autocontrôle sont les bienvenus : « Ce comportement vers lequel je me sens poussé par mon humeur est-il le meilleur à ce moment précis ? »

Dépenser et dé-penser Les incitations de notre société de consommation à dépenser nous poussent à ne pas réfléchir à la question de notre bonheur et de ce qui nous rend, personnellement, plus heureux. Elles nous suggèrent de leur confier ça, nous font croire qu'elles peuvent faire le boulot à notre place, mieux que nous, et qu'elles savent ce qui va nous rendre heureux : nous avons juste à payer et à consommer. Décérébration : dépensez peut s'entendre dé-pensez. Dé-pensez, cessez de réfléchir et payez, nous avons réfléchi à votre place ! Voilà pourquoi, sans être rabat-joie, ça vaut quand même la peine de penser avant de dépenser. Non seulement ça nous fera faire des économies, mais encore cela nous conduira vers des bonheurs plus costauds : l'achat est au bonheur ce que le sucre est à l'estomac. Ça fait plaisir, mais ça ne nourrit pas.

Dépression Il y a beaucoup de manières de parler de la dépression. Il n'y a plus ni désir ni plaisir, dans la maladie dépressive. Plus aucune aptitude au bonheur. Du coup, la vie apparaît dans toute sa brutalité, comme une succession ininterrompue d'ennuis, d'épreuves et de souffrances. Ce qu'elle est, d'une certaine façon. Heureusement, elle n'est pas que cela : entre tous ces moments douloureux, il y a les oasis de bonheur. Or la dépression ne nous permet pas de les atteindre ou de les savourer. Et la seule issue logique, quand on est assez fortement déprimé et qu'on pense (à tort mais très fort) que rien ne peut s'améliorer, la seule issue est de cesser de vivre cet enfer : les idées suicidaires sont presque toujours présentes chez les déprimés, à des degrés divers. D'où la profonde vérité de la phrase de Claudel dans son *Journal* : « Le bonheur n'est pas le but mais le moyen de la vie. » Nous ne vivons pas, ou pas seulement, *pour* être heureux, mais aussi et surtout *parce que*, au moins de temps en temps, il nous est permis de l'être. Les moments de bonheur que la vie nous offre et que nous savons accueillir sont comme les passages à la pompe à essence pour une voiture : on y fait le plein afin de pouvoir continuer son chemin.

Dernières fois Dans nos vies, beaucoup d'au revoir sont en fait des adieux qui s'ignorent. Cela nous évite sans doute certains déchirements. Cet endroit que l'on visite, cet ami que l'on quitte : ce sont peut-être des dernières fois. Cela nous attristerait de le savoir. Peut-être aussi que le savoir nous bouleverserait dans un tout autre sens : celui du bonheur. À ce moment, chaque seconde prendrait la saveur exceptionnelle de ce qu'il ne nous sera plus jamais donné de revivre. Une fois que nous avons admis que notre existence est traversée de beaucoup de ces faux au revoir, et vrais adieux, alors son goût devient tout à coup bouleversant. Nous comprenons alors que notre vie est unique, nous le comprenons avec notre cœur plus qu'avec notre esprit : en admettant que chaque instant est lui-même unique. Source perpétuelle de joie.

Descartes et sa fille Nous disposons en français d'un mot pour désigner les enfants qui ont perdu un parent : orphelin. Il n'en existe pas pour les parents qui ont perdu un enfant. En 1640, René Descartes voit mourir sa fille Francine, à peine âgée de 5 ans. Il en ressent un chagrin immense[7]. On l'imagine souvent comme un rationaliste froid, alors qu'il a écrit un beau traité sur les passions de l'âme, son dernier ouvrage, publié en 1649. Il mourra un an après. Ce traité est considéré par certains comme son ouvrage le plus important, et il révèle clairement que le philosophe de la raison respecte les passions : « La Philosophie que je cultive n'est pas si barbare ni si farouche qu'elle rejette l'usage des passions ; au contraire, c'est en lui seul que je mets toute la douceur et la félicité de cette vie[8]. » La mort de sa fille chérie l'avait-elle ébranlé à ce point, qu'il fit évoluer sa doctrine ?

Désespoir Quand j'en ai marre de tout, j'aime bien repenser à ce proverbe yiddish : « Ne succombez jamais au désespoir : il ne tient pas ses promesses ! » C'est peut-être ça qu'on appelle l'énergie du désespoir ? Commencer par le laisser nous envahir, laisser se rompre les digues, imaginer que nous allons quitter ce monde et ses souffrances. Commencer à monter au ciel dans notre imaginaire. Tout regarder d'un œil tranquille et détaché. Comme c'est beau vu d'en haut ! Et comme nos soucis nous semblent petits tout à coup. Finalement, nous pouvons redescendre ! Nous verrons bien comment nous en sortir. Il y aura toujours une solution. Comme disait je ne sais plus qui : « Tout s'arrange, même mal… » Le philosophe André Comte-Sponville va encore plus loin : il considère que tant qu'il y a de l'espoir, il ne peut y avoir de bonheur[9]. C'est lorsqu'on cesse d'espérer, pour simplement savourer, qu'il déboule. Cela ne me semble souvent qu'à demi vrai : espérer l'avenir peut aussi nous procurer du bonheur, mais ne doit pas nous dissuader de savourer le présent. Ce qui me semble vrai, par contre, c'est que s'il fallait choisir, de force, que notre esprit ne soit capable que d'un des deux, mieux vaudrait prendre l'option de *savourer* que celle d'*espérer*. Notre cerveau, fort heureusement, sait par nature faire les deux ; à nous de l'y entraîner régulièrement.

Désirs Le bonheur n'est pas toujours lié à la satisfaction de nos désirs. Parfois, il nous tombe dessus alors que nous n'avions rien demandé, rien cherché, rien espéré. Parfois, même la satisfaction de nos désirs ne nous comble même pas : c'est le bonheur triste de l'enfant gâté, qui à peine comblé repart en quête d'un autre objet, en proie à la démangeaison chronique et affreuse de l'insatisfaction. Quand désirer nous donne plus de bonheur que savourer, c'est que nous avons encore du travail à faire sur le bonheur…

Devoirs du bonheur Le bonheur est une richesse. Et comme toutes les richesses, il impose certains devoirs. Devoir de pudeur : ne pas offenser les personnes malheureuses avec notre bonheur. Devoir de partage : profiter de l'énergie que le bonheur nous donne pour se tourner vers les autres, et leur donner de l'écoute, de l'affection, de l'aide. Et surtout, surtout, devoir de réserve : pas de conseils sur le bonheur, sauf s'ils nous sont explicitement demandés. Rien de plus agaçant qu'un professeur de bonheur qui vient nous délivrer une leçon qu'on n'a pas sollicitée et qu'on est, à ce moment de notre vie du moins, incapable d'écouter ou d'appliquer.

Deuil et consolations

Je suis avec un ami qui vient de perdre sa compagne. Il est très mal, les larmes lui montent régulièrement aux yeux, il s'arrête souvent de parler, la poitrine bloquée par les sanglots. À ces moments, j'ai l'impression d'entendre son cœur se briser, comme le bruit d'un glaçon qui craque dans l'eau trop chaude du chagrin. Je suis tout embarrassé d'avoir cette idée absurde à cet instant : « Mais qu'est-ce que tu fous, avec ton histoire de glaçon, alors que ton pote est au plus mal ? Et puis, le glaçon, il va du froid vers le chaud, tandis que ton ami est en train d'être frigorifié par la détresse. » Puis je me dis que non, que c'est peut-être le même bruit que le glaçon, parce que c'est le même phénomène : le froid terrible de son cœur se réchauffe un tout petit peu en parlant avec un ami. Et c'est pour ça que ça craque. Ou, plutôt, que j'ai mes hallucinations auditives sur les craquements de son cœur. Essoufflé de tristesse, il ne s'est même pas rendu compte que j'avais mentalement quitté la situation quelques secondes. Je comprends que j'ai juste à être là, que toute parole consolatrice va tomber à plat, que c'est trop tôt. Je le regarde et je lui souris avec tendresse et compassion. Je pose ma main sur la sienne. Il pleure à nouveau. Je respire et je m'efforce de lui envoyer toute mon affection, par mes pensées, mes émotions, par contagion, par télépathie. J'ai l'impression, si je parle, que je vais dire des bêtises, des trucs qui vont tomber à plat. Mais on ne va pas passer la journée là, tous les deux, à pleurer. Alors, avant de le consoler, je lui demande de me parler de lui, de ce qui se passe dans sa tête et dans son corps, de la manière dont il traverse ses journées. Nous revenons vers le réel ; un réel douloureux, mais qu'on peut évoquer. Puis, peu à peu, je lui donne des conseils : « Je sais qu'aucune de mes paroles ne pourra te consoler, parce que pour l'instant tu es inconsolable. Je veux juste te demander de continuer à vivre chaque instant, l'un après l'autre ; chaque fois que les énormes vagues de chagrin vont te submerger, respire, pleure, mets-toi à l'écart pour les laisser déferler et reprendre ton souffle. Puis remets-toi tout de suite à agir, marcher, travailler, remets-toi à tout ce qui engage ton corps et le plus possible de ton cerveau. C'est tout, tu n'as pas d'autres efforts à accomplir que celui-ci.»

Plus tard, quand nous nous reverrons, tout doucement, je lui demanderai de commencer à penser à sa compagne vivante, et pas seulement morte ; d'écrire dans un cahier tous les souvenirs de moments heureux passés ensemble. De la célébrer dans sa vie, non de la pleurer dans sa mort. Il me racontera les rêves incroyables qu'il traverse, avec elle qui vient lui parler presque chaque nuit. Je lui raconterai comment, après la mort de mon meilleur ami, je lui ai parlé, pendant des années, chaque fois que je vivais un moment heureux, en m'adressant à lui pour lui dire : « Tiens mon vieux, c'est pour toi aussi, tout ça.» Et comment ça me faisait du bien de le savoir, ou de l'imaginer, flottant au-dessus de mon épaule, savourant la vie et riant avec moi. Rien ne nous console, toute mort nous laisse inconsolable. Le bonheur ne nous est pas interdit, mais il n'aura plus jamais le même goût. Il sera transformé, comme nous l'avons été. Nous pouvons continuer à vivre avec nos morts. Vivre avec eux, et aussi un peu pour eux. Et il se passe alors de drôles de choses, que les poètes décrivent bien mieux que les psychologues. L'ami Bobin par exemple : « Mon père, mort il y a maintenant treize ans, n'arrête pas de grandir, de prendre de plus en plus de place dans ma vie. Cette croissance des gens après leur mort est très étrange. [...] Comme la pépite d'or trouvée au fond du tamis, ce qui reste d'une personne est éclatant. Inaltérable désormais. Alors qu'avant notre vue pouvait s'obscurcir pour tout un tas de raisons, toujours mauvaises (hostilités, rancœurs, etc.), là, nous reconnaissons le plus profond et le meilleur de la personne[10].»

Devoirs et délices Souvent, comme je suis psychiatre, on m'appelle à l'aide pour des moments difficiles. Je parle ici de ma vie privée, pas de mon travail à l'hôpital, où mon boulot est justement de répondre de mon mieux à ces appels. Je parle des appels des amis, des amis des amis, des enfants des amis, des cousins, etc. Ça fait beaucoup de monde. Divorces, chômage, déprime, toutes les misères humaines ordinaires qui laissent dolent et désemparé me valent alors d'être sollicité pour dispenser conseils et réconfort. Souvent ça me pèse : en revenant d'une journée de consultations, l'idée de rappeler tel ami qui m'a laissé un message parce qu'il se fait du souci pour sa fille, ou tel autre en plein divorce, me fait soupirer. J'aimerais être tranquille, profiter de ma famille, de mon week-end, de mes vacances pour ne plus être un aidant, qu'on appelle plus souvent que les autres parce que c'est son métier, d'aider. Je soupire, je me dis que je n'en ai pas envie, mais qu'il faut que je rappelle. Parce que c'est un proche qui souffre et qu'en tant qu'humain et que psychiatre, je dois le faire. C'est comme ça. Mais je n'aime pas aider avec le cœur agacé et contrarié. Alors je prends un petit moment pour me remettre d'aplomb : c'est ton devoir d'humain. Tu as posé des limites que tes proches connaissent (tu ne peux pas faire ça pour la terre entière, par exemple pas pour les cousins des amis des voisins). Mais dans ces limites, tu dois le faire. De bon cœur. Réjouis-toi, réjouis-toi d'aller suffisamment bien pour pouvoir aider autrui, réjouis-toi de cette confiance qu'on t'accorde. Réjouis-toi d'aider. En lorsque j'ai terminé, lorsque j'ai aidé de mon mieux, je suis toujours heureux.

Il y a une belle formule de Jean-Jacques Rousseau qui dit que nous pouvons être vertueux « par devoir ou par délice[11] ». La pratique de la vertu (altruisme, générosité, bonté, franchise, courage, ténacité…) peut être le fruit d'une lutte, et c'est ainsi qu'elle est souvent perçue. Mais elle peut aussi être l'expression spontanée d'un idéal, pour peu que nous ayons pris soin de le garder vivant en nous ; et pris soin de nous, aussi (on aide moins bien si on va mal soi-même). La psychologie positive rappelle avec force et arguments ces deux points : toutes les vertus sont en nous, en puissance, dès la naissance et les mettre en œuvre nous rend heureux. Voilà pour les *délices*. Mais nous avons à les cultiver, volontairement, faute de quoi elles s'atrophieront. Voilà pour les *devoirs*.

Dictature du bonheur Certains intellectuels aiment bien dénoncer une dictature du bonheur, qui sévirait aujourd'hui. Nous serions passés du droit au bonheur au devoir de bonheur, et nous formerions la première société malheureuse de ne pouvoir être heureuse[12]. J'ai un peu de mal avec ces discours. Il me semble qu'ils ne concernent pas le bonheur en particulier, mais toutes les dimensions de notre vie : la performance professionnelle, sexuelle, parentale, conjugale, la santé, etc. De nombreuses contraintes internes se sont aujourd'hui substituées aux contraintes externes d'hier (le regard normatif et coercitif de la famille, des voisins, de la société sur notre façon de vivre, de nous habiller, etc.). Le bonheur en fait partie, mais ni plus ni moins que les autres.

J'étais bien plus agacé par la dictature – ou la mode – du malheur, qui régnait bizarrement dans les années 1970, où il fallait faire la tête, avoir l'air sérieux et concerné par les malheurs du monde, pour être crédible et paraître sensé.

Dire du mal sans en faire Jules Renard, dans son *Journal* : « Chez moi, un besoin presque incessant de dire du mal des autres, et une grande indifférence à leur en faire. » Confession lucide d'un brave gars tourmenté par ses ambitions déçues – il rêvait de célébrité – et ses limitations – il avait du mal à être heureux. L'ami Jules n'a jamais réussi à s'apaiser des démangeaisons du présent (il fréquentait trop le petit milieu littéraire parisien) ni à se remettre de son passé (son enfance où il n'avait pas connu le bonheur). Il ne voulait de mal à personne ; malheureusement, dire du mal, n'est-ce pas déjà, d'une certaine façon, s'en faire à soi-même ?

Distractions et dispersions Notre époque est merveilleuse par certains aspects et toxique par d'autres. Parmi ses défauts figure celui de la dépendance à la distraction, dépendance qu'elle crée en nous, en remplissant notre espace mental d'innombrables possibilités de s'informer, de se distraire, en envahissant notre espace physique d'écrans face auxquels il suffit de s'installer et de se laisser capter pendant des heures. Il n'y a plus à réfléchir, juste à réagir. Ce n'est pas bon pour nos capacités au bonheur : les données disponibles montrent que l'instabilité de l'attention et sa dispersion accroissent les émotions négatives. Voici ce qu'en disait Gustave Thibon, paysan devenu penseur : « Philosophes du Moyen Âge qui attribuaient la stérilité des prostituées aux combats que se livraient entre eux les multiples embryons conçus chaque jour au contact de leurs partenaires et qui s'entre-détruisaient en fonction de leur nombre. Ce qui, *mutatis mutandis* s'applique merveilleusement à notre style de civilisation où l'homme, sollicité dans tous les sens par de nouvelles attractions n'a plus la capacité ni le temps de laisser mûrir en lui quoi que ce soit, en sorte que l'écart se rétrécit de plus en plus, dans son esprit et dans son âme, entre la conception et l'avortement[13]... » Si nous ne réfléchissons pas à notre bonheur, si nous nous contentons de sauter sur les promesses de bonheur qu'agite devant nous la société de consommation qui est la nôtre, si nous laissons notre cervelle en friche, alors nous ne serons pas heureux.

Donner Ce que tu ne donnes pas, tu le perds. Excessif mais utile : au moment de choisir entre certains gestes, le bon choix n'est pas forcément celui qu'on croit. Garder cette bouteille de vin pour moi, ou la donner à cet ami de passage, qui sera touché de la boire en songeant à notre histoire commune ? Donner, donc, pour faire plaisir, pour renforcer les liens, pour exprimer son affection. Mais aussi pour s'entraîner à ne pas s'attacher, pour aller vers l'essentiel, vers l'allégement des contingences matérielles, qui nous rassurent. Combat à conduire sans cesse ; dans mon cas en tout cas, moi dont la tendance est d'être anxieux pour l'avenir, et de le voir comme menaçant, plein de manques : ce que je donne aujourd'hui, est-ce que cela ne me manquera pas demain ? Mais si je prends déjà le temps de me poser cette question, c'est la moitié du travail qui est faite : je vois mieux que la plupart des choses que je possède peuvent être données sans guère de danger. Il ne me reste qu'à le faire encore plus souvent !

Douceur La douceur n'est pas la mollesse ni la faiblesse. On peut être doux et volontaire, doux et fort (comme nous le sommes avec nos enfants, et à leurs yeux). Elle est une intention de rendre le monde plus habitable, un antidote à la violence qui suinte tôt ou tard de toutes les formes de malheur. La douceur, envers soi ou envers les autres – il n'y a pas à établir de différence –, c'est se souvenir que nous sommes tous des enfants fragiles, derrière nos certitudes affichées et nos poitrines bombées.

Je me souviens qu'un jour, j'animais une formation pour des confrères, un atelier pratique sur quelque technique psychothérapeutique. J'ai oublié le sujet exact de mon intervention, mais je me souviens très bien d'un instant de cette journée : à un moment, pendant que les participants faisaient un exercice entre eux, je me suis senti fatigué, comme souvent lors de l'animation d'ateliers. C'est fatigant les ateliers car on est tout le temps sur le pont : quand on anime, mais aussi lors des pauses, où il y a toujours plusieurs participants qui viennent vous poser des questions ; lors des repas, il en est de même. Bref, j'étais fatigué, mais je surveillais les interactions des participants, je réfléchissais à la suite de mon animation. Alors que j'aurais mieux fait de m'accorder un petit instant de vrai repos, à ne rien faire. Pourtant – et c'est à ce genre de détails que je mesure mes progrès –, je me suis alors tourné spontanément vers la fenêtre de la pièce pour regarder le ciel et, à ce moment, j'ai entendu une petite voix intérieure qui me murmurait : « Sois doux avec toi-même. » J'ai respiré, souri, et j'ai compris qu'à cet instant précis, ce que j'avais de mieux à faire, c'était de m'accorder cette pause que tout en moi réclamait, sauf mon surmoi d'animateur perfectionniste. J'ai compris que non seulement ça me ferait du bien, mais que les élèves en profiteraient aussi : à la fin de l'exercice, je reviendrai vers eux détendu et apaisé, et je serai meilleur que si j'étais resté crispé sur ma tâche, dans le mépris de mes besoins. Cependant, je m'étais dit : « Sois doux », pas : « Sois mou » ! Je n'en avais pas profité pour somnoler mais pour me réparer, m'accorder un peu de douceur, parfaitement compatible avec les exigences de ce que j'avais à faire alors.

Aujourd'hui, je m'étonne du temps qu'il m'a fallu pour découvrir cela : la douceur pour soi n'est pas de la mollesse ni de la complaisance. Juste de l'intelligence. Ce n'est pas grave : je suis très heureux de l'avoir enfin compris.

Douleur Un collègue neurologue lors d'un congrès : « Vous savez quelles sont les douleurs qu'on supporte le mieux ? Celles des autres ! » Rires de la salle, puis l'orateur continue, mais de mon côté, c'est terminé, je ne l'écoute plus, c'est parti dans ma tête : c'est tellement vrai, ce truc ! On ne devrait jamais oublier ça, quand on est médecin. La formule devrait être gravée au-dessus de l'entrée de chaque service. Et je me mets à songer aux derniers patients dont j'ai peut-être sous-estimé la douleur. Mais on ne devrait jamais non plus l'oublier quand on est humain. Christian Bobin nous le rappelle[14] : « Quelle que soit la personne que tu regardes, sache qu'elle a déjà plusieurs fois traversé l'enfer. » Ceux à qui nous parlons sont des gens qui souffrent d'un endroit ou l'autre de leur vie ou de leur passé. Ne jamais l'oublier.

Droit au bonheur ? Que réclamons-nous exactement lorsque nous revendiquons, pour nous ou pour d'autres, des droits (au travail, au logement, au bonheur) ? Pas qu'on nous les serve tout cuits, mais qu'on nous permette d'y accéder par nos efforts. Un droit n'est pas un dû, mais un possible que l'on réclame. À ce titre, tout citoyen a droit au bonheur, ou plutôt aux conditions de vie lui permettant de le construire.

Droit au malheur ? Absurde, mais nécessaire pour rassurer les angoissés de la dictature du bonheur : oui, oui, vous pouvez être malheureux, pas de souci, c'est permis ! On ne vous mettra pas en prison si vous faites la gueule ou si vous vous plaignez tout le temps. C'est vous qui vous y mettez de vous-même...

E comme Efforts

Pour changer,
l'important n'est pas ce que tu sais,
mais ce que tu fais : ça s'appelle un effort.

Écharpe Je participais récemment à un colloque organisé à propos des crises contemporaines. Ça s'appelait : « Quelles raisons d'espérer ? » Et j'étais invité pour discuter lors d'une table ronde intitulée, elle : « Comment lutter contre la morosité ? » J'avais rencontré dans le train un autre des invités à cette table ronde, un copain plutôt spécialiste du management, mais grand promoteur de l'optimisme en entreprise[1]. Tout juste descendus du TGV, nous étions en train de bavarder dans le couloir souterrain qui nous amenait dans le hall de la gare, quand je m'aperçois tout à coup qu'il continue de me parler sans y être vraiment, fouillant discrètement dans son sac.

« Tu as perdu un truc ?

— Oui, mon écharpe, je crois que je l'ai oubliée dans le train... »

Ouille, ce n'est pas un très bon plan quand le train en question est un TGV qui va continuer sa route vers je ne sais où ! Je lui propose, sans trop y croire moi-même, de tenter sa chance et de retourner vite voir si le train est toujours à quai ou s'il est reparti. « Tu as raison, me dit-il, il faut toujours essayer ! », et il fonce à contresens dans le flot des voyageurs pendant que je garde son sac. En l'attendant, je me dis que ses chances sont un peu maigres. Mais, quand même, nous venons pour parler de l'optimisme : il ne manquerait plus que nous nous comportions comme des pessimistes en nous résignant sans bouger à la disparition de l'écharpe ! Au bout de quelques minutes, le couloir est presque vide, et il n'est toujours pas revenu. Du coup, je change de crainte : je ne redoute plus pour lui que le TGV soit déjà reparti avant même qu'il ait pu récupérer l'écharpe, mais qu'il soit reparti avec lui dedans... Mais non, le voilà, tout sourire avec sa belle écharpe rouge récupérée *in extremis* ! Ça me fait plaisir pour lui, et pour mes théories : l'optimisme, c'est préférer essayer que se résigner. Et parfois ça marche. J'adore le vérifier dans la vraie vie, à propos de petits moments de rien du tout.

École Je discutais l'autre jour avec mon ami Étienne ; bien qu'il ait fait de brillantes études, il m'avoue qu'il détestait les rentrées des classes. Moi, j'aimais bien ça : retrouver les copains, découvrir les nouveaux profs et les nouveaux livres, et tout ce que nous allions apprendre à comprendre. J'aimais bien l'odeur et la sonorité des couloirs restés vides pendant deux mois, les ciels d'automne, et les marrons au sol. Je suis un veinard : sans me forcer, j'ai toujours aimé aller à l'école, comme j'ai toujours aimé travailler. Source de bonheurs multiples pour le cerveau (apprendre) et pour le cœur (les copains et les petites copines). Je précise que je ne fréquentais pas d'établissements privilégiés, je parle de petites écoles communales, de collèges et lycées populaires. Je crois que ma difficulté à me révolter contre la société, et à préférer plutôt la comprendre et la changer avec douceur, de l'intérieur, vient de ces années d'école où j'ai été heureux.

Écologie et psychologie Prendre soin de ce monde comme si je devais y vivre toujours : l'écologie me le demande. Mais n'oublier jamais que je peux le quitter et mourir dès demain : la psychologie me le conseille.

Écrans C'est lors d'un long coup de téléphone professionnel. À un moment, mon interlocutrice doit raccrocher et me dit qu'elle me rappelle dans deux ou trois minutes pour poursuivre la conversation.

Comme je suis assis à mon bureau, devant mon ordinateur, mon premier réflexe est d'en « profiter » pour regarder mes mails. Je commence donc : ouh là ! il y a en a déjà plusieurs qui sont arrivés depuis le début de notre échange. Je vais peut-être les lire et leur répondre, ça me fera gagner un peu de temps.

Ma main se bloque tout à coup sur le clavier ; mon esprit se réveille et change de registre ; je prends conscience que je ferais mieux de vivre ces quelques minutes autrement, au lieu de faire plusieurs choses à la fois, et d'ajouter ainsi du stress (vite, répondre à quelques mails) au stress (de cet échange, qui nécessite pas mal de concentration).

Je ferais mieux de respirer, de détendre mes épaules, de me lever et m'étirer, de marcher un peu dans mon bureau. Je ferais mieux de continuer tranquillement de réfléchir à la discussion en cours, même si elle est momentanément interrompue. Je ferais mieux de m'approcher de la fenêtre et de regarder le ciel, les nuages. Bref, je ferais mieux de ne pas me coller sur mon ordinateur, alors que je sens bien, tout à coup (mais sans ce petit décalage de ma conscience, je m'apprêtais à passer outre), que je suis fatigué et tendu. Pas beaucoup, juste un peu. C'est pour ça que je ne l'avais pas remarqué. Mais si je ne décroche pas, si je ne laisse pas mon cerveau et mon corps se reposer, je les pousse au-delà de la zone de confort et sans doute d'efficacité.

Alors, évidemment, maintenant que j'ai compris, que tout est clair, je fais, sans hésiter, ce qu'il faut faire dans ces moments : je m'approche de la fenêtre, je respire tranquillement, je regarde le ciel et je prends conscience de tout ce qui est là à cet instant et dans ma vie.

Et j'attends que le téléphone sonne. Tranquillement. Content et conscient d'exister, au lieu de rester fermé et crispé. Quand il sonne à nouveau, je m'aperçois, alors que je n'ai pas réfléchi délibérément à notre discussion, que tout un tas d'idées plus claires me sont venues pendant que je laissais mon corps et ma cervelle respirer. Et aujourd'hui encore, quelques semaines après ce micro-événement, je m'en souviens parfaitement comme d'un instant de vie agréable. Et je ressens une minuscule bouffée de bonheur en songeant à ce petit décalage qui a éclairé ma journée, aux côtés de tant d'autres...

Efficacité et bonheur Je ne suis pas un grand fan des travaux de recherche montrant que le bien-être des salariés et des équipes est rentable en entreprise et globalement dans le monde du travail (je préfère qu'on motive au bonheur avec d'autres arguments). Pourtant, il l'est[2]. Par exemple, une intéressante étude avait montré que les équipes travaillant dans un bon rapport d'harmonie étaient plus performantes que les équipes conflictuelles ou passives : les chercheurs avaient filmé la manière dont se déroulaient les réunions, pour y comptabiliser le nombre d'interactions positives (chaleureuses, constructives, collaboratives) ou négatives (tendues, passives, conflictuelles). Le ratio qui conduisait aux meilleures performances (chiffrées et évaluées en fin d'année) était d'environ trois interactions positives pour une négative : on a depuis coutume d'appeler ce rapport optimal le *ratio de Losada*, en hommage au chercheur ayant conduit ce travail[3]. D'autres études ont montré que les interactions positives au sein d'un groupe facilitent aussi l'expression d'opinions divergentes de celle de la majorité[4] : c'est très précieux, car une opinion divergente risque d'être perçue comme simplement dérangeante et à rejeter dans un groupe stressé ou de mauvaise humeur, et comme intéressante et à écouter dans un groupe positif et chaleureux. Et l'on sait que, pour évoluer, les groupes doivent écouter les opinions déviantes ; pas forcément toujours les suivre, mais toujours les écouter...

Efforts et entraînement Par bien des aspects, notre esprit obéit aux mêmes lois que notre corps.

Lorsque nous souhaitons devenir plus souples ou plus forts, ou développer notre souffle pour pouvoir courir plus longtemps, nous savons bien qu'il ne suffit pas de le vouloir, mais qu'il va falloir travailler assidûment et nous entraîner pour progresser dans ces domaines : assouplissements, musculation, courses à pied...

C'est exactement la même chose lorsque nous aspirons à être plus calmes, à mieux dormir, à ressentir moins de stress, moins de tristesse, moins d'agacements. Il va falloir le travailler au travers d'exercices réguliers. Lesquels ? La pleine conscience en fait partie : régulièrement s'arrêter de faire ou de se distraire pour simplement ressentir, exister, et observer l'écho du monde en nous. Il y a aussi le journal intime, l'examen de conscience, la modification effective et répétée de nos styles de pensée et de comportements (oser dire ce que nous pensons si nous ne le faisons jamais, oser dire des mots d'affection ou d'amour si nous n'en disons jamais, oser s'affirmer si nous ne l'osons jamais, etc.). Et ce sera alors comme pour notre corps : car ce ne sont pas les concepts qui nous font du bien, mais leur pratique. Penser à la nourriture ne nourrit pas, penser à la marche à pied n'apaise pas : il faut manger et marcher. De même souhaiter être plus calme et plus stable ne s'obtient pas en souhaitant l'être, mais en y travaillant. À la fin, ce sont nos actes qui nous changent : nos pensées ne font que nous conduire vers eux.

Égoïsme L'égoïsme ferme la porte au malheur des autres, mais, en faisant cela, il ferme aussi la porte du bonheur. Car il n'y a qu'une porte, celle qui ouvre sur le monde. Au début, on croit qu'en fermant cette porte on empêchera les autres d'entrer nous prendre notre bonheur à nous, d'entrer nous dérober des parts de bonheur, ou de nous le gâcher par le spectacle ou le récit de leurs souffrances. On veut garder notre bonheur rien que pour nous, et nos proches à la rigueur, ceux qu'on laissera entrer. En réalité, cette porte que nous fermons, c'est la porte du repli sur nous-mêmes, et c'est la porte qui aurait pu nous ouvrir à tous les bonheurs du monde. Bientôt nous serons asphyxiés. L'égoïsme, c'est vivre dans une maison dont les volets resteraient toujours fermés : nous ne verrons pas la pluie, nous sentirons moins le froid ; mais nous ne pourrons plus admirer le soleil.

Égoïsme inévitable ? Certaines personnes, lorsqu'on leur parle de l'altruisme, disent qu'il est important, aussi, d'être égoïste parfois, de penser à soi. Bien sûr... Mais l'égoïsme ce n'est pas tant le « moi aussi », qui est normal et légitime ; ou le « moi d'abord », que l'on peut comprendre, à la rigueur, chez les inquiets, chez ceux qui ont souffert d'un manque de bonheur. C'est plutôt le « tout pour moi », quand même plus problématique !

Élation et élévation Le terme d'« élation », devenu désuet dans notre langue, vient du latin *elatio* : « élévation, transport de l'âme ». L'élation se déclenche face à quelque chose à quoi nous attribuons une valeur morale. La psychologie positive s'y intéresse beaucoup, mais utilise plutôt le terme moderne d'*élévation*. Nous ressentons de l'élation lorsque nous sommes témoins de gestes émouvants, notamment de gestes d'entraide et de générosité. Il se passe en nous quelque chose qui diffère alors de l'admiration et qui a été précisément étudié : dans un premier temps, on fait voir à des volontaires des vidéos provoquant de l'élation (voir des inconnus accomplir de bonnes actions) ou bien de l'admiration (voir des sportifs accomplir des gestes incroyables) ; ensuite, dans la semaine qui suit, on demande aux volontaires de rester concentrés sur l'élation ou sur l'admiration, selon leur groupe de départ (en tenant un petit journal de bord où ils notent les événements de leurs journées qui les suscitent). Puis on explore les résultats de cet entraînement à admirer ou à s'élever. Invités à analyser ce qui se passe en eux, les volontaires du groupe admiration décrivaient plus facilement des picotements ou des frissons, se sentaient énergisés, dynamisés (comme si le spectacle d'actes admirables suscitait en eux l'élan **pour** les imiter ; et c'est sans doute, au passage, une des fonctions de l'admiration). Les volontaires du groupe élation ne rapportaient pas ces signes d'activation physiologique, mais désignaient volontiers que quelque chose se passait dans leur poitrine, au niveau de leur cœur ; et de fait, on a pu montrer que l'élation stimule le nerf vague, dont la fonction est d'activer le système parasympathique, inducteur de calme et non d'excitation. Le parasympathique est également activé lors des ressentis de gratitude[5], ce qui a mis les chercheurs étudiant l'élation sur la piste de l'amour : ils ont fait visionner à des jeunes mamans en période d'allaitement, des vidéos suscitant l'élation, et se sont aperçus qu'elles avaient eu à l'occasion beaucoup plus de montée de lait (mesurée par un tampon de coton placé dans leur soutien-gorge) que les jeunes mamans du groupe témoin. L'élation est donc probablement associée à la production d'ocytocine, qu'on appelle parfois l'hormone de l'amour ou de la confiance (elle est sécrétée dans ces deux émotions), et qui est finalement une hormone qui crée du lien. Le sentiment d'élation nous est donc précieux, pour renforcer notre sentiment de lien aux autres humains.

Électricité C'est une petite scène à laquelle j'ai assisté l'autre jour. Une dame âgée, alors que la pluie commence à tomber, passe avec son petit chariot de marché devant un immeuble, où elle ne semble pas résider elle-même. Elle s'adresse gentiment à deux ouvriers électriciens qui font une réparation devant la porte : « Attention, messieurs, vous savez, c'est dangereux, l'électricité quand il pleut, soyez prudents ! » Les deux messieurs sourient poliment : « Merci madame, on a l'habitude… » À quelques mètres se trouve leur camionnette, avec tous les logos attestant que leur entreprise est effectivement spécialisée en installations électriques. Comment dire ? Cette gentillesse gratuite – et un peu naïve – de la vieille dame pour les deux inconnus m'a touché et réconforté. Et j'aime bien être touché et réconforté…

Embellir le passé C'est le mécanisme à l'œuvre dans la nostalgie : on contemple son passé avec attendrissement et on procède inconsciemment à quelques embellissements. Merveilleux et agréable, finalement, à condition de s'en servir pour savourer le bonheur d'avoir vécu tout ça, et non pour comparer avec le présent. Sinon, arme redoutable d'insatisfaction massive.

Émerveillement S'émerveiller, c'est quoi ? Voir quelque chose de merveilleux, c'est-à-dire d'exceptionnel, hors du commun. On peut s'émerveiller face à de grands spectacles naturels, une œuvre d'art exceptionnelle. Et aussi face à de l'ordinaire : une fleur, une aurore, un orage, l'océan, la nature, le fonctionnement du corps humain. L'émerveillement relève alors davantage d'une prise de conscience que de la découverte inédite de quelque chose d'exceptionnel. Ce type d'émerveillement est l'une des clés du bonheur. Ce qui le facilite, c'est la disponibilité mentale (ne pas avoir l'esprit absorbé constamment par les soucis), la curiosité (ouverture à l'inconnu), ce qu'on appelle dans le zen l'*esprit du débutant* : une fraîcheur toujours renouvelée face à ce que nous pourrions penser connaître et maîtriser. De nombreux poètes sont dotés de cette grâce de l'émerveillement, et cela entraîne aussi chez eux de la douleur, car l'émerveillement écarte aussi l'endormissement, parfois confortable, face à ce que nous voudrions ne pas voir. Dans son beau portrait de la poétesse Emily Dickinson, Christian Bobin parle à son propos de « l'accablante grâce de ne s'habituer à rien[6] ». Les hypersensibles sont aussi des hyperréactifs, et à tout : bonheurs et douleurs. Des émerveillés endoloris.

Émo-diversité Notre sentiment global de vie heureuse est lié à la fréquence plus qu'à l'intensité de nos états d'âme agréables. Mais sans doute aussi à leur diversité. Ne fonctionner que sur un type d'émotion positive serait comme ne manger qu'un seul type d'aliment, ou ne cultiver qu'une espèce de blé ou de tomate. Bonheurs centrés sur soi ou centrés sur les autres, agités ou calmes, de découverte ou d'habitude : l'émo-diversité est aussi utile et nécessaire au bonheur que la biodiversité l'est à la nature.

Émotions Elles sont en quelque sorte, dans leur jaillissement spontané, le thermomètre du bonheur. Émotions agréables : nous

nous rapprochons de davantage de bonheur. Émotions désagréables : nous nous en éloignons.

Émotions négatives Le problème des émotions négatives, ce n'est pas leur existence, mais leur tendance à l'extension ! Leur tendance à s'enraciner et à susciter des programmes comportementaux spécifiques qui vont les chroniciser : la colère pousse à l'agression d'autrui, la tristesse au repli, l'inquiétude à la focalisation sur les problèmes, etc., et chacun de ces programmes est autoamplificateur. Les émotions négatives ont bien sûr un rôle et une fonction, qu'on doit respecter sans s'y soumettre complètement. Pour qu'elles laissent un peu de place aux émotions positives.

Émotions positives Quand j'étais jeune psychiatre et que je ne faisais que soigner les maladies déclarées, il me semblait que les émotions négatives étaient plus nombreuses, plus variées, plus puissantes et, pour tout dire, plus intéressantes. Depuis que je suis un vieux psychiatre et que j'ai la chance de pouvoir travailler à prévenir les maladies, au lieu d'attendre qu'elles se déclarent ou récidivent, j'ai bien sûr changé d'avis. J'ai découvert que le monde des émotions positives est plus riche qu'on le croit au premier abord. Si l'on entre dans le détail, elles sont même encore plus nombreuses et variées que les négatives : bonheur, sérénité, fierté, élévation, admiration, confiance, soulagement, bonne humeur, attendrissement...

Empathie L'empathie est une capacité innée chez l'humain et de nombreux animaux, qui consiste à être capable, automatiquement, sans efforts particuliers ni compliqués, de ressentir dans quel état émotionnel se trouvent les personnes autour de nous : parce que nous sommes des humains, nos cerveaux savent lire et décrypter ce que ressentent les autres humains.

L'empathie a des liens étroits avec le bonheur : elle est ainsi facilitée par le bien-être, qui ouvre notre esprit au monde environnant, au lieu de le replier sur lui-même, comme le fait la souffrance. Elle est aussi ce qui nous permet parfois de boire à la joie et au bonheur d'autrui : face à quelqu'un qui rit, qui sourit, nos chances d'être contaminés par son bien-être s'élèvent. L'empathie est enfin, à mes yeux, une forme très puissante et très profonde d'intuition, qui nous arrache à la tentation de l'égoïsme : en nous rendant sensibles à ce que ressentent les autres humains, dans la joie comme dans la peine, elle nous rappelle, avec toute sa force biologique, que nous sommes profondément reliés aux autres. L'égoïsme est source de malheur, de nombreux travaux le démontrent[7]. L'empathie est une des facilités que la nature nous a léguées pour nous rendre plus sensibles et donc plus intelligemment et plus généreusement heureux.

Enfance Elle est pour nous comme un réservoir : de souvenirs, d'habitudes, de réflexes et d'automatismes. De bonheurs et de malheurs. Pour le meilleur et pour le pire, donc : paradis perdu et source de nostalgie, ou réserve de souvenirs nous rendant confiants et joyeux. Saint Augustin a écrit : « On ne chercherait pas à être heureux si on ne connaissait déjà le bonheur. » Pour lui, l'aspiration au bonheur implique le *souvenir* du bonheur. Et comme cette aspiration est universelle, alors il en conclut que seul Dieu peut l'avoir ainsi placée au cœur de tous les humains. Ce qui est clair, c'est qu'avoir connu tôt le goût du bonheur facilite ensuite beaucoup de choses : nous saurons de manière plus sûre le rechercher. Nous saurons aussi sentir ce qui nous en éloigne : un conjoint toxique, des conditions de vie insatisfaisantes seront moins bien supportés par les personnes ayant eu une enfance heureuse, qui comprendront plus vite que quelque chose ne va pas, qui subiront moins longtemps l'insupportable. Nous saurons enfin mieux le pratiquer, car le bonheur est comme une langue étrangère : plus tôt on l'a apprise, plus il nous est facile de la parler couramment.

Enfants J'ai trois enfants, et ils m'ont poussé vers le bonheur. Alors qu'avant de devenir père je me laissais facilement aller à mes états d'âme grognons et négativistes, du jour où j'ai accédé à la paternité, bizarrement, je me suis senti responsable, entre autres, de ne plus être triste ou anxieux devant mes enfants. Et pas seulement de faire semblant, mais de ne pas l'être, vraiment, de l'intérieur (on ne peut pas mentir bien longtemps à ses proches sur ce que l'on ressent). Je ne voulais pas les contaminer avec mes états d'âme inutilement douloureux ; car je me rendais bien compte que la plupart d'entre eux n'étaient pas « nécessaires », au sens où ils ne découlaient pas d'événements réellement graves, seulement de l'adversité normale. Mes enfants sont ainsi à la fois des *sources* de bonheur, comme cela est habituel, mais aussi des *contraintes* au bonheur, et ce mélange étrange a fort bien fonctionné dans mon cas. Le regard et le jugement de ceux qui nous aiment sont une aide, du moins pour les défauts qu'il est à notre portée de corriger. Pour les autres, nous avons à solliciter leur bienveillance.

Enfer À quoi ressemblerait l'Enfer ? Sans doute à ce que décrit Jacques Audiberti dans son poème « Martyrs[8] » :

> *Sous ma robe de pourpre immonde,*
> *Mon voile d'or sinistre à voir,*
> *Je suis la reine de ce monde.*
> *Je suis la peine sans espoir.*

La peine sans espoir, la vie sans espoir de bonheur : c'est une définition du malheur. Tout comme la définition en mode mineur, mais réaliste, du bonheur, par André Comte-Sponville[9] : « Être heureux, ce n'est pas être toujours joyeux (qui peut l'être), ni ne l'être jamais : c'est *pouvoir* l'être, sans qu'on ait besoin pour cela que rien de décisif n'advienne ou ne change. » À l'entrée de l'Enfer décrit par Dante, figure la mention : « Vous qui entrez ici, abandonnez toute espérance. » L'espérance est parfois considérée comme un piège pour le bonheur (mieux vaut savourer qu'espérer). Mais elle est aussi un indispensable remède face à la souffrance et au malheur.

Ennui Je travaille souvent à la maison le mercredi : je ne peux pas pratiquer la psychiatrie à temps plein, car je perds alors peu à peu mes capacités et mon plaisir d'écoute. C'est pourquoi travailler à la maison le mercredi, c'est sympa, parce qu'il y a les enfants dans le coin ; mais c'est compliqué, aussi, justement parce qu'il y a les enfants dans le coin. Un mercredi que je travaillais dans mon bureau, l'une de mes filles tournait un peu en rond dans la maison, ayant épuisé son quota de temps de télé et d'ordinateur, et n'ayant pas de sœur ni de copine sous la main. Comme la porte du bureau est fermée, elle n'ose pas entrer, de peur que je rouspète. Elle a raison, je rouspète souvent si on m'interrompt dans mon boulot ! Je l'entends qui tournicote dans le couloir, puis il y a un bruissement de papier : elle vient de glisser sous ma porte un petit message d'appel au secours : « Papa, je m'ennuie, aide-moi SVP (*sic*) ». J'éclate de rire, et je vais ouvrir la porte derrière laquelle elle attend en rigolant elle aussi, sûre de la pitié que son triste sort va m'inspirer. Je ne me souviens plus de ce que je lui ai dit alors, mais nous avons dû parler de l'ennui : nos enfants, plus surstimulés que nous ne l'étions à leur âge, le supportent encore moins bien que nous.

Pourtant, de petites doses d'ennui jouent un rôle important dans nos équilibres intérieurs, nous poussant à l'introspection et pouvant nourrir dans un second temps notre créativité. L'ennui : un état d'âme utile, donc. Il doit nous inciter autant à repenser notre mode de vie (pas assez de mouvements et de changements ?) que notre façon de percevoir le monde (ne passons-nous pas à côté de tout un tas de choses intéressantes autour de nous par manque d'attention et d'approfondissement ?).

Ennuyeux, le bonheur ? Certaines personnes ont l'impression que le bonheur est ennuyeux, par rapport au plaisir ou à l'excitation. Il me semble au contraire que le bonheur ne peut pas être ennuyeux : il est trop fragile et délicat pour cela. Philippe Delerm remarque avec pertinence à son propos : « Ce qui est menacé ne peut être ennuyeux[10]. » Ou alors, toute la vie est ennuyeuse : on n'y bouge et on n'y rit pas toujours ; les fleurs sont ennuyeuses : elles sont toujours là, au même endroit ; la nature est ennuyeuse : elle ne clignote pas, et ne se vend pas à nous.

Enthousiasme La scène se passe un matin, avec l'une de mes filles, pleine d'énergie et d'enthousiasme. Devant mon air endormi, elle m'interpelle : « Alors, Dad, tu t'apprêtes à passer une merveilleuse journée ?! » Je ne suis pas en grande forme, mais je ne souhaite pas me plaindre, car je n'ai pas non plus aucune raison valable de le faire, alors je bafouille : « Euh, ça devrait aller... » Et elle de rétorquer : « Ben dis donc, elle est pas terrible ta réponse ! »

Nous éclatons de rire. Elle a vu juste : j'ai du mal avec l'enthousiasme, spontané ou volontairement activé. Au mieux, je me sens apaisé, heureux, confiant, serein, mais rarement enthousiaste, rarement dans cette excitation joyeuse face à la vie et à chaque journée qui s'annonce, et que je retrouve souvent chez ma fille. Pire, je m'en suis longtemps méfié : il me semblait que l'enthousiasme était source d'aveuglement et de déception. Aujourd'hui, je comprends que ce désir inquiet de ne me réjouir que face à des certitudes n'est pas si raisonnable. Se forcer doucement à rigoler et à faire les zouaves au petit déjeuner peut faire basculer notre humeur du bon côté. Et il est précieux d'apprendre à cultiver l'enthousiasme, pour mettre de l'entrain à ces instants de vie où l'on sent que le moteur ralentit un peu. D'apprendre aussi à l'admirer chez les autres, au lieu de n'en voir que les limites : certes, l'enthousiasme n'est pas toujours raisonnable, mais qu'est-ce qui est toujours raisonnable ?

Entraînement de l'esprit La notion d'entraînement de l'esprit m'est chère. Tout comme on peut développer ses capacités physiques (force, souffle, souplesse...), on peut aussi développer ses capacités psychiques (concentration, attention, mémoire...) et émotionnelles (aptitude à savourer le présent, à limiter ses colères et inquiétudes...). Nous commettons en général deux erreurs de jugement quant au fonctionnement de notre esprit, notamment dans le domaine émotionnel : la première consiste à croire qu'on ne peut rien faire (nous sommes nés comme ça), la seconde à croire que la volonté et l'intention seules suffisent (il faut vraiment le vouloir, et si ça ne marche pas, c'est qu'on ne le voulait pas assez). Les deux comptent, bien sûr, mais ce qui compte le plus, c'est l'entraînement régulier à cultiver certains ressentis émotionnels positifs, à les faciliter, à les amplifier lorsqu'ils surviennent.

Bizarrement, nous sommes déjà des experts en matière d'entraînement de l'esprit, mais sur un registre négatif. En ruminant régulièrement des pensées et émotions négatives (tristesse, ressentiment, pessimisme) nous procédons déjà à un entraînement : nous musclons les voies neuronales de la tristesse, du ressentiment, du pessimisme, nous les préparons à intervenir de manière de plus en plus rapide, systématique et dominatrice face à tout événement de vie. Nous devenons des athlètes de la négativité. C'est bien vers cela que nous souhaitons aller ? Ne ferions-nous pas mieux d'apprendre plutôt à héberger et ruminer des émotions positives ?

Envie L'envie est un ressenti désagréable lié au constat que d'autres possèdent ce que nous n'avons pas (et aimerions avoir). Bien qu'il soit impalpable et ne s'achète pas (ou justement peut-être à cause de cela), le bonheur est un objet d'envie. J'ai souvent observé des personnes malheureuses aggraver leur malheur par la comparaison : telle dame âgée et malade pleine de ressentiment envers ses voisins du même âge, plus pauvres qu'elle, mais en bonne santé. Tels parents d'enfant handicapé ravagés à chaque fois qu'ils se trouvaient en présence d'autres parents d'enfants du même âge, mais sans handicap. Nous pensons alors que la vie est injuste envers nous mais, au lieu de consacrer nos efforts à la rendre tout de même un peu plus belle, nous augmentons notre malheur en jalousant la vie des autres.

Épicure Le fondateur de l'épicurisme était, dit-on, un homme doux et aimable, végétarien et fort peu porté sur les plaisirs inutiles. Un ascète du bonheur, qui enseignait que, pour se rapprocher de celui-ci, il convenait de s'affranchir des désirs pour toute chose inutile : une fois qu'on disposait d'un toit, de nourriture et d'amis, il n'y avait plus rien à rechercher. Par quels mystères le terme épicurien est-il devenu synonyme de « jouisseur » ?

Épictète Ancien esclave d'un maître stupide, qui lui cassa un jour la jambe pour vérifier son stoïcisme ; affranchi à la mort de ce dernier, il devint une des grandes figures de la philosophie antique. Il nous est connu notamment par sa vision un peu rude de la vie heureuse, sans doute explicable par son passé. Épictète, comme Bouddha, pensait que le bonheur était inscrit au cœur même des humains : « Les dieux ont créé tous les hommes afin qu'ils soient heureux ; ils ne sont malheureux que par leur faute. » Mais que cela nécessitait de leur part vigilance et efforts de discernement pour bien distinguer ce qui dépend de nous (et de nos efforts) et ce qui ne dépend pas de nous (et que nous aurons plutôt à accepter qu'à changer). La lecture de son célèbre *Manuel*, qui retranscrit son enseignement recueilli par ses disciples, reste d'une étonnante fraîcheur, près de deux mille ans après sa rédaction.

Épreuve L'épreuve est une adversité qui nous fait trembler sur nos fondements, durant laquelle on se demande si l'on va survivre, ne serait-ce que psychologiquement, une période dont on se demande si on ne va pas sortir définitivement brisé et délabré et inapte à continuer quoi que ce soit. Chaque épreuve que nous traversons a été traversée par une infinité d'autres humains. Cela ne la rend en rien moins terrible, mais cela nous rappelle qu'elle est un des visages de la vie. L'épreuve est ce visage terrible que peut prendre la vie. Elle ne nous précipite que dans l'inconnu, là où nous pensons qu'elle nous jette en enfer. Nous ne pouvons pas savoir ce qui se passera ensuite, en aucun cas. Alors, de toutes nos forces, nous avons à ne faire face qu'à l'épreuve elle-même, et non pas à nos élucubrations et ruminations. Du mieux que nous pouvons, car jamais ce ne sera parfait. Puis, autre chose viendra, et la douleur inquiète, c'est de ne pas savoir quoi, ni quand. Mais quelque chose viendra : « La vie a deux visages : un émerveillant et un terrible. Quand vous avez vu le visage terrible, le visage émerveillant se tourne vers vous comme un soleil[11]. »

Équilibre émotionnel Qu'est-ce que l'équilibre émotionnel ? D'un point de vue algébrique, en tout cas : quelle est la bonne proportion entre émotions positives et émotions négatives ? Je sais bien, l'équilibre n'est pas forcément le bonheur, et ce dernier survient parfois, justement, d'instants de déstabilisation. Mais tout de même, être sans cesse submergé d'émotions négatives, comme le sont les anxieux et les déprimés, ce n'est pas la voie la plus simple pour se sentir heureux. Alors des travaux ont été conduits, consistant en gros à faire des sondages émotionnels brefs : un petit bip résonne sur votre téléphone portable, environ dix fois par jour pendant quelques semaines, et vous avez chaque fois à mentionner la tonalité émotionnelle qui est la vôtre juste à cet instant, agréable ou désagréable. Les données retrouvées dans ces recherches montrent que le ratio optimal (celui qu'on observe chez les personnes ne souffrant pas de stress excessif, d'anxiété, de dépression) est d'environ trois émotions positives pour une émotion négative. Il ne s'agit donc pas de tout positiver : on peut ressentir régulièrement des émotions négatives, nous stimulant pour nous adapter, comme peuvent le faire l'inquiétude, la tristesse, la culpabilité, l'agacement, etc. Mais il faut, pour parler d'équilibre, que ces émotions négatives soient trois fois moins nombreuses à notre esprit que les positives. Le compte est bon pour vous ?

Esclave de soi-même Il y a quelques années, un dimanche en fin d'après-midi, une de mes filles me regardait alors que j'étais assis par terre en train de cirer mes chaussures : « Pauvre papa, tu ressembles à un petit esclave ! » L'image me fait rire, et j'en profite pour me faire plaindre un peu : « Eh oui, je suis un esclave dans cette maison ! » Ma fille rit avec moi, puis, pas plus émue que cela par mon statut d'esclave, s'en va faire autre chose. Resté tout seul, je réfléchis à notre échange et à l'esclavage. Je comprends que je ne suis pas tant l'esclave des autres habitants de la maison que de moi-même. En fait, je suis comme tout le monde : le week-end je dois me livrer à un minimum de bricolages et de corvées, alors que je rêverais bien sûr de n'avoir qu'à me reposer et me faire servir. Face à mes chaussures poussiéreuses et crottées, deux choix s'offraient à moi : ne pas les cirer, et assumer des chaussures sales pour la semaine à venir ; il y a pire dans la vie. Ou bien les cirer, mais avec le sourire : après tout, rendre propre un objet sale, et l'embellir, ce n'est pas une tâche si vaine et douloureuse qu'elle mérite de s'en plaindre. Deux façons donc d'échapper à l'esclavage que nous faisons peser nous-mêmes sur nos épaules : ne pas faire, ou faire avec légèreté. Ce n'est pas toujours possible ? C'est vrai : certaines contraintes sont inévitables et pénibles, souvent compliquées à rendre réjouissantes par un sourire intérieur. Mais réfléchissons un peu : il y a tout de même beaucoup de ces chaînes que nous pouvons briser, bien plus souvent que nous ne le pensons.

Espérance de la résurrection L'espérance est la version spirituelle et religieuse de l'espoir. C'est un espoir mêlé de confiance envers son Dieu. Ce qui la rend à la fois plus forte et plus fragile que l'espoir laïque (« j'espère qu'il ne va pas pleuvoir dimanche »). Plus émouvante aussi, car nous la convoquons en général face aux moments graves de notre vie, lorsque nous nous sentons démunis (« j'espère que mon amie va guérir »). Pour l'Église catholique, l'Espérance est une des trois vertus théologales (avec la Foi et la Charité), celle qui nous fait nous remettre avec confiance entre les mains de Dieu, notamment à l'heure de notre mort. Chaque fois que j'entends, à l'église, lors de la messe, le prêtre évoquer les défunts « endormis dans l'espérance de la résurrection », ma poitrine se serre. Je suis bouleversé par l'immensité et la fragilité de cette espérance.

Espoir L'espoir consiste à souhaiter que l'avenir soit conforme à nos besoins, à attendre des lendemains meilleurs. Il peut être une aide, mais représente aussi un double danger : si espérer me détourne d'agir ou me dissuade de savourer ce qui est déjà là, alors je ferais mieux de ne plus espérer mais de vivre et d'agir. J'avais lu un jour un entretien accordé par Stephen Hawking, astrophysicien atteint d'une grave maladie neurologique, dans lequel il répondait au journaliste qui s'interrogeait sur la manière dont il arrivait à garder le moral : « Mes espoirs ont été réduits à néant lorsque j'avais 21 ans. Depuis lors, chaque chose est un bonus[12]. » C'est aussi ce que propose le philosophe André Comte-Sponville dans son ouvrage au titre suggestif, *Le Bonheur, désespérément* : cesser d'espérer, non pas pour désespérer, mais pour vivre le présent.

Esprit du débutant L'état d'esprit, c'est la manière dont on accueille ce qui nous est proposé et ce que nous vivons : comment on le juge, ce qu'on en pense. Inutile de préciser que l'état d'esprit est capital en psychologie positive, comme d'ailleurs dans toute forme d'effort psychologique ou de psychothérapie. Aucun des considérations ou des conseils proposés dans ce livre ne trouvera grâce à vos yeux, ou plutôt à votre sens critique, si votre état d'esprit n'est pas ouvert. Pas forcément favorable ou bienveillant, mais au moins curieux et honnête : ce qu'on appelle dans le Zen l'*esprit du débutant*. Ne pas juger avant d'avoir expérimenté ; si on a du mal, ne pas renoncer ni critiquer la méthode, mais s'entraîner et pratiquer encore. L'esprit du débutant, c'est la fraîcheur et l'humilité mêlées à la curiosité. C'est, même si on est sceptique, un scepticisme bienveillant et participant.

Essayer Nombre de nos ennuis avec les « recettes » de bonheur viennent de ce qu'on ne les essaye même pas. Et le reste, de ce qu'on ne persévère pas.

Estime de soi L'estime de soi est bonne pour notre bonheur. Elle nous permet notamment de ne pas nous autoagresser, de ne pas nous infliger des autocritiques répétées et disproportionnées. Elle est aussi ce qui nous permet de nous juger digne d'aller vers les autres et d'être aimé par eux. C'est d'ailleurs sur ces aspects – respect de soi, liens avec les autres – que l'estime de soi a l'impact le plus net[13]. Pour les performances et le succès, ses bénéfices sont moins palpables, et dépendent de beaucoup d'autres facteurs.

Éternel retour Nous sommes parfois découragés par l'éternel retour de nos états d'âme négatifs, de nos tendances à la colère, au stress… même après nos efforts, même après nos succès. Et alors ? Est-ce que l'éternel retour de la nuit, du vent, de la pluie, de l'hiver n'est pas dans l'ordre naturel des choses ? Et puis, en réalité, cet éternel retour, chez nous, s'effectue avec des nuances, des changements imperceptibles mais réels : on s'aperçoit que la colère, la tristesse, les peurs, reviennent, mais moins longtemps, moins fortement, que leur impact sur nos comportements est moins grand. Leur emprise sur nos vies décline. C'est pour cela que je n'aime pas les proverbes tels que : « Qui a bu boira », « Chassez le naturel il revient au galop », et autres aphorismes démobilisants et condamnateurs. J'ai pour eux une aversion profonde, comme l'ont sans doute tous les psychothérapeutes (car si tout cela était vrai, nous n'aurions plus qu'à plier boutique, et abandonner nos patients à leurs souffrances). Ils s'avèrent *parfois* vrais (mais tout s'avère parfois vrai) : à certains moments, sur des périodes de temps courtes, ne permettant pas au changement d'être visible. Mais ils sont bien souvent faux. Et, surtout, ils sont toxiques, déprimants et démotivants. Et je n'aime pas ce qui est toxique, déprimant et démotivant pour nos âmes. Ces proverbes sont les mantras malsains de nos esprits lorsque nous allons mal : ils aggravent le mal et le figent.

Éternité Lorsqu'on s'arrête pour savourer et ressentir un instant heureux, on aspire une bouffée d'éternité, on rentre dans une bulle intemporelle (qui va bientôt doucement faire *plop* et disparaître, comme une bulle de savon). C'est ce qui caractérise la phénoménologie du bonheur : le sentiment que le temps s'arrête, se dilate qu'on est dans une parenthèse d'éternité. Nos moments de bonheur sont comme des bouffées d'éternité. Le temps y est suspendu. C'est hélas un peu pareil avec le malheur, qui nous fait ressentir lui aussi quelque chose de l'ordre de l'éternité : lorsqu'il nous broie, nous éprouvons la crainte de rester éternellement enserré dans ses griffes.

Étirements Je me souviens de cours d'histoire à l'école primaire où on nous racontait que le roi Louis XI faisait enfermer ses adversaires et ennemis dans des cages que l'on appelait des « fillettes » : on ne pouvait ni s'y asseoir, ni s'y coucher, ni s'y tenir debout. Juste y rester accroupi dans une posture qui empêchait toute forme d'étirement complet. Enfant, cela me terrifiait, ce malheur absolu du corps, dans lequel ce roi redoutable et laid maintenait ses prisonniers pendant des années, ou toute leur vie. C'est peut-être pour ça que j'aime tant m'étirer : régulièrement, en écrivant chez moi, entre deux patients à l'hôpital, je me lève et je m'étire avec délices.

Étoiles « Les étoiles. Il y a de la lumière chez Dieu. » Ce clin d'œil Jules Renard[14] nous encourage à porter un regard habité sur le monde. Imaginer Dieu chez lui, dans son fauteuil, plongé dans la lecture d'un bon bouquin, m'amuse et me réjouit. C'est naïf mais c'est réconfortant. En général, je garde ce genre de pensées enfantines pour moi, ou pour mon journal, comme l'ami Jules. Je m'efforce d'en avoir souvent.

L'étrange monsieur qui ne faisait rien du tout Ça se passe l'autre jour, dans un train, au retour d'une conférence. De l'autre côté du couloir, il y a un monsieur qui a un comportement bizarre. Depuis le départ de la gare, il m'intrigue. Je le surveille du coin de l'œil pour voir s'il arrête et se met à faire comme tout le monde, mais non, il continue son comportement bizarre. Tous les autres passagers font quelque chose : la plupart regardent leurs écrans, d'aucuns parlent au téléphone, certains dorment. Et lui, il ne fait rien.

J'ai mis un moment à comprendre d'où venait mon trouble en l'observant, car il avait l'air tout à fait normal par ailleurs, son regard, ses vêtements, tout ça n'avait rien de bizarre. Mais c'était ça le truc : il ne faisait rien. Tantôt il regardait par la fenêtre, tantôt il observait les gens qui montaient dans le wagon ou se déplaçaient ; je précise qu'il les regardait de façon adaptée, sans insistance excessive, mais avec l'air intéressé du biologiste qui scrute les allées et venues d'animaux de son espèce préférée, avec attention et discrétion. Un peu comme j'étais en train moi-même de l'observer, comme une espèce menacée d'extinction : quelqu'un qui ne fait rien ! Rien que regarder le monde bouger tout autour de lui… Moi qui étais prêt à l'imaginer un peu fou, je le considère désormais comme un sage. Mon esprit vagabonde un instant sur cette expérience étrange : trouver un humain bizarre juste parce qu'il ne fait rien. Quelles drôles de vies que les nôtres ! Et quelle drôle de société ! À un moment, il est à deux doigts de me décevoir : après une heure de parcours, il sort un téléphone portable, qu'il commence à pianoter. Je le surveille avec sévérité, me disant que je lui ai tressé des lauriers trop vite. Mais non, il se contente d'y jeter un œil distrait, puis il le remet en poche, et continue sa contemplation des belles campagnes qui défilent par les fenêtres, et que personne ne regarde.

Du coup, je me mets à les regarder moi aussi, et ça me fait du bien de lâcher un peu l'écran de mon ordinateur, et tous mes écrits à rédiger vite-vite car je suis en retard pour les rendre. Ce n'est qu'urgent. L'important est là, sous mes yeux, et ceux du bizarre monsieur : la vie, dans ce wagon et dans les paysages qui défilent...

Être admiré Être admiré peut procurer du plaisir ou de l'embarras. Dans la mesure où l'admiration reconnaît à l'objet qu'elle admire une forme d'excellence ou de supériorité, on peut se sentir admiré à tort ; au mieux, on se contenterait d'être estimé, car l'estime peut se dispenser d'égal à égal, et elle ne suppose pas la reconnaissance d'une supériorité.

L'autre jour, je donnais une conférence dans la crypte d'une église. À la fin de la rencontre, les responsables de l'association qui m'a invité rangent les tables et les chaises. Une fois leur tâche terminée, j'en vois quelques-uns qui visiblement s'apprêtent à passer la nuit sur place : leur groupe a établi une permanence, et ils se relaient à plusieurs, pour rester dormir avec des SDF accueillis dans leurs locaux, en cet hiver de grand froid. Pour avoir un peu fréquenté, comme soignant notamment, la population des SDF, je sais que ce genre de nuits, c'est rarement une partie de plaisir : entre ceux qui délirent, ceux qui ont trop bu, ceux qui sont suicidaires, ceux qui sont très, très sales, ceux qui ne décrochent pas un mot tellement ils vont mal dans leur tête, c'est un sacerdoce. Du coup, moi à qui l'on vient de faire des compliments pour mon topo, je me sens comme un imposteur : ce n'est pas moi qu'il faut admirer, mais eux ! Pourtant, j'ai sans doute reçu en quelques instants de passage plus de félicitations pour ma conférence que tous ces bénévoles n'en recevront en une année pour leur altruisme.

Quel drôle de monde ! Même si je sais qu'ils et elles ne font pas ça pour ça, pour être admirés. Heureusement, quelque chose me console et me déculpabilise : la conférence, pour laquelle il y avait beaucoup de monde et un petit droit d'entrée, aura rapporté de l'argent pour soutenir toutes ces actions bénévoles. Ouf, je vais pouvoir m'endormir sur ces ressentis : admiration pour les bénévoles et sentiment de les avoir aidés de mon mieux...

Être pris au mot La scène se passe il y a quelques semaines lors d'une de mes consultations à Sainte-Anne. Je reçois une patiente que je connais depuis longtemps, médecin retraitée, qui a des problèmes compliqués, et une personnalité elle aussi compliquée. Elle m'a demandé un rendez-vous en urgence car ses soucis connaissaient, hélas, un rebond. À la fin de la consultation, réconfortée et consolée (enfin, il me semble), elle sort de son sac un cadeau bien empaqueté : « C'est pour vous remercier de vous occuper de moi et de m'avoir prise en urgence. Je sais que vous avez plein de boulot... »

En tant que médecins, nous recevons de temps en temps des cadeaux de nos patients. Cela nous procure à la fois du plaisir, évidemment (parce que c'est un cadeau et une reconnaissance de nos efforts) et de la gêne (nous n'avons fait que notre travail). Quand je reçois un cadeau, je ressens tout ça, et je remercie en exprimant surtout mon plaisir (« c'est très gentil, etc. »). Ce jour-là, je ne sais pas pourquoi, je dis : « Merci beaucoup, mais il ne fallait pas... » Et comme ma patiente est un peu spéciale dans sa relation aux autres (même si ça ne l'a jamais vraiment gênée dans son travail de médecin), comme elle n'est pas passionnée par les décodages sociaux et les messages à double sens, je vois son visage devenir perplexe. Elle vérifie mes propos : « Ça vous gêne que je vous fasse un cadeau ? » Moi : « Ben, oui, un peu. Je vous soigne avec plaisir, vous allez mieux, c'est ça mon cadeau. » Elle : « Parce que si ça vous gêne, je ne veux pas vous ennuyer avec mon cadeau. » La pauvre ! Elle ne sait plus trop quoi faire de son paquet qu'elle hésite encore à sortir complètement de son sac, déconcertée.

Là, je me sens un peu bête : maintenant qu'elle m'a amené ce cadeau, qu'elle l'a choisi pour moi, bien sûr qu'en vrai ça me fait plaisir. Ce n'est pas grave qu'elle le reprenne, ça ne me manquera pas, mais je ne peux pas refuser un cadeau, la laisser repartir avec sa boîte, ce ne serait ni gentil ni respectueux. Alors je lui dis : « Non, ça me fait très plaisir que vous ayez pensé à moi et que vous m'ayez amené ce cadeau, c'est très gentil de votre part. » Je me contente d'un message simple, avec une seule information, je me concentre sur l'essentiel et je laisse tomber les explications sur le pourquoi du comment de la gêne. Soulagée, elle sourit, me tend le paquet, et nous passons à autre chose pendant que je la raccompagne à la porte en bavardant.

Bonne leçon. Après coup, je me suis demandé si elle ne me l'avait pas délibérément donnée, avec plus de malice que je ne l'imagine (du genre « je vais piéger mon psy et le prendre au mot, histoire de rire un peu »). Je ne le crois pas, ce n'est pas du tout son genre. Mais allez savoir... En tout cas, pour moi, c'est clair quand on m'offrira à nouveau un cadeau, je ne dirai plus : « il ne fallait pas » ! En psychologie positive, il faut toujours faire simple.

Eudémonisme La capacité de se sentir heureux en fonction de l'atteinte de buts correspondant à ses valeurs personnelles ; cette atteinte – et sa poursuite – donne du sens à notre vie. L'eudémonisme augmente avec l'âge, alors que l'hédonisme semble diminuer doucement[15]. Le bonheur global, entre sources hédoniques et sources eudémoniques, reste alors constant : la vie est bien faite.

Euphorie En théorie, et sur le plan étymologique, euphorie signifie bénéficier d'une humeur agréable ; elle s'oppose, pour les psychiatres, à la dysphorie, une humeur défectueuse, *de travers* (c'est le sens du préfixe *dys-*), comme nous en ressentons quand nous sommes anxieux et déprimés. Bizarrement, dans notre langue, le mot euphorie désigne aujourd'hui un excès de bonne humeur : une preuve de plus que nous avons tout de même du mal avec les émotions positives ! Il est vrai qu'un excès d'humeur agréable peut représenter un danger. Dans l'euphorie, l'équilibre émotionnel est rompu : nous n'avons plus le garde-fou des pensées ou émotions négatives pour attirer notre attention sur les problèmes éventuels qui pourraient découler de nos choix ou attitudes. Ne prendre aucune décision ni engagement important lorsque nous sommes euphoriques ; pas plus que lorsque nous sommes dysphoriques, d'ailleurs !

Exaspération « Quand je passe des jours et des jours au milieu de textes où il n'est question que de sérénité, de contemplation et de dépouillement, l'envie me prend de sortir dans la rue et de casser la gueule au premier passant[16] », nous raconte Cioran ! Moi, ce ne sont pas les textes qui me mettent dans cet état, ce sont les faux prophètes du calme et du zen, quand je sens – ou quand je sais – qu'ils font semblant, que c'est pour l'image. Et que dans la vraie vie ils sont avides et mesquins. Alors, je n'ai pas envie de m'en prendre aux passants, mais à eux : de leur donner une petite claque rectificatrice et iconoclaste, leur demander d'arrêter de faire les malins, et leur suggérer de retourner un peu s'asseoir en tailleur dans un monastère quelques années, pour rectifier le tir.

Exercice physique Une importante masse de travaux confirme que la santé du corps facilite celle de l'esprit. L'activité physique régulière augmente légèrement la tendance à ressentir une humeur positive. Et elle accroît aussi la résistance émotionnelle aux événements stressants, même chez les personnes fragiles, ayant souffert par exemple d'épisodes dépressifs[17]. Tous nos services de psychiatrie devraient être équipés d'une salle de gymnastique !

Extase C'est un bonheur ou un plaisir intense, tellement intense, qu'il nous fait sortir de nous-mêmes. Les extases les plus connues sont les extases sexuelles et les extases mystiques ; elles relèvent donc de secousses physiques ou métaphysiques. Si l'on considère que les extases sont des formes extrêmes de bonheur, leur nature même – qui est une violente sortie de soi – confirme que le mouvement naturel du bonheur n'est pas centripète, de l'extérieur vers l'intérieur, mais centrifuge, de l'intérieur vers l'extérieur.

F comme Folie

Psychiatre, je n'ai jamais vu de fous,
seulement des humains qui souffraient
de ne pas être heureux.

Faible ou fragile ? On cite souvent la formule de Nietzsche : « Ce qui ne nous tue pas nous rend plus fort », pour mettre en avant les vertus de l'adversité surmontée. L'autre jour, une dame que je voyais en consultation à Sainte-Anne m'a appris que l'inverse était parfois vrai. Après m'avoir raconté comment beaucoup d'épreuves dans sa vie l'avaient peu à peu usée et fragilisée, elle conclut : « Dans mon cas, ce qui ne m'a pas tuée m'a rendue plus faible. » Elle avait un peu raison : les cicatrices psychologiques de ce qu'elle avait vécu continuaient de l'endolorir, après des années. Il me semblait qu'elle avait fait tous les efforts et les progrès possibles. Du coup, j'étais un peu ennuyé pour lui répondre, je n'aimais pas qu'elle puisse repartir avec cette idée de faiblesse inexorable dans la tête, sans que je ne l'aie discutée avec elle. Nous en avons donc bavardé un bon moment et notre échange a porté sur la différence entre faiblesse et fragilité : sincèrement, je ne la trouvais pas du tout faible mais extrêmement fragile. Il y a dans l'idée de faiblesse un jugement moral qui me dérange en général, et me dérangeait dans son cas particulier. Et surtout une notion d'impuissance à faire face à certains événements de la vie, qui ne me semblait pas non plus lui correspondre : elle faisait face, mais cela lui faisait mal. Cette dame ne me semblait pas faible mais fragile. Personnellement, quand je me sens faible, cela me décourage et me détourne de l'action à l'avance. Quand je me sens fragile, cela ne me dissuade pas d'agir, mais me pousse plutôt à la prudence et la conscience que je vais devoir agir précautionneusement, et sans doute avoir besoin des autres. Finalement, la fragilité, c'est une faiblesse active, sur laquelle on ne porte pas de jugement de valeur (et à qui on ne reproche donc rien).

Faire de la peine Tout petit déjà, j'avais ça : la peur de faire de la peine aux gens. Attention, pas la peur normale, le souci de ne pas blesser en étant méchant, malpoli, agressif. Non, la crainte excessive, envahissante, inappropriée : par exemple, l'embarras de ne rien acheter au marchand qui me regarde passer, derrière son étal, solitaire et sans clients. Ou celle de ne pas avoir donné tout mon argent au mendiant. Dans ce souci excessif d'autrui, je suis en bonne compagnie. Jules Renard, dans son *Journal*, raconte cette anecdote à la date du 15 août 1898 : « Je demande au Lion d'Or : "À quelle heure déjeune-t-on ? – À 11 heures. – Bien. Je vais faire un petit tour en ville." J'ai déjeuné dans un autre hôtel et je n'ai plus osé passer devant le Lion d'Or. Peut-être qu'on attend toujours. "Ils viendront dîner", se dit-on. Ne va-t-on pas m'envoyer le commissaire de la ville ? etc. Stupides transes. » Grâce au bon Jules, je me sens moins seul, mais l'autre jour ça m'a repris. Dans le train, un obscur embarras est monté en moi parce que je n'achetais rien au monsieur qui passait avec son chariot de sandwichs et de boissons dans le compartiment ; et avant de monter dans le TGV, embarras encore de ne rien acheter au vieux vendeur de journaux posté en bout de quai. C'est bizarre comment ça me remonte par moments, cette hypersensibilité à la détresse éventuelle d'autrui. Je n'ai jamais clairement compris pourquoi à certains moments j'arrive à m'en déconnecter et pourquoi à d'autres elle me déborde. En vérité, je crois que je n'ai jamais cherché à m'en débarrasser vraiment. Il me semble que j'y perdrais un peu en humanité.

« Fais de ton mieux » Le perfectionnisme est souvent une attitude dangereuse. Mais cela ne nous empêche pas d'aimer et de souhaiter bien faire. Aussi bien que possible. Ce n'est pas la même chose. C'est la différence classique en philosophie stoïcienne entre *telos* et *skopos,* entre l'intention et le résultat. Mettre toutes nos forces dans l'intention, pour faire aussi bien que possible, en évitant de nous crisper sur l'atteinte obligatoire du résultat. On donne souvent l'exemple de l'archer qui vise une cible : il ne doit pas se focaliser sur l'atteinte du centre de la cible, mais accorder toute son attention à son geste (se concentrer sur la cible et sur chacun de ses mouvements). Plus que la perfection du résultat, l'attention au geste pour l'atteindre. C'est vrai pour la plupart des entreprises de notre existence. Et c'est encore plus vrai pour la recherche du bonheur.

Famille Chacun connaît la formule célèbre de Léon Tolstoï, au tout début de son roman *Anna Karénine* : « Toutes les familles heureuses se ressemblent ; mais chaque famille malheureuse l'est à sa façon.» Je l'ai longtemps pensée vraie. D'abord parce que j'admire Tolstoï ; ensuite, parce que je voyais moi aussi les choses ainsi : le bonheur me semblait certes plus agréable à vivre, mais moins pittoresque à observer, à décrire et à raconter. Mais il s'agit en fait d'une illusion d'optique (pardon, Léon) : comme le bonheur se savoure (souvent sans qu'on ait besoin de mots) et que le malheur se décortique (on rumine, on ressasse, on gémit, on se plaint...), le second donne l'impression d'être plus riche et intéressant. Il est juste plus bavard.

Aujourd'hui que je m'intéresse à la psychologie positive, que je prends la peine de décortiquer les mille et une façons que les humains ont de se rendre heureux, je suis persuadé que les émotions et expériences positives sont tout aussi riches et diverses que leurs cousines négatives. Que les familles heureuses ne se ressemblent pas plus entre elles que les familles malheureuses. En tant que médecin et psychiatre, après avoir vu beaucoup, beaucoup de gens malheureux, j'ai aussi, parfois, la tentation de me dire : « Tous les humains malheureux se ressemblent ; mais chaque humain heureux l'est à sa façon.» Dès qu'on s'intéresse à un sujet, on en perçoit la richesse, la diversité et la subtilité. Tous les brins d'herbe se ressemblent ? Non ! Allongez-vous sur une prairie et comptez le nombre de plantes différentes dans ce que vous nommez « herbes » ! C'est pareil pour le bonheur et les émotions agréables ! Que tout cela ne vous dissuade tout de même pas de lire le génial Tolstoï !

Fantômes de bonheur Prenez une maison de vacances, dans laquelle vous venez de passer un été bien agité, plein de rencontres, d'actions et de discussions. Encore mieux si c'est une maison que vous connaissez depuis longtemps, où de nombreux souvenirs se sont accumulés. Débrouillez-vous pour vous y trouver seul un long moment, si possible en fin d'été. Mais si vos vacances n'ont rien eu à voir avec la moindre maison, aucun problème : installez-vous juste, un jour de soleil et d'air tiède, dans un endroit que vous aimez, plutôt beau, plutôt calme, plutôt dans la nature, dans lequel nul ne vous dérangera. Asseyez-vous et respirez. Laissez venir les souvenirs, les bribes de conversations, les murmures des rires et des disputes. Laissez les fantômes sortir doucement des murs de la maison ou de ceux de votre mémoire. Observez-les dans le désordre, sans surtout forcer vos souvenirs, ni vouloir les organiser, ni vous accrocher à aucun d'entre eux en particulier. Laissez juste toutes les présences du passé occuper l'espace de votre conscience. Restez vraiment longtemps, des minutes, des heures. L'observation des fantômes du bonheur ressemble à la pêche à la ligne : on ne peut forcer la venue des poissons pas plus que celle des souvenirs. Mais l'attente y est délicieuse car elle est une présence, et non une impatience.

À quoi nous servira cet exercice ? À rien. Du moins dans l'immédiat. Peut-être pourrons-nous plus tard, grâce à lui, nous sentir plus humains, plus cohérents, plus heureux, plus riches de ce que nous avons vécu ? Peut-être.

Fatigue On se plaint souvent de la fatigue, mais elle a aussi des avantages. Par exemple, elle régule nos comportements : elle nous empêche d'aller au-delà de nos forces. C'est dommage lorsque ces comportements sont utiles : l'épuisement des pompiers ou des pilotes de Canadair lors des grands incendies de forêt est une limite à la lutte contre le feu. Elle est la bienvenue lorsque ces comportements sont casse-pieds : par exemple, autrefois, si quelqu'un qui se sentait très heureux avait envie de chanter à tue-tête, bien sûr ça cassait les oreilles de ses voisins mais, au bout d'un moment, le chanteur épuisé s'arrêtait. Et les voisins pouvaient souffler un peu. Le souci, c'est qu'aujourd'hui la technologie est venue à notre secours pour limiter notre fatigue. Alors, si quelqu'un se sent très heureux et qu'au lieu de chanter à tue-tête, il met sa sono à fond, c'est un souci : comme il ne sera jamais fatigué, les nuisances vont rapidement atteindre un niveau élevé, et les conflits aussi. C'est l'évidence : les progrès techniques nécessitent des progrès psychologiques. Malheureusement, les premiers vont bien plus vite que les seconds.

Fêtes C'est bizarre comme elles rendent beaucoup de personnes tristes. Peut-être parce qu'elles sont obligatoires. Parce qu'elles nécessitent, en gros, de se rendre heureux sur commande, à un moment donné, pas forcément en phase avec nos rythmes personnels. Parce que la bonne humeur y est un peu obligée et souvent artificielle. Parce qu'elles mélangent des tas de gens plus ou moins doués pour le bonheur : des extravertis qui en rajoutent dans l'affichage et l'extension de leur bien-être, et des introvertis qui ont du mal à s'échauffer. Et, du coup, ces derniers ont tendance à se comparer aux autres, ce qui n'est jamais une bonne idée, à se sentir alors déçus, parce qu'ils ont l'impression d'être moins heureux, l'impression de passer à côté d'un truc bien, et tout ça. C'est vrai que les fêtes, telles que nous les pratiquons en général, ce sont des trucs d'extravertis agités : le plus de monde possible, de la musique, de l'excitation. Les introvertis préféreraient des fêtes calmes. Mais ça n'existe pas, ou ça ne s'appelle pas « fête ». Les bonheurs d'introvertis se savourent plus souvent en petits comités, avec de la musique douce et des conversations tranquilles. Eux appellent ça des « moments agréables ».

Fierté Une émotion positive un peu trop valorisée à mes yeux. Dangereuse, car pouvant alimenter le sentiment de supériorité (sur les humains ou sur la Nature). Je ne me sens jamais fier de moi : juste content. Je n'ai aucun mérite : si je n'ai jamais eu à lutter contre les émotions de la dilatation de soi, contre la fierté et ses dérapages, l'orgueil ou la prétention, c'est parce que pendant longtemps je n'ai pas eu confiance en moi. Une fois que la confiance m'est venue, il m'est aussi resté la méfiance envers ses excès, comme un souvenir de mon impuissance passée à être fier de moi. Nos limites, une fois dépassées, peuvent se transformer en vertus, sans que nous y soyons pour grand-chose.

Fin du monde Un jour, de retour de vacances, je parcours l'agenda de mon téléphone portable pour me remémorer un peu ce qui m'attend au boulot. En survolant toutes les échéances d'un œil distrait, je trouve dans la liste une date bizarre : un truc planifié pour 2068 ! Waw... Qu'est-ce que c'est que ça ? J'aurai alors plus de 100 ans ! Une erreur, sans doute. J'ouvre et je lis : « 1er décembre 2068, 18 heures : fin du monde. » C'est bon, j'ai compris, c'est encore un coup de mes filles : elles me chipent régulièrement mon téléphone pour y glisser des blagues, de faux messages, de faux rendez-vous, ou des photos de grimaces loufoques. Sur la fin du monde, cependant, aucune d'entre elles n'a encore avoué son forfait. Alors, on ne sait jamais : si votre âge vous permet d'être concerné pour 2068, je vous passe l'info. Au cas où...

Finitude Lorsque j'étais étudiant en médecine, l'un de mes meilleurs copains, Christian, racontait volontiers sur un ton docte, notamment lorsqu'il avait un public de non-médecins, que les humains ne disposaient que d'une capacité limitée à prendre du plaisir lors des rapports sexuels. Il proclamait en gros ceci : « Les études ont montré qu'après 1 250 rapports sexuels environ, les capacités au plaisir s'éteignent. La nature nous a programmés pour procréer, puis après pour laisser tomber et consacrer notre énergie à autre chose ! » C'était totalement bidon bien sûr, mais le jeu consistait à observer ensuite les visages inquiets des convives, dont une bonne partie était manifestement en train de se livrer à un peu de calcul mental : « Voyons, je fais l'amour en moyenne tant fois par semaine, alors combien il me reste ? » Sur le fond, son stratagème marchait car il mobilisait une grande angoisse humaine : celle de la finitude. Quand on commence à compter le nombre d'années qui nous restent à vivre en santé correcte, le nombre d'étés à pouvoir encore crapahuter dans les montagnes et dormir dans les refuges inconfortables, notre tête doit ressembler à celles des convives calculant leur stock d'orgasmes encore disponibles. C'est ce qu'on appelle la crise du milieu de la vie : ce moment où nous réalisons que nous avons plus d'années derrière nous que devant (du moins d'années alertes). Pour certains, cela débouche sur une crise dépressive ; pour d'autres sur une crise régressive (tenter de rajeunir de mille et une façons : se teindre les cheveux, changer de conjoint, se payer un lifting ou une voiture de sport). Mais pour la plupart, cette crise (*krisis* se traduit en grec, dans l'ordre de mon vieux dictionnaire de grec, par « jugement, décision, choix, débat, crise, dénouement ») débouche sur une prise de conscience salutaire, liée à ce sentiment de finitude : « Je ne dois plus remettre à demain mon bonheur, mais le vivre aujourd'hui. » Ce ne doit plus être : je serai heureux quand j'aurai obtenu ce poste, quand j'aurai remboursé mon crédit, quand je serai à la retraite, etc., mais : je peux commencer à être heureux *maintenant*. Ainsi, l'inconfort du sentiment de finitude nous oblige à réfléchir intelligemment et activement à notre bonheur, à nos priorités existentielles et à la conduite de nos vies.

Flaubert « Être bête, égoïste et avoir une bonne santé, voilà les trois conditions voulues pour être heureux. Mais si la première vous manque, tout est perdu. » Pas très tendre pour la cause du bonheur, ce passage d'une lettre de Flaubert à sa maîtresse Louise Colet, 13 août 1846. Pourtant, il ajoute tout de suite ces mots :

« Il y a aussi un autre bonheur, oui il y en a un autre, je l'ai vu, tu me l'as fait sentir ; tu m'as montré dans l'air ses reflets illuminés ; j'ai vu chatoyer à mes regards le bas de son vêtement flottant. Voilà que je tends les mains pour le saisir… » Plus romantique et tendre qu'il ne veut le faire croire, le bon Gustave…

Fleurs qui tombent À l'automne, les feuilles mortes tombent des arbres, et cela nous rend un peu tristes et mélancoliques : leur mort annonce la venue du froid de l'hiver, et le raccourcissement des jours. Au printemps, il y a aussi la mort des fleurs de ces mêmes arbres. Elle est plus discrète à nos esprits, car elle ne sera pas suivie du froid et du gris hivernal, mais annonce les beaux jours. Alors les fleurs mortes nous touchent moins que les feuilles mortes, nous les oublions plus vite.

L'autre matin, en partant de chez moi, une bourrasque de vent a emporté une nuée de petites fleurs du prunus sous lequel je passais. C'était beau comme tout, mais aussi doucement émouvant, ces centaines de petits pétales roses me tombant dessus et s'éparpillant alentour, détachés de leurs branches, séparés les uns des autres. Ça me faisait penser à la fin de l'enfance : on ne s'attriste pas (enfin, moi un peu, quand même…) de ce moment où l'enfant devient adolescent. Ce n'est pas une fin, mais une transformation, on ne va pas vers du déclin mais vers de la croissance (bizarre comme ce mot a été annexé par l'économie, dur de l'utiliser dans un autre un contexte…). De même, les fleurs qui laissent la place aux fruits, ça devrait être joyeux. Et ça l'est, finalement, mais il y a tout de même alors un petit passage sous l'aile du deuil, de la tristesse, une bouffée de spleen doux et tolérable. Car il y a une perte de grâce, dans ce passage de la fleur au fruit. Et tout en nous réjouissant des beaux jours et des fruits à venir, nous continuons d'héberger la nostalgie de la fleur. Bon, je dis ça, mais un de ces prochains matins, dès qu'il y va faire beau et doux, dès que les premiers fruits de l'été vont arriver, je sais exactement ce qui va se passer ; je vais jubiler à l'idée d'en retrouver le goût, et me dire : « Quelle chance tu as d'être là ! »

Flexibilité L'autre jour, à table, une de mes filles est silencieuse depuis un bon moment. Inhabituel ! Alors, je lui demande à quoi elle pense. Et elle de répondre : « Depuis tout à l'heure, je vous regarde comme si je ne vous connaissais pas du tout. Et je me dis : que penserais-tu d'eux en les voyant là, comme ça, si c'était la première fois que tu les rencontrais ? » C'est drôle, ces petits pas de côté avec le réel, ces moments où l'on s'extrait de ses automatismes et de ses jugements habituels. Et ça passionne la famille. Dans un sens d'abord autocentré : nos premiers réflexes sont non pas de nous demander ce que, à sa place, nous penserions des autres en faisant ce pas de côté, mais de vouloir savoir ce qu'elle pense de nous à cet instant, avec son regard frais ! Nous n'explorons le monde qu'une fois rassasiés (ou rassurés) de nous-mêmes... Si j'ai posé moi aussi à ma fille la question de ce qu'elle pensait de moi ? Bien sûr ! Et vous savez ce qu'elle m'a répondu ? Que je ressemblais ce jour-là, mal habillé et mal débarbouillé (c'était un dimanche midi), à un vieux fou sympathique. Ça me va tout à fait.

Flow Ce terme qui signifie « flux », ou « flot » est bien connu en psychologie positive, depuis les travaux d'un chercheur célèbre malgré son nom, Mihaly Csikszentmihalyi[1]. Il démontra le premier (par les techniques de mesure du bonheur dites de « sondage émotionnel ») que les activités qui procuraient des émotions agréables se répartissaient en deux catégories : l'une, prévisible, regroupait tous les moments de plaisir (manger, faire l'amour, etc.) ; l'autre correspondait aux moments où nous sommes absorbés, immergés, dans une tâche qui requiert toute notre attention. Pour que cette immersion nous procure du bonheur, plusieurs éléments sont requis : 1) que l'activité nécessite un engagement actif (c'est-à-dire qu'elle ne soit pas une distraction passive) ; 2) qu'elle ne soit pas trop facile ou répétitive (c'est-à-dire qu'elle comporte un certain degré de difficulté) ; 3) que nous soyons capables de maîtriser cette difficulté (mais pas trop, sinon elle redevient trop facile et du coup nous gratifie moins). Dans ces moments, notre attention est totalement centrée sur ce que nous faisons, dans une sorte de flux de conscience où nous éprouvons un sentiment de maîtrise et de plaisir, instant après instant. Cela se passe dans toutes sortes d'activités : descendre une pente raide à ski, chanter dans une chorale, se livrer à une activité créatrice (dessiner, écrire, peindre, etc.), bricoler, jardiner, mais aussi travailler, lorsque nous avons la chance d'exercer un métier qui nous offre des instants possibles de *flow*… Car, bien sûr, ce type d'expérience ne survient que dans les conditions précises que nous avons décrites : que la difficulté soit trop grande et ce n'est plus du *flow*, mais du stress ; si elle est trop faible, ce n'est toujours pas du *flow*, mais de l'ennui.

Foi Quand le poète Jean Passerat (1534-1602), enseignant titulaire de la chaire d'éloquence au collège des Lecteurs royaux, sentit venir la mort, il composa son épitaphe, pleine d'une confiance tranquille et touchante sur l'attente de la résurrection :

> *Jean Passerat ici sommeille,*
> *Attendant que l'Ange l'éveille :*
> *Et croit qu'il se réveillera*
> *Quand la trompette sonnera.*

J'aimerais avoir confiance, aussi fort que Jean Passerat, quand je m'endormirai pour le Grand Sommeil. On appelle ça la foi du charbonnier ; allez savoir pourquoi… Souvent on la moque comme un manque d'intelligence ou de discernement, comme le fit Georges Brassens dans sa chanson « Le mécréant » :

> *J'voudrais avoir la foi, la foi d'mon charbonnier,*
> *Qu'est heureux comme un pape et con comme un panier.*

Malgré mon affection et mon admiration pour le bon Georges, ces moqueries ne m'impressionnent pas. Je n'arrive pas à voir les personnes dont la foi est inébranlable comme des personnes à qui il manquerait quelque chose (de l'intelligence). Je les vois plutôt comme des personnes qui ont quelque chose de plus que les autres. Et je vois aussi que cela les rend bien souvent plus heureuses, sans forcément les rendre moins intelligentes.

Fontenelle Le philosophe et académicien Fontenelle, un jour qu'on lui demandait par quel moyen il s'était fait tant d'amis et pas un ennemi, répondit : « Par ces deux axiomes : tout est possible et tout le monde a raison. » Cela ressemble à une prudente forme de diplomatie, voire à une dérobade et à un renoncement à porter (et surtout émettre) un avis sur autrui. On peut aussi y voir une sagesse et une philosophie de vie : toujours commencer par la bienveillance et la tolérance, avant de prétendre juger et trancher. Car certains jours, je pense comme Fontenelle : souvent, tout est effectivement possible, et tout le monde a un peu raison ! En tout cas, c'est une position existentielle qui a permis à Bernard Le Bouyer de Fontenelle de vivre centenaire, ce qui, à son époque (il est mort en 1757), n'était pas une mince performance. Quand on vous dit que les émotions positives et le lien social, c'est bon pour la santé !

Forces et faiblesses C'est l'un des grands principes de la psychologie positive : « Travaille tes forces, pas seulement tes faiblesses. » Nous pensons souvent que progresser, c'est acquérir des qualités que nous n'avons pas encore, ou pas assez. C'est aussi cultiver celles que nous avons déjà. Par exemple, dans le cadre de bonnes résolutions comme celles que l'on prend en début d'année, on recommande de ne pas choisir seulement des décisions portant sur nos faiblesses (moins fumer, moins s'énerver, moins regarder la télé ou rester collé aux écrans), mais d'en choisir aussi qui portent sur nos forces : se demander ce que je fais déjà de bon et de bien (je me montre volontiers gentil et serviable, j'aime apprendre de nouvelles choses…) et m'engager à le faire davantage. Double bénéfice : d'abord, cela me donnera encore un peu plus de bonheur ; puis ce supplément de bonheur me donnera de l'énergie pour tenir les résolutions prises sur mes faiblesses (parce que là, ce sera un peu plus dur).

Forever young L'autre nuit, j'ai rêvé de mon meilleur ami de jeunesse, mort il y a vingt ans, sous mes yeux, dans un accident, alors que nous faisions un grand voyage à moto. Il était là, devant moi, absolument vivant. Et dans mon rêve, je me disais : « Mais non, tu rêves, il est mort. » Alors je lui demandais : « Mais tu es mort, en vrai, n'est-ce pas ? » Et il me répondait oui. Mais on continuait à discuter tranquillement, comme si le fait qu'il soit mort ou non n'avait pas plus d'importance que l'endroit où il avait garé sa moto. Et j'étais tout perturbé, avec des états d'âme dont je me souviens précisément : joie immense de le retrouver tel qu'il était jadis, apaisement de me dire « bon, la mort n'arrête rien, finalement » et inquiétude sourde du moment où il allait à nouveau disparaître de mon rêve. Ce qu'il fit. Trouble intense au réveil. Bonheur pourtant de l'avoir retrouvé sorti tout vivant d'un repli de mon cerveau. Ou d'ailleurs ? Certains rêves sont plus bouleversants et plus nourrissants pour l'âme que bien des journées.

Formules mathématiques du bonheur C'est un jeu, bien sûr, mais pédagogique : existe-t-il des formules mathématiques permettant de mieux comprendre la survenue du bonheur ?

Il y a par exemple celle de Sonia Lyubomirski, l'un des grands noms de la psychologie positive[2] :

$$B = N + C + A$$

Dans laquelle B = bonheur, N = niveau biologique (l'influence de notre tempérament et de nos gènes, mais aussi l'état actuel de notre corps, malade ou bien portant), C = conditions de vie (ville ou campagne, travail pénible ou non, démocratie ou dictature, isolé ou en famille…) et A = activités volontaires pour augmenter son bien-être (tout ce que propose la psychologie positive). Cette formule est sans doute la plus proche des données scientifiques actuelles sur les composantes de notre aptitude au bonheur[3].

Paul Seligman, autre grand nom de la psychologie positive, propose sa formule du « bonheur authentique[4] » :

$$B = P + E + S$$

P = émotions positives, E = engagement (capacité de se rendre présent à ce que l'on vit), S = sens (donné à ce que l'on fait, au-delà de son caractère agréable ou non sur le moment). Cette formule s'efforce de concilier les deux grandes traditions du bonheur, l'hédonisme (prendre du plaisir à la vie) et l'eudémonisme (lui trouver du sens), en insistant sur les efforts pour agir et s'engager.

Plus modestement, j'ai proposé une autre formule[5], insistant sur le rôle de la prise de conscience :

$$B = BE \times CS$$

BE = bien-être (ressentir du plaisir ou une émotion positive) et CS = conscience (en prendre conscience, se rendre présent à ce qui se passe alors, ce qui transforme le bien-être, donnée quasi animale, en bonheur, ressenti plus typiquement humain). C'est la plus simple des trois, mais aussi la plus facile à appliquer à chaque instant : ne jamais oublier de transcender son bien-être, chaque fois qu'il passe, en bonheur.

Fous « Souviens-toi qu'il existe deux types de fous : ceux qui ne savent pas qu'ils vont mourir, ceux qui oublient qu'ils sont en vie », nous rappelle le psychanalyste Patrick Declerck. Autrement dit, les deux plus grandes erreurs que nous puissions commettre sont les suivantes : ne jamais penser au malheur (et ne pas assez réaliser à quel point vivre est une chance), ou ne penser qu'à lui (et y laisser toutes ses forces, ne disposant de plus rien pour savourer la vie).

Fragilité Elle n'empêche pas le bonheur. Au contraire : elle le rend plus nécessaire, elle affûte la conscience. Parfois je tremble égoïstement devant la fragilité de mon bonheur et de celui de mes proches : peu de chose suffirait à l'anéantir. Vivre un siècle plus tôt ou plus tard, 5 000 kilomètres plus au sud ou à l'est, etc. J'y vois une raison de plus pour appliquer le programme de ces pages : savourer, partager, redonner. Chérir et respecter le bonheur et l'idée du bonheur. Tant d'humains n'ont pas cette possibilité, et n'ont pour objectif que la survie, et non le bonheur. La pire sottise et le pire mépris seraient bien de ne pas être conscient de tout cela.

France Dans le classement des pays européens en termes de bonheur ressenti par les habitants, elle est dernière de la classe. Pas terrible, même si, à sa décharge, elle se trouve dans la meilleure classe de l'école, où figurent les meilleurs élèves : l'Europe de l'Ouest. Malgré ses mauvaises notes, beaucoup d'autres élèves l'envient. Elle fait semblant d'être un vrai cancre et de se méfier du bonheur, mais en fait, elle écoute tous les cours, en feignant de dormir. Voilà du moins comment je m'amuse à voir les choses, lorsque je lis ces articles à répétition sur la dépression nationale et le pessimisme des Français : grincheux, mais pas si malheureux.

Francis Cabrel La compassion fait parfois irruption dans nos vies alors que nous ne nous y attendons pas.

Ça m'est arrivé l'autre jour, dans le train, en revenant d'une conférence. Un peu fatigué, j'écoutais de la musique dans mon casque, en regardant défiler le paysage. J'écoutais des chansons de Francis Cabrel, que j'adore. Et, tout à coup, sur un morceau qui raconte l'histoire très simple d'une femme paralysée qui rêve qu'elle marche et qu'elle danse[6], je commence à renifler, puis à pleurer. Je ne sais pas si c'était lié au mélange de fatigue et de bonheur (la conférence s'était bien passée, humainement et pédagogiquement, il me semblait avoir été utile et avoir partagé avec le public de belles émotions), mais, tout à coup, une énorme vague de compassion s'écrase sur moi. Je tourne la tête vers la fenêtre, pour que les larmes s'écoulent discrètement, je commence même à remuer les yeux de droite à gauche, comme en thérapie EMDR, pour accélérer leur disparition. Puis, je comprends que je suis en train de me comporter comme un idiot (ça m'arrive souvent avec mes émotions). En train d'assassiner une expérience émotionnelle, alors que rien ne m'y oblige : je suis au calme, j'ai du temps, et c'est une expérience importante. Une expérience de compassion.

Une irruption de compassion dans mon petit confort de conférencier content d'avoir bien fait son boulot, bien parlé, bien rendu service. Bien sur les rails de sa vie. Et le voilà rattrapé par la souffrance d'autres que lui. Par la grâce d'une chanson simple et sans pathos, qui ne dit presque rien, à part ceci : des millions d'humains sont malheureux de ne pas pouvoir marcher. Et toi, tu marches. Tranquillement, tout le temps, tu marches, tu cours, tu sautes. Sans même y penser. Pense à eux, ou plutôt, non, ne « pense » pas à eux : ressens de la compassion pour eux, dans ton cœur, dans ton corps, pas seulement avec ta cervelle rationnelle. La vraie compassion, pas la pensée distraite de surface.

Du coup, ça n'arrange pas l'histoire des larmes. Les sanglots commencent à monter. Je cache un peu mon visage de ma main pour continuer de pleurer. Je laisse filer les larmes face aux champs et aux bois qui défilent. Je renifle le plus doucement possible, je sors un mouchoir de ma poche. Je ne cherche plus à freiner le mouvement, je laisse la compassion prendre toute la place qu'elle veut. Je laisse sa vague monter, me secouer, me recouvrir. Je respire et je regarde la nature qui me chuchote : tout est bien, ne te débats pas, laisse tout advenir. En ce moment de ta vie, tout ce qui est là est à sa juste place, ne te dérobe pas. Laisse-toi remuer et envahir par la compassion. Laisse-la te marquer de son empreinte la plus profonde. Laisse-la t'endolorir et te réjouir : à cet instant où tu sanglotes, cet instant où tu te sens un gros nigaud renifleur, tu éprouves simplement une expérience d'humanité et de fraternité. Reste avec ça, respire avec ça. Puis, quand tout cela se retirera doucement de toi, n'oublie pas.

Quand les larmes ne couleront plus, quand tu te remettras à respirer normalement, n'oublie pas. À ce moment, tu feras marcher ton cerveau. Tout sera plus clair, tu réfléchiras, tu agiras, tu décideras que faire. Tu n'oublieras pas, jamais, ces longues minutes où tu t'es noyé dans la compassion grâce à une simple chanson. Et tu repenseras à tout ce que tu fais déjà, et que tu continueras : ne plus rouspéter quand tu cherches une place en voiture et que tu vois que les seules places libres sont les places pour handicapés, inoccupées (j'ai honte d'avouer qu'autrefois je rouspétais pour ça, et pourtant...). Ne plus jamais garer ton scooter sur un trottoir s'il est sur un passage où un aveugle pourrait se cogner (je l'ai vécu : plus jamais ça). Et tu penseras à tout ce que tu pourrais faire en plus : être prêt à aider davantage les personnes handicapées dès que tu en croises une, à leur parler davantage, leur sourire, à donner plus d'argent aux associations qui les soutiennent. Continue de chercher : il doit y avoir d'autres gestes encore...

Freud Tout au long de *Malaise dans la civilisation*, Freud dévoile clairement la vision très pessimiste qu'il a du bonheur. En voici quelques extraits[7] :

« On pourrait dire que rendre l'homme heureux ne s'inscrit pas dans le dessein de la Création. Ce que l'on nomme bonheur au sens le plus strict résulte de la satisfaction assez soudaine de besoins longtemps accumulés et n'est possible, par nature, qu'en tant que phénomène épisodique. »

« La vie telle qu'elle nous est imposée est trop lourde pour nous ; elle nous inflige trop de souffrances, de déceptions et de problèmes insurmontables. Pour pouvoir la supporter, nous ne pouvons pas nous passer de sédatifs. Ces sédatifs peuvent être de trois sortes : de puissants dérivatifs qui nous permettent d'oublier notre misère, de satisfactions compensatoires qui l'atténuent, et des drogues qui nous y rendent insensibles. »

Comme souvent, ce que décrit Freud est juste (priorité donnée par l'évolution de notre espèce aux émotions négatives sur les positives, difficulté de l'existence), mais les généralisations radicales qu'il en tire sont contestables. Freud était un grand pessimiste et, comme tous les pessimistes, il souhaitait convaincre son entourage de la justesse de ses vues. À sa décharge, il a assisté au suicide de l'Europe lors de la Première Guerre mondiale, puis à la montée du nazisme et au déchaînement de l'antisémitisme juste avant la Seconde. Assister au pire de l'horreur lui a été évité puisqu'il est mort en 1939, mais il était juif à la période de l'histoire où ce fut sans doute le moins facile de l'être.

Je me souviens que lorsque je décidais de m'engager dans des études de médecine, pour devenir psychiatre, ce fut après la lecture de Freud, en classe de terminale. Sa vision de l'âme humaine m'emballait. Son pessimisme me semblait convaincant. Nous étions alors en plein règne de la « psychologie négative ». Freud, toujours lui, nous assurait que « la psychanalyse ne sert pas à être heureux ; cela sert à passer d'une souffrance névrotique à un malheur banal ». Le sourire et la bonne humeur étaient beaucoup moins bien vus qu'aujourd'hui ; c'était l'époque, dans les années 1970 et 1980, où les intellectuels sérieux devaient toujours l'air de faire la tête, ce qui était censé leur donner une légitimité. Au moins toute cette négativité dans laquelle je baignais me permettait-elle d'entretenir un sentiment de fraternité sincère avec mes patients...

Fruits et légumes Dans ses célèbres propos, le philosophe Alain écrivait en 1909 : « Comme la fraise a le goût de fraise, ainsi la vie a le goût du bonheur. » C'est bizarre comme je suis touché par les fruits et les légumes : lorsque j'en mange des bons, un sentiment primitif de bonheur me traverse. Bonheur que la nature, à laquelle j'appartiens, me permette de déguster ses productions. Je suis beaucoup moins bouleversé par un bon plat ou un bon gâteau. Cela me semble relever à la fois d'un bonheur animal, et d'une gratitude intuitive envers mon Dieu créateur.

G comme Gratitude

Toutes tes joies te sont données :
par la vie, par autrui, par un Dieu (peut-être).
Pour cela : gratitude, qui renforce ton cœur et ton bonheur.

Générosité Donner rend plus heureux. La personne qui reçoit, bien sûr, mais aussi celle qui donne. C'est elle qui nous intéresse ici. Les recherches sont formelles : le don augmente le bonheur du donneur.

Il y a plusieurs manières de donner. En général, nous donnons avec plaisir, par amour à nos enfants, à nos proches, à nos amis. Bien, mais facile. La générosité vraie suppose de donner aussi à ceux qu'on ne connaît pas, ou guère ; voire parfois à ceux qu'on n'aime pas plus que ça... Pour ne pas corser la difficulté, nous ne parlerons ici que de la générosité envers les inconnus ou peu connus. On a pu montrer que pratiquer cinq bonnes actions par semaine, pendant six semaines, améliore significativement notre bien-être. Et il semble, bizarrement, que regrouper ces bonnes actions sur un seul jour de la semaine ait plus d'effet que si on en pratique une chaque jour. De même, varier les comportements altruistes aurait plus d'effet que de pratiquer toujours les mêmes[1].

Donc, la recommandation pour vos exercices de générosité sera de pratiquer un jour par semaine (et ce jour-là on se montre le plus généreux possible), pendant plusieurs semaines, et en essayant de varier les plaisirs (donner du temps pour aider quelqu'un, de l'argent à un SDF, des objets à des proches, de l'affection à un vieux membre de la famille isolé...).

« Et les autres jours, je me comporte comme un gros égoïste ? » Non, bien sûr : en portant particulièrement notre attention sur un jour particulier, nous mettons en place des automatismes qui vont aussi nous conduire vers la générosité les autres jours, mais de manière moins délibérée, et plus automatique.

Dans les études qui recueillent les témoignages de personnes engagées dans ces programmes, la diversité des comportements de générosité est réjouissante et étonnante à la fois : à côté des gestes de générosité pour les proches ou des personnes que l'on croise, on trouve aussi des actes totalement anonymes, comme régler le ticket de péage d'autoroute du conducteur derrière vous, ramasser un papier par terre pour le mettre à la poubelle même si ce n'est pas vous qui l'avez jeté. Et pour terminer, ce souvenir d'un chercheur américain, racontant comment sa mère, chaque fois qu'elle le voyait de mauvaise humeur, lui lançait : « Stephen, tu n'as pas l'air content, pourquoi ne vas-tu pas aider quelqu'un[2] ? » Un excellent exercice !

Gens ennuyeux   « Il y a des gens si ennuyeux qu'ils vous font perdre une journée en cinq minutes », écrit Jules Renard[3]. Ce à quoi le philosophe Épictète répondrait : « Jules, tu ne peux rien contre l'existence des gens ennuyeux. Il est par contre en ton pouvoir d'écourter ta présence à leurs côtés, et aussi de ne plus penser à ces cinq minutes ensuite. »

Gentillesse   C'est un don de douceur et d'attention fait à autrui. Je suis toujours épaté du regard condescendant ou méfiant qu'on porte parfois sur la gentillesse. On la soupçonne volontiers d'être l'expression d'un manque : si on est gentil, c'est qu'on ne peut pas faire autrement, c'est parce qu'on est faible ; si on était fort et puissant, plus besoin d'être gentil. Ou bien on s'imagine qu'elle cache quelque chose : la personne gentille attend forcément quelque chose en retour. Mais la gentillesse peut être simplement un don, sans conditions et sans attentes ! On donne, et puis on verra bien ; et on continue, même si on ne voit rien. Alors, on n'est pas gentil pour obtenir quelque chose, on est gentil parce que ça fait du bien, aux autres et à soi, et que ça rend le monde plus agréable et plus vivable.

Grand-père L'un de mes amis est devenu grand-père. Ce n'est pas un grand expansif, il vit ça sobrement, sans grandes déclarations, mais ça lui plaît. Lors des vacances de la Toussaint, nous avons passé quelques jours ensemble dans une grande maison de vacances où il y avait tout plein de monde, dont sa fille et sa petite-fille. Un après-midi que la maison était calme, alors que presque tout le monde était parti en balade, lui et moi sommes restés. Moi pour bouquiner et lui pour s'occuper de sa petite-fille. J'étais à un bout de la grande pièce et lui à l'autre. Il m'avait complètement oublié. À un moment, plongé dans mon livre, je l'entends qui fait des bruits bizarres, de petits grognements tendres. Je lève la tête discrètement : c'était mon pote qui émettait ces petits sons primitifs en donnant le biberon, pour causer avec le bébé, les yeux plissés de bonheur, un sourire au coin des lèvres. Comment dire ? Ce tout petit instant m'a bouleversé plus que tous les grands discours possibles sur le bonheur d'être grand-père. Cet amour paléolithique qui sortait du fond de sa gorge et de la nuit des temps m'a ému jusqu'aux larmes.

Grasse matinée Un vendredi soir, lors d'un échange de mails de travail à une heure tardive, un copain me recommande de lever le pied et de faire une grasse matinée dimanche. C'est manqué : je n'ai jamais pu faire une grasse matinée de ma vie. J'ouvre en général un œil avec le jour, quels que soient mes états d'âme. Quand je ne suis pas en forme, c'est l'inquiétude qui m'éveille (« Vite, faire toutes les choses qu'il y a à faire, pour me débarrasser ») et, quand je suis en forme, c'est la joie, l'élan vital (« Vite, vivre, voir le ciel, les étoiles, le soleil, pour savourer »). J'éprouve dans tous les cas une impossibilité radicale de me rendormir ou de traîner au lit. Et pourtant je ne suis pas hyperactif, j'aime bien que les choses aillent lentement, calmement. Et j'aime bien dormir, aussi, j'adore ce moment où on se blottit dans son lit et où on laisse défiler tout seuls les souvenirs de la journée. Alors, tout de même, je relance le copain par un autre mail : « Et toi, tu en fais, des grasses matinées ? » Non, lui non plus n'en fait jamais : nous sommes définitivement deux handicapés, incapables de comprendre les mystères (et les joies) de la flemme et du plaisir de traîner au lit.

Gratin de courgettes Ça se passe chez des cousins qui nous ont invités, avec d'autres amis et cousins, dans leur maison à la montagne. Nous arrivons tard le soir, et la cousine invitante nous improvise gentiment un repas avec ce qu'elle trouve dans sa cuisine.

« Tiens, il y a du gratin de courgettes. Quelqu'un en veut ? Non ? Christophe, toi qui aimes les légumes, tu en veux un peu ? Non ? Bon, ben, je le mets tout de suite à la poubelle, ça fait plusieurs jours qu'il traîne au frigo... »

J'éclate de rire, et elle met quelques secondes à comprendre pourquoi, puis se met à rire elle aussi, un peu embarrassée mais sans plus : elle est comme ça, la cousine, spontanée et franche du collier, comme on dit. Et très gentille aussi.

Bien sûr que dans sa tête, la séquence n'était pas préméditée : « 1) Je veux jeter ce truc ; 2) mais je tente – au cas où – de le caser à quelqu'un, 3) je le jetterai si personne n'en veut. » Et bien sûr que c'était plutôt : « 1) Tiens, il reste un peu de gratin, 2) peut-être quelqu'un en mangera, 3) bon, personne n'en veut, et ça me fait penser que ça va traîner au frigo, 4) allez zou, on jette... »

Mais après le repas, alors que tout le monde bavarde au coin du feu, je repense à ce petit moment : la frontière entre la maladresse et l'offense est bien ténue. Si je n'ai pas été vexé mais amusé, c'est que j'aime bien la cousine et que je sais qu'elle m'aime bien. Sans ces certitudes, l'histoire du gratin serait peut-être moins bien passée. Comme quoi, ce qu'on appelle la contextualisation et le recul sont indispensables pour une bonne digestion psychologique des événements de vie. C'est pour ça aussi, d'ailleurs, que nous avons intérêt à avancer dans la vie dans la meilleure humeur possible : toutes les études montrent que c'est elle, cette bonne humeur, qui peut le plus facilement nous donner ce recul et ces capacités de contextualisation. Bien plus que le mauvais poil.

Gratitude La gratitude, c'est se réjouir de ce qu'on doit aux autres.

Nous avons récemment travaillé sur la gratitude avec l'un de nos groupes de patients, à Sainte-Anne. Nous avons réfléchi sur les différents niveaux possibles dans la pratique de la gratitude :

– en ressentir pour quelqu'un qui nous a fait du bien intentionnellement (de l'aide, un cadeau) ;

– en ressentir pour quelqu'un qui nous a fait du bien sans penser à nous personnellement (gratitude pour le boulanger et son bon pain ; même si nous lui avons acheté : où est le problème ?) ;

– en ressentir pour d'autres humains que nous ne rencontrerons jamais (gratitude pour Mozart, Bach, tous les humains qui nous ont précédés et qui nous ont légué tout ce que ce monde a de beau, les générations de paysans qui ont façonné nos campagnes, etc.).

En discutant tous ensemble, nous avons même abordé des moments tels que la contemplation d'un coucher de soleil, d'une belle campagne, d'un beau ciel, etc. Puisque c'est la nature à qui nous le devons, et pas à des humains, pas de gratitude ? Si, aussi ! Gratitude pour nos parents et ancêtres qui nous ont permis d'être là pour voir ça. Pour les humains du passé et du présent qui nous ont permis et nous permettent de vivre dans un pays en paix.

Toutes les réflexions sur la gratitude nous ouvrent les yeux sur cette évidence : nous devons presque tout à d'autres humains. Nous pouvons nous en réjouir et exprimer, chaque fois que possible, notre reconnaissance.

Comme la gentillesse, la gratitude ne coûte rien que quelques mots, qui ont cependant une valeur considérable. Il ne faut pas craindre de l'accepter. Récemment, mon beau-père est venu passer quelques jours à Paris. Au moment où il repartait prendre son TGV, je lui ai donné un petit conseil sur les horaires, qui lui a permis de partir une heure plus tôt, dans un train direct sans correspondance, contrairement à ce qui était prévu. Rien de majeur, donc. Pourtant, le lendemain, il a pris la peine de me rappeler pour me remercier : « Christophe, grâce à votre conseil, j'ai fait un voyage très agréable, je vous en ai été reconnaissant pendant tout le trajet. » Mon premier mouvement intérieur fut de trouver que c'était trop de gratitude pour un si petit conseil. Puis, je me suis dit qu'il avait raison (comme d'habitude en matière de psychologie du bonheur : c'est un surdoué). Après tout, le fait qu'il éprouve de la gratitude avait embelli son voyage, et sa vision du monde ; et le fait qu'il me l'exprime m'avait fait plaisir. Le tout ne nous avait « coûté », à lui comme à moi, que quelques phrases. Quelques petits mots pour beaucoup de plaisir partagé, à se sentir solidaires et amicalement liés.

S'entraîner à la gratitude est très simple : 1) notez chaque soir, pendant disons une semaine entière, trois événements agréables de la journée (une rigolade avec un proche, une belle balade dans la nature, une lecture intéressante) ; 2) cherchez ce qui dans ces événements est dû à d'autres humains (le copain qui m'a fait rire ; les personnes qui ont tracé et entretenu le chemin que j'ai suivi pour ma balade, et qui n'est pas tombé tout tracé du ciel ; l'auteur du livre ou de l'article, l'imprimeur, l'éditeur) ; 3) prenez conscience et réjouissez-vous d'être relié ainsi, pour le meilleur, à tant d'humains, connus ou non. Renouvelez l'expérience plusieurs fois par an. Dans les moments où la vie est facile, puis lorsqu'elle l'est moins. Et quand vous serez devenu expert en gratitude, faites-le aussi lorsque vous souffrirez : gratitude, compassion, admiration atténuent l'impact de nos douleurs. Dans ces moments, nous ne supportons pas que quelqu'un nous le rappelle : il y a que nous qui pouvons décider de les pratiquer malgré tout.

On peut comprendre, au travers de ces exercices, pourquoi la gratitude nous fait du bien : elle nous aide à revenir sur les bons moments de notre vie, elle nous aide à prendre conscience que globalement le fait d'être un humain a beaucoup plus d'avantages que d'inconvénients, etc.

Grillade Je suis dans le jardin un soir d'été. Tout le monde a quitté la table, et je reste seul, comme souvent, à ne rien faire d'autre que regarder, écouter, renifler. Une rumeur tranquille circule au-dessus des murs et des clôtures, émaillée de cris d'oiseaux du soir et de paroles de fin de repas. Ça sent la grillade. J'aime cette odeur, même si, des grillades, je n'en mange presque plus. Mais leur fumet, à ce moment, ne me donne ni envie d'en manger ni envie de juger ceux qui mangent de la viande. Juste l'envie d'être heureux : elle me rappelle des dizaines de souvenirs de vacances autour de toutes sortes de grillades, avec toutes sortes de gens, dans toutes sortes d'endroits. Et à cet instant précis, cela suffit totalement à mon bonheur : juste renifler l'odeur d'un plat que j'ai beaucoup aimé. Je me dis que j'ai fait des progrès si une simple odeur suffit à me rendre heureux. Puis je me rappelle que j'ai le ventre plein et que ce serait peut-être une autre histoire si j'avais très faim. Ça ne fait rien, je reste encore là, à renifler l'odeur de barbecue qui envahit lentement tout le jardin. Voilà les premiers cris des chauves-souris qui commencent leur chasse aux insectes...

Grincheux désagréables Les grognons m'ont longtemps agacé. Ne pas être capable de faire l'effort minimum de la courtoisie et de la politesse, l'effort d'un regard amical et d'un sourire, tout de même ! Puis, ça m'a passé. J'ai compris que cela n'empêchait pas d'autres qualités. Depuis, je m'imagine volontiers que le caractère de certains grincheux (ne pas s'encombrer des convenances sociales, ne pas se laisser impressionner par les règles sociales) est peut-être aussi l'expression d'une forme de liberté et cache peut-être un courage revêche : ce grincheux qui ne me salue pas serait peut-être celui qui me sauverait la vie pendant la guerre, celui qui me cacherait de l'ennemi. Et qui refuserait ensuite, toujours aussi revêche, mes remerciements et ma gratitude...

Guérir La guérison ressemble à chaque fois à un miracle : guérir d'une maladie, d'une blessure, d'une fracture. Quelle chance nous avons de disposer d'un corps qui bien souvent sait se réparer lui-même ! Et quelle chance aussi d'appartenir à l'espèce humaine, qui a inventé la médecine, pour venir en aide à notre corps, lorsque ses capacités d'autoguérison sont dépassées ! Jules Renard disait que nos maladies sont les « essayages de la mort ». En vieillissant, il sentait venir la sienne. Guérir paraît normal lorsqu'on est jeune ; cela devient de plus en plus clairement une bénédiction au fur et à mesure que l'on avance en âge. Chaque maladie est un rappel de notre fragilité et de notre mort qui viendra un jour. « Essayages de la mort... » Oui, et chaque guérison est l'expérience d'un instant où la mort nous relâche, après cet essayage ; parce que nous avons eu de la chance, ou parce que Dieu l'a voulu, pour les croyants. Chaque guérison devrait nous pousser à rendre grâce ; à qui que ce soit, Dieu ou la vie. À nous réjouir, bien plus durablement et profondément que nous ne le faisons ordinairement. La maladie peut revenir ? Il y a un risque de rechute ? D'accord, et alors ? Est-ce que nous réjouir va accélérer cette rechute ou ce retour ? Bien sûr que non ! Si un effet existe il sera plutôt inverse : les émotions agréables nous aideront plutôt à mieux lutter contre nos maladies.

H comme Harmonie

L'harmonie, comme un besoin caché
Qu'on oublie volontiers.
Mais qui peut vivre longtemps sans elle ?

Habituation hédonique Nous prenons l'habitude du bonheur. Nous sommes entourés d'une foule de choses qui devraient nous rendre heureux et que nous ne voyons plus. Sauf lorsqu'elles nous sont retirées, comme le suggère la formule célèbre du poète Raymond Radiguet : « Bonheur, je ne t'ai reconnu qu'au bruit que tu fis en partant. »

C'est qu'on s'habitue à tout, même aux bonnes choses et au bonheur, hélas ! Lorsque ces bonnes choses nous arrivent, puis nous restent accessibles en permanence, elles cessent peu à peu de nous rendre heureux : vivre dans un pays en paix, avoir un conjoint, un travail, une maison, de quoi manger, tout cela finit par nous paraître normal. C'est l'*habituation hédonique*. En psychologie, on parle d'habituation pour désigner la diminution, parfois jusqu'à l'extinction, de la réponse à un stimulus présenté de manière répétée et prolongée. C'est comme ça que marchent les thérapies comportementales pour les phobies : en s'habituant à affronter le stimulus qui leur fait peur, au lieu de le fuir, les patients voient leur réaction de peur diminuer peu à peu. Malheureusement, ça marche aussi pour le bonheur : une source de bonheur constamment présente dans notre vie perd de sa puissance. On s'est donc demandé comment éviter ce phénomène d'habituation. En gros, il y a deux moyens. Le premier est de se voir de temps en temps privé de ces « bonnes choses ordinaires » auxquelles on s'habitue si vite : une panne d'électricité nous fait prendre conscience du bonheur que cette ressource représente dans notre quotidien ; un éloignement de nos proches nous rend conscient du bonheur de vivre à leurs côtés ; une fracture de la jambe nous montre à quel point marcher est une merveille, etc. Le second est de travailler à prendre régulièrement conscience de nos chances quotidiennes : je n'arrête pas de vous en parler tout au long de ces pages...

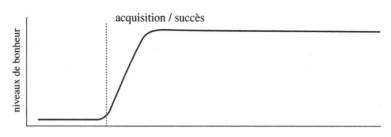

COMMENT NOUS IMAGINONS LA SATISFACTION
APRÈS UNE ACQUISITION / UN SUCCÈS

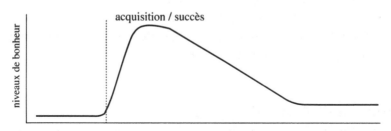

CE QUI SE PASSE EN RÉALITÉ
APRÈS UNE ACQUISITION / UN SUCCÈS

L'habituation hédonique en deux courbes[1]

Harmonie L'harmonie désigne un rapport entre les parties et le tout d'un objet qui aboutit à un résultat favorable : beau, agréable, fructueux. Les moments heureux sont des moments d'harmonie : entre passé et présent, entre nous et les autres, et entre tous les éléments de notre vie. Même pour ces étranges moments où le bonheur naît du malheur, il peut exister de l'harmonie entre la souffrance et le sentiment que cela devait arriver, et que cela va – peut-être – nous libérer, nous élever. L'harmonie, ce sont aussi ces instants où nous gagne le sentiment que le bonheur n'est pas seulement en nous, mais tout autour de nous.

Hédonisme C'est (avec l'eudémonisme), l'une des deux voies d'accès au bonheur : par la quête de la fréquence et de la répétition de moments heureux et agréables.

Herbes et forêts L'armée des herbes, vaillante, anonyme et toujours victorieuse avec le temps, s'élance à la conquête du sousbois, des sentes. Les cathédrales de verdure murmurent aux orgues du vent. Marcher sans penser dans les forêts. C'est alors comme une perfusion de certitude : la vie vaut la peine.

Hiver Il nous ramène chaque année l'étonnement enfantin, la magie de marcher dans la forêt dénudée et glacée, en plein hiver, et de se dire qu'un jour, bientôt, elle sera toute verte et frémissante de bruits d'insectes et d'oiseaux. Mais c'est tout de même l'espérance du printemps qui rend la beauté de l'hiver moins terrifiante...

Hôpital et états d'âme Je participais il y a quelque temps à une émission de radio sur la compassion, avec un ami prêtre et un autre philosophe. À un moment, la conversation arrive sur mon travail à l'hôpital et la nécessité de la compassion dans le soin. Et, tout à coup, allez savoir pourquoi, je pense à mes états d'âme du matin et du soir, les jours où je travaille à l'hôpital. Je prends conscience de leur différence : discrètement soucieux le matin, pleinement heureux le soir.

Je ne me souviens pas de m'être rendu un seul jour à l'hôpital le cœur absolument léger, avec des états d'âme joyeux. Même les jours de beau temps, les jours de bonne forme, il y a toujours un très léger pincement, une très légère tension en moi (que je n'éprouve pas le matin des jours où je ne travaille qu'à écrire ou enseigner). Pourtant, j'aime mon travail, je m'y rends avec intérêt et si c'était à refaire, je choisirais toujours de pratiquer la psychiatrie. Cependant, comme tous les métiers de soignants, ce n'est pas un métier anodin. C'est un métier où nous allons, tous les matins, à la rencontre de la souffrance. Comment le faire le cœur léger ? Je veux dire totalement léger, comme lorsqu'on va se promener dans les bois ? Notre esprit l'oublie parfois, parce qu'il y a d'autres choses dans notre métier : des réunions, des formations, des paperasses à remplir, etc. Mais notre corps lui ne l'oublie pas et nous rappelle que nous avons rendez-vous avec la souffrance chaque fois que nous partons travailler. Jeune psychiatre, je me rappelle qu'il y avait aussi, dans ces états d'âme légèrement douloureux de l'avant-pratique, dans ces ressentis du matin, un peu d'appréhension : « Serai-je à la hauteur ? Saurai-je faire face aux problèmes que vont m'amener mes patients ? » Ces interrogations sont toujours là aujourd'hui, mais elles ne me serrent plus le cœur : si elles m'arrivent, je me dis simplement que je ferai de mon mieux, que je donnerai de l'attention, de la compassion, et les meilleurs conseils possibles ; et que je ne peux guère faire plus.

Et le soir ? Le soir, c'est simple : depuis le début, presque pas un jour à l'hôpital dont je ne sois ressorti heureux, d'une sorte de bonheur grave et lucide (sauf les jours de grande tristesse, lorsqu'il était arrivé malheur à un patient ou lorsque j'avais entendu des histoires terribles). Et ce bonheur n'est pas dû au soulagement (« ouf, c'est fini ») ou à la satisfaction (« j'ai bien fait mon travail »). Non, tout cela est peut-être présent, mais il y a autre chose. Je perçois nettement la différence, là encore, entre les états d'âme agréables des journées où j'ai bien travaillé, mais sans soigner (à écrire ou à enseigner) et ceux des journées de médecin. Ces états d'âme-là, ils prennent leurs racines bien plus en profondeur ; justement, je crois, dans la compassion, dans le fait d'avoir donné, de son mieux, de l'attention, de l'écoute, de l'affection, de la bienveillance. Tous les travaux de psychologie positive nous le rappellent : donner, c'est recevoir. Ce que j'ai essayé de donner à mes patients, que j'ai anticipé avec un peu d'appréhension, m'est revenu au centuple. Je ne vois pas d'autre explication à mes états d'âme apaisés du soir, lorsque je reviens de Sainte-Anne sur mon vélo, en regardant le ciel et la Seine, et en laissant défiler à mon esprit les visages des patients de la journée.

Horreur et bonheur Ma vision du bonheur est marquée par mon métier, qui est de côtoyer les détresses et d'essayer de les alléger. Le souvenir qui m'a le plus ébranlé ? Un patient algérien, hospitalisé pour dépression sévère, qui avait vu son fils égorgé sous ses yeux par des fanatiques islamistes. Même histoire qu'Auschwitz : comment croire encore au bonheur après cela ? Je ne le sais pas, mais tout de même : ce que cela remet en question, ce n'est pas l'existence ou la possibilité ou l'importance du bonheur. Mais juste l'illusion que la vie pourra nous épargner le malheur. Rien ne nous sera épargné. Et certains d'entre nous malheureusement vivront l'horreur absolue. Ce n'est pas une raison pour renoncer à être heureux. Juste une raison pour s'engager, chacun selon ses capacités, à soulager le malheur ou à empêcher l'horreur.

Humour Il a plus à voir avec le plaisir qu'avec le bonheur. Je ne sais plus quel humoriste avait un jour dit qu'il pourrait sacrifier une relation amicale à un bon mot. Trop poli pour être honnête, dit-on. De même, on peut être trop gentil pour être drôle. Car il y a dans l'humour, toujours, une forme de vacherie en puissance. Même si on ne *fait* pas le mal, on le *voit*, on le *pense* ; puis, on le dit, sous forme d'une pirouette drôlatique. Et ce mal fait du bien, beaucoup de bien, au moins à tous ceux qui rient...

I comme Illusion

N'aie pas peur des illusions
Quand elles réchauffent ton cœur
Et te poussent à l'action.

Illusion Mme de Puisieux[1], femme de lettres du XVIIIe siècle et maîtresse de Diderot, écrivait : « J'aime mieux une erreur qui fait mon bonheur qu'une évidence qui me désespère. » Plutôt qu'« erreur », terme qui suppose qu'on ait la certitude du vrai ou du faux (ce qui est rarement le cas dans nos vies), je préfère le terme « illusion », cette lecture subjective des faits, dans un sens qui nous convient. Parfois, le souci du bonheur, ou peut-être plus encore celui de ne pas sombrer dans le malheur, nous pousse à adhérer à des illusions, pour peu qu'elles soient plausibles. Les athées (« Dieu n'existe pas ») et les agnostiques (« On ne peut pas savoir si Dieu existe ou non ») considèrent que la foi en un Dieu est une illusion, tout en reconnaissant volontiers qu'elle fait du bien, notamment face aux épreuves de la vie et à l'approche de la mort. Comme thérapeute, je préfère parfois une illusion chaleureuse à une vérité douloureuse : si l'avenir est incertain, et surtout s'il dépend du moral de la personne, alors la règle est d'encourager l'espoir ; cela s'avérera peut-être une erreur, avec le recul. Cependant, avoir espéré, même sans certitude, rend souvent moins malheureux, et aide aussi à s'engager dans l'action, donc à modifier la situation. Les parents d'enfants handicapés ont besoin d'illusions plausibles plus que de certitudes négatives, qui bouchent l'horizon de leurs espoirs. Dire : « Votre enfant ne fera pas de progrès » peut certes libérer les parents de fausses espérances et les aider à accepter le réel. Mais leur dire : « On ne sait pas jusqu'où il peut progresser » peut les motiver à continuer de le stimuler de leur mieux, et à le faire effectivement avancer.

Images et vitesse mentales Dans la tristesse, notre esprit produit peu d'images mentales mais passe beaucoup de temps sur chacune. Alors que dans la joie, c'est l'inverse : on y retrouve beaucoup d'images, changeant rapidement et mobilisant peu d'attention approfondie[2]. La tristesse ralentit, et la joie accélère. Mais ce n'est pas qu'une question de valence, positive ou négative : certaines émotions positives ralentissent (la sérénité), tandis que d'autres, négatives, accélèrent (la colère). Tout dépend du rôle qu'elles jouent dans notre vie : dans la joie, comme dans la colère, existe la nécessité ou l'intérêt de répondre à l'apparition d'une situation nouvelle ; ces deux émotions, de valences opposées, permettent à cette réponse d'arriver vite. Alors que la sérénité comme la tristesse ne sont pas des réponses émotionnelles à un événement soudain, mais des ressentis progressifs à une situation globale ; ralentir pour réfléchir ou ressentir y est en général plus utile que réagir très vite. Cela vous semble compliqué ? C'est vrai. Rien n'est simple ; c'est pour cela que tout est intéressant...

Impuissants et présents Entendu un jour cette émouvante formule, dans la bouche d'une personne proche de quelqu'un de très malade : « Je ne peux rien faire de plus qu'être là, à ses côtés. Je suis impuissant, mais je suis présent. » Magnifique : impuissants et présents. Rester pour aider, de notre seule présence, même si nous ne pouvons rien proposer de concret. Tout faire alors pour que notre présence soit à la mesure de notre impuissance. Aussi intense.

Incertitude (avant les événements agréables) L'imprévisibilité peut augmenter le bonheur : savoir qu'on va recevoir un cadeau, mais ignorer lequel, provoque en général, durant l'attente, davantage d'émotions positives. Et cet effet d'incertitude est même plus puissant que l'addition de certitudes agréables : dans une étude[3], on annonçait aux volontaires que, pour les remercier de leur participation, ils recevraient à la fin un cadeau parmi des objets qu'ils avaient au préalable désignés dans une liste (une boîte de chocolats, un appareil photo jetable, un mug, une clé USB, etc.). Après leur choix, on leur disait soit qu'ils allaient obtenir leur objet préféré (certitude agréable), soit un de leurs deux objets préférés (incertitude agréable), soit leurs deux cadeaux préférés (double certitude agréable). On évaluait ensuite la durée des émotions positives induites par ces bonnes nouvelles : elles duraient nettement plus longtemps chez les étudiants placés dans la situation d'incertitude agréable. Comment l'expliquer ? D'abord par la tendance de notre esprit à être attiré par ce qui est incertain, nouveau, intriguant. Ensuite parce que savoir à l'avance ce qui va nous arriver ou nous être donné fait que notre esprit, toujours lui, aura tendance, après s'en être réjoui à l'avance, à considérer l'événement comme arrivé et « classé », et à s'en détourner. Alors que le fait de ne pas savoir empêche de passer facilement à autre chose, et ramène alors l'idée agréable d'un bonheur surprise à notre esprit. Cela facilite en quelque sorte, la rumination positive.

Conclusion pratique : inutile d'acheter à vos enfants l'intégralité des cadeaux de leur liste au Père Noël (et surtout de leur annoncer qu'ils les auront tous). Vous les rendrez plus heureux en maintenant la surprise, même en leur en annonçant qu'ils ne recevront qu'un des cadeaux demandés (mais assurez-vous qu'il soit bien dans la liste !).

Incertitude (après les événements agréables) Lorsque quelque chose de bon nous est arrivé, l'incertitude garde son pouvoir amplificateur : le fait de ne pas savoir pourquoi ou par qui cela nous est arrivé va nous rendre heureux plus longtemps que si tout est clair. Un exemple d'étude à ce propos[4] : à la sortie d'une bibliothèque universitaire, on vous distribue des cartes auxquelles est attaché un (vrai) billet de 1 dollar. Tantôt elles mentionnent ceci : « Société du Sourire. Pour la promotion des actes de gentillesse. Bonne journée ! » Tantôt, elles sont un peu plus claires (diminuant le sentiment d'incertitude, mais sans donner en fait plus d'éléments factuels, pour ne pas biaiser trop la comparaison) : « Qui sommes-nous ? La Société du Sourire. Pourquoi faisons-nous cela ? Pour la promotion des actes de gentillesse. Bonne journée !» Quelques mètres plus loin, les personnes qui venaient de recevoir leur billet étaient invitées à participer à un sondage à propos de la vie sur le campus. Parmi les questions multiples, l'une portait sur leur état émotionnel présent : les étudiants qui avaient eu le cadeau avec les explications minimales étaient dans un état plus agréable que ceux qui pensaient en savoir un peu plus. Comme pour l'incertitude *avant*, l'incertitude *après* prolonge le plaisir, et pour les mêmes raisons : elle maintient plus longtemps l'événement agréable à notre esprit, en facilitant des interrogations positives.

Conclusion pratique : si vous voulez faire encore plus plaisir à autrui, faites des cadeaux ou des gestes altruistes sans motivations claires (pas en raison d'un anniversaire, d'un remerciement ou autre) : «C'est juste comme ça, parce que j'en avais envie, parce que j'ai pensé à toi.»

Incertitude et anxiété L'incertitude a donc le pouvoir de capter notre attention, pour le meilleur, comme décrit ci-dessus, et pour le pire, comme dans l'anxiété. Si l'incertitude positive, à propos d'événements agréables (savoir que je vais recevoir un cadeau sans savoir quoi, ou partir en vacances sans savoir où), est elle-même agréable, l'incertitude négative (savoir que quelque chose de pénible va m'arriver, sans savoir comment, ni quand, ni parfois quoi) est une des expériences les plus désagréables qui soient. C'est ce qui arrive par exemple lorsqu'on vous annonce qu'on a trouvé des résultats anormaux à vos examens biologiques ou une image suspecte sur votre radio de contrôle. D'autres examens sont en cours, mais il est probable que des nouvelles plus ou moins mauvaises vont arriver. Ce type d'incertitude à propos d'événements négatifs amorce en général des cycles de ruminations douloureuses. Chez les grands anxieux, ces ruminations sont permanentes, car vivre est incertain : je ne sais pas ce qui va se passer demain, dans une semaine, dans un an ; l'avenir m'angoisse, donc la vie m'angoisse. On peut noter d'ailleurs que les pessimistes règlent le problème à leur manière : en préférant une certitude négative (« ça va mal finir ») au poison de l'incertitude, ils arrivent d'une certaine façon à « classer le dossier » et à se tourner vers autre chose... Au passage, ils renoncent à être heureux, mais se protègent à leur manière d'un excès de malheur.

Inconvénients (à être heureux) Bien sûr qu'il y en a ! Le principal d'entre eux est sans doute que le bonheur amoindrit notre sens critique, ou du moins notre désir de l'utiliser : nous avons tendance à préférer voir le bon côté des choses et des gens. Ce qui est une bonne chose lorsque nous évoluons dans un environnement normal, où n'existe ni malveillance ni désir de nous manipuler. Mais, bien évidemment, face à des personnes ou à des contextes susceptibles de nous exploiter, cela nous rend plus vulnérables. On a ainsi pu montrer que si nous avons été au préalable mis de bonne humeur, nous sommes plus réceptifs aux messages publicitaires[5]. Nous mettre, quand c'est nécessaire, en état de vigilance face aux abus ou aux dangers, c'est pour cela que les émotions négatives existent, et c'est très bien ainsi.

Induction d'émotions Lorsqu'on veut étudier, en psychologie scientifique, les conséquences d'une émotion sur les pensées ou les comportements de volontaires, il faut avoir recours à ce qu'on nomme des procédures d'*induction émotionnelle* : comme la plupart des humains ne peuvent déclencher eux-mêmes leurs émotions (du moins volontairement, car involontairement nous sommes souvent à l'origine de nos soucis, par exemple), on va les induire de l'extérieur. Pour provoquer une émotion, les possibilités sont très variées. On peut, c'est facile et efficace, faire écouter de la musique, regarder un extrait de film, ou encore lire une histoire : ces supports bien choisis peuvent faire naître toute une gamme d'émotions variées[6]. On peut aussi (encore plus efficace mais un peu plus compliqué) avoir recours à des mises en situation : susciter bonne ou mauvaise humeur en annonçant des résultats de tests de QI sans aucun rapport avec les réponses fournies («Oh, désolé, les résultats sont un peu bas» vs «Félicitations, vous avez une intelligence exceptionnelle»); ou encore faire gagner facilement une petite somme d'argent ou un cadeau (ou les faire perdre, alors que la plupart des autres volontaires autour de nous les gagnent et les accumulent).

Conclusions pratiques de ces travaux de recherche fondamentale : 1) il faut peu de chose, finalement, pour susciter en nous des émotions ; 2) s'exposer à la chance de ressentir des émotions agréables est au total assez facile (aller voir des films drôles et écouter des musiques joyeuses).

Inquiétude du bonheur «On est heureux quand on a dépassé l'inquiétude du bonheur», écrivait Maurice Maeterlinck, écrivain oublié, malgré son prix Nobel de littérature en 1911[7]. De quelle inquiétude s'agit-il exactement ? Inquiétude de ne pas le trouver ? De le perdre trop vite ? Inquiétude qu'il ne soit pas si complet ou bouleversant que prévu ? Ces inquiétudes sont souvent liées au sentiment de fragilité du bonheur : il est labile, toujours menacé. Peut-on s'affranchir de ces inquiétudes ? Les inquiets et pessimistes pensent parfois qu'il est plus simple de se débarrasser de la quête du bonheur, comme le suggère Houellebecq[8] : « N'ayez pas peur du bonheur, il n'existe pas.» On peut mieux faire (par contre ce sera plus difficile) : comme pour toutes les inquiétudes, l'arme absolue est les accepter (oui, le bonheur est incertain et fragile ; oui, il a toujours une fin) et de se tourner vers autre chose : s'engager dans l'existence permet de moins cogiter sur le bonheur et cela augmente nos chances de le voir à nouveau émerger.

Instant présent J'aime beaucoup cette phrase de Goethe : «Alors l'esprit ne regarde ni en avant ni en arrière, le présent seul est notre bonheur[9].» Des dizaines de livres ont eux aussi célébré le pouvoir de l'instant présent. Comment ça marche ? Il s'agit de moins mentaliser et de davantage savourer. De vivre et ressentir de manière moins cérébrale et plus animale. Mais alors, n'est-ce pas antagoniste avec une des définitions possibles du bonheur, qui consiste, nous l'avons vu, à prendre conscience de son bien-être ? À ne pas seulement ressentir ce bien-être, mais aussi à réaliser à quel point nous avons de la chance de l'éprouver ? Oui, sauf que nous suivons un cheminement que les animaux n'empruntent sans doute pas : d'abord ressentir le bien-être (comme eux) ; puis, le nommer, en mesurer la portée et le sens (pas comme eux) ; enfin, le savourer à nouveau (comme eux). Tout ce voyage intérieur, accompli en quelques secondes, est une des explications possibles à la complexité, la richesse et la fragilité des bonheurs humains.

Intelligence Une vieille et ancienne tradition prétend que l'intelligence, le savoir, la lucidité nous écartent du bonheur, ce qui sous-entend que celui-ci relèverait de l'illusion et de la myopie intellectuelle. Cela commence dans la Bible, avec l'Ecclésiaste : « Qui augmente sa science augmente sa douleur. » Et d'ailleurs, aujourd'hui encore, on parle volontiers d'imbécile heureux, et moins d'imbécile malheureux. Les deux existent pourtant. Et les recherches conduites ne trouvent guère de corrélations entre intelligence et bonheur, sinon dans le sens de capacités créatives améliorées par les émotions positives : la tristesse englue et ralentit le cerveau tandis que la joie le stimule et l'accélère.

Intermittences Nous sommes des intermittents du bonheur, comme il existe des intermittents du spectacle. C'est ainsi : nos vies ne nous offrent jamais de bonheur à jet continu, mais des oasis d'instants heureux séparées par des traversées du désert, tantôt monotones, tantôt angoissantes. Mais nous aurions tort de nous presser pour aller d'une oasis à l'autre : mieux vaut apprendre à admirer le désert !

J comme Joie

Sauts de joie, cris de joie, larmes de joie :
La joie comme une sève montant d'un coup en toi. Elle ne durera pas ?
Tu garderas en toi sa certitude. Et puis elle reviendra.

Jadis Cet étrange sentiment du bon vieux temps... Les études montrent qu'on embellit en général le passé, du moins lorsqu'on n'est pas déprimé[1]. Notre esprit procède, de manière automatique et inconsciente, à une sélection des bons souvenirs, à une réécriture du passé dans le sens d'une harmonie et d'une cohérence qui n'étaient pas si évidentes lorsque nous avons vécu ces instants. Une fois de plus, la nature humaine est bien faite, lorsque tout fonctionne, lorsque aucune souffrance du passé ou du présent ne vient détraquer notre belle mécanique mentale...

Cette capacité peut être l'objet d'un petit exercice : comment cet instant imparfait que je suis en train de vivre pourra-t-il émerger dans ma mémoire dans vingt ans, sous forme d'un bon souvenir ? Ma mémoire effectuera simplement un travail de nettoyage et de simplification, elle ira à l'essentiel : « Pas de chichis ! C'était bien ou c'était pas bien ? » Alors que nous vivons souvent le présent sous la forme « pas mal, mais... », notre mémoire ne veut savoir qu'une chose : « Je stocke ça dans la boîte *agréable* ou *désagréable* ? » Cette simplification n'est pas forcément une déformation. C'est nous qui déformons souvent des moments plutôt agréables, par notre insatisfaction, notre perfectionnisme, nos attentes trop élevées ou notre incapacité à savourer parce que nous sommes collés à nos soucis. Alors, retour à l'exercice : cet instant où tu râles, où tu maugrées pour pas grand-chose, qu'en restera-t-il dans vingt ans ? Le souvenir d'un instant où tu avais raison de râler ? Ou bien celui d'un moment qui aurait pu te rendre heureux mais que tu as pollué par tes rouspétances et tes insatisfactions ?

J'aime... Entendre mes filles rire ensemble. Me réveiller le matin en été et savoir que je n'ai rien d'urgent à faire, seulement des choses importantes et lentes : manger, parler, regarder, marcher, lire, faire la sieste. Voir mes patients soulagés ou guéris. Être tout seul tranquille pendant plusieurs jours sans parler à personne, mais savoir dans le même temps que tous les gens que j'aime, au loin, vont bien et sont heureux. Voir des humains s'entraider, ou rire de bon cœur. Voir le soleil se lever, le soleil se coucher, scruter la lune dans le ciel, admirer les étoiles. Renifler l'odeur de la pluie et celle du beau temps. Savourer la fraîcheur de la vallée et la beauté du sommet, goûter l'effort de la montée. Marcher pieds nus dans l'herbe humide. Me sentir encore en vie. Et vous ?

Jardinier Dans les moments de grande surchauffe professionnelle, je rêve d'être jardinier. Je m'imagine tranquille en train de bêcher, ratisser, planter, tailler. Entouré du chant des oiseaux, respirant de l'air pur. Personne pour me mettre la pression. Du temps devant moi pour m'arrêter, sourire en regardant passer un nuage, tomber une feuille, s'envoler une coccinelle. Je sais que la vraie vie des vrais jardiniers ne ressemble pas toujours (ou pas du tout ?) à ça. Mais ça me fait du bien d'en rêver un instant. Devenir jardinier, dans mon cas, fait partie de ces « illusions chaleureuses » dont nous avons tous besoin, par moments.

Jérémie C'est l'un des grands prophètes de l'Ancien Testament. On lui attribue aussi traditionnellement (peut-être à tort, mais on ne prête qu'aux riches) le Livre des Lamentations. Jérémie prédit, entre autres, la destruction de Jérusalem et l'exil à Babylone, mais il ne fut pas écouté de ses contemporains. Sans doute, comme tous les pessimistes, s'y prenait-il mal, se trouvant toujours à l'écart et de méchante humeur : « Jamais je ne m'asseyais joyeux dans une réunion de rieurs ; sous l'emprise de ta main je me suis

tenu seul, car tu m'avais empli de colère[2].» On parle depuis de
«jérémiades» pour évoquer de longues suites de lamentations
pénibles à supporter... Et le problème, c'est qu'on ne se demande
même plus si le néo-Jérémie qui s'exprime a raison ou tort : on
note juste qu'on en a un peu marre de sa lecture à voix haute de
tout ce qui ne va pas dans ce monde. Souvenons-nous-en, si nous
voulons qu'on écoute nos propres plaintes et mises en garde :
sachons régulièrement exprimer aussi nos joies et nos admirations.

Joie Forme athlétique et énergique du bonheur. La joie est physique, intense et brève, même si elle peut être suivie de tout un
tas d'états d'âme agréables. Elle est aussi moins intellectuelle,
moins réfléchie que le bonheur. Elle émerge plus souvent en réaction à un événement qui représente une rupture de la continuité
de notre existence (un « heureux » événement). Là où le bonheur
émerge plus facilement de la continuité et de l'ordinaire, dès lors
que nous prenons conscience que cet ordinaire est tout de même
habité par la grâce. Ce n'est pas si simple de savoir se permettre
la joie : il faut pour cela une petite dose d'extraversion. Car le
bonheur peut se vivre dans la discrétion, mais la joie déborde de
nous, comme pour être perçue et partagée. C'est pour cela que
les introvertis préfèrent le bonheur, là où les extravertis célèbrent
les vertus de la joie. C'est presque un test de personnalité...

Joyeux anniversaire Un jour de grande pluie à Paris, je circule à scooter, et évidemment c'est la galère : embouteillages et
énervements de tout le monde, piétons, cyclistes, automobilistes,
taxis et autres livreurs... À un moment, sur un boulevard un peu
étroit, un camion bloque le passage ; plus possible, même à un
scooter, de se faufiler. Alors j'emprunte la piste cyclable sur le
côté, qu'aucun vélo n'utilise. Tout doucement et prudemment, bien
sûr, et seulement sur 20 mètres, je vous jure. Au moment où je
me rabats devant le camion, j'aperçois 50 mètres plus loin, au feu
rouge, un policier qui m'observe. Ouille ! Je découvre qu'ils sont

plusieurs, près de leur camion garé sur le côté : leur mission du matin est apparemment de verbaliser les zozos comme moi qui empruntent indûment la voie des vélos. Arrivé au feu rouge, je fais semblant de rien, je regarde ailleurs, mais mon destin est scellé : le policier m'a repéré et me fait signe de me garer. Mon compte est bon ! Je tente mollement d'expliquer que c'était à cause du camion, juste pour 10 mètres, que je ne le fais jamais, etc. Peine perdue : infraction = contravention. Après tout, c'est logique et normal. Je ne rouspète donc pas, inutile, je suis en tort et le gars ne fait que son boulot.

Bon, nous nous approchons donc du camion, il prend mes papiers, me dit de l'attendre et monte remplir ses formulaires. Je l'attends sur le trottoir en compagnie d'une demi-douzaine d'autres motocyclistes également pincés en flagrant délit. Je suis agacé, bien sûr, et je commence à faire les efforts pour me calmer : « OK, c'est bon, tu t'es fait pincer, c'est la vie, ça te servira de leçon, c'est idiot, tout ça pour gagner trois minutes ; ne t'énerve pas mais souviens-toi pour la prochaine fois... »

Tout en m'efforçant de me détendre, j'observe mon policier concentré sur sa besogne, et tout à coup je le vois relever la tête et parler au collègue attablé en face de lui, lui montrer mes papiers, l'autre hoche la tête, ils discutent d'un air sérieux. Ouille ! Que se passe-t-il encore ? Est-ce que j'ai oublié de payer mon assurance ? Ou bien est-ce qu'un bandit de grand chemin a emprunté mon numéro d'immatriculation pour faire un casse en scooter ? En tout cas, il y a un truc qui cloche : le policier remballe mes papiers et les siens, se relève et s'approche : « C'est bien votre anniversaire aujourd'hui ? » Je ne m'attendais pas à ça, je bredouille un vague oui-oui médusé. « C'est bon, vous pouvez y aller ! Mais pas sur les pistes cyclables... » Et il me rend mes papiers, l'air sérieux, sans sourire.

Là, je comprends ce qui m'arrive, et j'ai envie de le remercier chaleureusement, de lui taper sur l'épaule avec un grand sourire, de lui dire : « Ah ! Merci vieux, c'est trop sympa, ça fait du bien un petit geste comme ça ! » Mais je ne le fais pas : tout autour de moi, mes congénères en train de se faire verbaliser ne seraient sans doute pas ravis de la chance qui vient de m'échoir, déjà que la plupart d'entre eux rouspètent que la police ferait mieux de s'occuper des vrais bandits plutôt que des petits resquilleurs... Je comprends pourquoi lui-même reste discret sur le cadeau d'anniversaire qu'il vient de m'offrir ; alors je le remercie sobrement, je repars avec mes papiers, et je lui fais juste un petit salut de la main en redémarrant. Il me semble le voir sourire.

Et je repars content. Pas seulement parce que j'ai échappé à une amende. Mais parce que ce petit cadeau offert sobrement, sans attente de contrepartie, me réjouit sur la vie et la nature humaine.

Jubilation Étymologiquement, jubiler, c'est pousser des cris de joie. C'est un bonheur qui déborde de notre cerveau, comme le lait déborde de la casserole. En général, la jubilation est une joie liée à un succès difficile à obtenir, et qui bénéficie à ce titre d'un effet rebond, survenant après une longue attente, de nombreux efforts ou de grandes difficultés. D'où son côté explosif et excessif. Par exemple, un sportif jubile après une médaille obtenue aux jeux Olympiques : il a eu à la fois très peur (de ne pas l'emporter) et très mal (de s'être beaucoup entraîné). La jubilation suppose qu'on ait eu peur et mal avant d'atteindre un objectif très investi ; tellement investi que ne pas l'atteindre nous aurait rendu très malheureux. Il n'est donc pas indispensable de viser la jubilation si ce qui nous intéresse, c'est d'être simplement heureux. Laissons-la aux grands athlètes du bonheur.

K comme Karma

Pas de destin, pas de karma.
Ce n'est pas du passé que tu es prisonnier.
Juste de tes habitudes.

K Dans une nouvelle très célèbre de l'écrivain italien Dino Buzzati, un jeune garçon, fils de capitaine au long cours, est poursuivi par un monstre marin, portant le nom étrange de *K*, et ce depuis son premier jour de navigation. Après avoir d'abord fui son destin en s'écartant de la mer, il l'affronte en devenant lui-même marin, et il se voit poursuivi avec opiniâtreté par la bête, toute sa vie durant : chaque fois qu'il se retourne, il l'aperçoit au loin, dans le sillage de son bateau. Devenu vieux, très vieux, il décide de cesser de la fuir pour l'affronter enfin : et le K lui parle ! Pour lui dire qu'il le poursuit depuis toujours pour lui remettre un talisman, qui va lui assurer la réussite et le bonheur pour toute sa vie. Ne pas fuir nos peurs, mais nous retourner pour les affronter peut parfois accroître notre bonheur. Peur de l'inconnu, peur du lien, peur de tout et de rien : se libérer de ses peurs est un moyen de se rapprocher du bonheur. J'aurais bien aimé lire un conte de Buzzati qui nous aurait raconté comment poursuivre un autre monstre toute notre vie nous faisait en réalité nous éloigner du bonheur ; et cette bestiole – l'argent – aurait pu s'appeler non pas K, mais $, €, £, ou ¥.

Karma Express Dogme central de la religion hindouiste selon lequel la destinée d'un être vivant et conscient est déterminée par la totalité de ses actions passées, notamment celles accomplies lors de ses vies antérieures. Selon cette vision, nous ne sommes pas seulement influencés par notre passé personnel, mais aussi par tous nos passés, au-delà de notre personne. À la fois décourageant (nous sommes encombrés par toutes les casseroles de nos vies passées) et motivant (essayons d'alléger notre karma pour nos vies futures) ! À sa manière, la psychologie positive propose une sorte de théorie du karma express : ce que nous faisons de bien dans notre vie actuelle nous rendra plus heureux, non pas dans une existence ultérieure, mais bien dans celle-ci.

Koan Dans l'école de zen dite *rinzai*, se pratiquent les koans, ces énigmes sans solution que les maîtres proposent à leurs élèves. Ils font cela pour les aider à comprendre que parfois, il ne faut pas chercher à résoudre un problème ou à synthétiser une contradiction, mais plutôt les laisser se dissoudre en nous (au travers de la méditation et non de la réflexion) pour percevoir l'inanité ou l'inutilité de lui apporter une réponse. Les koans peuvent être des questions, des anecdotes, des affirmations. Par exemple : quel bruit fait une seule main qui applaudit ? Ou bien : ce qui te manque, cherche-le dans ce que tu as. Ou encore, pour le sujet de ce livre : à quoi ressemble un bonheur manqué ? Ou aussi : le malheur est dans le bonheur, et le bonheur dans le malheur. En Occident, nous parlons parfois d'*aporie*, un problème ou une question insolubles : par exemple la question de savoir qui était là en premier, la poule ou l'œuf ? L'intérêt des koans et autres apories est de nous encourager à tolérer l'incertitude, sans pour autant fuir les problèmes ou les contradictions. Notamment en matière de bonheur et de vie heureuse.

Koan sur le mal Méditez cette phrase du philosophe Gustave Thibon[1] : « Vu du dehors, le mal appelle le châtiment ; vu du dedans, la pitié. » Souvenez-vous de l'esprit du zen : il ne s'agit pas de résoudre une énigme, de savoir ce qui est préférable, du châtiment ou de la pitié, mais d'éprouver au plus profond l'inévitable complexité de toute décision à prendre face au mal.

Krill Minuscules crevettes qui vivent en bancs dans les mers froides. La nourriture des baleines : celles-ci nagent en ouvrant la bouche et en avalant toute l'eau qui passe. Puis en la refermant, laissent l'eau s'écouler au travers de leurs fanons, les sortes de balais qui remplacent leurs dents et leur servent de filtre. Elles retiennent ainsi tout ce qu'il y a à manger dans cette eau. Ainsi faisons-nous lorsque nous traversons nos journées en souriant à la vie : lorsque nous refermons la bouche, il nous reste le krill du bonheur.

L comme Lien

Le bonheur est dans le lien.
N'oublie jamais : tu es lié à toute l'humanité
Et ses larmes sont tes larmes.
Fais que tes bonheurs soient aussi les siens.

Lâcher-prise C'est une attitude précieuse mais plus complexe qu'il y paraît. Le lâcher-prise nous est utile chaque fois que nous sommes en échec et que nous sentons monter la détresse à cause de cet échec. Il ne consiste pas seulement à renoncer ou à se reposer, mais à mobiliser un ensemble de stratégies : 1) décider de cesser l'effort tel que nous le conduisons, s'arrêter de forcer ; 2) accepter que ça ne passe pas, que la voie est bouchée, soit parce que ce n'est pas la bonne voie, soit parce que ce n'est pas le bon moment, soit parce que ce n'est pas la bonne manière ; 3) observer la montée des états d'âme négatifs (déception, colère, abattement, humiliation), se dire que c'est normal mais pas souhaitable ; 4) se désengager de la tâche ou de la situation, en sortir et s'accorder une bouffée de vie, se dire qu'on y reviendra plus tard, ou jamais ; 5) se décapsuler une bonne bière. Non, je rigole : la cinquième étape est vraiment optionnelle dans le lâcher-prise.

Exercice : s'entraîner à de petits lâcher-prise, face à de petits soucis (la clé perdue que l'on cherche partout, l'idée qui ne vient pas face à un courrier ou un rapport à rédiger, l'interlocuteur qui ergote sur un sujet mineur). Essayer et observer si lâcher l'affaire, au moins quelques minutes, donne sur nos émotions et sur la situation quelque chose d'intéressant.

« Laisse entrer le soleil » Quand on a un cerveau anxieux, on ne réalise pas toujours qu'on vit dans un flot mental continu de problèmes à résoudre. Nous naviguons dans notre existence sur ce fleuve de soucis. Je m'en rends compte à l'instant où j'écris ces lignes : je suis en partance pour une ultime semaine d'écriture avant de remettre le manuscrit de ce livre. Tout va bien, je vais dans un endroit qui m'inspire, seul (j'aime ça) et je pense que j'aurai assez de temps pour bien fignoler mon travail. Mais je réalise tout à coup que mon esprit n'est habité que de pensées grises : faire les courses en arrivant, trouver une connexion Internet pour les recherches de bibliographie que je n'ai pas encore terminées, régler quelques soucis au téléphone durant la semaine, etc. OK, OK, tout ça, tu le feras ; mais tu ne pourrais pas prendre quelques instants pour te réjouir un peu ? Tu ne pourrais pas ouvrir un peu les fenêtres de ton esprit pour laisser entrer le soleil, quelques minutes ? Tu t'occuperas des problèmes quand tu seras arrivé ; pour le moment, tu les as repérés, tu les connais, et tu peux t'occuper de savourer aussi les bons côtés de ce que tu es en train de vivre, puisque tu vas avoir du temps pour te livrer à une de tes occupations préférées : écrire. Voilà, j'ai enfin compris, je me suis autopersuadé. Je relève la tête, je respire, je regarde au-dehors pour de vrai, l'esprit grand ouvert. Et je me réjouis calmement pendant quelques instants, je prends le temps de contempler les chances de ce moment de mon existence. Le ciel est gris, mais je m'en fous : il est beau quand même, et je suis en vie.

Larmes et souvenirs de larmes Le lundi 23 novembre 1654, entre « depuis environ 10 heures et demie du soir jusque environ minuit et demi », Pascal connut une mystérieuse extase, qu'on appellera sa « nuit de feu ». Il en coucha quelques lignes sur le papier, et garda la page cousue dans sa doublure de veste jusqu'à sa mort. C'est là qu'on découvrit ce texte, appelé depuis « Mémorial de Blaise Pascal ». Il y décrit un sentiment violent et apaisant : « Certitude. Certitude. Sentiment. Joie. Paix. » Puis un peu plus loin « Renonciation totale et douce. » Et entre les deux : « Joie, joie, joie, pleurs de joie. » C'est l'un des passages les plus mystérieux de son œuvre, avec, dans ses dernières lignes, ceci : « Éternellement en joie pour un jour d'exercice sur la terre. » Pascal ne parla à personne de cet instant, ni de ce manuscrit, qu'il ne reprit jamais.

Longtemps, j'ai eu du mal à comprendre comment on pouvait pleurer de joie. Je veux dire à le comprendre *viscéralement*. Intellectuellement, j'y arrivais à peu près : on peut pleurer de joie après avoir eu très peur ou avoir été très malheureux, comme quand on retrouve quelqu'un qu'on aime et qu'on croyait disparu. Mais viscéralement...

Jusqu'à ce que cela m'arrive, il y a quelques années, lors d'un de mes anniversaires, en écoutant une de mes filles me lire un poème de Maurice Carême, consacré aux pères. Mes filles furent très surprises : « Mais Papa, tu pleures ? ! » C'était la première fois qu'elles voyaient ça, je crois. Ben oui, je dus avouer que j'étais ému aux larmes. Autrefois, j'aurais fait des efforts violents pour ne pas pleurer. Là, j'ai juste fait des efforts mesurés, histoire de ne pas fondre en larmes. Mais pas pour les cacher. J'ai gardé une part de mon énergie pour juste accepter et savourer ma chance de pouvoir pleurer pour cet instant de pur bonheur que je vivais. En y réfléchissant ensuite, je me suis demandé si ce n'était pas là le vrai goût du bonheur : celui qui se trouve dans nos larmes de joie, quand le bonheur nous déborde et que nous acceptons de nous laisser déborder par lui, que nous lâchons prise. Il y a alors de quoi pleurer : ces instants merveilleux ne dureront pas et disparaîtront. Mais pas de quoi cesser d'être heureux : ils sont là et nous sommes en train de les vivre. Les larmes comme l'expression la plus pure et la plus lucide de nos grands bonheurs ?

Leçon « Lorsque vous perdez, ne perdez pas la leçon. » Je ne sais plus de qui est cette formule, mais je m'efforce de ne jamais en oublier la pertinence. Nos succès nous font plaisir, nous valorisent, nous rassurent, nous sécurisent ; parfois même, ils nous rendent heureux. Mais ce sont nos échecs qui nous ouvrent les yeux, et nous rendent plus sages et plus intelligents. Qui nous ouvrent les yeux sur tout ce que nous masque le succès. Comme le dit un adage zen : « Celui qui atteint son but a manqué tout le reste. » Cela n'est vrai, cela ne marche, ce gain de sagesse après nos échecs, que si nous les acceptons, si nous y réfléchissons, si nous sommes prêts à en tirer la leçon. Quelle leçon ? Après le désagrément de l'échec, la morsure de la défaite au cœur de l'estime de soi, observer et réfléchir, au lieu de remâcher inlassablement douleurs ou pensées d'injustice ou de malchance. Puis regarder ailleurs. Ailleurs, c'est-à-dire plus tard (« si cela recommence, que ferai-je ? »), mais aussi différemment (« comment reconsidérer tout ce qui m'est arrivé avec un regard apaisé et libéré de toute irritation ou de tout aveuglement ? »).

C'est un enseignement capital, et que nous devons nous dispenser nous-mêmes, car les donneurs de leçons nous irritent lorsque nous venons d'échouer, même s'ils ont raison. Et cet enseignement, nous avons aussi à l'accepter : la compréhension intellectuelle ne suffit pas, il faut que nous ayons reçu la leçon profondément, c'est-à-dire sur un plan émotionnel. Le travail est immense, passionnant et quasi infini : il existe tant de leçons à recevoir de l'existence ! Ne pas refaire toujours les mêmes erreurs : c'est l'expérience. Ne pas trembler toujours face à l'échec, ou s'irriter face à l'imperfection : c'est le recul. Il y en a bien d'autres.

Et lorsqu'on n'arrive pas à tirer la leçon ? Eh bien, c'est cela même le message : il y a des fois où l'on ne peut pas sortir plus riche d'un échec. C'est aussi une leçon...

Légèreté Nous éprouvons souvent de la légèreté lors de nos instants de bonheur.

La légèreté se définit comme l'absence de pesanteur. Rien ne nous pèse : ni notre corps, ni notre esprit ; ni notre personne ni notre environnement. Nous ne ressentons pas d'entraves, pas de poids. Il n'y a pas de frein à notre envie de vivre et d'être heureux. La légèreté, c'est évidemment le contraire de la dépression : dans la maladie dépressive, tout est lourd et pesant, on est encombré de soi-même et de sa vie, la moindre décision à prendre nous écrase. On se sent infiniment lourd, avec l'impression d'« être au fond du trou ». La légèreté semble n'avoir que des avantages, mais comme tous les états d'âme agréables, elle peut avoir aussi quelques inconvénients. Par exemple, si elle devient une sorte d'attitude existentielle factice ou stéréotypée, une pseudo-philosophie qui consisterait à « tout prendre à la légère » : elle peut alors fortement ressembler à une fuite des responsabilités, et aboutir à de l'immaturité. Une telle manière de traverser l'existence nous écarte, lentement mais sûrement, du bonheur. Pour autant, la légèreté peut parfaitement être compatible avec l'engagement et la profondeur. *Léger* est ainsi le contraire de *lourd*, et non pas de *profond*. La légèreté n'empêche pas la profondeur : la joie peut être légère dans ses manifestations et profonde dans ses racines. La légèreté traduit tout simplement le bonheur d'être vivant : ce bonheur ne nous empêche pas d'être aussi conscients du caractère éphémère de nos existences. Notre légèreté est alors une manière élégante de ne pas prendre trop au sérieux le côté tragique de la condition humaine : vivre lucides et légers, c'est possible...

Paul Valéry écrivait : « Il faut être léger comme l'oiseau et non comme la plume. » La légèreté dont nous rêvons est celle de la plume : sans efforts, liée à une nature permanente. Mais elle nous expose à n'être que le jouet du vent. Nous avons à construire la légèreté à laquelle nous aspirons. À la faciliter patiemment. Et nous pourrons ainsi plus souvent prendre notre envol.

Légitimité « Quiconque confie au papier ce dont il souffre devient un auteur mélancolique ; mais il devient un auteur sérieux lorsqu'il nous dit ce dont il a souffert, et pourquoi il se trouve à présent dans la joie », nous dit Nietzsche[1]. Ainsi, la parole de ceux qui ont traversé le malheur et nous parlent du bonheur est sans doute la plus forte et la plus précieuse qui soit.

Lenteur Je me sens fort dans la vitesse et heureux dans la lenteur. C'est pourquoi je préfère la lenteur.

Lettre de gratitude La gratitude est un puissant outil de bonheur. Il s'agit d'abord de la ressentir régulièrement : ça, c'est pour vous faire du bien à vous. Puis de prendre le temps de l'exprimer de temps en temps : ça fait aussi du bien aux autres, et ça continue de vous en faire à vous ! L'exercice de la « lettre de gratitude » consiste donc à rédiger une lettre assez détaillée à quelqu'un qui nous a fait du bien (proche, enseignant, ami, collègue, médecin) et à la lui envoyer. Pourquoi une lettre plutôt qu'une déclaration en face à face (car il existe une variante : la « visite de gratitude », qui consiste à aller voir la personne et à lui dire ou à lui lire ce que contient la lettre) ? Les deux sont parfaites, mais la lettre présente trois avantages : d'abord, elle nous oblige à prendre le temps de réfléchir, d'approfondir et de ressentir toute la portée et l'intensité de notre gratitude ; ensuite, elle peut être lue par le destinataire au calme, sans qu'il soit obligé de nous répondre, de nous remercier ou de cacher ses larmes ; enfin, il pourra la relire autant qu'il le voudra : peut-on imaginer plus beau cadeau ? Mais, en pratique, la lettre déclenche presque toujours la visite : il est rarissime que quelqu'un à qui vous aurez adressé une lettre de gratitude ne souhaite pas vous rencontrer, vous remercier, et vous exprimer à son tour... sa gratitude !

Liberté Souvent, on oppose bonheur et liberté : le choix du premier nous pousserait à renoncer plus facilement à la seconde. C'est parfois vrai : le souci du bonheur peut entraver notre liberté, car il implique que nous respections autrui, que nous nous mettions parfois à son service, au service de son bonheur et non du nôtre. Parfois, le bonheur nous pousse à des compromissions, comme ne rien dire quand un ami nous assène des convictions politiques que nous désavouons (nous préférons garder notre ami que lui montrer notre désaccord). La question est alors celle de la frontière entre concession et trahison de nos valeurs. Mais, le plus souvent, le bonheur va accroître notre liberté, notamment notre liberté intérieure, en nous aidant à nous libérer de nos angoisses et de nos obsessions, de nos enfermements psychiques. Le bonheur est une ouverture et un gain d'énergie qui nous arrache au tout petit périmètre de nos soucis. Le bonheur crée des liens entre le monde et nous, et abolit de nombreuses barrières. Si ce ne sont pas des gains de liberté, ça...

Lien social Goethe a parfaitement cerné la question : « Pour moi, le plus grand supplice serait d'être seul en paradis. » D'ailleurs, le paradis, depuis toujours, est le lieu où l'on retrouve tous ceux que l'on aime[2]. Car à quoi nous servirait de voir tous nos désirs satisfaits si nous n'avions personne avec qui échanger et partager ? Nos relations sociales font partie de nos principales sources de bien-être : que cela soit dans la durée et la profondeur (le bonheur d'être avec ceux que l'on connaît et que l'on aime), mais aussi dans la nouveauté et la relative superficialité (le plaisir de rencontrer de nouvelles personnes). Nous avons besoin des autres davantage que les autres n'ont besoin de nous. Comme le notait La Rochefoucauld : « Celui qui croit pouvoir trouver en soi-même de quoi se passer des autres se trompe fort... » Ce à quoi il ajoutait malicieusement : « Mais celui qui croit qu'on ne peut se passer de lui se trompe davantage encore. »

Liens secrets J'aime voir les liens cachés, invisibles aux yeux autres que les miens, qui palpitent dans tous les objets qui m'entourent : quel ami m'a offert cette bouteille de vin que je m'apprête à ouvrir ? ce T-shirt que j'enfile ? ce livre ? cette petite statuette ? Quels enfants m'ont donné ces dessins accrochés au mur ? Tous ces objets me rendent heureux au-delà de leur usage ou de leur présence : ils me murmurent doucement la multitude des liens d'affection dans lesquels je baigne, et dans lesquels nous baignons tous. Présences invisibles et nourrissantes. Troublantes aussi, car vertigineuses et infinies : lorsque j'écris, présence de mes institutrices et de mes professeurs de français et de littérature, présence de mon père qui m'a offert mon premier livre, présence de tous les auteurs de tous les temps qui ont nourri ma réflexion. Quoi que je fasse, quoi que je pense, je ne suis jamais seul. Ce qui est une grâce, un rappel et une responsabilité : faire de mon mieux avec tout cet héritage d'amour et d'intelligence qui m'a été offert.

Limbes du bonheur Dans la tradition chrétienne, la question des limbes a longtemps été l'objet de débats : elles désignent un lieu qui n'est ni l'enfer ni le paradis, où se trouvent notamment les âmes des enfants mort-nés, avant d'avoir pu commettre le moindre péché (donc ne méritant aucunement l'enfer), mais n'ayant pas été lavés du péché originel par le baptême (donc ne méritant pas le paradis). Nous nous trouvons souvent dans les limbes du bonheur, ni heureux ni malheureux. Certains pensent que ce n'est déjà pas si mal, comme Jules Renard, qui écrit dans son *Journal*, le 21 septembre 1894 : « On n'est pas heureux, notre bonheur c'est le silence du malheur. » Que le malheur se taise, c'est certes appréciable. Mais il y a tout de même du travail ensuite. Sinon, nous nous condamnons à ces « existences de calme désespoir » dont parle Thoreau[3]. Qui s'en contenterait ?

Limites de la psychologie positive Bien évidemment, une attitude systématiquement positive pose des problèmes dans certains contextes. Des travaux ont ainsi montré que l'optimisme peut avoir des effets délétères, par exemple chez les joueurs pathologiques : espérant toujours se refaire, ils ont du mal à arrêter de jouer, même après avoir perdu, en raison d'un biais d'optimisme systématique[4]. De même, pardonner n'est pas toujours une bonne idée, notamment lorsqu'on vit avec un conjoint maltraitant : il est peu efficace de pardonner chaque fois à quelqu'un qui ne fait pas d'efforts pour changer[5]. Les trois règles d'or sont donc :

1) commencer par le positif ; 2) évaluer les résultats ; 3) décider si c'est une bonne idée de continuer comme ça.

Longévité Les émotions positives sont bonnes pour la santé et la longévité[6]. De très nombreux travaux scientifiques convergent depuis des années en ce sens. Comme dans tout ce qui a trait à la santé, il faut rappeler qu'il ne s'agit que de tendances et non de garanties : facteurs de protection ou facteurs d'aggravation. Le stress et les émotions négatives répétées et intenses sont globalement aggravants ; le bien-être et le bonheur sont globalement améliorants. On commence à connaître aujourd'hui les mécanismes de cet effet du bonheur sur la santé : amélioration de nos réponses immunitaires, diminution des réactions inflammatoires, frein au vieillissement cellulaire. Il s'agit d'un effet puissant, comparable en sens inverse à celui du tabac, puissant lui aussi : cela correspondrait selon les études à plusieurs années de vie, apparemment six ou sept (en moins avec le tabac, en plus avec le bonheur). Tout cela appelle plusieurs remarques. D'abord, il existe d'autres facteurs influençant notre santé : alimentation, exercice physique, génétique, pollution de notre environnement, etc. ; les émotions font partie des facteurs sur lesquels nous pouvons exercer une influence, et qui par ailleurs nous permettent un double bénéfice : ressentir des émotions positives est à la fois agréable et bon pour la santé. C'est une bonne nouvelle (un facteur à notre portée) et une mauvaise (et si on n'y arrive pas ?). Si on n'y arrive pas, on peut se dire qu'il y a d'autres facteurs et qu'il y a aussi d'autres buts dans la vie que la santé et la longévité : la richesse, la célébrité, le dévouement à une cause, etc. Enfin, si vous fumez, n'oubliez pas d'être heureux, pour neutraliser votre surrisque lié au tabac !

Loto J'avais été un jour invité par la Française des jeux à faire un exposé de psychologie aux gagnants du Loto : il existe en effet un club très fermé de ces gagnants, destiné à les aider à se sentir moins seuls et à se faire bénéficier les uns les autres de leurs vécus respectifs. Un groupe d'entraide en quelque sorte. En bavardant avec ces « heureux gagnants », j'avais découvert à quel point ce qui ressemble de l'extérieur à une bénédiction est au minimum une complication, sinon une malédiction. En effet, l'enrichissement brutal provoque bien des problèmes et perturbe bien des comportements, surtout dans l'entourage des gagnants, qui réclame souvent des parts de gâteau au nom de l'amour et de l'amitié. D'où des brouilles qui font beaucoup plus souffrir que l'argent n'a fait plaisir. Je me souviens de ce couple qui ne pouvait plus voir ses petits-enfants, car leur fils, à qui ils avaient refusé un énième don d'argent, l'avait très mal pris. De fait, les quelques études conduites en ce sens confirment que gagner au Loto n'est pas une garantie de bonheur, contrairement à ce que nous pensons tous. Juste un facteur facilitant, pour peu qu'il soit accompagné de certains efforts[7]. Certains sont les mêmes que lorsqu'on n'a pas gagné : savourer les bons moments au lieu de toujours en attendre d'autres, cultiver des liens d'affection et d'amitié, donner le plus possible au lieu d'attendre ou de réclamer. D'autres sont spécifiques à la richesse matérielle : tout faire pour limiter la jalousie et l'envie, c'est-à-dire faire preuve de discrétion, d'équité et de sens du partage.

Loups C'est un grand-père sioux qui explique la vie à son petit-fils : « Tu sais, dans notre esprit, il y a en permanence deux loups qui s'affrontent. L'un est noir, c'est le loup de la haine, de la colère, du pessimisme ; le loup du malheur. L'autre est blanc, c'est le loup de l'amour, de la générosité, de l'optimisme ; le loup du bonheur. » « Et c'est lequel qui gagne, à la fin ? », demande l'enfant. D'après vous, qu'a répondu le grand-père ? Et vous-même qu'auriez-vous répondu ? Voici en tout cas la réponse du vieux Sioux (un vrai sage !) : « Celui qui gagne, c'est toujours celui que nous avons le mieux nourri... » Auquel de ces deux loups qui vivent en nous donnons-nous le plus à manger chaque jour, chaque instant de notre vie ?

Lucidité La capacité à voir les choses telles qu'elles sont et non telles qu'on les voudrait. Pourquoi la lucidité est-elle si souvent associée à la désespérance et au pessimisme, et si peu souvent au bonheur ? C'est pour moi un mystère. C'en est un aussi pour l'écrivain Éric Chevillard : « Pourquoi notre lucidité éclaire-t-elle si bien l'égout et jamais la mine de diamants[8] ? » Certes, la lucidité nous contraint à voir que nous allons mourir, que nous allons souffrir, que beaucoup de nos rêves ne se réalisent pas, que la souffrance et l'injustice sont fréquentes ici-bas, que des innocents souffrent, etc. Mais cette même lucidité peut aussi nous ouvrir les yeux sur la réalité de l'amour, de la douceur, de la bonté, sur la beauté, la chance qu'il y a à vivre, même de manière imparfaite. Il existe une lucidité positive, ou joyeuse, dont on ne parle pas assez à mon gré. Et que peut-être, on ne cultive pas assez : elle nécessite autant d'intelligence que sa version triste, et sans doute un peu plus de volonté.

M comme Malheur

Le bonheur ouvre le cœur.
Le malheur ouvre les yeux.
Ne cherche pas : tu as besoin des deux.

Mail de copain L'autre jour, il faisait très beau, et un copain psychologue m'envoie un mail, pour parler de diverses questions de boulot, que nous avons à régler ensemble. Puis, à la fin de son message, il décale légèrement le ton et élargit la focale au-delà de nos soucis : « Et de toute façon, le plus important pour le moment, c'est que le soleil est enfin là. Je vais aller désherber par-ci par-là, pendant que Claudine plantera ses premiers bulbes. Une tourterelle tentera encore vainement de se reproduire avec la girouette de l'église, on entendra au loin le moteur d'un petit avion de tourisme, et tout sera parfait. » Incroyable comment ces quelques lignes ont eu sur moi un impact apaisant. Je souris, je me lève pour regarder moi aussi par la fenêtre le soleil qui inspire mon pote. Tout est bien, finalement, ces soucis ne sont que des soucis. En un instant, ce message a ramené l'essentiel au-devant de notre esprit : nous sommes en vie et il fait beau.

Maison du bonheur Jules Renard[1] : « Si l'on bâtissait la maison du bonheur, la plus grande pièce en serait la salle d'attente. » Les pessimistes, les tristounets et les mélancoliques aiment bien cette phrase. Les plus énergiques d'entre eux essaye-ront tout de même de rendre leur salle d'attente aussi agréable que possible !

Maîtres de bonheur J'ai rencontré dans ma vie quelques grands maîtres de bonheur. Des vrais, de ceux dont l'exemple résiste à l'observation attentive et prolongée, ou à des moments de vie commune. Comment le grand maître réagit-il lorsqu'il rate son train ou se fait doubler dans une file d'attente ? Mon beau-père fait partie de ces grands maîtres de bonheur. J'ai à son propos une impressionnante quantité d'anecdotes ; à chaque fois, ou presque, que nous nous rencontrons, en l'observant ou en l'écoutant, j'en apprends de nouvelles. Je vais vous raconter ma préférée...

C'était il y a quelques années, mon beau-père se trouvait seul dans sa maison du Pays basque, car son épouse était partie passer quelques jours chez une amie à l'étranger. La grande bâtisse qu'ils habitaient alors était située dans un endroit magnifique, avec une vue splendide offerte sur les Pyrénées depuis la terrasse située à l'arrière. Mon beau-père s'occupait donc dans son jardin, mais il avait la tête ailleurs. Alors qu'il remontait les escaliers de pierre un peu trop vite et en pensant à autre chose, l'une de ses sandales s'accrocha à une marche et il chuta lourdement. Un peu sonné par la violence du choc, il s'aperçut qu'il saignait énormément de la tête, répandant de petites flaques de sang à chaque mouvement. Encore étourdi, il se dirigea vers le téléphone, en passant par le jardin et non par l'intérieur de la maison, pour ne pas salir le sol avec son sang et mécontenter sa femme (c'est bizarre comme notre esprit nous encombre parfois de contraintes inutiles aux pires moments !). Les pompiers arrivent les premiers et, très inquiétés par les quantités importantes de sang qui maculaient les alentours de la maison et continuaient de s'écouler, ils appellent l'hélicoptère du Samu pour une évacuation rapide vers l'hôpital de Bayonne. Là-bas, tout se passe bien : pose d'une belle collection de points de suture, examens neurologiques... Finalement, rien de grave, ouf ! En fin d'après-midi, après ces aventures, mon beau-père téléphone chez nous, à Paris, pour nous raconter tout cela, et je me souviens encore de la manière dont il entame son histoire :

« Ah, les enfants, figurez-vous qu'il m'est arrivé un truc incroyable cet après-midi : j'ai survolé le Pays basque en hélicoptère, c'était splendide, je n'avais jamais fait ça de ma vie !

— En hélicoptère ? Mais que s'est-il passé ?

— Je suis tombé dans les escaliers et, du coup, j'ai pu faire ce magnifique tour d'hélico !

— Mais pourquoi ?

— Pour m'emmener à l'hôpital, il fallait me soigner et faire des examens...

— À l'hôpital ? !

— Oui, l'hôpital de Bayonne. Tout s'est bien passé, j'étais en admiration devant la vitesse et l'efficacité de ces soins, il n'y avait que des gens charmants et très compétents ! »

Et nous finissons par obtenir l'intégralité de l'aventure, et pas seulement ses aspects joyeux ou émerveillés. Finalement, ce que mon beau-père avait retenu de tout ça, ce n'est pas la blessure, ni le risque encouru (s'il avait perdu connaissance, il aurait pu y passer vu l'importance de l'hémorragie), mais son sauvetage et son voyage en hélicoptère. Et l'histoire est désormais définitivement stockée dans sa mémoire au rayon « bons souvenirs ». Le plus fascinant, c'est qu'il ne fait apparemment aucun effort pour en arriver là : son cerveau semble spontanément capable d'extraire le bon côté de tout ce qui arrive dans sa vie, ou presque. Il n'en tire aucun mérite ni aucun droit pour conseiller à qui que ce soit de positiver. C'est pour cela qu'il n'est pas, en ce sens, un vulgaire professeur de bonheur, mais un véritable maître : il n'explique ni n'enseigne, il incarne. Avec humilité, car pour rédiger ce récit sans le déformer, à quelques années de distance de l'événement, je lui ai téléphoné au moment où je rédigeais ces lignes. Après m'avoir raconté à nouveau l'aventure, et avoir ajouté une nouvelle bonne raison de s'en réjouir (« toute ma famille et mes amis se sont précipités à mon chevet, je ne me suis jamais senti seul »), il me précisa : « Mais vous savez, Christophe, je ne suis pas toujours comme ça. Il m'arrive aussi d'avoir des coups de cafard de temps en temps. » Ouf... Puis il rajouta : « Mais tout de même, plus je vieillis, plus la vie m'émerveille ! »

Pour toutes ces raisons, je l'observe avec délices et curiosité, prenant de mon mieux en note sa façon de faire...

Maladie Elle complique le bonheur, mais ne l'empêche pas. La maladie, surtout la maladie chronique ou la maladie mortelle, nous rend dans un premier temps envieux du bonheur des autres en bonne santé et de leur inconscience à l'être. Elle nous intoxique de tristesse et de ressentiment. Puis, si nous restons honnêtes avec nous-mêmes, nous ouvrons les yeux sur l'inutilité et la dangerosité de cette position de vie. Alors seulement, la maladie peut jouer le rôle d'un aiguillon vers plus de conscience du bonheur simple d'exister, malade ou non. À ce moment, elle relâche son emprise sur notre esprit. Doit-on préciser qu'il faut beaucoup de temps et de travail pour franchir toutes ces étapes, lorsqu'on est soi-même la personne malade ?

Mal aux dents Quand on a mal aux dents, le bonheur, on s'en fout. Ou alors, c'est juste de ne plus avoir mal aux dents. La douleur extrême ferme totalement notre conscience à quoi que ce soit d'autre que la cessation de la douleur. Quand j'étais petit, je me souviens d'avoir souvent eu mal aux dents : trop de bonbons et pas assez de brossage, les parents de l'époque étaient moins vigilants qu'aujourd'hui. Je bavardais de cela l'autre jour avec un ami dentiste qui me disait qu'il ne voyait plus de bouches dévastées comme jadis. Le mal aux dents, c'était pour nous et nos ancêtres, pas pour nos enfants, heureusement. Mais on retrouve des traces de cette époque par exemple dans la chanson de Brassens, Le Testament :

> *J'ai quitté la vie sans rancune,*
> *J'aurai plus jamais mal aux dents :*
> *Me v'là dans la fosse commune,*
> *La fosse commune du temps.*

Malgré Une de mes patientes me disait un jour : « On n'est jamais heureux que *malgré* quelque chose : heureux malgré son passé, malgré le présent, malgré la misère autour de soi, malgré tout... » Je n'avais pas su quoi lui répondre (c'était à l'époque où je pensais que je devais avoir réponse à tout, pour ne pas laisser mes patients en détresse). Peu après, en rentrant chez moi, j'avais trouvé une réponse possible : peut-être ces bonheurs sont-ils d'autant plus beaux et touchants et puissants que justement, ce sont des bonheurs « malgré »... Aujourd'hui, je ne sais pas si je répondrais cela. Il me semble que je dirais plutôt : toute notre vie est « malgré » quelque chose, et le bonheur n'échappe pas à la règle. C'est pour ça que nous l'aimons et avons besoin de lui.

Malheur L'ombre inévitable du bonheur. Dans nos prières, inutile de demander à ne pas être frappé par le malheur, c'est impossible. Demander plutôt à ne souffrir que de malheurs ordinaires. Et à être capables de les traverser, puis de renaître ensuite au bonheur. Cela suffira.

Maman L'autre jour, je bavardais avec une petite fille de 10 ans. Très sérieuse, elle m'annonce qu'elle adore les bébés et qu'elle veut en avoir trois ; elle a déjà les prénoms en tête. Sa maman me confirme que c'est sa passion, s'occuper des bébés qu'elle croise, et qu'effectivement elle parle très souvent de ce projet de maternité. Je me dis : « C'est mignon, et c'est drôle cette vocation si précoce. » Et puis, comme ce jour-là je suis un peu dans le spleen, je me dis ensuite : « La pauvre, si par hasard elle ne peut pas avoir d'enfants, elle sera du coup deux fois plus malheureuse qu'une petite fille à qui ce projet serait venu une fois devenue grande. »

Et puis, encore un peu plus tard, alors que je fais une petite balade sous la pluie et que sans doute je suis en train de me remettre de mon spleen, une autre pensée arrive toute seule à mon esprit : « Même si ça lui arrive, de ne pas avoir d'enfants, elle sera sans doute plus maligne que toi, et elle s'en sortira autrement qu'en gémissant et regrettant ; en aimant les enfants des autres, par exemple, ou en ayant une belle vie. » Je me sens mieux pour elle, et au lieu de penser à notre échange en me disant « pourvu qu'elle ait des enfants », je me dis « pourvu qu'elle soit heureuse ». Et là, bizarrement, je ne doute plus qu'elle le soit. Une alchimie qui me dépasse s'est opérée dans mon cerveau, mais je comprends ensuite ce qui s'est passé : je me rendais malheureux de l'imaginer ne pas atteindre un but qui ne dépendait pas que d'elle (la maternité), tandis que je me suis senti soulagé quand j'ai espéré pour elle un but à sa portée (le bonheur).

Mandela « J'ai toujours su qu'au plus profond du cœur de l'homme résidaient la miséricorde et la générosité. Personne ne naît en haïssant une autre personne à cause de la couleur de sa peau, ou de son passé, ou de sa religion. Les gens doivent apprendre à haïr, et s'ils peuvent apprendre à haïr, on peut leur enseigner aussi à aimer, car l'amour naît plus naturellement dans le cœur de l'homme que son contraire. Même aux pires moments de la prison, quand mes camarades et moi étions à bout, j'ai toujours aperçu une lueur d'humanité chez un des gardiens, pendant une seconde peut-être, mais cela suffisait à me rassurer et à me permettre de continuer. La bonté de l'homme est une flamme qu'on peut cacher mais qu'on ne peut jamais éteindre[2]. »

Voilà ce qu'écrivait Nelson Mandela qui passa vingt-sept ans en prison en raison de sa lutte active contre l'apartheid. C'est bon de savoir que des humains semblables ont existé.

Manèges Ils sont comme une métaphore de la vie. Certains enfants y sont heureux, d'autres inquiets. Certains se battent pour le pompon, d'autres n'essayent pas. Il y en a même qui, si le patron du manège leur fait tomber le pompon entre les mains, ne cherchent pas à l'attraper, tant ils sont surpris et submergés par le bruit, les lumières, le tournis, et les cris des parents et des autres enfants. Le manège dispense aux uns de l'excitation, aux autres de la satisfaction ; à quelques-uns – ceux qui se concentrent sur la conduite de leur véhicule –, il offre un bonheur concentré ; pour d'autres enfin, c'est juste un mauvais moment à passer !

Mansuétude Elle est la disposition à pardonner généreusement. Elle est parfois une imprudence, face aux personnes qui tendent à abuser d'autrui, mais le reste du temps elle est un acte intelligent, mettant de la douceur au cœur de tout le monde.

Mansuétude pour la dame Ma dernière petite histoire de mansuétude se passe dans le train. Je suis assis en face d'une dame, d'environ 70 ans, habillée « jeune », que j'ai un peu agacée en lui demandant de pousser le sac qu'elle gardait à ses pieds, pour que je puisse ranger les miens (de pieds). Elle s'est exécutée, mais de mauvaise grâce. À un moment, elle sort un magnifique modèle de smartphone, met ses écouteurs et essaye d'écouter de la musique. Apparemment c'est trop fort dans ses oreilles, puisque je bénéficie moi aussi de la musique qui jaillit de ses écouteurs, une sorte de pop music vigoureuse. Elle bidouille pour le régler, et tout à coup, fausse manœuvre, le son de son appareil indocile repasse en mode extérieur, toujours à fond : là, c'est tout le wagon qui a droit à la musique ! Comme elle n'arrive toujours pas à baisser le son, les autres passagers se retournent tous peu à peu, les sourcils froncés. Apitoyé (et un peu incommodé tout de même), je lui propose mon aide : avec un grand sourire et sans rien dire, je tends ma main pour qu'elle me le donne. Je suis nul avec ces trucs électroniques, mais il me semble que je ferai mieux qu'elle. Un peu embarrassée, elle m'explique qu'elle vient de l'acheter la veille et qu'elle ne sait pas bien le faire marcher. Miracle et prestige, je trouve le bouton de réglage du son du premier coup ! Je lui retends son téléphone, toujours sans rien dire et toujours avec un grand sourire. Bonne manœuvre : pendant tout le voyage, reconnaissante ou impressionnée (je rigole...), elle me laisse tout l'espace entre nous pour mes pieds.

Mansuétude pour moi Je la sollicite de la part de mes lecteurs : m'apprêtant à envoyer ce manuscrit chez mon éditrice, je m'aperçois à quel point il est encore imparfait. Je sais bien, depuis le temps que j'écris, qu'un auteur ne remet pas un livre lorsqu'il estime que ce dernier est terminé, absolument complet et lissé, mais plutôt quand les délais auxquels il s'est engagé sont dépassés, ou quand il est tellement saturé par son sujet qu'il ne peut plus rien ajouter d'intéressant. Je le sais, mais, chaque fois, ça me reprend : au moment de lâcher mon travail, ses défauts me sautent aux yeux. Cet abécédaire n'échappe pas à la règle. Merci, lectrices et lecteurs, de bien vouloir me pardonner : j'ai voulu rédiger comme j'enseigne et soigne, en expliquant, en m'impliquant, spontanément. Mais, ce faisant, je suis sans doute tombé dans mes travers de pédagogue : répétitions, redites et obsessions. Les effacer aurait, à mon avis, fait perdre à mon propos de sa force et de sa fraîcheur. Je les ai donc laissées. J'espère que, dans votre mansuétude, vous y verrez mon souci de convaincre, plutôt que de la négligence.

Mantras Ce terme, qui désigne une phrase mentale protectrice, vient du sanscrit *manas* qui signifie « esprit », et de *tra*, qui veut dire « protection » : un mantra est ainsi une formule destinée à la protection de notre esprit. En psychologie positive, on peut prendre garde à la manière dont nous nous parlons à nous-même, parfois sans bien nous en rendre compte. Et cultiver alors nos mantras personnels, comme des petits chuchotements encourageants et amicaux que l'on se murmure et auxquels on s'accroche pour ne pas trop s'inquiéter ou se décourager.

Un matin que je souffrais sous l'assaut des « choses à faire » dans mon travail et à la maison, je me suis agrippé à celui-ci : « Fais de ton mieux, et n'oublie pas d'être heureux. » Depuis, je l'ai adopté et je l'active chaque fois que je sens que le stress et le perfectionnisme tentent de prendre les commandes de mon cerveau. J'ai aussi en magasin : « Mieux vaut marcher et respirer que ruminer », pour les moments où mon esprit commence à tourner en boucle autour de problèmes insolubles. Ou encore : « Ne renonce jamais sans avoir essayé. Mais si tu as vraiment essayé, donne-toi toujours le droit de renoncer. » La devise marche mieux, évidemment, si elle est réaliste, si nous sommes convaincus qu'elle a du sens et de la pertinence. Et si nous prenons le temps de nous poser et de nous apaiser pour vraiment l'écouter et de nous synchroniser à sa sagesse.

Marc Aurèle Parfois, lorsque nous lisons un ouvrage de philosophie ou de psychologie, nous nous posons la question de savoir si l'auteur est crédible : s'il est lui-même à la hauteur de ce qu'il professe, s'il applique les conseils qu'il dispense, s'il est honnête et cohérent (ce sont peut-être des interrogations qui vous viennent en lisant ce livre). Je ne me pose jamais cette question en lisant Marc Aurèle, empereur romain et philosophe stoïcien, qui écrivait : « À quelque heure que la mort vienne, elle me trouvera toujours heureux[3]. » Chaque page de ses *Pensées* est éclairée, dans la nuit d'un Empire romain immense et attaqué de toutes parts, par la petite lanterne d'un esprit humain qui travaille inlassablement à devenir meilleur.

Marron Un matin ensoleillé de septembre, vers 8 h 30. La lumière est encore basse et rasante, elle caresse les châtaigniers dont les feuilles commencent à roussir : le mélange du vert et du brun est splendide. Je respire la beauté de toutes mes forces, dans cette petite rue anonyme et un peu moche, au bout de laquelle j'ai un rendez-vous administratif qui m'ennuie d'avance.

Tout à coup, comme je marche la tête en l'air, un sourire aux lèvres, sans regarder le sol, mon pied heurte un beau marron tout brillant, qui vient de quitter sa bogue à peine tombée de l'arbre. Il entame une petite course pleine de folie et de rebonds imprévus, dus à sa forme pas tout à fait ronde. Et soudain, comme une madeleine de Proust, tout me revient des automnes de mon enfance. À l'époque je donnais les coups de pied dans les marrons de manière délibérée, essayant de les conduire droit devant moi sur le trottoir jusqu'à l'école. Si j'y arrivais, bon augure : je ne passerais pas au tableau, je gagnerais des billes, et toutes les bonnes choses de la vie d'un écolier m'arriveraient ; s'ils tombaient du trottoir : mauvais, mauvais... Tout resurgit : l'odeur des couloirs de l'école, désertés durant tout l'été ; la sonorité des murs renvoyant les cris des élèves ; l'alignement des portemanteaux ; le choix d'une nouvelle table, d'un nouvel endroit où passer l'année ; l'excitation de la rencontre avec de nouveaux maîtres ou maîtresses, de nouveaux manuels, de nouvelles matières. L'univers des rentrées du passé explose à chaque rebond de la course folle du marron. Je me suis arrêté de marcher, émerveillé. Envie de redonner un coup de pied dans le marron, pour voir si tout va recommencer. Mais non, mieux vaut ne pas savoir (et si ça ne remarchait plus ?). Juste me souvenir de ces quelques secondes.

Martin Luther King Prix Nobel de la paix en 1964, défenseur de la cause des Noirs américains par la non-violence, Martin Luther King incarne une figure humaine particulièrement attachante, de par sa volonté de toujours pratiquer l'amour du prochain, sans renoncer en rien à combattre toute forme d'injustice.

Dans les années 1950 (c'était hier : les débuts du rock'n roll...), la ségrégation raciale est encore très violente aux États-Unis, notamment dans les États du Sud : les Noirs doivent céder leur place aux Blancs dans les transports en commun, il leur est interdit de partager les mêmes restaurants, les mêmes toilettes, les mêmes piscines... Des violences ouvertes ou larvées continuent d'être perpétrées quotidiennement envers les membres de la communauté afro-américaine. Né dans une famille de la bourgeoisie noire, enfance harmonieuse et vie de famille heureuse, Martin Luther King aurait pu s'accommoder de ces injustices, et attendre que le train de l'histoire passe. Il aurait pu aussi se révolter par la violence, comme d'autres le firent. Mais il eut le courage de se dresser pour combattre, et l'intelligence de le faire de manière non violente : « La raison pour laquelle je m'interdis d'obéir à la philosophie ancienne qui exige "œil pour œil", c'est que celle-ci finit par rendre tout le monde aveugle[4]. » Arme politique au départ, la non-violence atteignit avec Martin Luther King une dimension psychologique, donc universelle : elle devint une façon d'être au monde, un moyen de changer la conscience et le cœur des humains. King n'était pas un surhomme : il se trompa, il eut des peurs et des doutes. Mais il était un homme sincère et pragmatique, capable d'ouvrir sa foi chrétienne aux messages de Gandhi, toujours préoccupé par la portée morale de chacun de nos actes quotidiens, et par la cohérence entre parole publique et comportements privés. Voici son dernier sermon, prononcé le 3 avril 1968, à la veille de son assassinat : « Peu m'importe ce qui va m'arriver maintenant, car je suis allé au sommet de la montagne. Je ne m'inquiète plus. Comme tout le monde, je voudrais vivre longtemps... Mais je ne m'en soucie guère maintenant. Je veux simplement que la volonté de Dieu soit faite. Et il m'a permis d'atteindre le sommet de la montagne. J'ai regardé autour de moi. Et j'ai vu la Terre promise. Il se peut que je n'y pénètre pas avec vous... Je suis heureux ce soir. Je ne m'inquiète de rien. Je ne crains aucun homme. »

Matérialisme en psychologie

En philosophie, le matérialisme affirme qu'il n'existe rien qui ne soit enraciné dans la matière et le réel : il n'y a pas de transcendance, que des agencements d'atomes. En psychologie, ce qu'on nomme matérialisme, c'est le fait de placer les valeurs matérielles (pouvoir, argent, notoriété) au-dessus des valeurs immatérielles (bonheur, amour, honnêteté). Le matérialisme a toujours existé, mais il était contrebalancé par le discours des grandes religions, qui régulaient ses appétits. Il flambe aujourd'hui, et domine les esprits et les cultures. Il a été l'objet de nombreux travaux, se penchant sur les dégâts psychologiques entraînés par notre moderne société d'hyperconsommation[5].

Croire que l'achat de biens et de services est le meilleur moyen de se rendre heureux est bien évidemment une erreur redoutable. D'abord à titre individuel, car tous nos achats sont soumis à l'habituation hédonique. Ensuite à titre collectif, car le matérialisme attise ce qu'on appelle le « désir mimétique », l'irrésistible besoin de ne pas être trop différent des autres ; en l'occurrence, dans les sociétés matérialistes, de ne pas être distancié par eux dans la course à la possession et à l'affichage de la possession (de vêtements, de voitures, d'écrans, etc.). Le matérialisme pousse par exemple les classes moyennes, dans leur désir d'imiter les plus riches, à se lancer dans une inutile course au luxe ou à l'inutile, qui les détourne de ce qui pourrait vraiment faire leur bonheur : car toutes les données montrent aussi que trop travailler rend moins heureux. Surtout si on sacrifie du temps de famille, d'amitié et de loisirs pour s'offrir des biens matériels pas forcément indispensables. Ainsi, la surface moyenne des maisons aux États-Unis était d'environ 150 m^2 en 1980 ; en 2007, elle avait grimpé à 215 m^2. Soit 45 % d'augmentation, alors que sur la même période, les revenus n'avaient augmenté que de 15 %, et que le nombre de personnes vivant dans ces mêmes maisons était resté stable. Même constat sur la taille et le prix moyens des modèles de barbecues vendus aux États-Unis : ils sont peu à peu devenus inutilement énormes et onéreux, sous la pression de la publicité et du mimétisme[6]. Il est maintenant de plus en plus clair que le raisonnement économique consistant à dire : « Pas de problème à ce que les riches s'achètent des montres à 30 000 euros, des voitures à 300 000 euros, des maisons à 3 millions d'euros, et les exhibent ; cela donne du travail aux pauvres et fait rêver les classes moyennes de pouvoir elles aussi s'en acheter ; tous travailleront pour cela, ce qui fera tourner l'économie, et tout le monde s'y retrouvera » est donc obsolète, erroné et dangereux. Cela rend tout simplement les gens fous et malheureux. Cette intoxication par des achats inutiles et inutilement renouvelés (ce qu'on appelle la mode) est l'un des grands dangers pour le bonheur des humains contemporains. Pour s'en guérir ? Acheter moins ! Pour acheter moins ? Moins s'exposer aux tentations ! Remplacer le lèche-vitrines par des balades au vert, et le vagabondage Internet sur les sites marchands par du bricolage, du jardinage, de la cuisine, du sport, de la lecture, etc. Résultats garantis en quelques mois. Mais l'achat et le magasinage ont pris une telle place dans les sources de petits bonheurs de beaucoup d'entre nous que le sevrage n'est pas facile. Pas impossible non plus : entre le mot *servage* et le mot *sevrage* il n'y a que deux petites lettres à changer de place.

Mauvaise humeur Elle a davantage à voir avec la colère qu'avec la tristesse : elle est une petite colère durable contre le monde, les humains, la nature, la vie, lorsque ça ne se passe pas comme on le voudrait. Alors on continue de vivre quand même, et d'agir (au lieu de se retirer et de se replier comme dans le spleen), mais on est comme une petite bombe à retardement au milieu des autres. Tout le monde connaît la formule : « Ne me secouez pas. Je suis plein de larmes[7]. » Dans le cas de la mauvaise humeur, ce serait plutôt : « Ne me secouez pas. Je suis plein de hargne. »

Médailles Aux jeux Olympiques de Barcelone, en 1992, des chercheurs avaient photographié les visages de tous les médaillés, d'or, d'argent ou de bronze. Puis, pour chaque discipline, ils avaient mélangé les trois visages et demandé à des volontaires ne s'intéressant pas au sport de les classer par ordre de bonheur exprimé : en 1, le visage qui semblait le plus heureux, et en 3, celui qui le semblait le moins. Si notre bonheur ne dépendait que de facteurs logiques, les médaillés d'or auraient dû sembler les plus heureux, puis les médaillés d'argent, puis ceux de bronze. Il s'avéra que si les médaillés d'or étaient bien ceux qui avaient le visage le plus heureux (logique, tout de même), ceux qui venaient juste après étaient les médaillés de bronze, tandis que ceux d'argent étaient bon derniers quant à l'intensité de leur sourire[8]. Car c'étaient les seuls qui comparaient au lieu de savourer. Malheureusement, nous sommes ainsi souvent piégés par les comparaisons : tels des médaillés d'argent, nous ne jugeons pas de nos succès dans l'absolu, mais par rapport à ce que les autres ont eu, ou par rapport à ce que nous espérions. Un redoutable moyen de gâcher son bonheur.

Médisance Sale habitude, parfois drôle ou agréable sur le moment, qui consiste à se focaliser, avec quelques congénères, sur les défauts réels ou supposés de personnes absentes. Médire n'a aucun intérêt, ni pour notre bonheur (qu'on diminue plutôt sur le long terme, en s'habituant ainsi à fouiller dans les poubelles de la vie d'autrui) ni pour changer les personnes concernées (puisque, en théorie, la médisance n'est pas faite pour revenir à leurs oreilles). Prendre l'habitude de ne pas médire : on peut regarder, on peut juger. Puis on peut décider : soit dire ce qui ne va pas à la personne concernée, soit laisser tomber pour s'occuper de notre vie et de choses plus intéressantes et réjouissantes.

Méditation de pleine conscience et bonheur Les corrélations entre la pleine conscience et le bien-être subjectif (ce nom pudique donné au bonheur dans les recherches scientifiques) ont été décrites et analysées depuis longtemps[9]. Ainsi, un entraînement à la méditation de seulement quelques semaines modifie l'activité électrique du cerveau dans le sens d'un accroissement de la signature EEG des émotions positives[10]. Des travaux récents continuent d'explorer ce lien : les participants à une retraite méditative de douze jours, conduite en deux parties espacées de trois mois, voyaient par exemple leurs scores de bien-être subjectif très nettement augmentés par rapport à un groupe témoin[11]. Les mécanismes de corrélation entre pleine conscience et psychologie positive sont nombreux et assez logiques :

– La pleine conscience augmente la présence mentale aux moments agréables du quotidien, souvent négligés car notre attention est fréquemment centrée sur nos soucis ou simplement nos objectifs. Se rendre davantage présent à notre vie va nous révéler de nombreuses sources de bien-être ignorées : prendre le temps de s'arrêter pour respirer, regarder le ciel, écouter un oiseau, savourer un aliment.

– Elle aide de cette manière ses pratiquants réguliers à entraver l'habituation hédonique, cette tendance de notre esprit à ne plus savourer les sources de bien-être si ces dernières sont présentes dans notre vie de manière permanente. Encourageant à porter sur toutes choses et détails de notre quotidien un regard frais et renouvelé, la pleine conscience nous aide à savourer de nombreux instants anodins.

– La pleine conscience a aussi montré sa capacité à limiter l'extension des émotions négatives en entravant les ruminations ; c'est l'un des principaux mécanismes d'action évoqués à propos de son efficacité dans la prévention des rechutes dépressives[12]. On sait que lors des ruminations, le patient s'inflige une double peine : celle de l'amplification de sa souffrance et celle de la fermeture de son esprit aux bons moments de la vie (le patient qui rumine ses soucis professionnels lors d'un week-end en famille).

– La pleine conscience aide à la régulation émotionnelle automatique, par de multiples mécanismes[13], dont l'un est probablement une capacité plus grande à déceler précocement les modifications de ses états émotionnels[14] et donc à s'en occuper de manière précoce et adaptée.

– Elle élargit la focale attentionnelle. En invitant les pratiquants à réaliser que, dans la souffrance ou dans l'action ordinaire, le mouvement naturel de l'attention est de se resserrer et de se focaliser, et en s'attachant régulièrement à ouvrir et élargir cette focale attentionnelle, la pleine conscience va indirectement favoriser la survenue d'émotions positives : on sait que ces dernières sont associées à une attention élargie, plus sensible au contexte global qu'aux détails[15].

– Elle stabilise l'attention. Plusieurs études ont montré que la dispersion attentionnelle était associée à une plus grande probabilité de ressentis émotionnels négatifs[16].

– La pleine conscience modifie aussi le rapport à l'ego[17], en développant notamment les capacités d'autocompassion[18].

Voilà pourquoi la psychologie positive s'intéresse de fort près à la méditation de pleine conscience[19] !

Mélancolie « C'est le bonheur d'être triste », disait Victor Hugo. Et Albert Camus écrivait[20] : « Nous revenons sur nous-même. Nous sentons notre détresse et nous nous en aimons mieux. Oui, c'est peut-être cela le bonheur, le sentiment apitoyé de notre malheur. » Ce sentiment doux et apitoyé, presque affectueux, que nous avons pour nous-même lorsque nous sommes malheureux, c'est la mélancolie. Qui est comme l'alcool : une rasade de temps en temps nous apaise et nous ouvre l'esprit ; mais son abus nous abîme.

Mémoire sélective Lao-tseu, le sage, a dit : « Apprends à écrire tes blessures dans le sable et à graver tes joies dans la pierre. » Vous savez quoi ? À mes yeux, le mot le plus important de ce conseil est « apprends ». Nous pouvons l'apprendre, et nous y entraîner : face aux petites (pour que ce soit plus facile au début) peines, me dire avec douceur que cela passera, même si je n'y crois pas encore, même si ça ne me soulage pas encore, me le dire quand même, comme un parent console son enfant. Et face à toutes les joies, me dire : « N'oublie jamais, jamais, cela ; remplis-toi de tout ce bonheur, avale, savoure, accueille cette joie dans chaque cellule de ton corps. »

Mensonge J'ai reçu un jour une belle lettre d'un lecteur qui me racontait une petite scène de famille qui avait provoqué chez lui un bouleversement silencieux et invisible.

Lors d'un repas du soir avec ses enfants, son fils de 2 ans lui demande d'ajouter du sel dans son assiette. Comme il estime (à juste titre) que le plat était assez salé et que les enfants mangent trop salé et trop sucré, il fait seulement semblant de le faire. Son fils ne remarque rien, et se régale du plat qu'il pense salé par papa, à qui il adresse un grand sourire. Mon lecteur me dit avoir ressenti à ce moment précis une profonde tristesse, liée au sentiment obscur mais bouleversant d'avoir bafoué la confiance de son fils. Il essaie d'en parler un peu plus tard à son épouse, mais celle-ci ne voit pas pourquoi il accorde autant d'importance à un événement si bénin.

J'aime ce récit, j'aime ces états d'âme, je pense qu'ils contiennent toute la vérité et la difficulté de notre humanité : nous avons la faiblesse du mensonge et l'intelligence de la culpabilité. La tristesse que ressent mon lecteur est une bonne chose. C'est au stade suivant que tout va se jouer : que va-t-il en faire ? S'il s'embarque dans des ruminations sur son incompétence paternelle, l'occasion de progresser se transforme en occasion de se maltraiter et de s'attrister plus encore. S'il accueille sa tristesse comme une amie qui vient lui dire avec tendresse : « C'est toi qui es dans le vrai, toi qui as raison ; ce qui vient de se passer avec ton fils n'est pas banal ; ce n'est pas grave, mais ce n'est pas banal ; alors prends le temps, le temps de ressentir, le temps de réfléchir, respire avec tout ça ; respire et souris ; puis, plus tard, tu songeras à ce que tu diras à ton fils la prochaine fois qu'il réclamera du sel ; en attendant, accepte ce qui a eu lieu, accepte ce que tu as fait : tu l'as fait par amour, même si tu as été maladroit, même si c'était – peut-être – inadéquat ; c'est comme ça ; ne l'oublie pas mais ne te maltraite pas ; tu as fait ce que tu as pu, de ton mieux, à cet instant ; et grâce à cette culpabilité que tu acceptes, tu vas doucement changer ; la prochaine fois, tu feras à nouveau de ton mieux ; et peut-être que ce mieux sera vraiment mieux ; ou peut-être pas ; tu verras bien... »

Menu plaisir Un jour, à la gare de Bordeaux, revenant d'une rencontre en librairie, je m'achète un sandwich pour le voyage. C'est mon jour de chance, le serveur (Carlos, c'est écrit sur le ticket de caisse) m'annonce qu'il y a une promotion sur le couple sandwich et boisson : seulement 5,50 euros, et ça s'appelle le « Menu Plaisir ». D'abord ça m'amuse, ce petit jeu de mots. Puis ça me laisse perplexe (sans doute la fatigue de la journée) : ce n'est pas que les aliments soient mauvais, mais de là à parler de « plaisir », même « menu »... Cette dévaluation de la portée des mots, liée à leur usage abusif, que nous ne relevons même plus, tant nous y sommes habitués, est-ce que ce n'est pas un problème, tout de même ? Cette sale habitude de la pub et du marketing de promettre et de compromettre à tout bout de champ les termes de plaisir, bonheur, sérénité... Je me dis alors : « Mais toi aussi, tu fais pareil dans tes livres, tu parles de ces sujets ! – Oui, mais, me réponds-je, moi je passe 400 ou 500 pages à expliquer le pourquoi du comment. Je fais appel à ces mots de manière réfléchie. – D'accord, mais quand même ! – Pfff, rien à voir... » Trop fatigué pour continuer ce dialogue intérieur, j'avale le Menu Plaisir, et je regarde le paysage qui commence à défiler par la fenêtre du TGV. Les deux activités m'apaisent et ralentissent le flot de mes pensées. Je réfléchirai à tout ça plus tard ; maintenant, c'est l'heure du repos pour mon cerveau.

« Merci Maman » J'avais lu un jour dans un entretien accordé par la fille de Françoise Dolto au journal *Le Monde*, une anecdote qui m'avait ravi. À une personne qui lui demandait un jour : « Mais vous n'en avez pas assez d'être toujours dans l'ombre de votre mère ? », elle répondit : « C'est drôle, je me suis toujours vécue comme étant dans sa lumière. » Au lieu de nous sentir parfois écrasés par ce que nous devons aux autres, réjouissons-nous-en. C'est ce qu'on appelle la gratitude.

Mesurer le bonheur De manière générale, il existe deux manières d'évaluer le bonheur et les émotions positives qui lui sont associées.

La première et la plus répandue, de très loin, consiste à demander directement aux personnes ce qu'elles ressentent, par des questionnaires plus ou moins compliqués, portant sur l'intensité ou la nature des émotions ressenties. Elle est fiable et logique : après tout, qui d'autre qu'une personne donnée peut savoir si elle se sent ou non heureuse ? Son principal inconvénient provient du fait que ce type de recueil des données fonctionne en général sur un mode rétrospectif : s'il est fait sur le moment (par exemple alors que vous participez à une expérience en laboratoire), il est fiable pour évaluer ce que vous ressentez à l'instant présent. Par contre, si le questionnaire porte sur une période de temps plus longue, ou se situe à distance de l'événement (« quel a été votre niveau de bien-être cette journée ? »), le risque de moindre fidélité est plus grand : notre mémoire peut nous faire défaut, oublier ou déformer, le contexte émotionnel du moment où nous remplissons le questionnaire peut contaminer notre souvenir des émotions à évaluer, etc.

C'est pour limiter ce problème que fut mise au point la technique dite d'*échantillonnage des expériences*[21]. Elle consiste à procéder à ce qu'on pourrait appeler des « sondages émotionnels » : on demande à des volontaires de garder sur eux un dispositif (aujourd'hui, il s'agit le plus souvent d'applications préalablement chargées sur le téléphone portable) sonnant plusieurs fois par jour, au hasard. À chaque sonnerie, vous devez noter votre état émotionnel et d'autres données ; il s'agit le plus souvent de l'activité en cours et, parfois, de votre degré d'attention et d'engagement dans cette activité. Par exemple, si vous participiez à une telle expérience, et que votre portable se mette à vibrer juste maintenant, vous auriez à fournir trois informations : 1) comment vous sentez-vous juste maintenant, de − 5 (pas bien, pas content, pas heureux) à + 5 (très bien, très content, très heureux) ; 2) que faites-vous (« je lis un livre ») ; 3) êtes-vous attentif à votre tâche, ou non, de − 5 (« non, pas attentif, en fait je pensais à autre chose ») à + 5 (« oui, complètement attentif, je suis captivé »). En observant de très grands nombres de tels prélèvements sur un très grand nombre de personnes pendant un temps suffisant, on peut découvrir des phénomènes intéressants car ils échappent souvent aux intéressés. C'est le cas, par exemple, de certaines activités qui ne donnent pas forcément un plaisir élevé sur le moment (lors du sondage), mais qui peuvent laisser tout de même un bon souvenir : nous pouvons après coup leur donner du sens, ou embellir leur souvenir[22]. Autre exemple, que j'ai déjà évoqué : lorsque nous nous livrons à des activités en théorie agréables, elles perdent de leur capacité à nous faire ressentir des émotions positives si nous n'y sommes pas attentifs[23].

Météo Quelle est l'influence du temps sur nos états d'âme ? La plupart des études scientifiques rejoignent notre intuition : le soleil est plutôt légèrement favorable au bien-être. Le soleil, pas forcément la température. Par beau temps, on observe moins d'admissions aux urgences psychiatriques des hôpitaux, et davantage de comportements altruistes : on répond davantage aux sourires dans la rue, on donne de plus gros pourboires, on prend plus volontiers les auto-stoppeurs[24]. D'autres travaux semblent indiquer que les facteurs météorologiques pèsent globalement peu sur notre satisfaction avec l'existence[25]. L'explication, c'est qu'il existe des profils de personnes différents : certains d'entre nous sont « météosensibles » et d'autres le sont très peu. Il semble qu'existent en gros quatre familles humaines face aux variations du ciel[26] : les indifférents au climat, les thérophiles (ou *summer-lovers*, très améliorés par le soleil et la chaleur), les thérophobes (*summer-haters*, plutôt moins bien quand il fait trop beau trop chaud) et les ouranoudorophobes (*rain-haters*, au moral aggravé par la pluie). À quoi nous sert tout cela, puisque nous ne pouvons changer le temps qu'il fait ? À mieux comprendre nos oscillations d'humeur, et à agir en conséquence : si nous n'avons pas le moral à cause du temps, nous risquons de nous mettre à ruminer sur tout le reste de notre vie. Le comprendre permet de se dire : « OK, c'est bon, tu sais pourquoi tu es grognon, n'en rajoute pas, ne juge pas ta vie, fais ce que tu as à faire, attends le retour du soleil, et voilà tout. » Sans compter que ces influences, nous l'avons dit, sont légères : il suffira donc d'un autre événement favorable pour les inverser ; une motivation de plus à s'accorder de petits plaisirs les jours de météo tristounette !

Métro Un jour, je me trouvais dans le métro. Il y avait beaucoup de monde, j'étais debout, face à la porte vitrée, coincé devant mon reflet. Du coup (rien de mieux à faire), je me regarde, vraiment : je faisais une tête d'enterrement. Sinistre. Et sans raison particulière : certes, il faisait chaud, c'était pour aller travailler, il y avait beaucoup de monde, et presque tous les passagers faisaient la même tête d'enterrement. Mais tout de même : est-ce que j'avais de bonnes raisons d'afficher ce visage sinistre ? Non, aucune ! Tout allait à peu près bien dans ma vie, pas de vrai souci. Alors quoi ? Rien, juste du laisser-aller. Du coup, j'ai repensé à toutes les études sur le sourire, et ses avantages pour soi et les autres. J'ai doucement tiré sur mes zygomatiques et j'ai installé un tout petit sourire sur mon visage. Pas trop gros, pour ne pas incommoder ou inquiéter mes voisins. Juste le petit sourire tranquille, les yeux dans le vague, de la personne qui pense à ses vacances, ou aux gens qu'elle aime, ou à quelque chose d'agréable. Juste comme ça, pour me faire du bien et pour participer un peu à l'amélioration de l'ambiance dans les wagons de métro ! Vous ne me croirez peut-être pas, mais cet instant a été pour moi un moment fondateur : je crois que c'est depuis que je m'efforce d'adopter, comme expression de base, un léger sourire. Il me semble que ça me fait du bien. Et c'est fou, du coup, le nombre de personnes inconnues qui me disent bonjour dans la rue !

Mise au point positive Vous vous souvenez de l'histoire du restaurant, en introduction de ce livre ? Le monsieur qui appelle le patron pour le féliciter… Pourquoi ne faisons-nous pas ça plus souvent ? En général, lorsqu'un client réclame de parler au patron, c'est plus souvent pour rouspéter que pour le remercier. Tout comme quand un supérieur hiérarchique convoque un collaborateur pour un entretien imprévu : c'est rarement pour lui dire qu'il est content de lui et que tout va bien. Ou quand des parents organisent une « mise au point » avec un de leurs enfants ados. Des « mises au point positives », ce serait sacrément marquant ; et probablement bien plus motivant et efficace que les seules négatives.

Modèles et contre-modèles L'apprentissage par imitation de modèles est l'un des plus puissants qui soient. C'est particulièrement vrai pour le bonheur et l'aptitude à traverser la vie. Lorsque nous sommes enfants, nos modèles, ce sont nos parents, nos enseignants, nos amis. Surtout nos parents, bien sûr, ne serait-ce que par le temps passé avec eux, et par leur importance symbolique. Et, bien sûr, ce que nous apprenons d'eux sur le bonheur ne nous vient pas de leurs recommandations, mais de leurs comportements et de leurs réactions personnelles. On n'écoute pas un modèle, on l'imite.

Certains d'entre nous ont eu la chance de voir vivre à leurs côtés des parents heureux et ont pu ainsi comprendre à leur contact ce qu'est une vie heureuse, dans tous ses détails, dans la manière de savourer les bons moments et d'affronter les moins bons.

D'autres ont vécu aux côtés de parents ayant du mal à être heureux (parce qu'ils auront eu eux-mêmes des enfances trop dures, des vies trop dures, etc.). Enfant, on comprend mal les erreurs de nos parents avec le bonheur, parce qu'il y a toujours une certaine logique dans l'habitude du malheur. Cette habitude consiste en une inversion de priorités : la priorité n'est alors pas de rechercher et savourer le bonheur, mais de survivre dans un monde hostile. Attention et énergie sont braquées sur ce seul objectif. En grandissant, on comprend que nos parents font fausse route, notamment parce qu'on découvre d'autres voies possibles. Ils deviennent alors des contre-modèles : on continue de les aimer, mais on ne veut plus leur ressembler.

Modernité Jules Renard avait tout compris : « Trop vite, l'auto. Tant de jolis paysages où l'on ne s'arrête pas ! On laisse des regrets partout[27]. » Ou bien : « Bientôt le cheval sera sur la terre quelque chose d'aussi étrange que la girafe[28]. » J'avais aussi lu, je ne sais où, cette remarque d'un auteur américain : « Grâce à nos autoroutes, il est désormais possible de traverser le pays d'est en ouest sans rien voir. » Les chances que nous offre la modernité menacent, par leur mésusage, notre bonheur ; mais elles le font de façon joyeuse et excitante, c'est-à-dire de façon trompeuse. Voilà pourquoi nous ne nous méfions pas.

Moi Je ne suis pas doué pour le bonheur. Il m'a toujours manqué un truc. Je n'ai jamais appris tout petit : mes propres parents n'étaient pas doués non plus pour ça, car leurs enfances n'avaient pas été faciles. Alors ils s'étaient donné d'autres priorités, dont celle d'assurer la sécurité matérielle de notre famille ; le bonheur viendrait plus tard, s'il devait venir. Du coup, j'ai longtemps raisonné de la même façon, considérant aussi que l'aptitude au bonheur était quelque chose d'inné ; et pensant d'ailleurs au fond de moi que le bonheur était une illusion d'optique, une erreur d'appréciation, et que les heureux étaient des naïfs ou des irresponsables. Ou qu'il n'était qu'un répit entre deux soucis. Mais j'ai fini par comprendre que le bonheur pouvait s'apprendre ; alors j'ai fait comme autrefois à l'école : j'ai été un bon élève, j'ai bien travaillé, et bien progressé. J'ai sans doute eu aussi de la chance dans mes rencontres, et j'ai croisé quelques bons maîtres, dont j'étais prêt à écouter les messages et à observer les attitudes. Ainsi, mon histoire avec le bonheur est banale et ordinaire, et me rend proche d'une bonne partie de l'humanité, et de mes patients. Je comprends leurs envies d'être heureux, leurs difficultés à l'être, leurs peurs de ne plus l'être quand ils y seront arrivés : j'ai les mêmes !

Moment parfait C'est un matin d'automne, assez tôt (6 h 30) dans la cuisine, nous prenons le petit déjeuner avec ma deuxième fille. Il fait noir dehors. Parfois nous sommes encore endormis, et la conversation est sommaire. Mais parfois, ça discute ferme. C'est le cas aujourd'hui.

« Papa, hier j'ai vécu un moment parfait !

— Wow, cool ! C'était quoi ?

— Eh bien, j'étais sortie du lycée avec mes copines, et on était dans un restaurant trop trop sympa et trop pas cher [un jour

par semaine, comme elle dispose de deux heures, nous lui per-
mettons de ne pas manger à la cantine]. J'étais là, devant mon
assiette, et tout à coup, je me suis sentie comme en train de sortir
de mon corps et de regarder ce qui m'arrivait : j'étais là, bien au
chaud et au sec alors qu'il pleuvait et faisait froid dehors, toutes
mes amies étaient là autour de moi, on mangeait des bonnes choses,
et en plus, il y avait des morceaux de Gainsbourg qui passaient
en boucle [son chanteur favori]. C'était trop trop trop stylé !
— C'était le bonheur ! ?
— C'est ça : pur bonheur ! Bon, ça n'a pas duré. Après il a
fallu retourner en cours, et c'était chaud, le programme de
l'aprèm ! Mais ça m'a fait drôle de sentir ce moment comme ça,
du dedans et du dehors. »

Nous parlons alors un peu de théorie, du bonheur comme prise
de conscience des instants plaisants de notre vie. Pas bien longtemps, car le temps presse, il faut aller s'habiller et se brosser les
dents. Mais ça m'a mis en joie d'entendre ma fille me raconter
ce petit moment de transcendance d'un moment agréable. Savourer
le bonheur des autres, c'est aussi un bonheur.

Montagne Il y a chez le penseur chrétien Teilhard de Chardin
une image de la quête du bonheur que j'aime bien, celle des
randonneurs (Teilhard utilise le mot délicieux et suranné
d'« excursionnistes »). Alors qu'ils viennent à peine de commencer à grimper au flanc de la montagne, un premier groupe (les
fatigués pessimistes) renonce et retourne au refuge : trop fatigant,
trop incertain, et puis surtout à quoi bon suer pour grimper ? Un
deuxième groupe (les jouisseurs bons vivants) s'arrête à mi-
pente : on n'y est pas mal, on a une belle vue, pourquoi ne pas
en rester là ? Et un troisième groupe, qui a les faveurs de Teilhard
(il les appelle les « ardents »), continuera jusqu'en haut et sera
doublement heureux : de ses efforts et de leurs résultats. Teilhard
nomme ces trois sortes de bonheur : de tranquillité, de plaisir,
de développement. Et sans doute naviguons-nous toujours entre
les trois[29].

Montesquieu Voici comment il se décrit dans son *Portrait* :
« Je m'éveille le matin avec une joie secrète ; je vois la lumière
avec une sorte de ravissement ; et tout le reste du jour je suis
content. Je passe la nuit sans m'éveiller ; et le soir, quand je vais
au lit, une sorte d'engourdissement m'empêche de faire des
réflexions. » Il y en a qui ont vraiment de la chance...

Morale Le philosophe Chamfort nous dit : « Jouis et fais jouir,
sans faire de mal ni à toi ni à personne, voilà je crois, toute la
morale. » C'est en tout cas la morale minimale du bonheur : me
faire plaisir sans déranger quiconque. On peut aller plus loin : se
faire plaisir et faire plaisir aux autres. Ce n'est pas si difficile,
beaucoup plus intéressant, et beaucoup plus efficace, même pour
son propre petit bonheur à soi.

Morceaux de bonheur « Le paradis n'est pas sur la terre,
mais il y en a des morceaux. Il y a sur la terre un paradis brisé. »
(Jules Renard, « 28 décembre 1896 », *Journal*). Mieux vaut ramasser et admirer les morceaux que pleurer le paradis brisé.

Mort « La mort a beaucoup de vertus, notamment celle du réveil.
Elle nous ramène à l'essentiel, vers ce à quoi nous tenons vraiment », nous rappelle Christian Bobin[30]. Ce à quoi nous tenons,
c'est la vie, le bonheur, l'amour. La mort ferme pour toujours les
yeux d'une personne et ouvre en grand ceux de toutes les autres,
qui sont là, tout autour. Le bonheur et la mort, c'est une histoire
de liens indissociables. Il est absurde et inutile de théoriser sur le
bonheur, de s'efforcer avec la psychologie positive, si on ne prend
pas le temps d'envisager et de côtoyer la mort, ou du moins l'idée
de la mort. Non pas l'idée abstraite, le concept général, mais l'idée
concrète et personnalisée : nous, morts ; ceux que nous aimons,
morts. Nul mieux que Pierre Desproges n'a posé l'équation que

nous avons à résoudre en tant qu'humains : « Vivons heureux en attendant la mort. » Face à cela, les pessimistes pensent : « À quoi bon faire des efforts pour être heureux, puisque nous allons finir par mourir ». Ce à quoi les optimistes répondent : « C'est bien pour ça que ce serait trop bête de ne pas avoir été heureux avant. » Mais le bonheur lucide, qui nous garde en lien avec le monde, et qui n'ouvre pas de grands yeux étonnés et incrédules quand le malheur frappe, ce bonheur-là doit avoir été frotté avec un peu de mort. Et continuer régulièrement de l'être.

Mort du bonheur J'ai laissé un message à un ami qui vient de perdre un enfant. Je prends de ses nouvelles, lui demandant comment il va. Il me répond par un petit courrier : « Je vais comme je peux aller, nous allons comme nous pouvons aller. Je travaille comme jamais, c'est une manière de faire. Il faut toujours, disait ma grand-mère, que le bonheur s'arrête. C'est ainsi. Je t'embrasse. »

Je me fige face à ses mots. Le tragique qui vient de tout bouleverser dans sa vie fait irruption dans mon confortable petit quotidien du moment, et me contraint à m'arrêter pour réfléchir et ressentir.

Il faut toujours que le bonheur s'arrête... Bien sûr, nous le savons tous, et ce serait une évidence de prononcer ces mots au calme. Mais là, lorsque c'est lui qui me le dit, dans ces circonstances, la phrase prend soudain un drôle de poids, et une drôle de portée. Plus question de parler de platitude ou de banalité. Il ne s'agit plus que d'une vérité tragique, à laquelle nous ne pouvons rien faire d'autre que nous rallier. Alors, dans les semaines qui suivent, je pense très souvent à cet ami lors de ma méditation du matin. Je ne sais pas si ça l'aide, mais il me semble que je dois le faire, et me joindre à lui en silence et en secret.

Moscou Un jour, je donnais une conférence sur le bonheur à Moscou. Je sentais mon auditoire poliment perplexe. Arrive le

temps des questions et des échanges avec le public. Je me souviendrai toute ma vie de la première question, que me posa une
dame : « Que doit-on dire à quelqu'un qui veut se suicider pour
l'en empêcher ? » J'ai oublié ce que j'ai répondu, mais je n'ai pas
oublié ma surprise : la première question qui lui était venue à
l'esprit, après une heure de conférence sur le bonheur, c'était à
propos du suicide ! La mélancolie slave n'est pas qu'une légende.

Mourir dans cinq ans « Que feriez-vous si vous deviez mourir demain ? »

L'air de rien, cette question est un très bon exercice de psychologie positive ; elle nous incite à nous demander ce qui est
vraiment important pour nous : auprès de qui voudrions-nous passer nos derniers instants ? À quelles activités nous consacrerions-
nous alors, une dernière fois ? Mais le délai d'une journée – d'ici
demain – est trop court, et aboutit à des déclarations peu réalistes,
du moins peu compatibles avec la vraie vie : s'il ne me reste qu'un
jour, les contraintes et les inconvénients de mes choix importent
peu, je n'ai de comptes à rendre à personne, et aucune explication
à donner ; pas de temps à perdre !

Mourir dans cinq ans me paraît un bien meilleur délai ! Cette
durée nous contraint à une approche plus approfondie de la question de ce qui importe vraiment pour nous : elle nous pousse à
imaginer et mettre en œuvre des changements réalistes et non
chimériques. À ne pas tout laisser tomber pour nous jeter sur des
plaisirs de dernière minute, mais à mettre en œuvre, concrètement
dès aujourd'hui une vie meilleure au quotidien. La même vie, en
gros, que celle que nous habitons, mais plus intelligente, car passée
par le révélateur de notre mort prochaine, non pour demain, mais
pour après-demain.

Oui, penser que dans cinq ans je serai peut-être mort, l'air
de rien, c'est plutôt une bonne idée pour me rendre plus heureux ;
du moins si je n'attends pas cinq ans pour me bouger !

Moustache Parfois, quelques lignes lues au hasard nous plongent dans le ravissement, bien au-delà de ce que leur auteur a pu imaginer. L'autre jour, je bouquinais un livre américain encourageant à moins travailler[31]. Intelligent mais agaçant : en gros, l'auteur y explique qu'il faut faire travailler d'autres personnes à sa place pour les tâches subalternes peu rentables, et se concentrer sur ce qui est lucratif ; je suis mal à l'aise avec ces raisonnements, mais c'est une autre histoire. Bref, en naviguant dans ce livre qui me procurait des états d'âme mitigés, je tombe tout à coup sur une perle. L'auteur parle d'un de ses confrères, et en dit ceci : « J'aime bien Friedman, même si je n'ai jamais vraiment compris sa décision de porter la moustache. » En une phrase assez drôle, tout est dit de la nécessité et de l'intérêt de ne pas juger autrui sur un détail, ou de le faire avec bienveillance. Rien que pour ça, je suis heureux d'avoir lu ce livre.

N comme Nature

Marche dans les forêts, sur les rivages, les sommets,
Admire chaque jour le ciel et l'horizon.
Prends soin de cette Terre : elle est la tienne, pour toujours.
Tu y retourneras un jour.

Nature Le contact avec la nature nous rend heureux et nous fait un bien fou, à tel point qu'en médecine on commence à parler de « vitamine V » : V comme Vert[1]. La nature représente pour l'espèce humaine une source vitale de santé mentale et corporelle, et pas seulement parce qu'elle nous fournit de la nourriture et des plantes médicinales. Sa simple présence est pour nous « thérapeutique ».

Les premiers travaux modernes dans ce domaine furent l'œuvre de l'architecte et chercheur Roger Ulrich, dont le premier grand article, publié en 1984 dans la prestigieuse revue *Science*, ouvrit la voie à de nombreuses recherches ultérieures : il y montrait comment le fait de bénéficier de chambres avec vue sur un parc entraînait une convalescence plus rapide chez les patients hospitalisés en chirurgie. Depuis, ce type de données a été très largement reproduit et confirmé : être en contact avec la nature entraîne des bénéfices cliniques (bien-être accru, diminution des symptômes liés au stress) et biologiques (baisse du cortisol sanguin, lié au stress, de la pression artérielle, du rythme cardiaque). Dans les villes, les habitants des quartiers proches des espaces verts (parcs et squares) bénéficient d'une meilleure santé que les autres. Les effets de la verdure sont perceptibles même lorsque la nature n'est incarnée que par des images ou des plantes vertes, mais ils sont plus amples encore en cas d'immersions répétées dans la « vraie » nature : de nombreuses études ont prouvé les conséquences favorables de ce que les Japonais nomment le « *shinrin-yoku* », qu'on peut traduire par *bain de forêt* (comme il existe des bains de soleil). Les balades en forêt entraînent ainsi des bénéfices biologiques et psychologiques multiples, comme une amélioration des réponses immunitaires dont l'effet persiste environ un mois après deux jours de balade. Un bon week-end de marche en forêt pour se protéger quatre semaines durant des rhumes et autres refroidissements : intéressant, non ? Et ces effets ne sont pas seulement dus à la marche (qui elle aussi est bonne pour la santé, on le sait) : un temps de balade équivalent en milieu urbain n'a pas les mêmes effets qu'une marche en forêt. Il existe donc un bénéfice spécifique lié à la nature et la verdure, à propos duquel on ne peut que faire des hypothèses : est-ce tout simplement dû à un environnement calme et harmonieux et à l'absence d'agressions visuelles, olfactives ou sonores ? Différents travaux montrent enfin que le contact avec la nature facilite la récupération mentale après des tâches complexes et améliore les performances subséquentes, qu'il renforce la vigilance, l'attention, la mémoire, etc.

L'immersion dans la nature satisfait très certainement des besoins archaïques légués par l'évolution de notre espèce (les environnements verts sont depuis toujours des sources d'eau et de nourriture). Une preuve indirecte réside dans le fait que notre cerveau est sensible, sans que nous en soyons conscients, à la biodiversité : le mieux-être que nous ressentons dans la nature est proportionnel à la multiplicité des espèces de plantes et de chants d'oiseaux ! Là encore, c'est logique : nous avons gardé une mémoire ancestrale et inconsciente de ce qui est bon pour nous en termes de ressources, qu'il s'agisse de leur abondance mais aussi de leur variété. Bref, le « *sequi naturam* » (« suis la nature ») d'Aristote représente une véritable cure de bien-être, mesurable en laboratoire et *in vivo* ! Mais ce constat scientifique ne va pas sans poser quelques soucis, si l'on sait que la diminution du lien à la nature est le destin de la plupart des habitants de la planète. En 2010, un humain sur deux est un citadin, et ce chiffre va croissant : il est déjà de 80 % chez les Occidentaux, qui passent aujourd'hui plus de temps devant les écrans que dans la nature (*screen time* contre *green time*). Il est donc médicalement urgent et écologiquement intelligent pour les spécialistes de santé publique de se pencher à nouveau sur la « *vis medicatrix naturae* » des Anciens, la « force guérissante de la nature ». Et peut-être aussi de relire Thoreau, et son *Journal* : « Aucun homme n'a jamais imaginé à quel point le dialogue avec la nature environnante affectait sa santé ou ses maux. » Alors, même si vous habitez en ville, cherchez le parc le plus proche de votre domicile, et faites de votre mieux pour y passer régulièrement, si possible aux heures creuses pour pouvoir y marcher ou y méditer en écoutant le chant des oiseaux prendre le dessus sur le bruit des voitures. Et inscrivez-vous dans un club de randonnée pédestre[2] : même une seule journée de balade par mois aura de l'effet.

Négliger le bonheur Il me semble avoir compris pourquoi certains humains ne font guère d'efforts en faveur du bonheur. Ce n'est pas qu'ils le méprisent ou en sous-évaluent l'importance. Mais ils pensent qu'il peut se débrouiller sans eux. À leurs yeux, ce sont les soucis qui nécessitent qu'on s'en occupe ; mais les petits bonheurs, eux, peuvent bien pousser tout seuls, ils arriveront s'ils doivent arriver. Sinon, tant pis, d'abord les soucis ! C'est une erreur, bien sûr. Les bonheurs peuvent effectivement se débrouiller tout seuls, sans nous, sans nos efforts. Mais alors, n'allons pas nous plaindre ensuite de n'être pas souvent heureux ! Nous serions comme un jardinier rouspétant contre un jardin dont il ne prend jamais soin.

Ne pas juger Un jour, dans la rue, je vois un monsieur très pauvrement vêtu, presque comme un SDF, qui lit attentivement les annonces d'une vitrine d'agence immobilière. Compassion et tristesse montent en moi : que peut-il penser et éprouver à cet instant, lui qui semble ne jamais pouvoir acheter ou louer quoi que ce soit dans ce magasin ? Aussitôt d'autres scénarios me viennent à l'esprit : c'est quoi ce prêt-à-penser, mon vieux ? Que sais-tu vraiment de ce monsieur ? Peut-être est-il très riche, bien plus que toi, et ne s'habille comme ça que parce que c'est un original ?

Peut-être qu'il veut vendre un de ses nombreux biens immobiliers ? Ou qu'il regarde juste les prix pour en louer un ? Ou peut-être n'est-il pas riche du tout, mais il s'en fiche, et ne ressent à cet instant ni détresse ni envie. Juste de la curiosité : « Combien les gens sont-ils prêts à payer pour posséder un appartement ou une maison ? Combien de leur liberté sont-ils prêts à céder pour s'endetter sur des années ? Je n'aimerais pas être à leur place ! » C'est peut-être ça qu'il est en train de se dire ! Et peut-être que je ne devrais pas ressentir de la compassion mais de l'admiration pour lui. Je continue mes cogitations et, arrivé tout au bout de la rue, je me retourne : il est toujours devant la vitrine, très intéressé. Je le quitte à contrecœur, en le laissant à son mystère. Et avec de la reconnaissance à son égard car, grâce à lui, je viens de faire un petit exercice de psychologie positive : me surprendre en train de penser en cliché, m'en apercevoir, ouvrir mon esprit, et lâcher l'étiquetage sur le monsieur. Avec en bonus, un instant de gratitude.

Neuroplasticité C'est une découverte consolatrice de ces dernières années en matière de fonctionnement cérébral. Contrairement à ce qu'on pensait depuis longtemps, le cerveau est plastique, et il peut évoluer et changer, anatomiquement, fonctionnellement, tout au long de notre vie. Et ce ne sont pas seulement les événements qui le façonnent, mais aussi nos efforts et leur pratique régulière. De nombreuses études ont montré qu'on peut modifier notre fonctionnement cérébral, par la psychothérapie, la méditation, la psychologie positive, de manière aussi efficace (quoique moins rapide) qu'avec des médicaments par exemple.

Nigauds zen Il m'est arrivé assez souvent d'avoir peur de rater un train, que j'ai finalement réussi à prendre à la dernière seconde. Il m'est aussi arrivé, de temps en temps, de vraiment rater, pour de vrai, un train que je devais prendre. Mais rater la descente d'un train, ça, ça ne m'était pas encore arrivé ! C'est une expérience nouvelle, que j'ai faite récemment... Je me rendais avec trois amis à un séminaire de méditation, que nous devions animer près de Blois, dans un monastère zen. Tous quatre passionnés par le sujet, nous causions, nous causions, de recherche et de méditation. De temps en temps nous observions un silence et nous regardions défiler le beau paysage. Bref, une atmosphère concentrée et tranquille, calme, lente, zen... Lorsque nous nous sommes approchés de la toute petite gare d'Onzain, proche de notre destination, nous avons bien sûr tous entendu l'annonce de la descente prochaine, faite par le contrôleur. Tout imprégnés de calme, de zen et de pleine conscience, nous nous sommes tranquillement levés, nous avons tranquillement pris nos bagages, nous sommes tranquillement sortis du compartiment, nous nous sommes tranquillement rapprochés de la porte de sortie.

Et le train est tranquillement reparti, avant que nous n'ayons eu le temps de descendre. Ben oui, s'il fallait que les arrêts durent à chaque fois 5 minutes complètes, ce ne serait plus un train mais carrément un tortillard. Une minute, au maximum, et on repart ! Et nous voilà, quatre nigauds zen, embarqués vers la gare suivante... Un peu penauds, un peu amusés, et surtout assez attentifs à descendre un peu plus vite la prochaine fois ! Ce que nous fîmes. Après quoi nous reprîmes le train suivant dans l'autre sens, et arrivâmes avec deux heures de retard, rien de bien méchant. Juste une petite leçon à méditer... Comme quoi, le calme, le zen, la pleine conscience, ça a tout plein d'avantages, et tout de même aussi quelques inconvénients. Sinon, ce ne serait pas drôle.

Nirvana Comme pour le mot « zen », le terme « nirvana » est utilisé en Occident pour désigner une sorte d'extase paradisiaque : « C'était le nirvana ! » Dans le bouddhisme, les choses sont un peu plus compliquées puisque le nirvana, s'il reste un état enviable puisqu'il signifie la cessation de toute forme de souffrance, consiste en une dissolution définitive de tout ce qui compose nos attachements à la vie terrestre et au cycle du samsara (naissances et renaissances et retours à la souffrance). L'étymologie du mot évoque l'extinction, l'apaisement, la libération. Il me semble que c'est assez éloigné de notre conception du bonheur. Mais assez intéressant tout de même pour notre propos : les moments de ma vie où il me semble comprendre ce à quoi peut ressembler l'éprouvé du nirvana sont ces instants de méditation durant lesquels nous sentons que la matière de notre ego et les barrières de notre conscience sont en train de se dissoudre. Nous ressentons alors une proximité intense, une fusion, avec tout ce qui nous entoure. Plus de barrières entre nous et le monde, que des liens. Pas extatique, mais immensément apaisant.

Non-violence La non-violence appartient au registre social des préoccupations de la psychologie positive : comment accroître non seulement le bien-être des personnes mais aussi celui des groupes ? Et cela, sans renoncer à l'action. Selon les mots de Martin Luther King, « le vrai pacifisme n'est pas la non-résistance au mal, mais une résistance non violente opposée au mal... Elle n'est ni une soumission ni une résignation. Elle n'est pas une stratégie que l'on peut se contenter d'utiliser en fonction des circonstances ; la non-violence est au bout du compte un mode de vie que les hommes embrassent pour la simple raison qu'elle se veut morale ». Elle représente une façon d'être et de réagir face aux conflits ou aux injustices, qui consiste à dire calmement et fermement : « Je ne peux pas accepter cela. » Voilà pourquoi elle nécessite du courage (oser se dresser pour parler), de la lucidité (ne pas se laisser aveugler par le désir de vengeance envers qui nous fait du mal) et de la maîtrise de soi (la colère face à l'injustice est naturelle). Elle nécessite aussi de l'intelligence et de l'empathie, qui vont aider à s'attaquer aux idées, et non pas aux personnes. Les individus injustes, agressifs, violents sont eux-mêmes leurs propres victimes. Ils ne sont pas libres, mais esclaves : de leur milieu, de leurs préjugés, de leur passé. Ce n'est pas une raison pour tolérer l'agressivité ou l'injustice : il faut s'y opposer avec force dès la première étape franchie. Mais c'est une raison pour ne pas en vouloir aux personnes qui perpétuent des actes ou des paroles de violence : s'opposer à eux sans violence en retour est le seul moyen de changer durablement et la société et les personnes.

La non-violence est aussi une démarche qui pense à la reconstruction après le conflit. Dans toute société, dans toute vie humaine, les conflits sont inévitables, peut-être même nécessaires. Mais la paix aussi est nécessaire. Comment faire pour qu'après un conflit, elle devienne possible ? Plus que toute autre démarche, la non-violence le permettra : elle n'est pas un renoncement au combat, elle est une façon de ne jamais oublier de se comporter avec dignité et humanité durant la lutte. Et de faciliter alors le pardon, la réconciliation et l'action ultérieure commune : bref, de penser à l'après-guerre.

Nostalgie C'est un état d'âme subtil, lié à l'évocation de notre passé, où bonheur et malheur se trouvent harmonieusement mêlés : bonheur d'avoir vécu ce moment, tristesse de le savoir passé. Pendant longtemps, on a considéré que la nostalgie posait des problèmes, qu'elle était une forme de tristesse et de mélancolie pouvant s'avérer problématique. Les travaux récents tendent à la réhabiliter : en réalité, il semble bien qu'elle appartienne au champ des émotions positives[3]. Chez la plupart des personnes, elle entraîne par exemple des ressentis et des conséquences agréables, en termes d'humeur (elle mobilise de bons souvenirs), d'image de soi et de sentiment de valeur personnelle (beaucoup de souvenirs nostalgiques concernent des difficultés surmontées). Elle aide à se sentir moins seul (beaucoup de souvenirs concernent des liens sociaux) et les personnes ayant souvent tendance à la nostalgie se sentent plus reliées aux autres, davantage confiantes dans le soutien qu'elles pourraient en recevoir en cas de coup dur. La nostalgie joue aussi un rôle important dans le sentiment d'identité personnelle, en établissant une continuité entre passé et présent. Les recherches contemporaines sur la nostalgie montrent enfin que les souvenirs nostalgiques sont souvent plus réalistes et subtils que les souvenirs « simplement » heureux. Attention cependant à en faire un usage adapté ! Comme certaines stratégies de psychologie positive, la nostalgie peut aggraver le moral des personnes dépressives : leur demander d'évoquer de bons souvenirs les rend parfois encore plus tristes[4].

Nourriture Une grande source de plaisir, tôt signalée, par exemple dans la Bible (Ecclésiaste 9,7) : « Va, mange ton pain dans la joie, et bois de bon cœur ton vin... » Il y a d'abord le plaisir simple de se nourrir quand on a faim. Un plaisir dont nous nous privons en partie, car nous passons souvent à table simplement parce que c'est l'heure, et souvent sans faim. Et puis, il y a le bonheur – qui transcende ce simple plaisir – de savourer en pleine conscience ce que l'on mange. Ou encore celui de se sentir relié à d'autres humains, qui ont fait pousser ces fruits et ces légumes, travaillé ce vin, pétri ce pain. Nous recommandons régulièrement à nos patients une reconnexion à cette puissance de la nourriture : de temps en temps, prendre un repas seul, manger lentement, prendre conscience du goût des aliments et de toutes les grâces qui les ont conduits jusqu'à nous.

Nuages Souvent, on compare les soucis aux nuages, qui altéreraient le bleu du ciel. Mais on peut aussi regarder les nuages autrement, comme le poète Christian Bobin : « J'admire chaque jour en sortant de chez moi la grande confiance des nuages, leur inlassable candeur qui roule au-dessus de nos têtes, comme s'il y avait une provision de bien éternellement plus grande que celle du mal[5]. »

Nuit dehors Un ami me raconte qu'il a perdu ses clés un jour et qu'il ne s'en est aperçu que vers 1 heure du matin, en rentrant d'une soirée. Comme il est étranger et vient d'arriver en France où il n'a pas de famille, il est un peu embarrassé à l'idée de déranger à une heure aussi tardive les quelques amis qu'il vient de se faire. Et comme il est un peu fauché pour se payer l'hôtel ou un serrurier, il décide donc de passer la nuit dehors (et d'aller récupérer le lendemain un jeu de clés à l'agence qui lui loue son appartement). Amusé par l'expérience au début, il comprend vite que ce n'est drôle que sur le papier : même au printemps les nuits sont froides, et les passants souvent éméchés, drogués ou à la dérive. On trouve le temps très long dans la rue, la nuit. Et comme il me le racontait quelque temps après : « Lorsqu'on n'est pas heureux dans son quotidien, sans avoir de raisons sérieuses, faire l'expérience d'une nuit dehors remet assez correctement les idées en place ! » Un bon exercice, effectivement, pour contrer l'habituation hédonique : passer une nuit dehors. L'ordinaire alors redeviendra magique : disposer d'une chambre, d'un lit, d'une douche, de toilettes et de vêtements propres...

O comme Ouverture

Regarde autour de toi
Et pas seulement vers tes problèmes.
Ouvre ton esprit et tes yeux,
Pour que ton cœur respire mieux.

Obligés de respirer « Il est deux processus que les êtres humains ne sauraient arrêter aussi longtemps qu'ils vivent : respirer et penser. En vérité, nous sommes capables de retenir notre respiration plus longtemps que nous ne pouvons nous abstenir de penser. À la réflexion, cette incapacité à arrêter la pensée, à cesser de penser, est une terrifiante contrainte. » Lorsque le philosophe George Steiner parle de l'obligation de respirer[1], cela évoque une obligation biologique terrifiante. La peur de s'arrêter de respirer et de se voir mourir asphyxié est une peur fréquente chez beaucoup de personnes anxieuses, à mi-chemin entre la peur métaphysique abstraite et la crainte hypocondriaque concrète (dans laquelle on se met à scruter les moindres variations de son souffle).

Mais c'est aussi une contrainte féconde et paradoxalement libératrice, comme beaucoup de contraintes : elle nous fait prendre conscience de notre fragilité, ce qui est une bonne chose, car cela nous rend plus soucieux d'avancer en respectant le monde qui nous entoure, plutôt qu'en l'écrabouillant ou en l'asservissant. Et elle tourne notre attention vers cette merveille que représente notre respiration, sans doute la plus grande source d'apaisement que nous portions en nous.

Offense du bonheur Le bonheur peut blesser ceux qui sont malheureux. Le bonheur des autres leur fait ressentir, par contraste, leur malheur avec encore plus de force, et leur donne un sentiment accru de solitude. Parfois, même, leur propre bonheur peut leur paraître indécent (comme dans le deuil). C'est pourquoi la résilience a beaucoup à voir avec le bonheur : elle ne consiste pas à simplement survivre aux violences et aux malheurs qui nous frappent, elle nécessite aussi de donner au bonheur le droit d'exister à nouveau en nous et autour de nous.

Onomatopées du bien-être Compliqué à exprimer précisément avec des mots, le bonheur se dit souvent en onomatopées. Par exemple : « Aaaah ! », le soupir de soulagement, lorsque quelque chose qu'on attendait impatiemment survient et nous ravit (par exemple l'arrivée d'un bon plat lors d'un repas où tout le monde s'ennuie). Ou le « Mmmmm... » de la délectation, cet instant où on savoure avec intensité sa chance d'être là où l'on est, de vivre ce que l'on vit. Il y a aussi le « Oh ! » de l'admiration, et le « Ouf ! » du soulagement. Et d'autres encore, sans doute.

Optimisme C'est une aptitude mentale, avec des conséquences comportementales. L'aptitude mentale : face à un problème, supposer que des solutions existent. Les conséquences comportementales : agir pour que ces solutions surviennent. Au départ pessimisme et optimisme s'appuient sur deux fonctions cérébrales naturelles : le pessimisme sur l'anticipation des problèmes et l'optimisme sur l'existence de solutions. Lorsque ces deux fonctions s'équilibrent, on est un « réaliste ». Si l'une prend le dessus sur l'autre, on est un optimiste ou un pessimiste. Le plus souvent, optimisme et pessimisme coexistent en chacun de nous. C'est comme être droitier ou gaucher : nous avons une main préférée, mais nous pouvons aussi utiliser l'autre ; c'est juste moins facile et du coup nous sommes moins habile. Nous avons besoin d'optimisme et de pessimisme, comme de nos deux mains. Et besoin aussi d'écouter leurs deux voix selon les moments, ou mieux : en même temps. L'idéal est finalement d'être à la fois pessimiste (pour voir les problèmes) et optimiste (pour voir les solutions) !

Il existe tout un tas d'exercices pour s'entraîner à l'optimisme[2], dont l'efficacité a été par exemple évaluée auprès de personnes vulnérables en matière de risque dépressif[3]. En gros, ils tournent tous autour des mêmes efforts : par exemple, savoir repérer dans nos têtes le prêt-à-penser pessimiste et défaitiste, qui essaye souvent de faire passer ses vues sans débat, sous prétexte de réalisme ; ou bien, faire la différence entre un projet (précis) et une rêverie (floue). Un projet peut être décomposé en étapes et en succession d'objectifs ; une rêverie est une succession décousue d'images de succès souvent déconnectées des efforts à conduire.

Paradoxalement, c'est l'optimisme qui conduit au réalisme, parce qu'il pousse volontiers à se confronter avec le réel, à s'engager dans l'action, pour voir ce qui se passe et recueillir alors des informations pour nourrir les actions suivantes. Le pessimisme est plus souvent irréaliste, car il se nourrit de certitudes préétablies (« inutile d'essayer ») et de non-engagement dans l'action ; d'où sa résistance au changement, car nos changements se nourrissent d'actes plus que d'intentions. L'optimisme repose sur de l'humilité (« je ne peux pas vraiment savoir ce qui va se passer, j'espère juste que ça ira et je fais ce qu'il faut pour ») là où le pessimiste repose sur de l'orgueil (« je sais déjà ce qui va se passer, inutile d'agir »), même si cet orgueil est teinté de tristesse.

C'est, en général, les optimistes que l'on chambre : « L'optimiste, c'est celui qui commence ses mots croisés avec un stylo à bille... » Et c'est aussi avec eux qu'on préfère partir en vacances, pas avec ces rabat-joie de pessimistes !

Oreilles Vous connaissez cette expression qu'on utilise quand on dit (ou qu'on entend dire) du mal de quelqu'un : « Il doit avoir les oreilles qui sifflent. » Mais alors, si on a les oreilles qui sifflent quand on dit du mal de nous, que se passe-t-il lorsqu'on en dit du bien ? On a les oreilles qui chantent ? On se souvient tout à coup d'une chanson qu'on aime et on se met à la fredonner ? Ou tout simplement, c'est dans ces moments qu'on se sent heureux sans raison ?

J'aime bien cette dernière idée : quand on se sent heureux sans raison, comme ça, d'un bonheur tombé du ciel, c'est que quelqu'un est en train de dire du bien de nous. Une façon comme une autre de travailler la gratitude, en nous rappelant de relier nos moments de bonheur à d'autres humains...

Oublier le bonheur Dit comme ça, c'est étrange : « Hier, j'ai oublié de m'occuper de mon bonheur. » C'est tout de même ce qui se passe souvent dans nos vies. Ça devrait nous déranger davantage d'oublier d'être heureux. Ce devrait être, comme, pour un parent, d'oublier d'aller chercher son enfant à l'école. Et, en général, quand l'un ou l'autre nous arrive, c'est parce que nous sommes débordés, submergés. Parce que nous sommes en bagarre avec la vie, noyés dans des soucis, plus ou moins réels, plus ou moins virtuels, et que nous en venons du coup à oublier l'essentiel : notre enfant ou notre bonheur. Faisons que cela ne nous arrive pas trop souvent !

Oui mais : plus jamais ! Je me suis aperçu, il y a pas mal d'années maintenant, que je commençais trop souvent mes phrases avec des « oui mais ». J'ai réalisé que, au moins dans mon cas, cela traduisait une attitude de vie inadéquate : me centrer priori- tairement sur les points de désaccord, sur tout ce qui suivait le « mais ». Et que, du coup, le « oui » était une escroquerie : un pseudo-accord de principe, avant de passer à la contradiction. Le

« oui mais » était un faux « oui », et un vrai « non », qui n'osait pas dire son nom. Je suis donc entré en lutte contre ce travers, pour ne plus le dire du tout. Plutôt dire d'abord « oui » (et tout ce qui s'ensuit) tout seul ; puis, si nécessaire, d'exprimer mes « non » (et tout ce qui s'ensuit aussi). Je ne dis plus les deux en même temps, comme je le faisais avec mes « oui mais ».

Commencer par nos « oui », ça ne signifie pas dire « oui » à tout, mais « oui » à ce que j'accepte et qui me convient. Ça permet à nos « non » d'être ensuite mieux écoutés. Commencer par dire « oui » à ses interlocuteurs, chaque fois que possible, avant de passer aux « non », c'est comme commencer par leur sourire lorsqu'on les rencontre, même si on sait qu'on ne sera pas d'accord avec eux sur tout : c'est une preuve de respect et d'ouverture, qui ne coûte rien et qui change tout.

Ouverture d'esprit Le bonheur ouvre notre esprit, la souffrance le resserre.

Cela a été démontré de manière élégante par de nombreux travaux[4]. Par exemple, après avoir induit chez des volontaires différentes émotions positives ou négatives, on leur demande de passer un petit test : face à trois figures composées de formes géométriques, carrées ou triangulaires, ils doivent considérer que celle du haut est la « figure de référence » et dire laquelle des deux figures du bas (à gauche ou à droite) lui ressemble le plus. Le schéma ci-après vous présente quelques séquences du test : faites l'exercice avant de lire ce qui suit !

On peut noter que chacune des deux options de réponse est justifiée : pour juger de la ressemblance entre les figures géométriques, on peut se baser soit sur leur forme globale (disposition en triangle ou en carré), soit sur leurs composantes de détail (là aussi, des triangles ou des carrés).

Les résultats montrent que les volontaires chez qui on a induit des émotions positives choisissent plus souvent la figure du bas présentant la même ressemblance *globale* avec la figure de référence : dans l'exemple 1a, ce serait donc celle en bas à gauche.

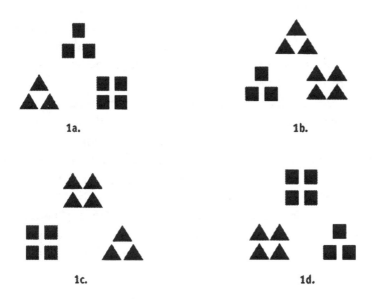

1a.   1b.

1c.   1d.

Comment nos émotions nous font voir le monde[6]

Par contre, les volontaires chez qui on a induit des émotions négatives choisissent plus souvent une figure présentant non pas la même forme globale que la figure de référence, mais les mêmes composants de détail : ils trouveront donc, toujours dans l'exemple 1a, la figure en bas à droite plus proche de celle du haut, car composée elle aussi de carrés.

Pourquoi ces différences ?

En raison du rôle spécifique des émotions positives et négatives : le rôle des émotions positives est d'ouvrir notre esprit à la recherche de ressources, et pour cela de le désengager de la focalisation sur les problèmes ; elles nous aident donc à ne pas nous polariser sur les détails mais à prendre du recul et à voir les choses dans leur ensemble. Le rôle des émotions négatives est inverse : elles sont activées lors de la confrontation à des difficultés et nous incitent alors à examiner ces dernières avec attention et dans les détails (notons que ce mécanisme peut nous aider à trouver des solutions, mais aussi à ruminer !).

Ce qu'ont montré également tous ces travaux, c'est que l'ouverture liée à l'induction d'émotions positives nous rend, grâce à ce recul, plus créatifs et réceptifs aux nouvelles idées, aux solutions originales ou inhabituelles à nos problèmes, et élargit notre répertoire de réponses face aux problèmes[5].

Et ce que nous pouvons conclure de tout cela, c'est que chaque répertoire émotionnel, positif ou négatif, nous est nécessaire : pour survivre, nous avons besoin et de faire attention aux détails pour affronter les problèmes, et de prendre du recul pour trouver des solutions nouvelles. Dans cette optique adaptative, le plus important est sans doute de faire preuve de flexibilité, et de passer d'un registre émotionnel à l'autre selon les besoins de l'environnement, plutôt qu'en fonction d'automatismes stéréotypés : ni méfiance obsessionnelle ni insouciance superficielle, mais réalisme adapté et flexible !

Oxymores du bonheur Cette figure de style consiste à associer deux termes en théorie opposés ou incompatibles. L'oxymore le plus célèbre de la littérature française est sans doute ce vers de Corneille, dans sa pièce *Le Cid* : « Cette obscure clarté qui tombe des étoiles[7]. » Il m'est déjà arrivé d'en faire un exercice pour mes patients, en leur demandant de me raconter leur *pire bonheur* : c'est-à-dire, un événement qu'ils avaient pris sur le moment pour une chance et qui leur a valu finalement beaucoup d'ennuis. Par exemple, comment avoir réussi à obtenir un poste professionnel très convoité a pu ensuite beaucoup abîmer leur vie de famille, à cause du stress et de la surcharge de travail. Je leur demande de me raconter ensuite leur plus *merveilleux malheur*, selon la belle formule de Boris Cyrulnik[8] : autrement dit, un événement d'abord perçu comme une catastrophe et qui, avec le recul, leur a beaucoup apporté. Par exemple, comment une rupture sentimentale douloureuse les a conduits à rencontrer un conjoint avec lequel l'entente est nettement meilleure. Ce genre d'exercice n'est pas si facile : d'abord parce que nous n'aimons pas admettre que la vie est plus compliquée à décrypter qu'elle n'en a l'air, et que nous n'aimons pas non plus suspendre notre jugement et patienter, avant de juger si un événement est un bien ou un mal. Ensuite, parce que c'est difficile, au début, de retrouver de tels événements, car notre mémoire fonctionne spontanément comme notre esprit, en bureaucrate dichotomique et zélée, avec les souvenirs classés dans deux boîtes : « bons », « pas bons ». Et voilà qu'on lui demande d'en créer une troisième, subtile et compliquée : « ayant changé avec le temps ». C'est du boulot en plus ! Pourtant, l'ouverture de cette troisième boîte à événements de vie est une bonne voie pour muscler notre recul et donc notre sagesse.

P comme Pardon

Pardonne aux humains, pardonne au destin.
Tu ne peux pas pardonner ?
Alors libère-toi au moins du ressentiment.

Paix du Christ J'aime bien ce moment de la messe où les paroissiens se tournent les uns vers les autres pour se souhaiter « la paix du Christ ». Proches, voisins, ou inconnus, on tente alors, au travers d'un regard et d'un sourire, d'une poignée de main ou d'une accolade, de faire passer un peu d'amour inconditionnel à son prochain. J'aime ce geste qui renforce et incarne le discours, qui concrétise l'intention. Et qui à mon avis facilite ensuite la survenue ultérieure de gestes semblables hors de l'église.

Panne L'autre jour, j'animais un atelier pour thérapeutes sur le thème de la psychologie positive. Nous étions en train de réfléchir à des exemples de ces moments de vie où nous nageons dans le stress, mais qui, avec quelques jours ou mois de recul, s'avèrent ne pas avoir été si graves. C'est très utile de réfléchir régulièrement à de tels instants, où nous déclenchons de grands branle-bas de combat émotionnels – rages, afflictions, énervements – pour des événements finalement de peu de portée sur le cours de notre existence. Bref, chacun – c'était l'exercice – réfléchissait à des exemples concrets. Un de mes collègues lève alors la main pour raconter son histoire. La voici, telle que je l'ai mémorisée, j'espère que je ne le trahis pas trop…

« J'étais en vacances dans un bel endroit du sud de la France, sur une route complètement déserte, et ma voiture est tombée en panne. À l'époque, pas de portable, aucun moyen d'appeler au secours assurances, dépanneuses ou garagistes. Il me fallait donc faire 7 ou 8 kilomètres à pied jusqu'au village voisin. Je les ai faits en pestant. Ce qui est bizarre, c'est qu'aujourd'hui, quand je repense à ce moment, ce n'est pas le souvenir du stress qui me revient, mais celui de la beauté du paysage dans lequel j'ai marché pendant une heure. »

J'ai adoré ce petit récit : lorsque le stress nous submerge, il occulte et recouvre tout ce qu'il y a de bon ou de beau dans la situation. Et ce n'est que lorsqu'il reflue, par exemple avec le temps, que le beau et le bon peuvent réapparaître. C'est déjà une bonne chose que de s'en rendre compte et de savourer, au moins après coup. Mais évidemment, pouvoir faire le boulot à chaud, arriver à se dire : « OK vieux, c'est hyperénervant, voilà, c'est bon. Maintenant, tu fais quoi, tu fulmines pendant une heure ou tu marches en admirant ? », c'est exactement ce qu'on cherche en psychologie positive. Pas seulement limiter le stress (c'est le travail, nécessaire, que l'on fait en psychothérapie), mais aussi cultiver régulièrement nos capacités à admirer, nous réjouir, extraire le positif du négatif ; c'est l'ambition de la psychologie positive : donner encore plus de place aux émotions positives, pour qu'elles gênent la croissance des négatives.

Comment ? Une question dans le fond de la salle ? Pour moi ? Si je me serais énervé, moi aussi dans cette situation ? Certainement ! Pourquoi croyez-vous que je me passionne pour la psychologie positive ?

« Papa, si tu meurs... » Je ne lis pas assez de romans, je ne vais pas assez au cinéma. Parce que le temps me manque, mais aussi parce que la vie à elle toute seule est passionnante, touchante, instructive ; et aussi, bouleversante. Remplie de moments incroyables et inoubliables. Par exemple, quand ma plus jeune fille, alors âgée de 6 ou 7 ans, m'a dit, un soir, au moment où je venais l'embrasser : « Papa, je t'aime trop ! Si tu meurs, je me suicide. » Sacré choc ! Je me suis retrouvé les deux pieds dans ma théorie des états d'âme : immensément touché à la fois en douceur (quel message d'amour !) et en douleur (quelles inquiétudes se cachent derrière ce message ? et quels risques réels pour ma fille si je me fais écrabouiller demain par un autobus ?). Puis, en bon psy, je me suis rassuré moi-même : « Bon, réjouis-toi qu'elle t'aime aussi fort, et débrouille-toi pour ne pas mourir. Euh, en tout cas, pas trop vite... Et puis, tu sais bien pourquoi elle pense à ça : nous revenons de chez ses grands-parents, où elle a vu leur vieux chien, tout ralenti, couché dans son coin et elle a senti que son heure arrivait ; comme elle l'aime bien, elle a pensé à tous ceux qu'elle aimait, à la mort, au deuil, à toi, et voilà... » Je comprends ce cheminement, mais je me sens bien secoué tout de même. Ma fille a pris conscience de notre destin d'humains, de ce chemin que nous devons tous emprunter : aimer la vie puis la quitter ; aimer puis se séparer. Impossible de rester impassible. Exister, c'est vibrer, et aimer, c'est trembler. Avant de nous quitter, aimons-nous donc très fort.

Paradis Longtemps, les humains ont pensé qu'il se trouvait sur terre, et les peintres le représentaient alors avec mille détails délicieux : en général, une nature bienveillante et généreuse, pleine de fleurs et de fruits, où l'on vit nu, et dans laquelle tous les animaux coexistent pacifiquement. Plus tard, on a estimé que le paradis ne se trouvait pas sur terre, et on l'a supposé au ciel ; les peintres ont alors cessé de vouloir le décrire et ont plutôt figuré l'instant de la montée au ciel, vers de grands nuages sur lesquels Dieu et ses saints accueillaient les âmes des mortels méritants[1]. Puis Voltaire est arrivé – « Le paradis, c'est où je suis » – et l'a fait redescendre sur terre, et plus précisément dans nos têtes : c'est en tout cas ici-bas qu'il faut commencer, même si les croyants pensent qu'il y a bien mieux ensuite.

Le paradis comme un lieu où tout est doux et facile : si nous y rêvons moins que nos ancêtres, c'est peut-être parce que nos propres vies sont plus douces. Pour eux, le paradis, c'était la paix, les nourritures abondantes, des prairies vertes, un ciel bleu, pas de corvées harassantes, les gens qu'ils aimaient tout autour d'eux. Car tout cela, ils l'avaient rarement, et jamais en même temps. Or nous pouvons l'avoir, plus souvent qu'eux. Nos conditions de vie auraient à leurs yeux quelque chose de paradisiaque. En sommes-nous assez conscients ? Lorsque je prends le temps de vraiment la relire et de la méditer, je suis toujours aussi secoué par cette phrase du poète Christian Bobin : « À chaque seconde nous entrons au paradis ou bien nous en sortons[2]. » À chaque instant de notre vie nous nous trouvons ainsi à la croisée des chemins : commencer à être heureux ou cesser de l'être. Et même si ce n'est pas à chaque seconde, à chaque instant, c'est tout de même souvent, bien plus souvent qu'on ne le croit, que ce choix nous est offert ou imposé, au cœur de nos souffrances ou de nos jouissances.

Paradoxe d'Easterlin En 1974, l'économiste américain Easterlin démontrait un phénomène dérangeant : la croissance économique, notamment durant les années 1950 et 1960, n'avait pas rendu pour autant ses compatriotes plus heureux. Fâcheux, lorsqu'on sait que les hommes et femmes politiques s'en remettent volontiers à la croissance pour juger du succès de leur manière de gouverner ! L'article d'Easterlin fit peu de bruit à sa parution, mais, au fur et à mesure que de nouvelles études confirmaient ses conclusions, il devint peu à peu évident que l'augmentation des richesses d'un pays n'augmentait pas mécaniquement le bien-être de ses habitants. D'où le grand mouvement de remise en question de l'utilisation du PNB (produit national brut) comme indice de progrès social : ne faut-il pas désormais utiliser aussi d'autres outils d'évaluation, qui intègrent non pas seulement l'augmentation des richesses matérielles, mais aussi celle du bien-être ? D'où la proposition du Bhoutan, à l'ONU en 1972, de développer d'autres indices permettant d'évaluer le bien-fondé des politiques publiques : le BNB, bonheur national brut[3]. On en parle beaucoup depuis, mais les choses sont encore plus lentes à changer en politique qu'en psychologie !

Revenu national brut et satisfaction générale

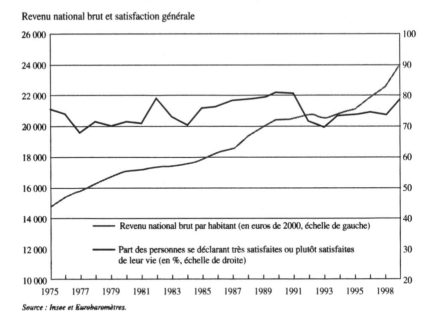

Source : Insee et Eurobaromètres.

Les liens entre bien-être et revenu[4]

Pardon Nous perdons beaucoup de moments heureux à cause de nos difficultés à pardonner. Je ne parle même pas ici des pardons difficiles à accorder, comme avec quelqu'un qui nous a gravement agressé ou fait un mal extrême à un proche. Simplement des micropardons du quotidien : des paroles maladroites, des négligences, des erreurs, etc. Pardonner ne signifie alors pas effacer ce qui a été fait, oublier, absoudre. Mais décider qu'on ne veut pas rester prisonnier du ressentiment, qu'on ne souhaite pas faire durer la peine, qu'on désire ne plus se faire souffrir soi-même. S'accrocher à l'offense, c'est s'accrocher à la souffrance. On peut très bien décider de pardonner à quelqu'un sans se réconcilier avec lui, juste se dire : « OK, c'est bon, je ne veux pas me venger, ni le punir. » Le pardon a été valorisé par toutes les grandes traditions philosophiques et religieuses, mais c'est peut-être le bouddhisme qui propose les images les plus frappantes et pédagogiques, dont cette parole du Bouddha : « S'agripper à la haine et au ressentiment, c'est comme se saisir d'une braise ardente pour en brûler quelqu'un : on se brûle soi-même au passage. » Il importe de ne pas voir le pardon seulement comme un renoncement (à la punition ou la vengeance), mais comme une libération et un allégement (du ressentiment). Pour autant, il n'a de vertu, personnelle et sociale, que s'il est librement choisi et accordé avec discernement : ce sont les limites de la psychologie positive.

Paroles, paroles... Elles ne sont pas anodines, pas du tout. Nos mots sont liés à nos ressentis. Parfois ils les trahissent : ce sont nos lapsus. Parfois ils les traduisent : ce que nous disons, et surtout la manière dont nous le disons, reflète, sans que nous le réalisions vraiment, notre vision du monde et notre équilibre émotionnel. Une belle étude récente, conduite auprès de 299 patients en psychothérapie, avait montré que leur façon de s'exprimer se modifiait avec leurs progrès[5]. On leur demandait de rédiger un petit texte sur le modèle suivant : « Essayez de décrire votre vie : quel genre de personne êtes-vous ? Comment en êtes-vous arrivé là ? Comment ça se passe pour vous en ce moment ? Comment voyez-vous la suite ? » Les trois versions de ce texte (avant psychothérapie, après un an et après deux ans) étaient passées au crible d'un logiciel d'analyse informatique, qui traquait dans le détail toutes les manières de parler de sa vie. Les chercheurs obtinrent des résultats nets : les progrès faits dans la thérapie s'accompagnaient de changements mesurables dans l'usage des mots. Certains de ces changements étaient prévisibles et attendus. Par exemple, plus les patients s'amélioraient, moins ils utilisaient dans leurs récits de mots décrivant des émotions négatives et plus ils exprimaient d'émotions positives, ce qui traduisait un rééquilibrage de leur balance émotionnelle. De même, leur mieux-être se traduisait aussi par des verbes moins souvent conjugués au passé ou au futur, et plus souvent au présent, attestant une capacité accrue de savourer l'instant, au lieu d'anticiper ou de ruminer. On notait aussi des résultats inattendus. Celui-ci, par exemple : le mieux-être s'accompagnait d'une diminution de l'usage du « je » et des pronoms à la première personne, correspondant à une aptitude croissante à se décentrer et à s'oublier, pour plutôt s'intéresser à tout ce qui nous entoure. Ou celui-là : la diminution des formulations négatives (« ne pas... », etc.), qui traduisait, selon les auteurs de l'étude, le recul du sentiment d'avoir vécu des occasions ratées, des renoncements, des reculs et échecs, si fréquents dans les trajectoires existentielles de ces personnalités ; ou traduisant, du moins la non-focalisation sur ces inévitables ratages de notre quotidien. Ces résultats sont riches d'enseignements. Nous sommes ainsi sur la bonne voie, lorsque nous nous efforçons : 1) de ne pas nous focaliser sur nous, mais, de notre mieux, de nous ouvrir au monde qui nous entoure ; 2) de revenir inlassablement vers la « présence au présent », alors que nos ruminations et inquiétudes nous en éloignent non moins inlassablement ; 3) de cultiver, encore et encore, au mieux de ce que nous permet notre vie, le plus possible d'émotions positives.

Partout Je me souviens d'une patiente aux tendances dépressives, à qui ses amis conseillaient de partir en vacances pour se changer les idées, et qui leur répondait : « Inutile, je suis capable d'être malheureuse absolument partout ! »

Pascal Ce que l'on appelle « pari de Pascal », c'est la pirouette métaphysique par laquelle le philosophe nous engage à croire en Dieu : aucun risque à croire en Lui ; et aucun intérêt à ne pas y croire. Voici son texte : « Vous avez deux choses à perdre : le vrai et le bien, et deux choses à engager : votre raison et votre volonté, votre connaissance et votre béatitude ; et votre nature a deux choses à fuir : l'erreur et la misère. Votre raison n'est pas plus blessée, en choisissant l'un que l'autre, puisqu'il faut nécessairement choisir. Voilà un point vidé. Mais votre béatitude ? Pesons le gain et la perte, en prenant le choix que Dieu est. Estimons ces deux cas : si vous gagnez, vous gagnez tout ; si vous perdez, vous ne perdez rien. Gagez donc qu'il est, sans hésiter. »

Ce pari, je le fais (ou du moins je m'efforce quotidiennement de le faire : pas si facile) avec la gentillesse, la bienveillance : il n'y a aucun risque à parier sur la douceur ; et beaucoup d'inconvénients, par contre, à ne pas le faire (sur la qualité de vie et le bonheur d'exister, bien sûr). Un de mes inspirateurs dans ce domaine est l'écrivain Primo Levi, qui faisait ce pari avec l'espérance : « Je ne saurais donner de justification à cette confiance en l'avenir de l'homme qui m'habite. Il est possible qu'elle ne soit pas rationnelle. Mais le désespoir, lui, est irrationnel : il ne résout aucun problème, il en crée même de nouveaux et il est par nature une souffrance. »

Pas poli Ça se passe un dimanche matin, je conduis un ami venu de l'étranger chez d'autres amis, à l'autre bout de Paris. Il pleut des cordes, nous avons emprunté une voiture. En chemin, nous avons bavardé tranquillement de la vie, c'était un instant très agréable. Arrivés dans la petite rue étroite où je dois le déposer, nous tombons sur un véhicule qui bloque la voie, coffre ouvert, feux de détresse allumés, apparemment quelqu'un qui décharge des valises ou des paquets. Comme nous avons le temps, je m'arrête moi aussi au milieu de la rue, et nous continuons de bavarder tranquillement. Et assez longtemps ; facilement cinq bonnes minutes. Comme c'est un dimanche matin, personne d'autre n'arrive derrière nous, la rue est tranquille. Au bout d'un long long moment, le propriétaire de la voiture arrêtée sort de l'immeuble, et là, il y a un souci !

Le type passe à côté de nous, nous toise, et continue vers sa voiture, démarre tranquillement et s'en va. Pas de sourire, pas de petit salut, pas de merci.

Rien.

Que dalle !

Je sais bien qu'il ne faut pas donner avec l'attente de recevoir : ce n'est pas parce que j'ai été courtois avec lui (en ne klaxonnant pas) qu'il doit l'être en retour avec moi (en me remerciant). Mais quand même, le truc m'agace sévère. Je le dis à mon copain : « Tu as vu ce type ! Il est gonflé, le mec ! Quel con ! Il nous fait poireauter dix minutes (la colère me fait multiplier le temps par deux), on ne klaxonne pas, rien, on reste cool, et il ne nous dit même pas merci ! » Mon copain opine du chef, mais il est moins agacé que moi ; plus sage sans doute, et aussi simple passager, pensant plutôt au rendez-vous avec ses autres amis ; il ne considère donc pas ce non-merci comme un événement significatif. Bon, de toute façon nous avons autre chose à faire, je redémarre, nous arrivons au bout de la rue, je dépose mon copain, on s'embrasse et je repars.

Sur le chemin du retour, je repense à mon agacement. Ce n'est pas l'attente qui m'a irrité, c'est la non-reconnaissance : je me suis senti frustré de ne pas avoir eu un tout petit signe, sinon de remerciement, du moins d'excuse. Et puis, en fait, j'ai l'impression que cette histoire va plus loin que mon petit ego vexouillé : cette absence de geste amical représente pour moi, à cet instant, une rupture de l'harmonie du monde, et une menace sur cette même harmonie. Rupture de l'harmonie que j'éprouvais en bavardant avec mon copain. Je pensais sans doute que tous les humains pouvaient être des copains, conscients de pouvoir gêner, mais capables de remercier. J'avais oublié la psychodiversité : il existe des malpolis égoïstes. Et les mystères de chaque destinée, qui se cachent derrière l'apparence parfois trompeuse des comportements : peut-être le type venait-il de vivre des moments difficiles, et en voulait-il à la terre entière, peut-être avait-il été élevé comme ça par ses parents, dans le mépris d'autrui...

Je songe alors à tous les petits gestes de reconnaissance mutuelle si importants pour vivre en bonne entente. Par exemple, pour rester dans le contexte, tous les petits gestes que l'on se fait sur la route : le piéton qui remercie la voiture d'avoir freiné pour le laisser passer au passage clouté sans feu ; il n'est pas obligé de le faire, mais s'il le fait, il encourage l'automobiliste à recommencer. Le motard qui remercie le conducteur de voiture de s'être écarté pour le laisser passer, etc. Toute l'importance cette trame légère et presque invisible de microgestes de microreconnaissance me saute alors aux yeux. Son absence est dangereuse : elle pousse à confondre l'indifférence ou l'impolitesse avec le mépris. Et à se sentir en colère ou négligé, là où on devrait se sentir étonné ou attristé. Je repense à ces passages du *Petit traité des grandes vertus*, d'André Comte-Sponville : « La politesse est une petite chose qui en prépare de grandes... Les bonnes manières précèdent les bonnes actions. »

Et je me calme tout doucement, je regarde la route sous la pluie, je repense à mon ami, et je me dis que c'est la vie. Que ce n'est pas grave. Que j'aurais pu aller parler calmement au bonhomme, si vraiment cette histoire est importante pour moi, mais que c'est trop tard. Et que je sais ce qu'il me reste à faire : continuer moi-même de faire ce petit travail de lien, petits mercis, petits bonjours, et tout ça. À la place de tous ceux qui ne le font pas. Et peut-être qu'eux, les malpolis et les goujats (en tout cas ceux qui ressemblent à ça selon mes critères), peut-être qu'ils font pour le monde d'autres choses, aussi importantes, que je ne sais pas faire, que je ne vois même pas.

La pluie m'accompagne de ses picotements chantants. La vie est vraiment un truc très intéressant. J'espère qu'il m'en reste encore un bon bout à traverser : je me régale ici-bas.

Passé La psychologie positive, ce n'est pas que savourer l'instant présent (même si c'est le plus important) ! C'est aussi travailler avec le passé[6] : se souvenir souvent des bons moments pour les revivre, les imaginer pour les savourer à nouveau, se « repasser le film » pour en faire à nouveau une source de plaisir. Et se souvenir de temps en temps des moments difficiles pour les analyser, les comprendre, leur donner du sens, et en tirer les leçons, voir ce qu'ils nous ont appris, à la lumière de ce que nous avons compris ensuite ; voir aussi comment ils ne nous ont pas empêché de survivre. C'est peut-être cela le plus difficile et le plus utile, avec les adversités du passé : songer régulièrement à toutes les fois où nous nous sommes sentis complètement perdus, en train de nous noyer ; alors que nous étions juste égarés pour quelque temps, et que nous avions pied...

Patience Comprendre que ce qui nous paraît parfois du temps perdu, lorsque la vie nous contraint à attendre et à patienter, n'est que du temps vécu. Et que, face à lui, il n'est pas toujours intelligent de se rebiffer, de s'énerver ou de s'activer. Dans un entretien[7], le poète Christian Bobin répondait un jour à la question du journaliste : « Comment peut-on attendre sans impatience ? » par ceci : « J'attends à la façon du pêcheur au bord de l'eau, vous voyez ? Il n'y a pas de prise, il n'y a rien, il n'y a pas une ride sur l'eau, la lumière du ciel décroît, il commence à faire frais mais j'attends. Je sais que rien n'est vain, même ces jours-là. Aujourd'hui, nous commettons presque tous la même erreur : nous croyons que l'énergie, c'est la vérité. » Rien n'est vain, puisque c'est du temps de vie qui nous est offert : nous aurions pu ne plus être là, comme tant d'autres qui n'ont pas eu notre chance. Et un jour, nous n'y serons plus.

Pente raide et amitié Si on vous amène au pied d'une petite montagne, et qu'on vous demande d'évaluer la raideur de sa pente, en vue d'une ascension, votre jugement ne sera pas le même selon que vous serez seul ou accompagné d'un proche, qui se tient à vos côtés : dans ce dernier cas, la pente vous paraîtra moins raide[8]. Et même si on vous demande simplement de penser très fort à ce proche (par ce qu'on appelle, un peu pompeusement, des techniques d'imagerie mentale), la pente vous paraîtra là encore moins raide. Trois conclusions : 1) si vous faites de la randonnée en montagne, cela sera plus facile avec des amis ; 2) dans la vie de tous les jours, au moment d'anticiper de grandes difficultés à affronter, la présence de proches vous donnera plus de courage ; 3) s'ils ne sont pas à vos côtés, souriez, pensez à eux, à votre affection pour eux, et à la leur pour vous ; puis lancez-vous, le pied alerte le cœur léger, dans l'ascension du sommet qui vous attend !

Perfection du bonheur Certains jours, je pense que le bonheur parfait n'existe pas. D'autres, au contraire, il me semble qu'il existe, assez souvent : tous les bonheurs intenses sont par essence et par définition proches du parfait, puisqu'ils sont des états terminaux et complets, c'est-à-dire dans lesquels on ne désire plus rien d'autre que ce qu'on a, là, à cet instant, à cet endroit. Je crois cependant que plus le bonheur grandit, devient immense, bouleversant – parfait ! – et moins il dépend de nous. Car il obéit, selon moi, à cette suite d'équations :

Bonheur = efforts + chance

Grand bonheur = un peu plus d'efforts + beaucoup plus de chance

*Bonheur immense = soit vous êtes devenu sage parmi les sages,
soit vous êtes enfin arrivé au paradis*

Perplexité Un jour, lors d'un atelier de formation que je donnais sur les émotions, la question d'une participante me déconcerta : « Est-ce que la perplexité, c'est une émotion ? Si oui, est-elle positive ou négative ? » J'ai eu du mal à lui répondre, car je n'y avais jamais réfléchi ainsi. J'étais moi-même perplexe !

La perplexité est un ressenti qui décrit l'état d'une personne qui est dans l'indécision, l'incertitude sur ce qu'elle doit faire ou penser, qui ne sait quel parti prendre, quel comportement adopter. En général, la plupart d'entre nous considèrent ce sentiment comme plutôt inconfortable et négatif. Mais, si on y regarde de plus près, techniquement, la perplexité est un état d'âme qui appartient à la famille de l'émotion de surprise, donc sans tonalité agréable ni désagréable *a priori* : on est confronté à quelque chose à quoi l'on ne s'attendait pas. Et, dans la perplexité, on ne sait que faire ni que penser.

Mais notre époque n'aime plus la perplexité : nous sommes atteints d'une démangeaison de l'action face à toute situation nouvelle, frappés de cette maladie contemporaine que j'appelle « réactivite chronique » : nous pensons qu'il nous faut toujours réagir, et vite ! Et, pour réagir vite, il faut juger vite. D'où notre intolérance à toute forme d'incertitude : on n'aime pas ne pas savoir, car on n'aime pas ne pas agir et réagir. Apprendre à tolérer et à aimer la perplexité, c'est apprendre à lâcher prise sur ce que nous ne contrôlons pas pour le moment : nous n'en serons que plus sereins (beaucoup de nos angoisses viennent de notre intolérance à l'incertitude) et plus malins (contrairement à ce que pense notre époque, la réactivité n'est pas toujours une qualité et conduit souvent à faire des sottises).

Persil, entraide et crottes de nez C'est l'histoire (vraie, bien sûr) de deux petites filles à l'école, qui ont mis au point un sympathique système d'assistance mutuelle. Lorsque l'une d'elles se mouche, elle se tourne vers l'autre en levant bien le menton vers le ciel. La copine se penche alors et la regarde par en dessous, comme pour inspecter ; tantôt elle dit : « C'est OK », tantôt : « Souci à droite » ou : « Souci à gauche. » Les copines, les copains, les profs ne comprennent pas tout de suite. Puis ils réalisent que le dispositif sert à détecter les crottes de nez. C'est vrai que c'est trop la honte, une grosse crotte de nez qui reste coincée au bord de la narine ! Et nous, les grands, osons-nous les signaler à nos interlocuteurs, tous ces petits ratages de notre image ? Crottes de nez, brins de persil coincés entre les dents et autres braguettes ouvertes. Non ? Eh bien nous devrions !

Pessimistes Le soleil leur fait penser à la pluie, le matin à la nuit, le dimanche au lundi. Quelle vie !

Petite souris États d'âme d'ineffable culpabilité toutes les fois où j'oubliais de placer un petit cadeau ou une piécette sous l'oreiller de mes filles, quand elles avaient perdu une dent. Leur mine triste et déconfite le matin : « La petite souris m'a oubliée... » Et l'impression de leur avoir fait un double mal : de déception et de désillusion. Puis réparation et consolation rapide : leur tristesse se dissipait plus vite qùe la mienne, ce qui était un bon exemple de la voie à suivre. Et leur joie le lendemain face au mot d'excuse de la petite souris : « Désolée, j'avais tellement de travail, je n'ai pas pu passer hier. Mais voilà, c'est réparé ! Grosses bises. »

Peur Toutes nos peurs enlèvent à nos bonheurs. Elles nous bouchent l'horizon. Peur d'échouer, de manquer, de ne pas être aimé, de tomber malade, de souffrir, de mourir. Les stoïciens et les comportementalistes nous expliquent que le seul moyen de se débarrasser, non pas forcément d'elles (beaucoup sont inexpugnables de notre cervelle) mais de l'emprise qu'elles exercent sur nous, c'est de les affronter : de s'arrêter de les fuir ou de leur obéir, de se retourner et de les regarder en face. Puis voir ce qui se passe : en général, rien. En tout cas, rien au-dehors. Parce qu'au-dedans, ça fait mal et ça cogne fort... Nous fuyons devant nos peurs comme le cheval devant son ombre : nous ne pourrons jamais les distancer. Mais en cessant de fuir, nous cessons de les nourrir.

Piéton Il y a, évidemment, toutes sortes de piétons dans cette non-nature qu'est la jungle urbaine.

Les disciplinés, qui attendent pour traverser que leur petit bonhomme passe au vert. Les pressés-inquiets, qui traversent parfois alors qu'il vient de passer au rouge, mais qui surveillent les automobilistes du coin de l'œil, leur faisant un petit signe de remerciement préventif, pour les dissuader de les écraser, accélérant le pas pour montrer qu'ils se savent en tort et qu'ils ne

veulent pas abuser. Et puis il y a ceux qui s'en fichent, qui traversent au moment où ça les arrange, sans un regard pour les
voitures qui freinent, ni une oreille pour les coups de klaxon ;
ils savent bien qu'on ne va pas les écrabouiller comme ça. Et
qu'ils ne risquent rien d'autre que se faire houspiller. Souvent,
ça agace les conducteurs de véhicules, qui en appellent à la perte
du respect des règles de civisme, voire des lois. Parfois ça
m'agace moi aussi, quand je suis en scooter, en retard, que je
dois piler, et que je crois voir mépris et arrogance dans l'attitude
du piéton hautain qui s'impose à moi en traversant lentement,
sans me jeter un regard. Cette « dictature du faible » m'irrite
parfois. Il me semble qu'il y a le même abus de pouvoir chez
certains piétons d'aujourd'hui que chez certains automobilistes
d'hier : la même loi du plus fort, le même esprit du « pousse-
toi que je passe ». D'un autre côté, je me dis que ce n'est pas
grave, et que c'est plus important un piéton qu'une voiture. Et
puis, l'autre jour, j'étais tellement de bonne humeur que je me
suis même dit : tu préfères quoi ? Une ville et une société où
les piétons ont très peur des autos, et où ils tremblent avant de
traverser ? Ou une ville et une société où, finalement, les forts
en voiture, dans leur tas de tôle, leur machine à tuer, doivent
s'incliner devant les faibles allant à pied ?

Le choix est vite fait, vous ne trouvez pas ?

Pipi C'est lors d'un débat public sur le bonheur[9]. Une jeune
femme me pose la question de la différence entre plaisir et bonheur. Sans bien savoir pourquoi, je donne alors l'exemple suivant : « Lorsqu'on a très envie de faire pipi, c'est incontestable-
ment un plaisir de pouvoir le faire. Mais pas forcément un
bonheur. Le plaisir est ainsi plus nécessaire, plus organique, plus
bref. Mais il n'empêche pas le bonheur. En revanche, ce dernier
nécessite un acte de conscience : réaliser qu'on a de la chance
d'avoir un corps qui marche bien et un endroit pour nous permettre de faire pipi. Alors, l'histoire commencera à prendre un
petit goût de bonheur... »

Puis, je continue mes explications sur la lancée, rassuré de voir que ma comparaison urinaire ne choque pas le public (au contraire !). Après la conférence se tient une séance de dédicaces et, parmi tous les petits bavardages qu'elle permet avec lectrices et lecteurs, il y a – comme presque toujours – un grand moment : une dame me reparle de l'histoire du pipi. « J'ai été très interpellée par votre histoire du petit pipi et vous savez pourquoi ? À la suite d'une insuffisance rénale, j'ai été en dialyse pendant des années. Vous êtes médecin, vous savez ce que c'est. Et le jour où j'ai pu bénéficier d'une greffe de rein, j'ai recommencé à faire pipi normalement. Vous ne pouvez pas imaginer à quel point j'en étais heureuse ! Moi, j'ai adoré votre exemple ! »

Et moi j'ai adoré qu'elle vienne me raconter cette petite histoire. Je l'ai un peu questionnée : plus de dix ans qu'elle vit sans problèmes avec ses nouveaux reins. Je lui ai souhaité tout plein de pipis heureux pour les années à venir...

Pirates des Caraïbes Lorsque mes filles étaient petites, nous avions ensemble un rituel : chaque année, le jour de leur anniversaire, je passais avec chacune d'elles une journée en tête à tête. Très souvent, elles me réclamaient d'aller à Disneyland. J'y suis donc allé une bonne quinzaine de fois (devenues grandes, elles se sont mises à préférer la visite d'autres lieux). L'ambiance y est très particulière : la bonne humeur affichée et les sourires sont manifestement obligatoires pour l'ensemble du personnel, en tout cas pour les salariés qui sont en contact avec les visiteurs. Ce n'est pas désagréable pour lesdits visiteurs, qui ne sont que de passage et se réjouissent qu'il existe un tel endroit où sont concentrés tant de sourires, mais c'est sans doute un peu plus compliqué pour les personnes qui y travaillent en permanence : elles n'ont pas d'autre choix que d'afficher le maximum d'émail dentaire. Sauf à une attraction précise, où elles ont le droit de rudoyer un peu les clients : il s'agit de « Pirates des Caraïbes », une sorte de manège en bateau faisant visiter des Caraïbes d'opérette, avec pirates et corsaires se livrant à batailles et beuveries, vaisseaux fantômes, tempêtes et trésors. Lorsque les visiteurs, après une longue attente, arrivent dans la salle d'embarquement sur leurs petits rafiots, ils sont canalisés par une troupe de pirates qui, pour faire plus vrai (les pirates étaient des soudards mal élevés comme chacun sait), houspillent les passagers, leur font des grimaces, brandissent leurs sabres en les menaçant. Ils font surtout ça aux adultes et aux bandes d'adolescents, et évitent bien sûr d'effrayer les tout petits. Et on sent que ça les soulage, que ça les amuse, que ça leur fait du bien ! Que ce doit être un job où ils ont régulièrement le droit de venir se défouler quand ils n'en peuvent plus de sourire ! Je me demande si c'est encore comme ça, là-bas chez Mickey, ou si même les pirates y sont devenus souriants, calmes et polis.

Plaintes Jean, notre voisin, veuf de 85 ans, ne se plaint jamais. En tout cas, jamais spontanément. Jamais il ne met ses plaintes en avant. Lorsque nous le questionnons sur sa vie ou sa santé, il avoue sobrement ses tristesses et ses misères, mais ne s'éternise pas. Élégance et politesse. À son contact, et à celui de quelques autres modèles, j'ai pris la résolution de ne plus me plaindre, de ne plus emboliser la conversation avec ça. Que cherche-t-on dans la plainte ? En tout cas, dans la plainte récurrente ? Une réparation ? Mais si elle vient (ce qui n'est pas sûr, surtout si on se plaint souvent), elle ne compensera même pas les dommages et manques de bonheur que l'on se sera soi-même infligés en gémissant trop fréquemment. Alors, par quoi remplacer la plainte lorsque son besoin se lève en nous ? Comment en prévenir l'apparition ? Pas d'autre antidote que parler d'autre chose, et commencer par s'intéresser à ceux qui nous font face, plutôt qu'à nous et nos maux.

Plaisir Une source de bonheur respectable, mais limitée en général à la satisfaction des besoins corporels (alimentation, soins du corps, sexualité) ou intellectuels (comprendre, découvrir). Tout plaisir est un bien. Mais tout plaisir n'est pas un bonheur (il y manque la conscience) et une vie de plaisir n'est pas une vie heureuse (il y manque le sens).

Platitudes Les conseils de bonheur sont souvent d'une grande banalité. Il est rare que l'on fasse des découvertes bouleversantes en lisant un traité sur le bonheur. En gros, nous savons tous à peu près ce qui nous rend heureux ; notre problème, c'est de ne pas le faire. En ce sens, nous méritons bien le jugement sévère de Schopenhauer[10] : « D'une manière générale, il est vrai que les sages de tous les temps ont toujours dit la même chose, et les sots, c'est-à-dire l'immense majorité de tous les temps, ont toujours fait la même chose, à savoir le contraire, et il en sera toujours ainsi. » Je ne sais plus quel philosophe évoquait ainsi les « grandes platitudes » : tous les conseils dispensés par toutes les traditions de sagesse et de spiritualité ressemblent certes à des platitudes, si on les envisage d'un pur point de vue intellectuel. Mais la question n'est pas tant de savoir que de faire : ce n'est pas « est-ce que je le sais » que je dois me demander, mais « est-ce que je le fais ? ».

Plénitude du bonheur La plénitude, c'est vivre un de « ces rares instants où l'on est heureux de partout», évoqués par Jules Renard (« 6 septembre 1897 », *Journal*). On y est alors heureux de la tête et du corps, de soi et des autres, du connu et de l'inconnu. De partout et de tout. Inoubliable.

Plus tard « Je m'occuperai de mon bonheur plus tard : quand j'aurai fini mon travail, quand mes enfants seront grands, quand j'aurai payé le crédit de mon appartement, quand j'aurai enfin eu ma promotion au boulot, quand je serai à la retraite. »
Ouille, ouille, ouille...

Poète (rencontre) Une amie m'a permis de rencontrer le poète Christian Bobin, que je vénère. J'étais comme sur un nuage, ému et heureux, sans avoir rien de beau à dire mais sans en souffrir : le voir brièvement et échanger quelques banalités me suffisait. Ne presque rien prendre de son temps, ni de son énergie. Je préfère le lire que lui peser. Bobin regarde ses interlocuteurs avec un vrai regard. Dans ma vie j'ai rencontré beaucoup d'auteurs ou de personnes que l'on dit *connues*. Et je sais maintenant observer leurs yeux. Je sais qui fait semblant de regarder et d'écouter, en attendant simplement que la formalité ou la corvée se termine ; et qui écoute ou regarde vraiment, même si ça ne dure que quelques secondes. Bobin regarde et écoute vraiment. C'est sans doute pour cela que les mondanités le fatiguent et qu'il a besoin de la solitude. Ceux qui ne regardent ni n'écoutent ne sont pas fatigués par les superficialités. Le soir, j'ai commencé à lire son livre, que mon amie m'avait offert, son dernier livre : *L'Homme-Joie*. Il y avait une dédicace pour moi qui m'a enchanté. Je ne vous la dis pas, pour ne pas l'user, et parce que je ne veux pas savoir si elle est unique ou non ; aucune importance, moi je la lis comme telle. Comme c'était un bel exemplaire, numéroté, sur vélin, j'ai tranché doucement les pages pour en libérer les mots, comme on le faisait autrefois, avec un très vieux couteau d'artisan, que je suis allé aiguiser auparavant. Oui, je sais, ce sont des plaisirs passéistes. J'aime le passé, parce qu'il ne m'écrase jamais, mais me nourrit. Le premier récit était tellement incroyable de beauté que j'ai tout de suite arrêté ma lecture. La première fois de ma vie que j'ai fait cela, une *lectio interrupta*, c'était en lisant *L'Insoutenable Légèreté de l'être*, de Milan Kundera, en 1984. S'arrêter pour ne continuer que le lendemain. Et, dans l'attente, plutôt relire et savourer qu'avancer et avaler le livre sous l'emprise du plaisir et de l'avidité d'émotions. Garder intact le bonheur de découvrir chaque page d'un auteur qui nous renverse. Il y a quinze récits dans ce livre. J'en savourerai un par jour : je vais passer deux semaines extraordinaires.

Poète (en action) Je continue avec le même poète. Cette fois, c'est lors d'une rencontre avec ses lecteurs, à Paris. J'ai toujours un peu peur quand je vais écouter des écrivains que j'aime, poètes ou romanciers. J'ai peur parce que, souvent, ce n'est pas leur truc de parler de leurs œuvres. Leur truc, c'est de les écrire, pas forcément de les expliquer. Et, parfois, ils sont très mal à l'aise, embrouillés, confus, ternes, inintéressants. Décevants, en un mot. On avait aimé leurs livres et on réalise que la personne qui les a écrits est ordinaire, banale, au moins à l'instant où elle est devant nous, au moins lorsqu'elle s'efforce d'entrer dans les habits de l'orateur ou du pédagogue. Nous l'avions idéalisée ; nous avions imaginé que son talent d'écriture se retrouverait à l'oral, dans sa présence, sa conversation. Nous ne devrions pas être déçus, puisque c'est l'œuvre seule qui compte. Mais nous espérons toujours la perfection, même chez les autres. Bon, bref, j'étais inquiet pour l'ami Bobin : allait-il être aussi génial, bouleversant, retournant que dans ses livres ? J'étais allé bavarder un instant avec lui en coulisses, avant qu'il ne démarre : il était tranquille et un peu ému, se demandant comment il allait remplir cette heure de rencontre avec ses lecteurs, mais riant de bon cœur à nos plaisanteries, avec son grand rire débordant, le rire de ceux qui ont traversé la souffrance. Dès qu'il commença à parler, mes inquiétudes s'envolèrent.

Ce fut un enchantement. Joyeux, vivant, souriant, content d'être là, Christian Bobin nous parla de poésie, mais surtout nous délivra une parole poétique. En direct, son cerveau et ses lèvres fabriquaient de la poésie devant nous. Nous, bouche bée, yeux écarquillés et oreilles grandes ouvertes. Une poésie encore imparfaite (plusieurs fois, il se reprit, mécontent d'un mot ou d'une tournure) mais déjà poésie. Je n'avais jamais encore assisté de si près et de façon si claire au spectacle d'un auteur en train de dire le monde dans l'instant, en langage poétique. Je jubilais. Il y avait le fond : sa vision de la vie est simple, forte et juste. Mais, ce soir-là, j'étais surtout retourné par la forme : la puissance des mots et des images. Bobin croit au pouvoir et à la dignité des mots. Pour lui, la poésie n'est pas une petite ornementation de notre quotidien, une petite chose fragile, mais une force importante et indispensable, comme le Verbe de saint Jean. Je pense comme lui que les mots que nous choisissons et assemblons peuvent avoir un pouvoir transperçant, pénétrer nos carapaces, liquéfier nos certitudes et nous toucher droit au cœur, nous bousculer, nous remuer, nous mettre cul par-dessus tête. À un moment, alors que Bobin parlait, un de mes livres, qui était exposé sur les étagères derrière lui, a basculé et s'est précipité au sol, face contre terre. Hommage fracassant et prosternation joyeuse.

Nous quittâmes tous la soirée le cœur léger et enfiévré.

Poisson « Heureux comme un poisson hors de l'eau. » La formule, déconcertante, est de Bernanos[11]. Elle est comme un test projectif en psychologie : ce que nous en comprenons en dit long sur nous ! Préférons-nous le bonheur apparemment sécurisé du monde tel que nous le connaissons, ou celui, apparemment plus risqué, d'un autre monde dont nous ignorons presque tout ?

Police À une époque, pour gagner un peu de temps en allant à Sainte-Anne en scooter, j'empruntais 10 mètres de trottoir dans une rue en sens interdit, pour éviter de faire le détour d'un gros pâté d'immeubles, avec deux feux rouges. Bien sûr je prenais garde de n'écraser ni n'effrayer personne, bien sûr, il ne passait jamais beaucoup de piétons. Mais les scooters sur les trottoirs, c'est interdit ; et c'est logique. Le problème, c'est que juste à côté du service où je travaille, il y a l'infirmerie spéciale de la police. Avec, par définition, beaucoup de policiers qui vont et viennent... Et, ce jour-là, je n'avais pas fait attention, mais une voiture banalisée descendait la rue que je remontais (doucement) sur le trottoir. Deux policiers s'arrêtent, me font signe et descendent. Ils me demandent papiers et explications. Un peu piteux, j'explique que je suis médecin dans le service, là, justement, et que ce matin, je suis en retard, alors je me suis permis de faire ça, exceptionnellement, que je sais que c'est interdit, mais que je suis désolé, etc. Je suis motivé, car je n'ai pas du tout envie de payer une amende pour 10 mètres de trottoir remontés à 5 à l'heure. Le policier m'écoute poliment, avec un petit sourire (il doit en avoir attrapé des paquets comme moi !). Quand j'ai fini de parler, il me regarde dans les yeux en silence, puis me dit simplement, en me rendant mes papiers : « C'est bon, allez-y. Mais vous devriez plutôt être un exemple, en tant que médecin... » Et il me salue d'un « Au revoir, docteur ! » un peu narquois. États d'âme de culpabilité et de soulagement mêlés ; de reconnaissance aussi. Et en tout cas, mélange très efficace pour moi : depuis, je n'ai jamais recommencé à rouler sur un trottoir. Et je ne suis pas sûr qu'une amende ou des remontrances trop lourdes auraient aussi bien marché car, du coup, je me serais rebiffé et moins senti concerné : j'aurais râlé après le policier au lieu de reconsidérer ma faute.

C'est ce qu'on appelle de l'éducation et de la prévention : ça existe et ça marche. Chapeau à ce policier anonyme ; ou plutôt, casquette !

Politique et psychologique On critique parfois la recherche du bonheur au nom d'un risque de désengagement politique, pensant que le bonheur, c'est s'accommoder de la situation alors qu'il faudrait la changer. Comme s'il existait un antagonisme entre le politique et le psychologique : s'occuper de soi reviendrait à se désintéresser du monde qui nous entoure. Ces deux dimensions seraient-elles incompatibles ? Pour moi, c'est comme si on opposait inspirer et expirer !

En réalité, l'action psychologique n'empêche pas l'action politique. Il y a des moments dans la vie où il importe de résister, d'agir, de combattre, et d'autres où il faut lâcher prise, être dans l'acceptation, c'est-à-dire simplement accueillir ses émotions. Ce n'est pas démissionner, ni laisser faire, ni se soumettre, ni obéir.

Le lâcher-prise, quand il est bien compris, c'est un programme en deux temps – accepter le réel et l'observer, puis agir pour le changer – qui permet de ne pas être dans la réaction ou dans l'impulsion guidées par l'émotion brute. C'est une antichambre de décontamination où nous sondons, examinons les émotions dans un espace mental le plus vaste possible pour essayer de décider ce qu'il sera bon de faire, quel genre d'actions proches de nos valeurs, de nos attentes, nous pourrons engager. L'idée est de *répondre* à ce qui nous arrive avec notre esprit et notre cœur plutôt que *réagir* dans l'urgence de l'émotion. C'est une dictature de notre époque que de vouloir que les individus soient très réactifs, prennent des décisions importantes immédiatement, un peu comme quand les vendeurs essayent de nous arnaquer en disant : « Si vous ne le prenez pas maintenant, il n'y sera plus ce soir ou demain ! » Notre monde essaye ainsi de nous arnaquer, en nous faisant croire que l'urgence est partout.

Le bonheur et la sérénité consistent notamment à refuser ces fausses urgences. Ce n'est pas une dérobade face au réel ; juste un outil de sagesse et de discernement. Je suis persuadé que, si les humains ne s'occupent pas de leur équilibre intérieur, s'ils le laissent en friche, ils vont non seulement souffrir davantage, mais être plus impulsifs, et aussi plus manipulables. Le travail sur notre intériorité nous rend plus présents au monde. C'est ce qu'on appelle l'« intériorité citoyenne[12] » : prendre soin de notre intériorité va faire de nous de meilleurs humains plus cohérents, plus respectueux, à l'écoute des autres, moins injustes. Nous nous engageons de manière plus calme, mais aussi plus tenace. Nous sommes moins endoctrinables, plus libres. Et puis, la sérénité permet aussi de tenir la distance lors des combats que nous menons. Nous ne pouvons pas uniquement fonctionner à l'impulsion, à la colère, au ressentiment. Les grands leaders comme Mandela, Gandhi, Martin Luther King ont tous cherché à s'en extraire ; ils ont tous compris que l'impulsion conduit à la violence, à l'agressivité, à la souffrance. L'équilibre intérieur permet de garder intacte notre capacité à nous indigner et à nous révolter, mais de la manière la plus efficace et adaptée possible.

Positiver « Il faut positiver » fait partie des petites phrases qui me hérissent le poil. Ben non, parfois il ne faut pas positiver. En général, quand on nous dit ça, on n'en a pas envie ou on n'est pas prêt. La psychologie positive n'est pas là pour empêcher nos états d'âme douloureux de survenir : ils nous sont utiles. Elle est là pour nous aider à en sortir plus rapidement (inutile d'y barboter) et plus intelligemment (en en tirant les leçons).

Préjugés et 4×4 J'ai des préjugés. Plein de préjugés. Comme tout le monde, d'accord, mais quand même, j'aimerais bien en avoir moins. Les 4×4 par exemple. J'avoue que les conducteurs de 4×4 démarrent dans mon estime avec des points en moins ; s'ils sont sympas, je change d'avis sur eux, quand même. Mais ils partent de plus bas que les conducteurs de petites voitures. Bon, si je vous parle de ça, vous vous doutez que c'est parce que j'ai une histoire à vous raconter. La voici... L'autre jour, alors que je venais animer un atelier pour des collègues dans le sud de la France, le copain qui vient me chercher à la gare arrive dans un magnifique et énorme 4×4, rutilant, géant. Glups... Je ne sais pas trop comment on se met à parler de ça, mais ça y est, on aborde le sujet : les conducteurs de 4×4. Je lui avoue mes *a priori* négatifs. Il me dit : « Je sais, je sais ; je lis ton blog de temps en temps... » (j'ai écrit sur ledit blog quelques billets critiques sur les 4×4[13]). Et il me raconte le pourquoi du comment : gamin, il rêvait du Paris-Dakar, s'imaginait en pilote de rallye. Alors devenu grand, devenu docteur, un jour, au moment de changer de voiture, il a commis l'erreur fatale : il est allé se renseigner, « comme ça, pour voir », chez un concessionnaire spécialisé en 4×4. Fichu, cuit, piégé. Il en est ressorti avec un gros engin. Et il me raconte comment il se fait régulièrement foudroyer du regard, apostropher par d'autres conducteurs agacés. Comment on ne pardonne pas aux 4×4 ce qu'on pardonne aux petites voitures : bloquer une rue quelques minutes pour décharger des bagages, se garer sur le trottoir. Tout de suite, les pensées agressives jaillissent, et parfois les paroles : « Ils se croient tout permis avec leur grosse bagnole ! » Et il me raconte comment, du coup, se sentant catégoriellement mal-aimé, il essaie de faire de son mieux, justement, pour conduire doucement, laisser passer les piétons, accorder la priorité sans rechigner, etc. Pour qu'on lui pardonne de rouler dans son gros jouet.

Je l'écoute en souriant. Bon, c'est vrai, tous les préjugés sont à repousser ; je vais essayer désormais de ne pas juger trop vite ces conducteurs. Et quand ils feront des trucs agaçants, de me demander : « S'ils étaient dans une petite voiture, tu dirais la même chose ? »

Préjugés (rechute) Hier matin, dans une petite rue tranquille, je traverse au passage clouté (sans regarder le feu, j'avoue). Il n'y avait pas de voiture à l'horizon. Et là, poum !, un 4×4 qui déboîte un peu vite d'un croisement proche, et que je force à freiner pour finir de traverser. Pas contente, la conductrice m'envoie un coup de klaxon, et me montre le panneau piéton au rouge, d'un petit mouvement autoritaire. Pas d'insultes ni de gestes agressifs. Mais ça m'agace quand même. Oui, mon premier réflexe, c'est l'agacement : « Eh ! tu n'as qu'à rouler moins vite, me dis-je. J'étais sur un passage piéton avant que tu ne déboules, tout de même ! Même si c'était au rouge ! Je n'ai pas sauté devant tes roues exprès pour t'ennuyer ! »

Puis je me souviens de mes résolutions en faveur des 4×4 (voir juste ci-dessus). Et surtout, je me dis que j'étais tout de même en tort. Que c'est plus simple de cohabiter dans la ville si chacun respecte les règles. Et que la dame a raison, même si elle roule dans une trop grosse voiture prétentieuse. Euh, non pardon, ça, c'est de trop... Désolé, madame, vous avez raison, je n'aurais pas dû traverser au feu rouge. Et si je me fais klaxonner dans ce cas-là, je le prends pour moi. J'assume. Mais c'eût été plus cool si vous m'aviez fait le petit geste vers le feu piéton au rouge avec un grand sourire. C'est ça : j'aurais été plus sensible à cette petite

« correction fraternelle », comme disent les chrétiens, si vous me l'aviez administrée avec le sourire plutôt qu'avec un coup de klaxon et les sourcils froncés.

J'en demande trop ? Peut-être. Mais si on s'y mettait tous, la vie serait un peu plus agréable et surprenante et enrichissante, non ? Alors je me suis dit que si ça m'arrive à nouveau, je commencerai par ma part de boulot, je ferai un petit signe d'assentiment à la dame. J'essayerai. De plus, peut-être aura-t-elle changé de voiture...

Premier baiser C'est lors d'une discussion l'autre jour avec un couple de vieux amis. Lui nous raconte comment il s'est trouvé récemment très embarrassé : rentrant chez lui un soir beaucoup plus tôt que d'habitude, il aperçoit tout à coup, contre une porte cochère de leur quartier, sa fille de 15 ans dans les bras d'un garçon. Il décrit ce qu'il a ressenti à ce moment : « Je me suis trouvé dans un état de grand embarras, très compliqué à décrire. J'étais d'abord incroyablement gêné de la voir embrasser un garçon pour la première fois, et plus gêné encore qu'elle puisse me voir en train de la voir. J'ai donc détourné le regard, baissé la tête, et marché droit devant moi pendant dix minutes sans me retourner. Puis je me suis arrêté pour récupérer. Je ressentais un indescriptible mélange d'états d'âme : surprise, bien sûr ; gêne et inconfort d'avoir regardé la scène, même de manière fugitive ; nostalgie sans doute de réaliser à quel point tout à coup le temps avait passé ; tristesse aussi de voir que j'étais finalement détrôné et qu'il y aurait désormais d'autres hommes très importants dans sa vie... »

Bref, un très grand et très intéressant trouble : des états d'âme comme je les aime, complexes, subtils, aspirant des souvenirs de tous les coins de notre histoire. Et son épouse ajoute alors : « Moi, ce qui m'a frappée quand tu me l'as raconté, c'est que sur le moment, ça ne t'a pas fait plaisir. Alors que pour ma part, à côté de tous ces états d'âme de gêne et de nostalgie, je crois que j'aurais aussi ressenti du bonheur de voir que ma fille allait découvrir l'amour ! »

Ça ne m'est pas encore arrivé d'avoir à affronter ce genre de situation. Cela aura lieu, et c'est très bien. Mais, si je pense comme la maman, je réagirai sans doute comme le papa : et finalement, je préfère savoir que voir ! De toute façon, c'est la vie qui décidera pour moi...

Prescrire ou proscrire Pour progresser en tant qu'humain, ne te contente pas de lutter contre tes défauts, mais développe aussi tes qualités. Les études conduites sur les vertus respectives de l'interdiction («à ne pas faire») ou de la promotion («à faire») montrent que les approches restrictives peuvent porter leurs fruits (l'enfant adopte les valeurs proposées par les parents ou le milieu), mais ne rendent pas plus fort pour résister en cas d'exposition à la tentation[14]. Exemple : plutôt que d'encourager un enfant à ne pas être égoïste («c'est mal»), le mettre en situation de se comporter de manière altruiste (faire le bien). Ce sera : 1) plus efficace à terme ; 2) moins coûteux en énergie psychologique ; car il est plus facile pour un humain de «faire» que de «ne pas faire».

Présent «Que chacun examine ses pensées, il les trouvera toutes occupées au passé ou à l'avenir. Nous ne pensons presque point au présent et, si nous y pensons, ce n'est que pour en prendre la lumière pour disposer de l'avenir. Le présent n'est jamais notre fin. Le passé et le présent sont nos moyens, le seul avenir est notre fin. Ainsi, nous ne vivons jamais, mais nous espérons de vivre, et nous disposant toujours à être heureux, il est inévitable que nous ne le soyons jamais», nous dit Pascal[15]. Jules Renard renchérit dans son *Journal*[16] : «Je ne désire rien du passé. Je ne compte plus sur l'avenir. Le présent me suffit. Je suis un homme heureux, car j'ai renoncé au bonheur.» Bon, à la suite de tout ça, je ne vais rien écrire de plus sur le présent, ce serait présomptueux.

Prévention La psychologie positive représente un intérêt en psychiatrie et en psychothérapie pour la prévention des rechutes : aider les personnes vulnérables à mieux savourer leur quotidien permet de les aider à mieux affronter ensuite les moments difficiles[17]. Mais elle n'est pas un outil de soin, du moins pour le moment rien n'a été démontré, seulement des améliorations de tendances dépressives légères[18]. Donc, elle concerne surtout les personnes dites en rémission : qui ne sont plus malades mais présentent un risque de récidive.

Prière Nous prions plus souvent dans la douleur que dans le bonheur. Selon Cioran, nous avons tort ; voici ce qu'il écrit dans son ouvrage *De l'inconvénient d'être né* : « Dans un livre gnostique du IIe siècle de notre ère, il est dit : "La prière de l'homme triste n'a jamais la force de monter jusqu'à Dieu"… Comme on ne prie que dans l'abattement, on en déduira qu'aucune prière jamais n'est parvenue à destination. » J'avais un jour parlé de cette phrase à mon ami Étienne, chrétien fervent. Il s'était mis en colère légère, ce qui lui arrive rarement, et m'avait fermement expliqué que c'était stupide : toutes les prières arrivent à l'oreille de Dieu ! Mais tout de même, ce que nous dit Cioran me semble utile, et nous permet de compléter notre première phrase ainsi : nous prions plus souvent dans la douleur (pour demander) que dans le bonheur (pour remercier). N'oublions pas de remercier : la prière de louange, de remerciement, ou autre est triplement légitime. Elle est un geste de reconnaissance envers notre Dieu, si nous en avons un ; elle nous aide à prendre conscience de ce qui va bien dans nos vies ; en nous faisant éprouver de la gratitude, elle nous soigne.

Prince de Ligne Représentant parfait de la noblesse européenne cosmopolite du XVIIe siècle, militaire et homme de cour, le prince Charles-Joseph de Ligne fut aussi un auteur qui aimait parler du bonheur. Il nous a laissé un délicieux programme dont voici les six principales rubriques :

« Il faut en se réveillant se dire : 1) puis-je faire plaisir à quelqu'un aujourd'hui ? 2) Comment pourrais-je m'amuser ? 3) Qu'aurai-je à dîner ? 4) Pourrai-je voir un homme aimable ou intéressant ? 5) Paraîtrai-je tel à Mme... qui me plaît beaucoup ? 6) Avant de sortir, lirai-je ou écrirai-je quelque vérité neuve, piquante, utile ou agréable ? – et puis remplir ces six points si l'on peut. » Sa méthode était aussi programmée sur le long terme : « Prendre deux jours par semaine pour faire le bilan de son bonheur. Examinons notre existence. Je me porte fort bien... Je suis riche, je joue un rôle, j'ai de la considération, on m'aime ou l'on m'estime... Sans cette récapitulation, on se blase sur son heureuse condition. »

Cela peut nous faire sourire, tant il nous semble que sa vie était une suite de privilèges. Mais cela peut aussi nous émouvoir : cet homme ne se contentait pas de jouir de ces derniers, mais s'interrogeait sur le meilleur usage possible à en faire. Et ses motivations étaient finalement bien proches des nôtres : « Je me pressais de vivre, voyant que la guerre était vive et ayant peur de n'avoir pas assez de plaisir avant de mourir. »

Printemps L'évidence du bonheur : le retour de la vie, les fleurs, les chants d'oiseaux, le soleil qui réchauffe à nouveau. Et puis, pour les plus âgés, l'écho lointain de leur disparition et de leur résurrection, un jour, peut-être, à l'image de cet arbre qui se réveille de son sommeil et se couvre de fleurs. Ou de ces brins d'herbe anonymes qui soudain jaillissent de l'humus où leurs ancêtres se sont décomposés et recomposés.

Problèmes Ils sont une réalité, même chez les chanceux. Par contre, une autre réalité est que nous les aggravons presque toujours : nous amplifions leur portée réelle sur nos vies, leur durée, etc. Se souvenir toujours de la cruelle petite phrase de

Cioran : « Nous sommes tous des farceurs, nous survivons à nos problèmes[19]. » Ou de celle-ci, dont j'ai oublié l'auteur : « Dans ma vie, j'ai réchappé à des centaines de catastrophes : contrairement à ce que je craignais, elles ne sont jamais arrivées ! »

Progresser Une source de bonheur discrète mais solide, qui compense les inconvénients du vieillissement. Et qui est d'ailleurs un excellent moyen de bien vieillir : être toujours en train d'apprendre, se sentir toujours un débutant, un apprenant, avoir toujours envie de continuer à se nourrir et se remplir de tout ce qui reste à découvrir.

Psychanalystes Lorsque j'étais interne et que j'étudiais la psychiatrie, je me souviens que les psychanalystes mettaient un point d'honneur à ne pas s'intéresser au bonheur, mais à la lucidité. Ils me semblaient effectivement moins heureux que la moyenne. Mais pas forcément, ou pas tous, plus lucides : se détacher du bonheur ne suffit pas pour se rapprocher de la sagesse.

Psychodiversité D'une certaine façon, il est heureux qu'existe parmi les humains une certaine « psychodiversité » qui, comme la biodiversité dans la nature, les mondes animaux ou végétaux, est une richesse pour notre espèce : elle assure une variété de comportements permettant d'affronter de nombreuses situations différentes, face auxquelles un seul et même profil de personnalité serait démuni. Dans une population humaine, tout le monde peut jouer son rôle. Lorsque les Vikings traversèrent l'océan Atlantique pour arriver jusqu'en Amérique, il y avait certainement à bord des inquiets capables d'anticiper les problèmes (prendre assez d'armes et de nourriture), des obsessionnels capables de vérifications attentives de l'état du bateau et de sa position par rapport aux étoiles, des intrépides inintimidables pouvant inciter leurs camarades à surmonter leurs hésitations et à aller de l'avant, etc. Dans une entreprise, quelques personnalités paranoïaques aux départements juridique et réglementaire, quelques histrioniques au service commercial, quelques traits de personnalité narcissique chez le P-DG, quelques stressés énervés à la production et quelques pessimistes au service financier, peuvent très bien composer une équipe efficace. Voilà pourquoi, du mieux que je le peux, je m'efforce de ne pas trop m'irriter face aux personnes parfois casse-pieds que je croise sur mon chemin : d'abord parce que je sais que j'en fais partie, au moins à certains moments ; ensuite parce que, dans d'autres circonstances, leurs défauts pourraient se changer en qualités.

Psychologie positive On mesure mal, aujourd'hui encore, l'importance de ce changement de paradigme que représenta l'arrivée de la psychologie positive dans notre discipline, au tout début des années 2000. Jusqu'alors, l'essentiel de la recherche en psychologie clinique et en psychothérapie avait porté sur les troubles et les dérèglements. Mais en 1998, le président fraîchement élu de la puissante Association américaine de psychologie, un certain Martin Seligman, déclarait : « Nous ne devons pas seulement guérir des malades. Notre mission est plus large : nous devons tenter d'améliorer la vie de tous les individus. » La psychologie positive venait de prendre naissance en tant que mouvement officiel. Il ne s'agissait plus seulement d'aider nos patients à être moins malheureux, moins anxieux, moins déprimés, mais de les aider, une fois leurs difficultés surmontées, à savourer leur existence, et à ne pas retomber, toute leur vie durant, dans leurs souffrances. Il s'agissait d'apprendre à cultiver et développer le bien-être psychologique, et à s'en servir comme d'un outil de prévention des rechutes. Bien évidemment, ces intuitions avaient déjà été énoncées, et depuis longtemps. Voltaire avait ainsi lancé sa célèbre maxime : « J'ai décidé d'être heureux parce que c'est bon pour la santé. » Mais il avait ensuite rappelé la difficulté de la quête : « Nous cherchons tous le bonheur, mais sans savoir où, comme des ivrognes qui cherchent leur maison, sachant confusément que cela existe...» La psychologie positive se proposait, preuves à l'appui, d'aider les humains dans cette quête. Depuis ses débuts, le nombre de travaux et de publications scientifiques consacrés au «bien-être subjectif», cette appellation prudente du bonheur dans la bouche des chercheurs, est devenu considérable, et on peut considérer qu'il ne s'agit que d'un début. C'est là d'ailleurs que réside la véritable révolution : car si la recherche du bonheur est une histoire ancienne, qui appartenait traditionnellement à la philosophie, les moyens considérables apportés par la recherche scientifique moderne lui ont donné un sacré coup d'accélérateur...

Psycho-neuro-immunologie L'autre jour, j'étais malade, une sale sinusite surinfectée, bien pénible. Maux de tête, fièvre, fatigue. Je téléphone à l'ami chez qui nous devions nous rendre le soir même pour lui dire que je ne pourrai pas être là ; je suis triste, et j'ai beaucoup hésité, car je sais qu'il a aussi invité plein de gens que j'aime bien. Il est un peu déçu, mais me réconforte par des paroles gentilles. Et en raccrochant, je me dis que non, c'est trop dommage ! Ça fait longtemps que je ne l'ai pas vu, j'ai vraiment envie d'y aller quand même. Ce ne sera sans doute pas une bonne opération du point de vue de ma santé, vu ma fièvre de cheval, mais je me motive moi-même en songeant à tous les travaux de la psycho-neuro-immunologie. C'est une nouvelle et passionnante discipline de recherche qui étudie les liens entre cerveau et immunité : le principe est que notre psychisme influe sur notre système nerveux, qui influe sur notre immunité. Le stress affaiblit donc nos défenses immunitaires, et les émotions positives les renforcent[20]. On le pensait depuis longtemps, mais aujourd'hui, les choses sont démontrées. Alors je me dis : sortir dans le froid pour voir ton ami, voir tous ces gens que tu aimes bien, ça va un peu t'enfoncer dans ta crève, mais si tu le vis comme un choix et non comme une obligation, ça va te faire plaisir et ça compensera. Pour être honnête, ça n'a pas tout à fait bien marché, mon plan psycho-neuro-immunologique. Pas du tout, même : j'ai été trois fois plus malade les jours qui ont suivi. Comme quoi, les résultats des études scientifiques ne sont jamais transposables avec certitude au quotidien. Mais bon, je ne regrette rien, ça m'a vraiment fait plaisir de revoir mon vieux pote. Et surtout, dans un an, je me souviendrai de la soirée, pas de la sinusite. Enfin, j'espère, on va voir comment ça va tourner, mon histoire...

Publicités Quel drôle de monde que le nôtre ! L'autre jour, je tombe sur une publicité pour une carte de crédit de luxe, qui permet à son possesseur d'accéder à tout un tas d'avantages, dont celui-ci : « La garantie exclusive Manque de neige » qui indemnise toute la famille « en cas de manque de neige pendant deux jours consécutifs ou de mauvaises conditions climatiques entraînant la fermeture d'au moins 50 % des remontées ou des pistes, pendant au moins cinq heures ». Je n'ai rien contre les assurances, et je comprends bien que c'est râlant de se frayer un chemin dans les grandes transhumances hivernales jusqu'à une montagne lointaine, pour finalement ne pas pouvoir y skier. Mais, là, je suis perplexe. N'avons-nous pas des trucs plus importants à assurer que notre frustration ? Vers quoi nous pousse ce genre d'habitudes ? Le jour où nous pourrons contrôler la météo, et faire neiger à volonté, serons-nous tentés de le faire, pour notre seul bon plaisir ? Pas très normal ni rassurant, ce que prédit l'apparition de ce genre d'assurances. Ou alors, c'est que je deviens un vieux grincheux rouspétant contre son époque. C'est possible aussi. Je repense en tout cas au slogan de Mai 68 : « Jouir sans entraves. » Le voilà recyclé par notre société d'hyperconsommation : « Soyez *assurés* de pouvoir jouir sans entraves. » Voilà, nous allons bientôt être exposés à des slogans comme ça : le bonheur assuré, le bonheur garanti... Mais non, je suis à côté de la plaque : ça existe déjà !

« Putain, putain, putain ! » C'est une drôle de scène à laquelle j'ai assisté l'autre jour dans le TGV. À quelques rangées de moi, une demi-heure après le départ de Paris, j'entends monter des jurons, à intervalles réguliers : « Putain ! Non, mais c'est pas possible ! Putain, putain, putain ! » Et ça dure comme ça, sporadiquement, pendant un bon moment. C'est un monsieur habillé en jeune cadre branché, assis tout seul, qui tempête devant son écran d'ordinateur. Tout le wagon jette des regards étonnés (« Qu'est-ce qui lui prend ? »), inquiets (« Est-ce qu'il va nous faire une crise de nerfs en direct ? ») ou agacés (« Il va un peu la boucler ce zozo énervé ? »). Puis le gars se calme tout seul. Au bout d'un moment, il se lève et va se chercher une bière au wagon-bar. Puis il revient, la boit et s'endort.

Je me demande sur quelle galère informatique il est tombé. Et quelle vie ultrastressante il doit avoir, pour se lâcher comme ça en public, devant tout le monde. Moi, ça m'arrive aussi de m'agacer dur, surtout quand mon ordinateur me fait des misères, mais quand il y a du monde, je la boucle, je n'ose pas gémir et rouspéter à voix haute. Si je le fais, c'est *in petto*.

Lui, il assumait : très fort en affirmation de soi, peut-être un peu moins en gestion du stress...

Q comme Quotidien

Chaque jour est une grâce : pain quotidien du bonheur.
Je le savais, et maintenant j'y crois.
Vais-je mourir bienheureux ?

Qohélet Plus connu sous le nom d'Ecclésiaste, c'est l'un des livres les plus déconcertants de la Bible. On pensait autrefois que le roi Salomon était l'auteur de ce long monologue, dont on connaît en général la célèbre antienne : « Vanité des vanités, tout est vanité et poursuite de vent. » Le paradoxe de Qohélet, et son mystère, est l'alternance de longues séquences mélancoliques et nihilistes (« Ce qui a été, c'est ce qui sera, ce qui s'est fait, c'est ce qui se fera : rien de nouveau sous le soleil ! ») avec d'autres bien plus réconfortantes (« Suis les voies de ton cœur et les désirs de tes yeux. »).

La coexistence de ces deux discours émanant de la même personne est résumée dans ces paroles qui les réunissent : « Goûte la vie avec la femme que tu aimes tous les jours de ta vaine existence. » Qohélet, malgré son pessimisme, est tout de même un sage (il ne cesse d'ailleurs de nous le rappeler) et, de ce fait, nous encourage à savourer la vie, même si elle n'a pas de sens : « car il n'y a ni œuvre, ni bilan, ni savoir, ni sagesse dans le séjour des morts où tu t'en iras ». Dans un commentaire qu'il fait du texte[1], le philosophe André Comte-Sponville souligne que *hével*, le terme hébreu traduit par « vanité » signifie étymologiquement « buée, vapeur ». Et la buée, ou la vapeur, ce n'est pas rien, mais presque rien ! Le message de Qohélet pourrait donc être : « Tout est buée, vapeur et poursuite de vent. » Mais oui, c'est bien comme ça, la vie : presque rien ; mais tout de même quelque chose...

Quand suis-je vraiment moi-même ? Est-ce lors de mes
moments heureux ? Est-ce que je me sens davantage moi-même
dans le bonheur ? Est-il pour moi un révélateur de tout ce à quoi
j'aspire et je m'identifie ?
Ou bien mon révélateur est-il le malheur ? Est-ce que je me
sens plus proche de moi-même lorsque je rumine, m'énerve ou
m'angoisse ?

On peut choisir de ne pas répondre à ce genre de question
et se dire que, finalement, bonheur et malheur sont des révélateurs
des multiples visages qui existent en nous. Ce qui n'est pas faux.

Mais ce n'est que partie remise, car la question suivante sera
alors : lequel de ces visages a ma préférence ? Dans lequel de ces
états ai-je envie de passer tout le restant de ma vie ?

« Qu'as-tu fait pour autrui aujourd'hui ? » Une amie
m'a l'autre jour envoyé cette citation de Martin Luther King, l'une
de mes personnalités favorites (sa photo est accrochée au mur de
mon bureau) : « La question la plus durable et la plus urgente de
la vie est : que faites-vous pour les autres ? » Ce jour-là, quand
je lis le message, la phrase me touche et m'interpelle. Elle provoque en moi ce dérangement que j'aime bien : le passage du
savoir au faire. En la lisant, je ne me demande pas : « Est-ce que
je le sais ? », mais : « Est-ce que je le fais ? » Les mots de Martin
Luther King ne font pas que m'accrocher intellectuellement (« ah
oui, c'est vrai, c'est important ») mais ils ne me lâchent plus de
la journée : « Et toi ? Qu'as-tu fait pour autrui aujourd'hui ? »
Qu'as-tu fait pour autrui aujourd'hui ? Pendant quelques jours,
régulièrement, je m'endors en me posant cette question. Le résultat
est très intéressant pour moi

Dans un premier temps, j'ai l'impression que c'est très facile,
que notre vie nous donne l'occasion de beaucoup faire pour autrui,
chaque jour. Mille et un gestes et paroles de réconfort, d'aide, de
gentillesse nous sont permis. Mais mon cas est faussé. J'ai la
chance d'être médecin : consoler, écouter, rassurer, soigner font

partie du quotidien des journées où j'exerce à l'hôpital ; certains jours cela me fatigue et me pèse un peu, mais globalement exercer ce métier, me permettant d'aider les autres, aura été pour moi une bénédiction. Autre chance : être auteur et aider par mes écrits. Autre chance encore : j'ai une famille et des amis, et je me rends disponible à eux, de mon mieux. Trop facile, donc, tout cela...

Car une fois que j'ai écarté l'aide que je donne en tant que médecin et qu'auteur, celle que j'offre volontiers à mes proches et connaissances, je découvre que c'est plus compliqué, qu'il y a des aides qu'il faut s'efforcer d'aller porter loin de ses circuits relationnels habituels. Et ça, c'est dur à appliquer au quotidien, dur de se dire : « Qu'as-tu fait pour autrui aujourd'hui ? Pour un autrui que tu ne connais pas du tout ? Pas pour un proche, un voisin, un collègue, un patient, un lecteur, mais pour un inconnu complet ? » Voilà mes certitudes rabattues et mon assurance ébranlée.

Pour me consoler, je me dis que c'est déjà ça, que c'est déjà bien, tout de même, ce que je fais régulièrement : aider volontiers, ou de mon mieux, tout autour de moi, les gens que je connais, ou dont je croise le chemin. Mais il existe des humains qui font davantage pour leurs semblables. Du coup, mon admiration pour eux, les bénévoles et les saints, célèbres ou anonymes, pour celles et ceux qui vont sur les chemins de la vie chercher des détresses à secourir, grimpe en flèche. Et l'exercice du soir : « Qu'as-tu fait pour autrui aujourd'hui ? » devient moins confortable, plus dérangeant. Suis-je allé aujourd'hui au-delà de mes habitudes, de mes cercles connus ? Pourrai-je le faire davantage dans les jours qui viennent ?

Je n'en sais rien, je ne suis pas un saint, juste un humain, un peu fatigué certains jours.

Mais j'espère que j'en aurai la force et la constance...

Quatre règles de vie Je suis bon public pour les règles de sagesse : le plus souvent, ça me plaît et ça me touche. Mon premier mouvement est de les apprécier avant de les critiquer. Sans doute est-ce parce que je sens bien que je suis un blanc-bec en matière de sagesse (et que je le serai toujours). En tout cas, l'autre jour, une amie m'envoie par Internet un de ces diaporamas comme vous avez déjà dû en recevoir, avec de belles photos de sages de l'Inde et de belles paroles. Cette fois-ci, on m'y proposait de suivre quatre principes de sagesse. Les voici :

— « Chaque personne que tu rencontres est la bonne personne. » Personne n'arrive dans ta vie par hasard...

— « Peu importe ce qui est arrivé : c'est la seule chose qui pouvait arriver. » Tout ce qui t'arrive est bien, même si cela heurte ton ego, ta logique ou ta volonté.

— « Chaque moment est le bon moment. » Rien ne t'arrive trop tôt ou trop tard, c'est juste quand il le faut, même si cela te dérange. Accepte ce qui est là.

— « Ce qui est fini est fini. » Ne regrette rien, lâche le passé (ne l'oublie pas, mais lâche-le) et avance.

C'est drôle comme ces évidences puissantes, parfois fausses ou inapplicables, ont tout de même pu me toucher et me faire réfléchir à ma vie. À toutes les fois où réagir selon ces principes aurait pu m'éviter beaucoup de souffrances et de temps perdu. C'est pour ça que je ne peux jamais y voir des platitudes, comme le pensent certains face à ces grands conseils existentiels. Les platitudes n'existent pas : c'est notre élan vital et notre curiosité qui sont raplapla, nous qui sommes prétentieux ou blasés ; ou parfois juste de mauvais poil ou fatigués.

Quiétisme Il a existé au XVIIᵉ siècle en Europe un étonnant courant religieux, le quiétisme. D'inspiration mystique, il consistait à se rapprocher de Dieu par une forme d'abandon confiant et paisible à sa volonté. Se mettre en prière et en oraison contemplative était le plus important ; les rituels et les actes passaient au second plan. L'Église n'apprécia pas et brandit le péché de *déisme* : se passer des dogmes et des institutions pour établir une relation directe avec Dieu. Le quiétisme cherchait une forme de vérité dans l'abandon, la non-action et la confiance en Dieu. Il fut l'objet de critiques violentes qui entraînèrent sa disparition en tant que courant constitué. Certaines visions contemporaines du bonheur, comme un abandon confiant à la providence et à la vie, en sont proches. Et les critiques qu'elles suscitent (le bonheur comme une démission face aux nécessaires combats de la vie) ressemblent à celles qu'a suscitées le quiétisme à son époque (il fut défendu par Fénelon et attaqué par Bossuet). Pourtant, lâcher-prise et faire confiance représentent parfois les attitudes les plus intelligentes et adaptées qui soient : lorsque l'adversité est là, et qu'on a fait ce qu'on avait à faire, mieux vaut alors le quiétisme que l'activisme.

« Qui nous fera voir le bonheur ? » Ce cri du cœur figure dans le psaume 4 de la Bible. Qui répond que ce sera Dieu, bien sûr. Ce à quoi j'ajouterais volontiers : ou nous-mêmes. Ce qui n'est pas un blasphème, puisque Dieu nous a créés à son image.

Quotidien Source principale du bonheur. Les gisements sont considérables, l'exploitation facile : il suffit d'ouvrir les yeux et de prendre conscience.

R comme Respirer

Quoi qu'il advienne, respire.
Quand tu admires et quand tu pleures, quand tout et quand rien.
Parce que tu es vivant, tout simplement.

Râler et ne plus râler C'est une belle soirée passée chez des amis, avec de grandes discussions, de bons plats et du bon vin. Nous sommes arrivés tôt à leur demande, pour pouvoir repartir avant minuit et ne pas être crevés le lendemain. Cependant, la conversation dure, dure, dure ; je commence à piquer du nez, et j'observe que mon ami a lui aussi les paupières lourdes. Nos épouses sont en pleine forme et, malgré nos petits signaux de fatigue de moins en moins dissimulés, continuent à passer en revue tous les grands thèmes de nos vies. Nous finissons par partir bien plus tard que prévu. Il me tarde d'être au lit et de dormir. Voilà, ouf, ça y est : quel délice, bien au chaud sous la couette ! Et tout à coup, je me rappelle.

Je me rappelle qu'il y a des années, quand ce genre de situation m'arrivait (vouloir me coucher tôt après une soirée et me retrouver au lit seulement à 1 heure du matin), quand ce genre de situation m'arrivait donc, je rouspétais *in petto* : j'étais agacé d'être parti trop tard de la soirée, j'étais fatigué à l'avance par le réveil précoce du lendemain matin, un peu inquiet de ne pas avoir assez de temps pour récupérer. Et là, je vois que mon cerveau ne rouspète presque plus, ne s'agace presque pas. Il ne perd pas de temps ni d'énergie à regretter la soirée un peu trop longue. Il ne s'inquiète pas de la fatigue à prévoir pour le lendemain. Il écarte avec facilité ces tentations de ronchonner et se concentre juste sur l'essentiel, sur l'instant présent : que c'est bon d'être dans son lit sous sa couette quand on est fatigué et qu'on a juste envie de dormir ! Il (mon cerveau) se consacre directement à l'instant présent. Il sait que le reste est inutile. En tout cas, inutile à ruminer à ce moment. Ce moment est juste à savourer et non à gâcher. Je comprends alors que toutes les séances de méditation et toutes les séquences de pleine conscience ont commencé à modifier tranquillement mon cerveau (la fameuse neuroplasticité, chère aux thérapeutes) année après année, sans que je m'en aperçoive. Il fait le boulot de régulation émotionnelle avec une efficacité bien plus grande : tantôt tout seul, tantôt à ma demande. Grâce à tous les petits efforts anodins, et apparemment improductifs sur le moment, effectués depuis des années. Des efforts anodins qui font de nous de meilleurs humains : des humains qui rouspètent moins, qui agressent moins, qui savourent mieux, qui sont plus heureux, plus capables d'écouter sans s'énerver, d'agir à bon escient, sans en rajouter dans la colère ou l'autosatisfaction. Gratitude gigantesque, immense, cosmique, envers tous les méditants de toutes les époques et de toutes les cultures qui ont patiemment mis cela au point depuis des millénaires. Tout seul, je n'y serais jamais arrivé...

Raquettes dans la neige Un jour à la montagne, je marche tout seul dans la forêt en raquettes. Ma progression est lente et difficile, car il y a beaucoup de neige fraîchement tombée. Le temps est magnifique, avec cette lumière d'hiver froide et éblouissante. De temps en temps, je m'enfonce brutalement jusqu'au genou, dans un bloc de neige plus meuble. Puis je reprends péniblement mon avance. Un peu plus loin, je m'enfoncerai à nouveau, et me dégagerai avec peine. Souvent, épuisé par ces efforts, je m'arrête pour admirer la beauté de la forêt, la pureté du ciel, pour écouter le silence habité des lieux : bruits de neige qui tombe des branches d'un coup, chant des oiseaux. Je me demande pourquoi je suis là, à galérer pour avancer dans cette neige profonde. Puis la réponse s'impose : parce que c'est beau tout autour de toi. Bien plus beau que sur les pistes des stations de ski, bien plus beau que partout ailleurs. Et parce que c'est à l'image de nos vies : on galère, on peste, on avance en s'enfonçant et en trébuchant. Et dès qu'on s'arrête et qu'on regarde, on comprend la chance inouïe que l'on a de se trouver là.

Rater (presque) son train C'était après un colloque qui avait duré toute une journée et une soirée, un beau colloque où nous avions appris plein de choses et vécu beaucoup de moments touchants. J'avais mon train pour rentrer à Paris le lendemain matin tôt, à 7 h 35. L'ami qui avait organisé tout ça (avec quelques autres, tout de même) souhaitait absolument passer me prendre pour me conduire à la gare. J'avais beau refuser, lui disant qu'il était déjà assez fatigué comme ça et que je pouvais très bien prendre un taxi, il insista tant que j'acceptai. Et puis, me disait-il, comme ça nous pourrons bavarder encore un peu. Rendez-vous est donc pris pour le lendemain matin 7 h 10 devant mon hôtel.

Le lendemain, à 7 h 15 il n'était toujours pas là. Je lui téléphone et tombe sur son répondeur. À 7 h 20, le stress monte et je commence à arpenter la rue pour essayer d'attraper au vol un taxi (trop tard pour en faire appeler un par l'hôtel). Mon ami arrive alors à 7 h 25, très embarrassé, m'expliquant qu'il n'a pas entendu le réveil, que c'est la première fois que ça lui arrive, etc.

Je suis à la fois soulagé de son arrivée, mais aussi assez tendu car je commence à voir que c'est raté pour le train. Nous fonçons à travers la ville, et j'assiste à ce spectacle étonnant de quelqu'un qui brûle tous les feux rouges avec prudence (je sais, ça fait bizarre de le dire comme ça…) : c'est-à-dire que, chaque fois, il s'avance doucement, vérifie que la voie est libre et passe. Nous ne nous parlons pas. Lui par concentration et par embarras. Moi pour ne pas le déconcentrer, vu ce qu'il est en train de faire, et aussi parce que toute mon énergie est absorbée ailleurs.

Absorbée, car durant tout le trajet, je travaille comme un fou à me calmer : repousser les vagues d'agacement contre lui (l'envie absurde et inutile de lui faire des reproches : « Je t'avais bien dit que tu étais fatigué et que je pouvais prendre un taxi ! »), celles du stress (« Je vais manquer mon train… ») et celles de la culpabilité (« Ne te mets pas dans un état pareil pour un simple train ; et puis, il ne l'a pas fait exprès... »). Bref, silence tendu et concentré dans la voiture. La conversation amicale, ce sera pour une autre fois. Nous arrivons devant la gare à 7 h 33 : galopade dans les couloirs, recherche du bon quai (toujours plus dur si on est pressé et stressé), et saut dans le TGV (qui avait en fait cinq minutes de retard). Nous nous remettons enfin à parler à ce moment, avant la fermeture des portes, lui pour s'excuser, moi pour le déculpabiliser : « Pas de souci, ça nous fera un bon souvenir, on en reparlera dans quelques années comme d'une histoire à mourir de rire : "Tu te souviens quand on a traversé Bruxelles en moins de dix minutes ? !" »

Dans le train, je repense à ce que je viens de vivre. J'ai beau régulièrement méditer, savoir comment on gère son stress, etc., tout ça ne m'a pas empêché de stresser et de m'agacer. Ni de ressentir de la colère contre mon copain, et de le lui montrer par ma tête et mon silence. Le mieux que j'aie pu faire, c'est de tenir cette colère et ce stress à distance relative, de les empêcher de prendre un ascendant complet sur moi (et de lui faire des reproches inutiles).

Du coup, il ne me restait plus d'énergie pour tout le reste : j'aurais pu par exemple remercier mon ami des risques qu'il prenait pour son permis de conduire et le remercier durant le trajet, pour ses efforts, et non après, pour le résultat. Mais c'était trop dur. Est-ce que j'y arriverai un jour ? Je n'en ai aucune idée ; je sais juste que j'ai encore un sacré boulot avant cette étape. Inutile de faire des efforts pour rester humbles (au cas où nous serions tentés de nous voir plus forts que nous ne sommes) : la vie se charge de nous rappeler nos limites.

Ravi Dans toutes les crèches provençales, il est là, *lou ravi*, « le ravi », vêtu pauvrement, avec ses bras levés au ciel, émerveillé par le petit Jésus. Il est devenu objet de moqueries : être désigné comme « le ravi de la crèche » signifie en général qu'on considère vos enthousiasmes et vos emballements comme trop systématiques pour être crédibles. Mais n'oublions pas que le verbe ravir signifie au départ « emporter de force » ; le ravissement psychique désigne donc un rapt par le bonheur, un transport irrésistible par la joie. J'aimerais bien être ravi plus souvent !

Recettes de bonheur Il est de bonne règle de mépriser les recettes et les trucs de bonheur. Moi, cela ne m'a jamais paru suspect que les conseils pour aller bien soient très simples. Leur simplicité ne m'a jamais paru être du simplisme. Est simple ce qui est facile à comprendre et à exécuter. Car, avec les recettes de bonheur, la difficulté n'est pas là : elle est dans la régularité de leur pratique.

Rechutes Un point capital : si vous n'étiez pas doué au départ pour le bonheur, si vous avez fait des efforts et si, à la suite de ces efforts, vous avez progressé, vous rechuterez.

Rien d'anormal, tout le monde passe par là, les psychothérapeutes le savent bien : le processus de changement psychologique ne suit pas une ligne droite mais une sinusoïde orientée vers le haut. À chaque inflexion vers le bas de cette sinusoïde, on se demande ce qui se passe : est-ce le signe que tous nos efforts ont été inutiles et que nous serons toujours condamnés à revenir à notre point de départ, tel Sisyphe poussant son rocher ? Ou est-ce juste le signe que notre changement implique nos automatismes émotionnels, et que ces derniers refont régulièrement surface, à l'occasion de difficultés accrues ou de fatigues passagères ?

Rappelons les étapes de tout changement : d'abord les pensées (on se dit ce qu'on devrait faire), puis les comportements (on s'efforce de le faire), puis les émotions (elles deviennent moins violentes). Cette dernière phase est la plus tardive, la plus longue, et la plus incomplète dans son aboutissement. Il arrive que toute notre vie nous continuions à ressentir des bouffées de peur, de détresse, des envies de suicide ou des impulsions de violence. Ce n'est pas leur présence mais leur influence que nous avons su vaincre. Cioran notait ainsi : « J'ai vaincu l'appétit, non l'idée, du suicide. »

Ne pas avoir d'orgueil ou d'attentes démesurées concernant notre pouvoir sur nos émotions douloureuses ; elles reviendront toujours pointer le bout de leur nez. Mais si nous ne cédons pas à ces retours, elles finiront toujours, aussi, par moins peser...

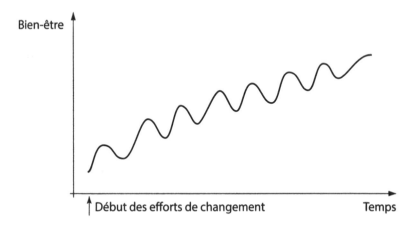

Nos progrès psychologiques s'effectuent, presque toujours,
en dents de scie, par avancées et décrochages...

Recueillement La dernière fois que je suis allé me recueillir seul sur la tombe de mon père, j'ai attentivement observé ce qui se passait dans ma tête. Rien à voir avec la manière dont les choses se déroulent lorsque nous sommes plusieurs : il y a alors plus d'actions (mettre de l'eau pour les fleurs, nettoyer un peu la tombe) et de bavardages. Lorsqu'on est tout seul, c'est bien différent. On est confronté à son monde intérieur. On a le temps de se regarder faire, de s'écouter penser, de s'observer ressentir. Ce jour-là, je me suis d'abord aperçu que j'étais habité de vagues pensées et images qui allaient et venaient en désordre. Souvenirs d'enfance et souvenirs de sa fin de vie. Je ne m'accrochais à aucun, les laissant juste apparaître et disparaître. Tout en continuant d'être dans le moment présent, de regarder la tombe, d'avoir des pensées parasites, d'entendre les bruits de la vie autour de moi. Puis j'ai eu envie de lui parler, de le saluer, de lui adresser des messages depuis ici-bas. Envie de reprendre un peu le contrôle sur ce désordre. Avec l'impression que les dernières fois que j'étais allé au cimetière, je n'avais pas vraiment « parlé » à mon père. Qu'il fallait, au moins ce jour-là, que je ne me contente pas de laisser vagabonder mon esprit en pensant à lui, mais que j'organise un peu le truc.

Alors je me suis centré sur de la gratitude, je l'ai remercié pour ce qu'il m'avait apporté : le goût de l'effort, le souci des autres, l'amour des livres, la prudence avec les plaintes. Remercié pour avoir travaillé dur afin de nous permettre, à mon frère et moi, de faire les études qu'il n'avait jamais pu faire. J'ai laissé ce sentiment de gratitude se répandre en moi. Je l'ai senti réchauffer ma poitrine, j'ai respiré un peu plus fort pour le diffuser et le répandre partout dans mon corps. Je suis resté quelques minutes en connexion avec mon père sur ce canal de gratitude. Je voyais les bons souvenirs écarter doucement les moins bons, se frayer une place au premier rang de ma mémoire et de mes émotions. Et je sentais qu'à ce moment, c'était la meilleure des attitudes. J'avais aussi l'impression étrange qu'à cet instant je transmettais quelque chose à mon père. Et que cette transmission me remplissait moi aussi. Je ressentais physiquement ce que l'on dit souvent à propos des dons qui enrichissent et nourrissent la personne qui donne.

Et puis, doucement, je suis revenu dans le cimetière. Je me suis remis à regarder la tombe, mon esprit a recommencé à vagabonder : sur les autres noms, ceux de mon grand-père, de ma grand-mère.

Je suis reparti tout lentement dans les allées, en regardant chaque stèle, en me sentant lié à tous les morts qui m'entouraient. Sentiment rassurant de continuité humaine.

Recul « Quand un homme dit : "Je suis heureux", il veut dire bonnement : "J'ai des ennuis qui ne m'atteignent pas." » (Jules Renard, « 20 janvier 1902 », *Journal*). Ne pas avoir d'ennuis ? Impossible. Ne pas se laisser atteindre par eux ? Pas toujours facile, mais souvent possible.

Regrets Je me souviens, lors d'un stage de méditation, que notre instructeur nous avait fait faire un de ces trucs bizarres que seuls les instructeurs de méditation sont capables de proposer. Il nous avait réunis tous en rond. Puis demandé de faire un pas en avant. Après quelques secondes de silence, il nous avait dit alors : « Et maintenant, essayez de ne pas avoir fait ce pas. » Jamais entendu, ni surtout vécu (c'est toute la différence entre l'enseignement par la parole et celui par l'expérience) un truc aussi frappant sur l'inanité qu'il y a à éprouver certains regrets.

Les dictionnaires définissent le regret comme un « état de conscience pénible lié au passé, du fait de la disparition de moments agréables » : on regrette son enfance, ses vacances, un amour de jeunesse... Descartes le décrivait ainsi dans son *Traité des passions de l'âme* : « Du bien passé vient le regret, qui est une espèce de tristesse. » Les liens entre regrets et bonheur sont nombreux. Souvent ils le compromettent, car ils nous poussent, malgré nous, à ruminer le passé. La Bruyère, qui constatait avec un certain pessimisme, dans ses *Caractères*, le mauvais usage que l'être humain fait de ses regrets : « Le regret qu'ont les hommes du mauvais emploi du temps qu'ils ont vécu ne les conduit pas toujours à faire de celui qui leur reste un meilleur usage. »

La plupart des travaux conduits dans ce domaine[1] soulignent que les regrets sont inévitables, et qu'ils peuvent être liés à l'action tout autant qu'à l'absence d'action : on a fait quelque chose que l'on n'aurait pas dû faire, ou inversement, on n'a pas fait quelque chose que l'on aurait dû faire. Mais à choisir, mieux vaut des regrets d'action ! En effet, et de façon générale, de nombreux travaux semblent indiquer que l'on éprouve davantage de regrets à court terme pour ce que l'on a fait (du moins lorsqu'on a échoué), que pour ce que l'on n'a pas fait. Les psychologues évolutionnistes supposent d'ailleurs que la fonction des regrets est précisément de nous permettre de tirer des leçons de nos échecs, de nous inciter à être plus prudents à l'avenir avant de nous lancer à nouveau dans une action incertaine. Mais sur le long terme, ce sont les regrets de non-action qui pèsent le plus lourd : ce que nous regrettons le plus dans nos vies, c'est le plus souvent ce que nous n'avons pas fait : « J'aurais dû poursuivre mes études », « J'aurais dû consacrer plus de temps à mes enfants », « J'aurais dû parler davantage avec mon père avant qu'il ne meure. »

Regrets (les plus grands) Toute une littérature fleurit régulièrement autour des plus grands regrets exprimés par les humains au soir de leur vie. Lorsqu'on sent que la mort s'approche, il semble que ce qu'on est le plus enclin à regretter soit[2] : ne pas avoir eu une vie fidèle à ses attentes personnelles et avoir toujours voulu faire plaisir aux autres plus qu'à soi ; avoir travaillé trop dur ; ne pas avoir exprimé ses sentiments ; ne pas être resté en contact avec ses amis ; ne pas avoir cherché à être plus heureux. Comme on le voit, les « ne pas » prédominent dans cette liste (4 sur 5) : les regrets de non-action, encore et toujours... Et si on essayait d'en tenir compte, avant que la mort ne s'approche de nous ?

Regrets et poésie Il me semble que j'ai besoin à la fois de la poésie et de la science pour m'inciter à changer, et à accomplir avec régularité et persévérance tous les efforts de psychologie positive dont je parle dans ce livre. La science sert à convaincre mon cerveau (et sans cette étape, je ne bougerais pas). Et la poésie sert à me motiver, et à me donner à la fois l'élan initial, et les relances multiples lorsque ce dernier faiblit. Ce qui m'a beaucoup aidé dans ma lutte antiregrets (j'ai longtemps été un grand regretteur), ce sont par exemple ces vers de Guillaume Apollinaire, dans son poème « À la Santé[3] » :

> *Que lentement passent les heures*
> *Comme passe un enterrement*
> *Tu pleureras l'heure où tu pleures*
> *Qui passera trop vitement*
> *Comme passent toutes les heures*

Me répéter, lorsque je m'aperçois que je suis en train de partir dans de quelconques jérémiades : « Tu pleureras l'heure où tu pleures » a sur moi l'effet d'un mantra et s'avère souvent efficace. Tout m'aide alors : la belle musique du vers, l'image du poète ; je vois Guillaume Apollinaire se réjouir et souffrir dans le Paris des années 1900, puis trépasser de la grippe espagnole en 1918. Je pense à lui, mort aujourd'hui, et ses paroles pèsent alors d'un poids bien plus grand que si le même conseil m'était délivré par un vivant, dans un langage ordinaire (« arrête un peu de pleurnicher sur ton sort, vieux ! »). Les humains sont vraiment de drôles de bestioles.

Religion D'après la plupart des études, la pratique d'une religion, quelle qu'elle soit (en tout cas, les données existantes concernent les quatre suivantes : catholicisme, islam, bouddhisme et judaïsme) est favorable au bien-être psychologique[4]. Il y a plusieurs explications à cela : la fréquentation d'un groupe de fidèles qui crée du lien social et amical ; l'effet pacificateur et apaisant de la prière ; le sens donné à l'existence ; l'espérance en un au-delà après la mort ; la pratique d'un style de vie s'écartant des excès. Mais tout cela marche seulement à « doses moyennes » : en cas d'intégrisme, les bénéfices disparaissent et s'effacent sous le poids des contraintes et de la rigidité des rituels et de la pensée. Il semble par ailleurs que plus les conditions de vie sont difficiles au quotidien, plus les bénéfices de la pratique religieuse sont forts[5] et plus l'implication est grande chez les pratiquants, quantitativement (ils sont plus nombreux) et qualitativement (ils sont plus dévots). Par contre, plus le confort de vie s'élève, moins cet engagement est important : est-ce lié à la concurrence du matérialisme ? Ou bien à des besoins moindres en termes de réassurance par rapport à un destin contraire ? Pour décrire son effet consolateur, mais aussi politiquement anesthésiant à ses yeux, Marx parlait de la religion en disant qu'elle était l'opium du peuple[6] ; nous dirions aujourd'hui le « Prozac du peuple ». Et il ajoutait : « La religion n'est que le soleil illusoire qui gravite autour de l'homme tant que l'homme ne gravite pas autour de lui-même.» Je ne suis pas sûr que nous ayons intérêt à trop graviter autour de nous-mêmes...

Remerciements de Marc Aurèle Dans son camp militaire, au pays des Quades, sur le bord du fleuve Granua, l'empereur Marc Aurèle s'assied un soir à sa table de travail et commence à rédiger ses *Pensées* par de longues pages de remerciements, émouvantes, qui égrènent la liste de ce que d'autres lui ont donné :

«J'ai appris de mon aïeul Verus à avoir de la douceur et de la complaisance... Ma mère m'a formé à la piété... Rusticus m'a fait voir que j'avais besoin de corriger mes mœurs et d'en prendre soin... Sextus m'a enseigné par son exemple à être doux, à gouverner ma maison en bon père de famille, à avoir une gravité simple et sans affectation, à vivre conformément avec la nature, à tâcher de deviner et prévenir les souhaits de mes amis... J'ai appris d'Alexandre le grammairien à ne point dire d'injures dans la dispute... Je dois remercier les Dieux de m'avoir donné de bons aïeux...»

Loin d'être fastidieuse, cette liste est passionnante et émouvante, car elle est sincère. Elle dessine le portrait d'un homme soucieux d'être bon et juste, elle esquisse la liste de tous les efforts que les humains, en tout temps et en tout lieu, ont à conduire pour être plus humains encore. Elle est un exercice de dignité et d'humilité, inégalé à ma connaissance dans la littérature.

Remises en question Beaucoup de nos ennuis mentaux viennent de ce que nous ne faisons pas vraiment ce que nous savons bon pour notre esprit. La remise en question, par exemple. Peu d'humains nient que savoir se remettre en question soit une très bonne chose : si je constate que je me suis trompé, que j'ai commis une erreur, remettre en question le raisonnement, les habitudes, les certitudes qui m'ont conduit vers cette erreur sera une démarche utile, voire indispensable. Mais le faisons-nous ? Le faisons-nous vraiment ?

Est-ce que nos remises en question consistent juste à noter mentalement que nous nous sommes trompés, que cela venait de nous, puis à enchaîner sur d'autres activités ? Dans ce cas, cela ne nous servira pas à grand-chose : nous recommencerons dès la prochaine occasion, et retomberons dans les mêmes erreurs, les mêmes habitudes, les mêmes certitudes. Nous devons nous faire violence : contempler sincèrement et longuement nos erreurs. Nous en imprégner. Non pas pour les ruminer et nous faire souffrir. Mais pour ne pas les oublier, leur faire vraiment une place durable dans notre esprit. Pas pour nous flageller, mais pour progresser. Pour offrir un peu plus de chances au bonheur, en déblayant celles de nos erreurs qui sont manifestement répétitives, et donc manifestement autoproduites.

Rencontres De nombreuses études montrent que les rencontres et les interactions avec de nouvelles personnes entraînent de nombreux bénéfices en termes de bien-être émotionnel[7]. L'un des mécanismes probables est que nous sourions davantage aux personnes que nous ne connaissons pas ou peu, et que ce sourire nous fait du bien en retour. Ces bénéfices du lien social sont logiques, mais le plus intéressant est que, bien souvent, nous les sous-estimons à l'avance : alors que toutes les données montrent que, lorsque nous ne sommes pas en forme, les rencontres nous arrachent, au moins légèrement, au moins brièvement, à nos ruminations moroses. C'est l'éternelle question de l'anticipation des bénéfices de nos actions lorsque nous allons mal : au lieu de le faire pour *voir*, nous y renonçons parce que nous croyons *savoir* que ça ne marchera pas. Nous sacrifions une vraie tentative à une fausse certitude : ce n'est jamais une bonne idée en matière de bonheur.

Rendre grâce Nos ancêtres rendaient grâce bien plus volontiers que nous : pour eux, avoir à manger, vivre en paix, rester en bonne santé ou même tout simplement en vie, tout cela relevait d'une grande chance, ou plutôt de la bienveillance divine. Par exemple, chez les chrétiens, chaque repas était précédé d'une courte prière nommée « Bénédicité » ; le mot vient du latin et signifie « Bénissez ». Notre vie est moins dure aujourd'hui, mais il est possible tout de même de s'émerveiller de notre chance de vivre, et de rendre des grâces laïques : s'arrêter, respirer, prendre conscience, sourire, remercier qui nous voulons pour la chance que nous avons de nous trouver là.

Renoncer Renoncer est une démarche nécessaire au bonheur. Mais il s'agit de renoncer au virtuel et non au réel. Renoncer à vouloir vivre et éprouver *tous* les bonheurs et toutes les sources de bonheur potentiels et accepter que nous n'aurons jamais le temps de faire tout ce que nous voudrions faire, voyages, loisirs, rencontres. Mais ne surtout pas renoncer, sous prétexte de chagrins ou d'occupations diverses, à savourer chaque bout de bonheur qui passe.

Repos avant sommeil C'est à Sainte-Anne, pendant le groupe de méditation du lundi soir. Nous sommes en train de discuter d'un exercice que nous venons de faire et pendant lequel plusieurs des participants, patients ou thérapeutes, ont senti qu'ils commençaient à s'endormir. Alors Michaël, l'interne du service qui participe à cette session, nous raconte une histoire à ce propos. C'est son petit frère, qui, un soir, traîne au salon avant d'aller se coucher. Il se met dans un fauteuil et commence à somnoler. Michaël passe et lui demande :

« Mais pourquoi tu ne vas pas dormir dans ton lit ?

— Je ne dors pas, je me repose.

— Tu te reposes, maintenant ?

— Oui, je me repose avant d'aller dormir ! »

Logique implacable : se reposer et dormir, ce n'est pas pareil. Et se reposer avant d'aller dormir, ce n'est pas une si mauvaise idée, si se reposer, c'est s'apaiser, se détendre, s'adonner à un petit moment de pleine conscience : juste se sentir respirer, exister, être là. Un troisième état de conscience, entre la veille et le sommeil, un état de présence mentale sans but précis. Et si on veut lui donner un but, on peut choisir d'évoquer délibérément les petits bonheurs de la journée, histoire de s'endormir sur autre chose que nos soucis.

Résilience Il ne s'agit pas seulement de survivre aux épreuves, mais de recommencer à pouvoir être heureux ensuite : d'abord travailler à s'en redonner le droit ; puis à s'en redonner le goût.

Résolutions « L'heure est aux saines résolutions. Je ne taperai plus les gorilles. Je croquerai moins de cailloux. Je marcherai sur mes deux pieds. Ce sera dur, mais que serions-nous si nous n'imposions parfois à notre volonté ces défis qui la renforcent en l'éprouvant ? » C'est l'écrivain Éric Chevillard qui se moque ainsi des bonnes résolutions dans son blog *L'Autofictif*. Moi, j'aime bien, quand même, les résolutions de début d'année ; elles nous rapprochent un peu de l'action, elles ont au moins le mérite d'exister. Les quelques travaux qui ont été conduits à leur propos montrent d'ailleurs qu'elles marchent tout de même mieux que l'absence complète de résolution (« je ne fais aucun effort, ni de réflexion ni d'action, pour amender ou limiter mes défauts[8] »), c'est pourquoi je ne m'en moque pas et raisonne plutôt comme Jules Renard : « Je vous apporte mes vœux. – Merci. Je tâcherai d'en faire quelque chose[9]. »

Respiration Notre souffle accompagne discrètement toutes nos émotions, accélérant ou ralentissant au gré de nos activités ou de nos ressentis. Mais il n'est pas seulement le témoin de nos émois et de nos engagements, il est aussi une source d'apaisement et un outil de bonheur.

Prendre conscience de son souffle, et respirer plus fort, en conscience, quand on croise la beauté, la paix, la douceur : pour mieux les savourer, les faire entrer en nous, et ne pas seulement les noter intellectuellement (« tiens, c'est beau, c'est touchant... »). Prendre conscience de son souffle, et respirer plus fort quand on souffre : pour ne pas se recroqueviller sur ce qui nous fait mal. Prendre conscience de son souffle, et respirer plus fort quand rien ne se passe de spécial : pour mieux se souvenir que l'on est vivant, et que c'est une chance incroyable.

Poser sa respiration sur un rythme lent et calme permet donc de nombreux bénéfices, mais en pratique, comment s'y prendre ? On recommande souvent l'approche dite « du 365 » : 3 fois par jour, 6 cycles respiratoires lents par minute (chaque inspiration et expiration durent environ 5 secondes), pendant 5 minutes. Et à faire 365 jours par an, c'est-à-dire tous les jours[10].

Respiration, amour et bienveillance Les méditations centrées sur la bienveillance envers autrui augmentent très nettement le bien-être des pratiquants réguliers, notamment en augmentant leur sentiment de proximité et de fraternité envers le genre humain, et pas seulement envers leurs proches[11]. Dans ces exercices, il est souvent recommandé de ressentir les liens entre son souffle et la bienveillance, reçue ou donnée. C'est ce que prônait Mère Teresa dans l'une de ses interviews : « C'est simple : inspirer l'amour, expirer l'amour ! »

Retrouver Il y a les bonheurs liés à la surprise et à l'incertitude. Il y a aussi les bonheurs, plus doux, de retrouver ce qu'on connaît déjà et qui nous touche, ou parfois même nous bouleverse : revenir régulièrement dans un endroit que l'on aime, revoir régulièrement des amis qui habitent au loin. Nous n'avons pas besoin que de nouveauté : parfois de simples repères, dont nous vérifions qu'ils sont toujours là, suffisent à nous mettre en joie.

Réveil Moment sensible où nous quittons le sommeil pour affronter ou savourer la vie. Parfois, nous ne ressentons pas d'état émotionnel particulier. Parfois, à peine les yeux ouverts, les angoisses nous ont déjà sauté à la gorge. Parfois, c'est la joie qui est là. Dans tous les cas, il est intéressant de prendre un peu de temps avant de se lever : le temps de nous réjouir d'être en vie (pendant notre sommeil des milliers d'humains sont morts), et le temps, si nous souffrons déjà, d'élargir notre esprit tout autour de la souffrance, pour ne pas démarrer nos journées la poitrine comprimée. Autre activité recommandée au réveil : pas d'écran, pas d'infos ; plutôt des mouvements de gymnastique doucement effectués, ou une petite méditation assise de quelques minutes, centrée sur l'instant présent et la conscience de l'état du corps.

Rêver Un jour, mon épouse me fait passer un lien Internet proposant des vacances paradisiaques dans un lieu merveilleux. Et moi de lui répondre, un peu affolé : « Mais... On ne peut pas ! C'est très cher, et en ce moment, on n'a pas assez de sous et pas du tout de vacances ! » Et elle de me répondre : « Oui, mais ce n'est pas grave. Ça m'a fait plaisir d'y rêver un instant ! » C'est drôle comme sur le moment je suis surpris. On croit connaître son conjoint, et il y a toujours des petits moments comme ça où on découvre une de ses facettes qui nous est étrangère. Personnellement, je ne me laisse pas volontiers aller à des rêves qui me semblent impossibles ; ça ne m'intéresse pas, et peut-être que je ne veux pas qu'ils laissent en moi de l'amertume. Je ne veux pas m'y exposer, je fais de la prévention de déception, en quelque sorte. Mais mon épouse, qui est bien plus douée en bonheur que moi, n'a pas peur de se laisser aller aux rêves, puis d'en redescendre, et de rester toujours aussi heureuse de sa vraie vie.

Révolutions Article premier de la Constitution du 24 juin 1793 : « Le but de la société est le bonheur commun. » Le goût du bonheur n'est pas nécessaire pour faire la révolution. C'est la colère qui en général pousse à tout mettre par terre, ce sont les coléreux qui ont l'énergie pour tout chambouler, pas les gentils. Par contre, ces derniers sont utiles à la reconstruction d'un monde meilleur (bien que les énervés ne soient pas toujours prêts à leur laisser la place).

Richesse tranquillisante Je comprends parfaitement le désir de la plupart des humains de devenir riches. Je n'y vois aucune preuve de cupidité ou de désir de puissance, mais juste l'attente de ne plus s'inquiéter des adversités matérielles de la vie : l'argent est un tranquillisant, puissant et efficace, un amortisseur de soucis. La voiture est en panne ? Pas de problème, nous avons de quoi payer les réparations. La maison a pris feu ? Pas d'inquiétude, nous en achèterons une autre, encore plus grande et plus belle pour nous consoler. Il a bien sûr ses limites et ses inconvénients : la dépendance et l'accoutumance. L'accoutumance, qui consiste à s'habituer à un produit, et à devoir augmenter la dose pour obtenir les mêmes effets. Je m'ennuie dans ma vie ? Je m'achète un beau voyage ou de beaux objets. Je continue de m'ennuyer ? J'en achète de nouveaux, de plus en plus nombreux, de plus en plus coûteux. La dépendance, qui fait qu'on ne peut plus s'arrêter sous peine d'un état de manque : lorsqu'on est habitué à noyer ses soucis sous l'argent, ne plus pouvoir le faire (parce qu'on a moins d'argent, ou parce que certains soucis ne se dissolvent pas dans l'argent) va révéler notre fragilité : on est alors encore plus démuni que quiconque.

L'argent est ainsi un excellent anxiolytique, mais qui nous fragilise parfois face à certains retours du réel et de l'adversité. Il facilite tout mais ne garantit rien. Il ne manquerait plus que ça !

Rire Rabelais se moquait volontiers des agélastes, ces personnes qui ne rient jamais. J'aime rire et faire rire, mais je me sens toujours mal à l'aise devant les images ou les reportages sur les cours de rire ou de yoga du rire. J'ai beau avoir de la sympathie pour ces démarches, et penser qu'elles sont sans doute bénéfiques[12], je me sens embarrassé : amener un sourire sur son visage me semble à la portée de quiconque n'est pas dans la souffrance, mais pousser son corps à rire me paraît un acte contre nature ; il me semble que c'est pousser trop loin le volontarisme. Mais je critique ici une pratique que je n'ai jamais essayée : j'ai donc tort.

Rue des Champs-Pierreux Il y a des jours où la souffrance du monde s'invite dans nos têtes. Je me souviens d'un matin triste d'hiver tout gris où je me suis réveillé avec une image terrible en tête, ramenée d'un de mes voyages en Inde : une petite fille âgée d'environ 8 ans, croisée sur les quais de Bénarès, vers 6 heures du matin, portant sa petite sœur de 2 ou 3 ans endormie dans les bras. Je revois distinctement son visage. À vélo, sur le chemin de l'hôpital, dans la descente près de chez moi qui mène vers la piste cyclable, je croise une autre fillette en pleurs, qui marche seule vers l'école, son cartable sur les épaules ; ses pleurs me frappent le cœur, aussi fort que les gouttes de pluie frappent mon visage. Arrivé à Sainte-Anne, je réponds à mon courrier : une patiente qui m'écrit habite « rue des Champs-Pierreux ». Des images de plaines arides et désolées envahissent mon esprit. Ça y est, c'est clair, la tristesse et de la réalité du monde ont fait irruption par effraction dans mon petit quotidien feutré, au cas où j'aurais tendance à les oublier. Ce jour-là, je suis vraiment en phase avec mes patients. Peut-être trop d'ailleurs : je ressens plus l'envie de pleurer avec eux que l'énergie de leur insuffler l'espérance.

Ruminations Ruminer, c'est se faire du mal, en se focalisant, de manière répétée, circulaire, stérile, sur les causes, les significations et les conséquences de nos problèmes, de notre situation, de notre état. Quand on rumine, on croit réfléchir, mais on ne fait que s'embourber et s'abîmer. La rumination amplifie nos problèmes et nos souffrances, réduit notre espace mental disponible pour tout le reste de notre vie (notamment pour les bonnes choses et les instants heureux). Et surtout, elle met en place de mauvais réflexes et de mauvaises habitudes : face à des difficultés, les ressasser, au lieu de les résoudre (même imparfaitement) ou de les tolérer en continuant malgré tout à vivre.

Pour savoir si nos réflexions sont des ruminations, il y a trois questions à nous poser : 1) depuis que je songe à ce problème, est-ce qu'une solution est apparue ? 2) depuis que je songe à ce problème, est-ce que je me sens mieux ? 3) depuis que je songe à ce problème, est-ce que j'y vois plus clair, est-ce que j'ai plus de recul ? Si la réponse (honnête !) à ces trois questions est « non », alors c'est que je ne suis pas en train de réfléchir mais de ruminer. Dans ces cas-là, suprême humiliation, la solution ne viendra pas de mon esprit (« pense à autre chose ») mais de l'action : aller marcher, parler à un proche. M'efforcer de refermer le dossier, ou du moins, m'engager dans une autre activité pour qu'il n'y ait pas que cela à ma conscience. Ce qui aggrave la rumination : l'immobilité et la solitude. Ce qui l'entrave : le mouvement et le lien (mais attention à ne pas alors chercher les autres pour coruminer à deux !). Autre solution : la méditation de pleine conscience. Accepter que mes ruminations soient présentes à mon esprit mais ne pas les laisser seules : les accompagner de la conscience de mon souffle, de mon corps, des sons, de la conscience de tout ce que je suis et de tout ce qui m'entoure. Plus compliqué que d'aller marcher. Mais aussi efficace, à condition de s'être entraîné avant...

Ruminer le positif C'est lors d'une consultation avec un patient en voie de guérison. Nous sommes en fin de thérapie, en phase de fignolage, de réglages fins, de travail sur ses petits automatismes séquellaires. C'est important de continuer d'accompagner un peu les patients dans ces moments, dans une optique de prévention des rechutes (les troubles psychologiques exposent souvent à des rechutes). Avant cette phase, nous avons eu de nombreuses difficultés à améliorer chez lui : un trouble obsessionnel, des attaques de panique, une anxiété sociale. À côté de ces troubles étiquetés, il avait aussi une forte tendance à ressentir de la honte, de la gêne, à se sentir inférieur, « toujours de trop », bref à être parasité par des appréhensions sociales (liées entre autres à la vie de ses parents, qui avaient souffert tous les deux de maladies psychiques, et s'étaient rencontrés à l'hôpital psychiatrique). Il a fait dans tous ces domaines de grands progrès, dont je reste moi-même admiratif. Mais il reste encore de petits réflexes inadéquats dans différents coins de son esprit. Il me raconte ce jour-là une anecdote survenue cet automne : un matin, il se réveille sévèrement grippé. Cependant, il hésite et doute avant de se permettre d'aller chez le médecin : « Je ne vais pas le déranger pour ça, quand même, une simple grippe... » Puis, il se décide à y aller. Dans la salle d'attente, il continue de se demander : « Suis-je assez malade pour mériter de lui prendre son temps ? Il y a sûrement des gens qui vont beaucoup plus mal... » Il résiste à l'envie de repartir. La consultation se passe bien, le médecin lui confirme qu'il a bien fait de venir. Il sort soulagé, à la fois d'avoir un traitement, et aussi de ne pas avoir eu l'impression de déranger. À ce moment, je l'arrête : « Vous vous disiez quoi, juste à cet instant ? Sur le pas de la porte du médecin ?

Lui : — Je me disais : tu vois, tu es bête, il n'y avait pas de problème à venir.

Moi : — Et puis ?

Lui : — Et puis ? Euh, rien. Je suis reparti et je suis passé à autre chose... »

Je garde le silence un long moment en hochant la tête et en souriant. Il comprend que, pour moi, cette petite séquence n'est pas anodine, et commence à sourire lui aussi.

Je le relance : « Si le médecin vous avait fait une critique, ou vous avait semblé contrarié par votre venue, vous auriez tourné la page aussi vite ?

— Non, non, sûr que j'aurais été très gêné, et que j'aurais ruminé comme un fou !

— Et là, vous n'avez pas ruminé la bonne nouvelle ?

— Non, ce n'est pas dans mes habitudes de ruminer ce qui va bien ! rigole-t-il.

— Vous n'y avez même pas réfléchi après coup ?

— Pas vraiment, non. Juste là, maintenant, avec vous.

— Alors, on va travailler à ça ! Si après des peurs comme celle-là, liée à vos vieux réflexes de pensée ("Tu ne mérites pas, etc."), vous ne dégagez pas quelques minutes à prendre conscience de ce qui s'est passé, vous allez mettre beaucoup de temps à éteindre ces vieux automatismes. Quand vous venez de vivre quelque chose qui infirme vos croyances négatives, prenez le temps de savourer, d'ancrer l'événement dans votre mémoire, de le ressentir physiquement, pas seulement de le noter intellectuellement et de passer à autre chose. Respirez, dites-vous : "Voilà ce qui vient de se passer, voilà comment ça bouscule tes trouilles. Souviens-toi de ça ! Souviens-toi..." Là, vous vous dites juste : "Tu es bête d'avoir eu peur", puis vous vous tournez vers l'action suivante. Non ! Travaillez l'après-coup, c'est très important. Si ça n'avait pas marché comme ça, vous auriez ruminé et ressassé votre échec. Vos vieux démons auraient dansé de joie et célébré leur victoire : "On t'avait bien dit de ne pas le faire !" Alors, pensez aussi à prendre le temps de célébrer votre succès. »

Lorsque les choses se passent bien dans nos vies, et surtout lorsqu'elles se passent bien en dépit de nos prédictions ou de nos habitudes, prenons le temps d'observer et de savourer. De ressentir. De donner de l'espace mental à cet événement favorable qui infirme nos croyances. De l'espace maintenant, dans l'instant. Puis stockons ce souvenir réconfortant en bonne place dans notre mémoire, pour qu'il entrave un peu nos vieux automatismes, la prochaine fois.

S comme Savourer

Affronter la difficulté : ça, tu sais.
Mais inviter en toi la grâce et la beauté ?
Dix fois dans la journée, arrête-toi pour célébrer
Un petit bout de vie.

Sagesse Il existe des rapports étroits entre sagesse et bonheur. Notamment celui que souligne mon ami le philosophe André Comte-Sponville, qui définit la sagesse comme « le maximum de bonheur dans le maximum de lucidité[1] ». Se rendre heureux, mais sans quitter le réel des yeux. Sans se mentir à son propos, sans oublier de s'entraîner à la vision du malheur et de se préparer à sa survenue : toute quête du bonheur doit être celle d'un bonheur lucide.

Saisons Bonheur de l'alternance des saisons. Après l'été, nous attendons avec impatience l'arrivée de l'automne, les pulls, et les feux de bois. Puis le retour du printemps. Puis les longues soirées d'été où le jour s'éternise. Nous aimons ces changements doux et leur cycle régulier : nous aimons la certitude de retrouver demain ce que nous perdons aujourd'hui.

Il y a de nombreuses vertus à ces saisons changeantes qui sont les nôtres en Occident : d'abord la variété de plaisirs (et notre cerveau adore la variété, au point d'en tomber malade dans des sociétés de pléthore et de surabondance). Plaisirs de voir changer les couleurs du ciel et des arbres, changer les fleurs, les fruits et les légumes qui entrent dans nos maisons et nos assiettes, changer la durée du jour, la température de l'air qui embrasse ou mord notre peau.

Ensuite, les saisons sont cycliques et reviennent toujours. C'est rassurant, comme une psychothérapie naturelle et silencieuse de nos angoisses existentielles à propos de l'idée de fin : toute fin est suivie d'un recommencement, nous disent les saisons. Elles le disent plus fortement encore que le jour et la nuit : car leurs cycles plus longs les laissent se faire désirer. En fin d'hiver le printemps nous manque. Elles se font espérer : au printemps, allégresse de la lumière et pressentiment joyeux de la chaleur de l'été. Et puis, autre vertu : elles nous apprennent à vieillir. Car leur éternel retour ne nous retrouve pas à chaque fois inchangés. Nous nous sommes enrichis (de ce que nous avons vécu) et appauvris (de ce que nous avons perdu : amis et illusions). Nous avons vieilli, et nous le sentons bien. Mais la nature nous accueille et nous réconforte tout de même. Préparation sensible et bienveillante à ce que sera notre disparition : « Tout continuera sans toi, mais ne t'inquiète pas, je serai là, nous serons là, toi et moi. »

Sam'Suffit Objet d'ironie, la petite maison sur laquelle figure un panneau « Sam'Suffit », symbole d'un bonheur étriqué. Mais comment savoir si celui qui vit ici n'est pas finalement bien plus sage que nous ? S'il n'est pas un disciple d'Épicure se contentant des biens nécessaires (un toit, de la nourriture, des amis) et s'étant détourné de tous les autres ? Cette petite devise, plus qu'une proclamation satisfaite à chaque passant, n'est-elle pas tout simplement un programme ambitieux, affiché par l'habitant de la bicoque pour s'en imprégner chaque jour ?

Sandwich L'autre jour, j'ai jeté un bout de sandwich à la poubelle. Inutile de vous préciser que je n'ai pas aimé faire ça. Pourtant, ça m'a bien fait réfléchir. J'étais en déplacement pour une conférence donnée dans l'après-midi, et je reprenais mon train tard le soir ; comme j'avais un peu de temps avant le départ, je m'achète donc un sandwich au buffet de la gare. Il était trop gros pour ma faim, mais il n'y avait pas de petits modèles. Arrivé aux trois quarts, je sentais bien que je n'avais plus vraiment faim ; je le sentais parce que je ne faisais que manger. Autrefois dans ce genre de circonstances, je mangeais mes sandwichs en lisant un journal ; maintenant, je n'aime plus du tout ça, faire plein de choses en même temps si je n'y suis pas obligé. Donc je profitais du sandwich pour me poser un peu dans l'instant présent. La journée avait été riche, dense et fatigante : quel intérêt à remplir encore mon cerveau d'informations supplémentaires ? Bref, comme j'étais présent à ce que je faisais, j'ai bien senti mon estomac me dire à un moment : « Stop, c'est bon, là ! Arrête de manger. Nous, en bas, on est calés, ça nous suffit... » À ce moment j'ai entendu mon cerveau protester, et dire : « Non, encore, finis-le ! » J'ai écouté un peu mieux avant d'obéir, et voici ce que me disaient mes pensées : « Finis-le ! D'abord pour te caler, comme ça, tu es sûr de ne pas avoir faim après. Sinon, comme tu es fatigué, tu pourrais faire une hypoglycémie. Tu sais que tu en as de temps en temps, justement parce que tu ne manges pas assez. Finis-le ensuite parce que c'est prévu pour : un petit sandwich pour quelqu'un de 1,87 mètre et 80 kilos, c'est rien, c'est le minimum. Finis-le, enfin, parce que tu ne vas pas le jeter, tout de même ! Ce serait idiot de jeter un truc que tu as payé ; et insultant pour toutes les personnes qui ont faim. » J'ai bien écouté mon cerveau me servir toutes ces pensées, mais j'ai compris que ce n'étaient que des clichés, du prêt-à-penser. Que, sur ce coup-là, mon estomac était plus pertinent et intelligent que mon cerveau (qui souvent abuse de son prestige pour me faire faire n'importe quoi). Et c'est lui que j'ai écouté. J'ai jeté le reste de mon sandwich, avec certes un peu de culpabilité. J'ai pesté intérieurement contre cette société qui nous sert tout le temps des portions trop grosses, nous incite à toujours trop manger pour éviter des pseudo-coups de pompe survendus par les pubs. Cette société de pléthore et d'incitations, qui nous force à perdre de l'énergie à mener ce genre de petits combats contre la suralimentation. J'ai réalisé que c'étaient des états d'âme de nanti, j'ai tenté de me tranquilliser en me disant que pour compenser j'offrirai un sandwich au prochain SDF que je rencontrerai. Je me suis dit aussitôt que c'était idiot et insuffisant, qu'il fallait en faire plus pour les SDF que se déculpabiliser en donnant un sandwich de temps en temps. Puis je me suis dit que je réfléchirai à tout ça plus tard. Que je n'allais pas régler cette énorme question maintenant. Et j'ai pris le temps de voir comment je me sentais : pas heureux mais soulagé. D'avoir : 1) résisté au réflexe bête de manger sans fin ; 2) résisté à une culpabilité stérile à ce moment ; 3) toléré de ne pas avoir tranché si ce que j'avais fait était bien ou mal, mais compris que c'était, à ce moment, ce que j'avais de mieux à faire. En jetant (pour la première fois de ma vie) un bout de sandwich « encore bon » à la poubelle, je me sentais comme le lapin qui vient de comprendre comment ouvrir la porte de son clapier. Même si son maître le rattrape et l'y remet, il pourra en sortir à nouveau : il a pigé le truc.

Sans le bonheur... Sans le bonheur, notre vie est possible, bien sûr. Mais insipide et moche. Sans lui, il n'y a pour nous que tristesse et cynisme : c'est ce que nous ressentons face au monde, quand nous sommes fatigués ou pas assez heureux.

Santé Les liens entre bonheur et santé ont été pressentis depuis longtemps. Dans le sens « bonheur donne santé » par Voltaire : « J'ai décidé d'être heureux parce que c'est bon pour la santé. » Et dans le sens « santé donne bonheur », par Flaubert[2] : « Être bête, égoïste et avoir une bonne santé, voilà les trois conditions voulues pour être heureux. »

On comprend bien qu'être en bonne santé facilite notre bonheur. Mais la science contemporaine, par de très nombreuses études, confirme ce lien dans l'autre sens : les émotions positives dans leur ensemble sont bénéfiques à la santé et la longévité[3]. Cet effet est loin d'être négligeable, puisqu'il est comparable en intensité à celui du tabac, en sens inverse bien sûr[4].

Deux précisions importantes. La première c'est que, si vous avez du mal à ressentir des émotions positives, si vous êtes plutôt du genre grincheux, anxieux ou pessimiste, et si votre santé et votre longévité vous intéressent, souvenez-vous qu'il existe des tas d'autres moyens de vous faire du bien : l'activité physique, le contact régulier avec la nature, une alimentation à base de fruits et de légumes, etc. (au passage, tout cela améliorera en plus vos capacités aux émotions positives, donc double bénéfice). La seconde précision, c'est que ces données entre bonheur et santé nous concernent tant que nous ne sommes pas tombés malades. Ce que démontrent les études, c'est seulement le pouvoir préventif des émotions positives. Une fois qu'une maladie s'est déclarée, il n'y a actuellement aucune preuve qu'elles aient alors un pouvoir curatif. Même si un effet améliorateur est probable, il n'est pas démontré aujourd'hui. Si vous êtes malade et que vous avez du mal à ressentir des émotions positives, ne vous tourmentez pas : continuez de votre mieux de vivre et d'agir au plus près de vos habitudes, et, si possible, de celles qui vous font du bien.

Savourer Apprendre à savourer les bons moments de la vie peut paraître bizarre à certains : c'est comme apprendre à marcher ! Notre cerveau est bien capable de savourer tout seul, il faut juste le mettre en face de choses savourables ! Eh bien non, c'est en réalité plus compliqué. Savourer est parfois simple : quand nous sommes apaisés, dans un environnement calme et agréable, et que rien ne nous est demandé d'autre que de nous reposer et de profiter de ce qui est là. Mais ce genre de situation n'est pas le plus fréquent dans nos journées : souvent, nous ne sommes pas calmes, nous avons pleine de choses à faire ou à penser, et l'environnement exige de nous certains comportements prenants (travailler, conduire, ranger, dialoguer, etc.).

Pour savourer davantage notre vie, il faut donc apprendre à en savourer davantage les petits morceaux. Et pour cela trois efforts importent : s'arrêter de faire ce qu'on fait et se rendre présent à l'instant ; prendre conscience de ce qui est là ; prendre le temps de respirer et de le ressentir. Même si cela ne dure que quelques secondes ou quelques minutes.

Savourer, c'est, face à un beau ciel ou à un chant d'oiseau, prendre le temps de s'arrêter, regarder, respirer, sourire, avant de repartir (au lieu de noter mentalement que c'est beau tout en continuant de passer à toute allure). Savourer, c'est en voyant les gens que j'aime descendre de leur train ou de leur avion et se diriger vers moi, prendre conscience que je les aime et que nous sommes des veinards de nous retrouver ainsi, une fois de plus. Savourer, c'est, en me réveillant le matin, sentir que mes mains remuent, que mes jambes bougent, que mon corps respire et que mon cœur bat ; c'est prendre le temps de sourire à tout ça, au lieu de me jeter comme une bestiole pressée hors de mon lit.

Schadenfreude La joie mauvaise de voir les autres galérer. Surtout si nous considérons alors ces autres comme des concurrents, des adversaires, voire des ennemis. Émotion vaguement positive, mais malsaine, et qu'on s'efforce en général de masquer, car fondée sur la souffrance ou l'inconfort d'autrui. Bien souvent, la *Schadenfreude* est un marqueur de mauvaise estime de soi : cela nous rassure de voir des gens qui nous perçoivent comme des adversaires ou des concurrents se trouver dans le pétrin[5]. À évacuer, à extirper minutieusement de nos esprits ! Sauf si nos valeurs sont basées sur l'idée que le mal arrivant à autrui peut être un bien pour nous. Ce qui n'est pas non plus une très bonne idée...

Schizophrénie et amour Je suis avec une jeune femme qui a sollicité une consultation avec moi à Sainte-Anne. Elle a le regard triste et fatigué des personnes qui n'ont pas eu de chance dans la vie. Mais le sourire tranquille de la confiance, de la présence au monde, de la conviction que l'existence a du sens et de l'intérêt, malgré tout. Elle est venue me raconter son histoire, sans vraiment avoir de conseil à me demander. Elle veut juste avoir mon avis. Parfois les gens pensent que je suis sage parce que j'ai écrit des livres. Je ne démens pas, à quoi bon ? Je fais juste de mon mieux, bien conscient que ce sont la plupart du temps mes visiteurs qui me nourrissent de leur sagesse, que, souvent, ils ne voient pas.

Elle me raconte sa vie. Et surtout sa vie de couple : elle s'est mariée avec un garçon qui souffre de schizophrénie. Ce n'était pas si clair, au début de leur liaison : « Il n'était simplement pas comme les autres. » Puis, peu à peu, la maladie s'est installée et a pris beaucoup de place dans leur couple : une schizophrénie sévère, avec délires, hospitalisations et difficultés en tous genres. Alors, la vie n'est vraiment pas drôle dans les périodes où il va mal, qui sont fréquentes. Beaucoup de personnes lui ont recommandé de le quitter, plus ou moins ouvertement, plus ou moins délicatement. Et dans le lot, pas mal de soignants, médecins, infirmières. Elle a toujours refusé : « Vous comprenez, je l'aime. Est-ce qu'on quitte quelqu'un qu'on aime parce qu'il est malade ? » Nous discutons de cela : personne ne nous recommanderait de quitter notre conjoint s'il était atteint de cancer, ou de sclérose en plaques, ou de diabète. On trouverait que ce n'est pas très digne. Alors pourquoi est-on tenté de le conseiller pour la schizophrénie ?

Au bout d'un moment, elle me pose la question qui la tracasse : « Vous pensez que c'est par masochisme ? » Elle a souvent senti que c'était le jugement que l'on portait sur elle. Ben non, je ne trouve pas que cela soit du masochisme, de la façon dont elle me raconte leur histoire. Elle n'aime pas son homme parce qu'il est malade (au contraire, lorsqu'il est malade, il lui pèse), mais malgré sa maladie. Ce n'est pas du masochisme, mais de l'amour, et de l'honnêteté, et du courage. Et de la grandeur, finalement. Non, vraiment, je n'ai pas envie de m'embarquer sur la piste du masochisme pour expliquer son choix de vie, si bizarre vu du dehors. Plutôt envie de l'admirer.

Je lui délivre des paroles de compréhension, de compassion, d'estime. Lorsque nous nous quittons, je lui serre longuement la main. Puis je referme la porte, un peu sonné. L'impression que c'est moi qui ai reçu une consultation, que c'est moi le patient, elle le thérapeute, et qu'elle m'a donné plus que je ne lui ai donné. Je me répète : « Elle est forte, cette fille. » C'est bon d'admirer. On peut admirer de belles choses, de beaux paysages, de beaux nuages. Admirer des personnes célèbres et reconnues, pour leurs talents ou leurs forces. Mais le plus bouleversant, le plus réjouissant, c'est d'admirer les gens ordinaires. Surprise, intérêt, puis reconnaissance : on se réjouit, on sourit, on est content d'être humain, d'avoir vécu cet instant. On se dit que cela va nous être une leçon de vie, que l'on va s'en inspirer. Et on fait de son mieux...

Science Étudier le bonheur de manière scientifique, n'est-ce pas une manière de le désenchanter ? Je ne le crois pas, et je partage à ce propos l'opinion du neurobiologiste Antonio Damasio : « En découvrant les secrets de l'esprit, nous le percevons comme l'ensemble de phénomènes biologiques le plus élaboré de la nature, et non plus comme un mystère insondable. Pourtant l'esprit survivra à l'explication de sa nature, tout comme le parfum de la rose continue d'embaumer, même si l'on en connaît la structure moléculaire[6]. » De même, la lecture scientifique proposée par la psychologie positive n'empêche pas le bonheur de garder sa saveur et sa poésie.

Scrooge Dans son célèbre *Conte de Noël*, Charles Dickens raconte l'histoire d'un détestable commerçant londonien, Ebezener Scrooge, dur et inhumain, tournant en dérision toute forme de réjouissance et de chaleur humaine, notamment celles qui ont lieu la nuit de Noël, durant laquelle se déroule le conte. En rentrant chez lui après le travail, un 24 décembre, Scrooge va être bousculé par trois fantômes, qui vont lui faire vivre de nombreuses aventures, lui ouvrir les yeux sur sa dureté, et lui montrer son avenir s'il continue de vivre ainsi : une mort sinistre et solitaire. Fortement ébranlé par ces visions, Scrooge décide de modifier du tout au tout son existence et, tout simplement, de devenir bon et gentil. Il découvre alors à quel point c'est agréable ! On imagine mal aujourd'hui le succès que rencontra ce petit récit à l'époque de sa parution en 1843. Sans doute l'une de ses clés reste-t-elle ce fondamental de la psychologie humaine : lorsque nous sommes violemment confrontés à la perspective de notre mort (et les esprits de Noël montreront à Scrooge son propre cadavre), les chances que nous nous mettions à vivre différemment sont élevées. Comme toute bonne histoire de psychologie positive, décrivant un changement favorable dans le cœur d'un humain, celle de Scrooge va au-delà de son cas individuel : Dickens, lorsqu'il l'écrivit, souhaitait aussi attirer l'attention du public sur les inégalités sociales de son époque (Scrooge refuse toute forme de charité et considère que les pauvres n'ont que ce qu'ils méritent). Enfin, et toujours à l'image des réactions que suscite parfois la psychologie positive, Dickens, fin connaisseur de l'âme humaine, souligne aussi que la conversion de Scrooge à la gentillesse et la générosité lui valut des moqueries. Voici ce qu'il en écrit : « Scrooge devint un aussi bon ami, un aussi bon maître, un aussi bon homme que le bourgeois de la bonne vieille Cité, ou de toute autre bonne vieille cité, ville ou bourg, dans le bon vieux monde. Quelques personnes rirent de son changement ; mais il les laissa rire et ne s'en soucia guère ; car il en savait assez pour ne pas ignorer que, sur notre globe, il n'est jamais rien arrivé de bon qui n'ait eu la chance de commencer par faire rire certaines gens. Puisqu'il faut que ces gens-là soient aveugles, il pensait qu'après tout il vaut tout autant que leur maladie se manifeste par les grimaces, qui leur rident les yeux à force de rire, au lieu de se produire sous une forme moins attrayante. Il riait lui-même au fond du cœur ; c'était toute sa vengeance. »

La motivation première de Scrooge à devenir vertueux fut la peur (de la mort), puis ce fut le bonheur (rendre heureux rend heureux). Pour moi ce n'est pas un conte de fées, mais un cheminement logique.

Secrets de bonheur Quand on demande leurs secrets de bonheur aux gens très heureux, ils ne nous disent souvent que des généralités. En réalité, ces secrets, ils les ignorent, ou du moins ne savent pas en parler.

Ils agissent à l'instinct, comme les grands sportifs : leur talent, ce n'est pas d'expliquer leurs gestes, c'est de les accomplir à la perfection. Si vous voulez apprendre le bonheur au contact de tels professeurs, mieux vaut les observer que les écouter vous en parler.

Sens de la vie L'une des deux grandes voies d'accès au bonheur (la voie de l'eudémonisme) consiste à donner du sens à sa vie. Ce qui donne du sens à nos vies ? En général faire du bien autour de soi : aimer et protéger et embellir les vies de nos proches, des humains, des animaux, de la nature. Mais comme le fait remarquer André Comte-Sponville[7] : « On ne s'installe pas dans le sens comme dans un fauteuil. On ne le possède pas comme un bibelot ou un compte en banque. On le cherche, on le poursuit, on le perd, on l'anticipe... » Le sens que nous donnons à notre vie est lié à la poursuite et la construction d'un idéal ; parfois à son atteinte transitoire. Le sentiment d'une vie qui a du sens est forcément labile : certains jours tristes, nous avons au contraire le sentiment que rien n'a de sens ; ou pire encore : que ce qui avait du sens pour nous n'en a plus, et n'en a peut-être jamais eu. Dans ces moments, soyons sages : laissons tomber le bonheur, mais pas la quête de ce qui a du sens pour nous. Nous sommes juste égarés pour un moment, et non perdus pour toujours.

Sérénité Qualité de bien-être habitée par la paix, le calme, la tranquillité. Pas de trouble à l'intérieur, pas de trouble à l'extérieur. De l'harmonie. En nous. Entre le monde et nous. On se sent partie du monde : comme la surface d'une mer calme, comme une brise tiède d'été, comme une montagne inébranlable mais qui regarde vers le ciel. La sérénité a quelque chose à voir avec le calme. Ce sont deux états que j'aime bien. Mais qui ne sont pas tout à fait équivalents à mes yeux. Ce n'est pas tant une histoire d'intensité (la sérénité qui serait une sorte de calme parfait et complet) que de qualité. La sérénité est au-delà du calme ; elle est au calme ce que le bonheur est au bien-être : une transcendance. Est transcendant ce qui est extérieur ou supérieur au monde tangible. Le calme appartient à notre monde : calme de notre corps et de notre esprit, calme de notre environnement, dans les deux cas, des caractéristiques physiques le sous-tendent. Pour le calme en nous, notre cœur bat lentement, notre souffle va doucement, nos muscles sont détendus, etc. Pour le calme autour de nous, peu de bruits, peu de mouvements, tout changement se déroule dans la progressivité et la douceur. Lorsque la sérénité prend naissance dans le calme, quelque chose de nouveau survient alors. Une prise de conscience de tout ce qui est là, un sentiment de résonance entre le calme du dedans et celui du dehors, la dissolution des limites entre le dedans et le dehors. Nous sommes toujours là, mais avec une porte ouverte sur autre chose. À deux doigts de basculer de l'autre côté. Toujours là mais pas que là. Aucun mot pour décrire ce qui se passe et ce que l'on ressent alors. Sauf celui de sérénité.

Seuil du bonheur C'est lors d'une discussion avec un ami sceptique, exigeant et rigoureux, qui traverse une période de petite déprime existentielle et me demande comment je pratique moi-même mes exercices de psychologie positive : « Qu'est-ce que tu fais tous les jours, ou presque tous les jours, pour tenter d'aller bien ? » Je lui explique que parmi les choses quasi quotidiennes que je pratique, il y a entre autres la méditation le matin, la marche dans le bois près de chez moi dès que je le peux, et tous les soirs m'endormir en songeant à trois bons moments de la journée.

« Trois par jour, s'écrie-t-il, ça me semble énorme ! C'est quoi, un bon moment pour toi ? » Je lui raconte alors les prises toutes fraîches de ma pêche aux bonheurs : j'ai observé une sitelle (petit oiseau des bois) dans mon jardin ; j'ai reçu une belle lettre de remerciements d'un lecteur ; je me suis dit qu'une personne de ma famille, qui va souvent mal, allait bien en ce moment ; j'ai regardé plusieurs fois les nuages passer dans le ciel ; je n'ai eu aucune mauvaise nouvelle qui m'aurait attristé ou inquiété. « Ah, d'accord ! Je vois : tu mets le seuil très bas ! Du coup, effectivement, tes journées ordinaires sont des journées heureuses. » Ben oui, camarade. Pas besoin de gagner au Loto ou d'acheter des nouvelles chaussures ou d'être sauvé de la mort. La vie ordinaire, le plus souvent, nous donne des tas d'occasions de nous réjouir. Le seul effort à faire est un effort d'attention : à détourner, au moins un moment, de nos soucis. Et à diriger, au moins un moment, vers tout le reste de la vie.

Sexe et bonheur : « oh, oui ! » Une fois la rédaction de ce manuscrit achevée, je l'ai bien entendu remis à mon directeur littéraire, qui m'a fait tout un tas de suggestions pertinentes, et une remarque étonnée : « C'est bizarre, tu ne parles jamais de sexualité. Il me semble pourtant que c'est important, tout de même, les rapports du sexe et du bonheur ! » Oui, oui, camarade, c'est important. Mais c'est vrai que je ne parle presque jamais de sexualité dans mes livres ou dans la vie. Question de pudeur, sans doute un peu surannée. J'ai d'ailleurs l'impression d'avoir avec le sexe le même genre de rapport que celui que certaines personnes ont avec le bonheur : ça me barbe assez vite d'en parler ou d'en entendre parler, je préfère de loin le vivre. Mais, au-delà de mon cas personnel, que peut-on dire des rapports entre sexe et bonheur ?

D'abord qu'ils relèvent de multiples mécanismes. Bien sûr, le sexe est avant tout un plaisir inné et nécessaire, que nous sommes biologiquement programmés pour ressentir, car il est indispensable à la survie de notre espèce. Mais comme tous les plaisirs, il peut aussi être enrichi (ou complètement détruit) par notre mental : apprendre à se laisser aller et à savourer va ainsi amplifier ce plaisir animal et pouvoir le transformer en sentiment de joie et de plénitude intense. Un autre mécanisme important reliant sexe et bonheur est que l'activité sexuelle nous absorbe et mobilise en général toute notre attention. Dans une très intéressante et importante étude sur les liens entre attention et bonheur[8], une équipe de chercheurs avait montré que la sexualité était la seule activité humaine durant laquelle la plupart des personnes restaient totalement concentrées (au lieu de penser à autre chose ou de regarder l'écran de leur portable). Et on sait aujourd'hui que ces capacités de concentration facilitent le bien-être et ce qu'on appelle le *flow*, cet état de présence mentale intense à une activité gratifiante. Évoquons un dernier mécanisme, celui de la réciprocité : le sexe est un échange, et il nous comble d'autant plus que nous y donnons et recevons du plaisir. Cette dimension de proximité et de réciprocité est elle aussi source de bonheur. Pour toutes ces raisons et d'autres encore, sexe et bonheur sont connectés. D'ailleurs, les pics d'activité sexuelle, tels que mesurés en tout cas par la vente de préservatifs, se situent durant les vacances d'été mais aussi à la période de Noël, c'est-à-dire des périodes de l'année où on a tendance à se sentir un peu plus heureux[9].

Sexe et bonheur : « bof, bof... »

Les liens entre sexe et bonheur, tous les humains, ou presque, s'en réjouissent et en profitent, bien sûr. Mais il y a des bémols.

D'abord, certaines personnes n'ont pas besoin de sexe pour être heureuses, voire très heureuses : on en rencontre beaucoup par exemple dans les communautés religieuses. Que cela soit chez elles du refoulement, du renoncement, ou tout simplement la priorité donnée à d'autres bonheurs qu'elles jugent plus importants, comme ceux de l'engagement religieux, elles peuvent être très très heureuses sans vie sexuelle.

Un autre bémol est que le discours sur le sexe active les stéréotypes sur les différences entre hommes et femmes, comme l'ont montré de nombreux travaux[10] : ainsi, évoquer la sexualité à des volontaires, que cela se fasse de manière visuelle ou verbale, subliminale ou ouverte, va aboutir systématiquement à ce qu'ils ou elles se perçoivent et se comportent en fonction de leur sexe de manière plus caricaturale que d'habitude. Les femmes auront inconsciemment tendance à se montrer plus douces et soumises que d'habitude, les hommes plus affirmés et dominants. La prolifération des discours et images à propos du sexe comporte donc des effets indésirables significatifs et plutôt contre-productifs quant à notre bonheur, notamment le bonheur lié aux relations entre hommes et femmes. Car ces stéréotypes sexuels perturbent bel et bien notre regard et nos attentes sur le bonheur : dans une autre étude[11], les chercheurs montraient que parmi différentes expressions émotionnelles que présentaient des hommes inconnus sur une série de photos, celle qui rendait l'homme le plus sexy aux yeux de la majorité des femmes était l'expression de fierté et de dominance ; et l'expression qui rendait les mâles des photos les moins attirants était celle de bonheur ! Moralité : pour séduire, les hommes ont plutôt intérêt à frimer et à bomber le torse qu'à sourire gentiment. C'est drôle à première vue, et un peu triste à seconde : beaucoup de mauvais choix sentimentaux de la part des femmes sont sans doute sous-tendus par ce mécanisme.

Silence Le silence a pour moi le goût du bonheur. Le goût de l'attention respectueuse portée au monde, le goût de la lenteur, de l'humilité, le goût de l'ouverture. Il faut se taire pour laisser le bonheur s'approcher, pour l'écouter nous traverser. Le poète grec Euripide disait : « Parle si tu as des mots plus forts que le silence, sinon garde le silence. » Il vivait, dit-on, dans une grotte de l'île de Salamine, entouré de livres et contemplant quotidiennement la mer et le ciel[12]. Quand je suis heureux, j'ai d'abord envie de me taire. Car aucun mot ne convient sur le moment. Ni plus tard d'ailleurs : le bonheur est l'émotion la plus difficile à mettre en mots. Ou plutôt à transmettre par les mots : lire un témoignage ou un récit de bonheur ne rend pas facilement heureux, et agace même parfois. C'est pour cela qu'on ne fait pas de très bonnes histoires, romans ou films, avec le bonheur : le malheur est plus captivant pour les lecteurs et les spectateurs.

Singe de mauvaise humeur Quand j'étais plus jeune, le titre surréaliste d'un livre m'avait fasciné : *Je suis comme une truie qui doute* ; il s'agissait du témoignage d'un enseignant expliquant pourquoi il avait quitté l'Éducation nationale[13]. Et récemment j'ai lu un article de primatologie[14] dont c'est le contenu, cette fois, qui m'a fasciné : il parle des états d'âme d'un singe prisonnier d'un zoo. Agacé par les visiteurs humains, il se lève tous les matins à l'aube pour se constituer des réserves de munitions (cailloux, bouts de béton et autres projectiles) qu'il planque çà et là dans son enclos. Et quand ensuite, dans la journée, il y a trop de monde, ou trop de cris, ou de sollicitations pour qu'il fasse le singe, il s'énerve et bombarde ces singes humains agaçants, de l'autre côté du grillage, qui le titillent bêtement au lieu de profiter de leur liberté.

Les primatologues sont intéressés, dans le cas de ce chimpanzé, par sa capacité à anticiper ses états émotionnels : ses colères ne sont pas seulement réflexes, mais réfléchies. Et donc, il y songe à l'avance, et construit un plan d'action pour les exprimer. États d'âme de singe : il est conduit à ce comportement par les ruminations des agacements passés et les anticipations des agacements à venir. D'où ses plans d'action. Et moi, ce qui m'a fasciné dans cette histoire, c'est que je me suis senti proche du singe : je me suis dit que si on m'enfermait dans un zoo et si on m'interpellait à longueur de journée, est-ce qu'un passe-temps correct et assez intéressant ne serait pas de faire comme lui ? Est-ce que ce ne serait pas un moyen acceptable de transformer mon agacement en jubilation, que de caillasser ces visiteurs braillards ? Sûr qu'en restant zen on m'enverrait davantage de cacahuètes. Mais ce serait moins drôle.

Smiling in the rain L'autre jour, à la fin d'un atelier de formation à la psychologie positive que j'animais pour des collègues, l'un d'entre eux me demande : « Mais toi, qu'est-ce qui t'a personnellement le plus aidé dans toutes ces techniques ? » Après quelques secondes de réflexion (en général, ce n'est pas le genre de question qu'on se pose entre pros, du moins en public), je lui réponds que je ne sais pas ce qui m'a *le plus* aidé. Mais que ce qui m'a aidé ces derniers temps et que je n'ai appris à faire que récemment, c'est de sourire dans l'adversité, dans la tristesse, dans l'inquiétude. C'est le sourire le matin, à l'aube, alors qu'on sent le souci de vivre qui pointe le bout de son nez, qui vient roder, comme ça, pour voir. Et qu'on sourit quand même. Juste parce qu'on est vivant. Et que sourire alors peut donner la force, peut ramener des fantômes de bonheurs passés ou à venir, des promesses de bonheurs possibles, un jour, quand même : on ne les voit pas clairement, mais on sent leur présence, là, à nos côtés. Bizarre comme il m'aura fallu du temps non pour le comprendre, mais pour le faire, vraiment : songer à sourire dans l'adversité, avant de songer à pleurer.

Snobisme En général il prend pour cible le bonheur bien plus que le malheur. Logique, on ne tire pas sur l'ambulance. Mais pourquoi tirer sur les pompiers, si le bonheur est, comme je le crois, notre antidote aux douleurs de l'existence ?

Snoopy Paroles du chien Snoopy, dans la bande dessinée de Charles Schultz, *The Peanuts*, en 1959 : « Certains jours, je me sens d'une humeur bizarre. C'est comme si je ne pouvais m'empêcher de mordre un chat. Parfois, il me semble que si je ne parviens pas à mordre un chat avant le coucher du soleil, je pourrais devenir fou. Alors, je prends une grande respiration, et puis je n'y pense plus. Voilà ce que j'appelle la vraie maturité. » Moi aussi ! Je suis d'accord avec Snoopy : il y a quelque chose de l'ordre de la maturité dans cette capacité, et cet effort, de renoncement. Et, du coup, j'ai réfléchi à ce que serait mon équivalent psychologique du « besoin de mordre un chat ». Sans doute m'abandonner à mes ruminations... Et vous ?

Socrate Un jour, un homme vint voir Socrate et lui dit : « Écoute-moi, Socrate, il faut que je te raconte comment un de tes amis s'est conduit. – Arrête un instant, l'interrompit le sage. As-tu passé ce que tu as à me dire à travers les trois tamis ? – Trois tamis ? répondit l'homme, empli d'étonnement. – Oui, mon ami : trois tamis. Examinons si ce que tu as à me dire peut passer par ces trois tamis. Le premier est de celui de la Vérité. As-tu contrôlé si ce que tu as à me dire est vrai ? – Non ; mais je l'ai entendu raconter, et... – Bien, bien. Mais alors, tu l'as peut-être fait passer à travers le deuxième tamis. C'est celui de la Bonté. Ce que tu veux me dire, si ce n'est pas tout à fait vrai, est-ce au moins quelque chose de bon, ou qui va faire du bien ? Hésitant, l'autre répondit : – Non, ce n'est pas quelque chose de bon, au contraire... – Hum, dit le Sage, essayons de nous servir du troisième tamis, et voyons s'il est utile de me raconter ce que tu as à me dire... – Utile ? Pas précisément. – Eh bien, dit Socrate en souriant, si ce que tu as à me dire n'est ni vrai, ni bon, ni utile, je préfère ne pas le savoir. Et quant à toi, je te conseille de l'oublier[15]... » Ne pas s'encombrer des ragots et des mauvaises nouvelles incertaines, vachardes et inutiles : et voilà tout plein d'espace mental libéré pour savourer la vie !

Soleil Tourne-toi vers le soleil : les ombres seront toujours derrière toi.

Solitude Elle n'est pas un obstacle au bonheur à condition qu'elle soit choisie et non subie. Ou qu'elle soit transitoire, comme la solitude d'une personne qui est aimée et entourée, mais qui apprécie de se trouver au calme et à l'écart du monde, un jour, une semaine, un mois, sachant qu'au loin on continue à l'aimer et à penser à elle. Les études montrent que les personnes qui ont toujours vécu seules sont aussi heureuses que celles qui vivent en couple ; par contre, c'est plus compliqué pour les divorcés, séparés et veufs ou veuves. La solitude d'état civil (le célibat) ne s'accompagne pas forcément d'une solitude quotidienne : les personnes vivant seules ont souvent plus d'amis que celles qui vivent en couple, plus de loisirs, etc. Un lien social riche, que l'on sollicite et savoure, semble pouvoir remplacer ou du moins offrir autant de bonheur qu'une vie de couple[16].

Solstice d'hiver Ce moment de l'année, en général le 21 décembre, où le jour cesse de se réduire au profit de la nuit : dès le lendemain, le temps de lumière recommence à gagner sur le temps d'obscurité. Chaque année ce passage me réjouit : en plein cœur de l'hiver, le soleil va se donner du mal pour nous aider à attendre le printemps. Il va nous donner davantage de lumière pour que nous supportions mieux le froid. Juste quelques minutes de plus par jour, imperceptibles. Mais le savoir est délicieux. C'est souvent comme ça dans nos vies : l'issue de nos souffrances est déjà en naissance, au cœur de la tempête que nous traversons. La lumière de l'aube prend naissance au cœur de la nuit. Ne te désespère jamais.

Sortie C'est un soir, tard, à Sainte-Anne. Après une longue consultation, je raccompagne mon dernier patient à la porte du bureau. C'est la première fois qu'il vient : un « primo-consultant » en langage médico-technocratique. Souvent les pauvres primo-consultants sont perdus à la fin de la consultation : après avoir parlé au psychiatre de tas de choses douloureuses, ils se retrouvent dans un grand couloir dont toutes les portes se ressemblent, et ils ne reconnaissent plus le chemin par lequel ils sont arrivés. Pour sortir, c'est à droite ou à gauche ? Ce patient est bien déprimé, très insomniaque. Et aussi très drôle. La dérision lui sert, comme souvent, d'antidésespoir, sinon d'antidépresseur. Alors – mythologie de Sainte-Anne oblige –, à cet instant précis où il ne sait plus vers où aller, au lieu de demander comme vous et moi : « Où est la sortie ? », il me regarde de son œil sombre et rigolard et me dit : « Il y a une sortie ? » J'en ris dans ma tête toute la soirée, et le lendemain encore. Merci cher patient d'avoir en une seconde effacé toute la fatigue de la journée de consultations. Malgré tes propres peines.

Sœur généreuse Une patiente qui a du mal dans la vie, plein de problèmes psychiatriques. Du mal, beaucoup, beaucoup de mal, à se faire des amis. Et à les garder. Heureusement, elle a une sœur qui l'aime et qui s'occupe d'elle de son mieux. Elle l'invite souvent et lui présente ses connaissances à elle. Alors la patiente me résume ça d'une formule lumineuse : « Ma sœur est très sympa avec moi, elle me prête ses amis... »

Soucis Les soucis sont la poussière de l'anxiété et de l'inquiétude et se déposent inlassablement sur notre esprit : ouvrons les fenêtres à tout le reste de notre vie, et ils seront bousculés et chassés par l'air frais du dehors.

Souffrance « Ne pas chercher à ne pas souffrir ni à moins souffrir, mais à ne pas être altéré par la souffrance », écrit Simone Weil[17]. Cela me semble une prière très réaliste, et aussi une voie pour nos efforts. On ne peut pas supprimer la souffrance, on ne peut que limiter son influence. Pour qu'elle n'interdise pas au bonheur de nous visiter, malgré tout.

Souhaiter le bonheur d'autrui Le bonheur des autres doit nous réjouir. Si ça ne marche pas, c'est qu'il y a un truc fondamental que nous n'avons pas compris. C'est facile à faire pour les personnes que nous aimons : on est volontiers heureux du bonheur des gens que l'on aime. Au-delà de ce petit cercle peuvent exister l'indifférence ou l'envie. Si nous avons du mal avec le bonheur d'autrui, au moins nous rappeler égoïstement ceci : plus il y aura de bonheur sur terre, plus belle sera notre vie ; plus de bonheur, moins de violences et de souffrances.

Soulagement Le soulagement est un plaisir lié à l'interruption du désagréable. Presque un bonheur, par effet rebond, si le désagrément était vraiment intense. Soulagement du malade qui voit sa douleur s'atténuer ou disparaître grâce à un médicament salvateur, ou à un médecin consolateur. Soulagement d'avoir échappé à un danger ou un problème. Il y a une sagesse et un bon usage du soulagement : il est lié à du désagréable (qui vient de s'interrompre) et à de l'agréable (qui commence).
Voici un petit exercice de musculation mentale pour mieux savourer ce ressenti : après chaque agacement, maintenir son atten-

tion fixée sur le présent ; observer la tentation de revenir râler sur le passé ; lui sourire et revenir vers le présent ; tenir bon dans l'exercice suffisamment longtemps, comme lors d'un footing ou du maintien d'une posture de yoga. Lorsque l'exercice est terminé, lorsqu'on a suffisamment savouré le présent et la grâce du soulagement, alors on peut laisser son esprit revenir vers le problème, si problème il y a, pour tenter de le régler, c'est-à-dire voir que faire pour l'éviter à l'avenir.

Quelques exemples de séquences agacement-soulagement, de difficulté croissante, pour vous donner des idées et vous entraîner : vous avez failli manquer votre train, mais finalement vous l'avez eu au vol ; vous avez perdu beaucoup de temps dans les embouteillages, mais finalement vous voilà arrivé chez vous ; vous avez beaucoup galéré pour monter ce meuble vendu en kit, mais finalement le voilà assemblé ; vous vous êtes cassé le poignet, vous aviez très mal, mais finalement vous voilà plâtré, et vous n'avez plus mal ; vous vous êtes fâché avec un proche et vous ne vous parliez plus, mais finalement vous recommencez à échanger (même si rien n'est réglé sur le fonds) ; etc.

Soupirer ou ne plus soupirer « Tout ce qu'on fait en soupirant est taché de néant », écrit Christian Bobin dans *Les Ruines du ciel*. Je me souviens qu'au début de cette année j'ai pris la résolution de ne plus rien faire en soupirant. Je n'avais pas envie qu'il y ait trop de moments de néant dans ma vie. Comme je ne suis pas masochiste, je me suis d'abord attaché à refuser ce qui me fait soupirer : les invitations barbantes ou trop fréquentes, les corvées plus souvent qu'à mon tour. Parfois, à le fuir : quitter une séance de cinéma si le film m'ennuie trop. Mais quand ce qui me fait soupirer sera inévitable, alors je m'efforcerai de m'y engager le cœur léger, et non à *contrecœur* (expression parlante, non ?).

Ne plus agir en soupirant pour ne plus tacher de néant des instants qui sont tout de même des instants de vie : même quand on s'ennuie, même quand ce qu'on fait n'est pas drôle (laver la vaisselle, descendre la poubelle), même quand on serait mieux ailleurs, tous ces instants, ce n'est pas du néant, c'est du vivant. On est là, on respire, on entend, on voit, on sent. Ce n'est déjà pas si mal. Les morts, peut-être, aimeraient être encore en train de vivre ce qui nous fait soupirer, nous les vivants. Lors des vacances qui ont suivi ma résolution, je suis tombé malade. J'ai dû passer plusieurs jours enfermé, avec de la fièvre, endolori, ralenti. Pendant que tout le monde sortait festoyer, se balader et admirer. Ça ne m'a pas vraiment réjoui, de tomber (petitement) malade, mais je n'ai pas soupiré de l'être. J'ai lu, j'ai observé (bien obligé) ce qu'on ne regarde pas (le ciel changer par la fenêtre, les passants passer dans la rue, les objets et meubles immobiles), j'ai écouté les bruits qu'on n'écoute pas (la rumeur du dehors, les craquements des parquets). Je n'ai presque pas soupiré, donc, mais habité de mon mieux cette période. Et aujourd'hui, bizarrement, j'ai impression que ces journées de maladie, à regarder passer les heures, ont finalement été les plus belles et les plus fécondes de mes vacances. Parce que les plus contemplatives. Que j'y ai vécu, sans soupirer, bien plus fortement qu'en festoyant, qu'en visitant des quartiers ou des musées.

C'est pourquoi je m'accroche aujourd'hui encore à ma résolution, face à ce qui me pèse : ne plus soupirer. Soit éviter, soit modifier, soit accepter, mais ne plus soupirer. J'espère tenir bon. Et j'espère que lorsque je craquerai (ça va bien m'arriver tout de même), je m'en apercevrai bien vite, et me remettrai au boulot. Sans soupirer...

Sources du bonheur Il y a de très nombreuses sources à notre bonheur. Les plus puissantes sont sans doute le lien social, l'action tournée vers nos valeurs, le contact avec la nature. Il y a bien sûr une infinité de manières de décliner et d'explorer ces domaines. Et aussi un effort à faire pour se détourner des faux bonheurs de la consommation (achats de choses inutiles : encore de nouveaux vêtements, de nouveaux gadgets ; pratique d'activités creuses : les heures devant la télévision ou les écrans).

Je pense souvent à ces mots du philosophe Gustave Thibon :
« L'homme a soif de vérité, mais est-ce la source qu'il cherche
– ou l'abreuvoir ? » Où se situe la vérité de notre bonheur ?
Dans les déambulations de supermarchés ou dans les balades
en forêt ? Dans l'achat ou dans le don ? La possession ou la
contemplation ?

Sourire Il y a trois bonnes raisons de sourire le plus souvent
possible. J'ai bien dit : le plus souvent possible. Pas tout le temps,
bien sûr : inutile de nous forcer lorsque nous avons des vrais soucis
ou quand nous sommes très malheureux. Je vous parle du sourire
quand tout va à peu près bien, quand les soucis qui nous touchent
sont des soucis ordinaires, le petit loyer de notre vie.

La première raison, c'est que sourire nous met de meilleure
humeur. On pense souvent que quand notre cervelle est joyeuse
elle commande à notre face de sourire. C'est vrai, mais ça marche
aussi dans l'autre sens : quand notre face sourit, elle rend notre
cervelle un peu plus joyeuse. Des tas d'études ont confirmé cela,
ça s'appelle une boucle de rétroaction, et entre le sourire et les
centres cérébraux de la bonne humeur, il y a aussi une boucle de
rétroaction[18].

Ainsi, le sourire n'est pas seulement la preuve que nous
sommes heureux, mais l'inverse est vrai aussi : sourire doucement,
du moins lorsque nous n'avons pas de raison de pleurer, améliore
doucement notre humeur. Car notre corps influence globalement
notre cerveau : la manière dont nous respirons, dont nous nous
tenons plus ou moins droits exerce une influence sur nos états
d'âme, influence légère mais qui peut être puissante si elle est
constante. Les études qui évaluent le poids de cet impact à très
long terme aboutissent toutes au même résultat : plus nous sourions, plus cela nous facilite l'accès au bonheur et à la santé.
Encore un moyen simple et écologique d'agir doucement sur notre
bien-être. Mais il est inutile de vouloir inverser son humeur en
souriant si nous sommes très tristes ; cela ne marche que si nous
n'avons pas d'ennuis massifs.

La deuxième raison de sourire, c'est que cela attire des bonnes choses dans notre vie, notamment de la part des autres personnes : on vient davantage vers nous, on nous accorde davantage d'aide et d'attention. Je me promène souvent avec un petit sourire sur les lèvres, et j'observe que beaucoup de gens me disent bonjour (certains croient sans doute que nous nous connaissons, mais beaucoup à mon avis se sentent davantage liés à moi parce que je leur souris).

Et la troisième raison c'est que c'est un acte de douceur et de gentillesse envers autrui que de sourire *a priori* : faire la tête rend le monde un peu plus moche, et sourire rend le monde un peu plus beau. Rien qu'un peu. Mais un peu quand même.

Souvenirs et passé Quand j'étais petit, j'avais des souvenirs. Maintenant que je suis grand, j'ai un passé. C'est-à-dire un bloc de souvenirs plus compact et cohérent, qui raconte une histoire, celle de ma vie. Le rappel de nos souvenirs dépend de notre état émotionnel : si nous sommes heureux, ce sont les souvenirs heureux qui reviennent le plus volontiers, alors que si nous sommes malheureux, les souvenirs tristes se bousculent au portillon. On appelle cela la congruence émotionnelle. *Idem* pour notre passé, que nous pouvons nous raconter de manière solaire ou sinistre, insistant sur nos chances ou nos malheurs. Pour éviter cette dépendance à nos émotions du jour, peut-être devrions-nous écrire notre autobiographie seulement les jours de bonheur, et la relire lors des jours gris ?

« Souviens-toi que je t'ai aimée » Ce sont des voisins à nous, invités l'autre soir à dîner avec d'autres amis, et qui, à la fin du repas racontent un petit rituel de leur vie de couple. Souvent, quand il part le matin sur son scooter dans la circulation parisienne, et quand il a un peu le cafard, le mari embrasse sa femme en lui disant : « S'il m'arrive quelque chose, souviens-toi que je t'ai aimée. » Elle, ça la touche et ça la stresse en même temps. D'un autre côté, autant se dire les choses comme ça, puisque c'est vrai qu'on ne sait jamais. Mais bon, ça fait toujours drôle... L'histoire intéresse ou amuse tous les convives. On voit qu'elle plaît beaucoup aux femmes de l'assistance. Alors notre ami ajoute : « Et je lui dis souvent aussi : si je meurs, tu peux refaire ta vie, pas de souci. » C'est une autre preuve d'amour, peut-être plus belle encore : dire à l'autre qu'on aime assez fort pour souhaiter que son bonheur dure même après notre mort, même sans nous. Même avec quelqu'un d'autre.

Spinoza Son prénom était Baruch, le « bienheureux ». Comme Descartes, dont il fut le contemporain, Spinoza s'intéressa beaucoup à nos émotions, et était convaincu de ceci : « Un sentiment ne peut être contrarié ou supprimé que par un sentiment contraire et plus fort que le sentiment à contrarier[19]. » Autrement dit, pour se dégager d'une émotion douloureuse, plus que la raison, c'est l'émergence d'une émotion agréable qui libérera le mieux. Spinoza aurait sans doute aussi été en accord avec les fondements de la psychologie positive, qui rappellent qu'il sera d'autant plus facile de ressentir une émotion que nous l'aurons « pratiquée » et suscitée régulièrement. Faire le (petit) effort de nous réjouir lorsque tout va bien augmenterait considérablement nos chances de pouvoir nous réjouir (un peu) quand tout ira moins bien.

Spinoza n'eut pas une vie qu'on pourrait dire heureuse : il fut exclu de la communauté juive d'Amsterdam en 1656, à l'âge de 23 ans, pour des raisons obscures, sans doute pour avoir critiqué certains dogmes religieux. Peu après il fut agressé par un déséquilibré, qui le blessa d'un coup de couteau. Spinoza garda longtemps le manteau troué par l'arme, comme pour ne pas oublier où pouvait conduire le fanatisme. Il passa le reste de sa vie à polir des lentilles optiques pour microscopes et lunettes astronomiques pour subsister (et son travail minutieux était très réputé), tout en rédigeant une œuvre philosophique complexe et majeure dont les fondements irriguent encore notre réflexion plusieurs siècles plus tard.

Stade toulousain J'aime le rugby et j'aime le Stade toulousain, l'équipe qui, comme chacun sait, propose le plus beau et le plus intelligent rugby de France, d'Europe et peut-être du monde (certains jours...). Alors j'ai des chemises, des maillots, des T-shirts aux armes de mon équipe favorite. Je sais, c'est un peu bête, mais c'est comme ça. Un dimanche, j'étais à la station-service pour prendre de l'essence, avec un beau T-shirt du Stade (c'est à ça que vous pouvez reconnaître un Toulousain : il ne dit pas le « Stade toulousain » mais simplement le « Stade » ; pour lui, il n'y en a qu'un d'assez grand et beau et fort pour qu'on n'ait même plus à préciser). Le garagiste à la caisse regarde mon T-shirt, qui porte la mention « Toulouse Rugby » et s'écrie : « Moi, j'aime pas du tout le rugby ! Je préfère le foot ! » Houmpf... Je suis à deux doigts de lui rendre son essence. Il doit le voir à mon visage, et il ajoute : « Sauf l'Afrique du Sud, là, quand ils font le gnaka ! » Et il m'ébauche un début de *haka* (cette danse maorie d'avant-match, qui n'est pas exécutée par les Springbocks sud-africains mais par les All Blacks de Nouvelle-Zélande). J'éclate de rire, et lui aussi. Du coup, je suis décoincé, et je lui lance : « Je ne vous crois pas, c'est impossible de ne pas aimer le rugby ! » et finalement, j'accepte de le payer. On se quitte bons copains, il ébauche même un dernier mouvement de *haka* pour moi quand je quitte sa boutique.

C'est drôle comment je me souviens, des mois après, de ce petit dialogue improbable et sans grande importance et comment, après coup, je comprends que mon T-shirt a alors parfaitement joué son rôle d'outil de communication, là où il y aurait pu ne pas y avoir de communication. Le garagiste n'a fait que répondre à ma déclaration pectorale d'amour pour le rugby toulousain. Et ça nous a fait (au moins à moi en tout cas) un petit souvenir drolatique.

Stop ! Arrête-toi et savoure ! De nombreux travaux montrent qu'une interruption pendant une activité agréable est de nature à augmenter la satisfaction qu'on en retire[20]. Bizarre, non ? Par exemple une pause de quelques minutes au milieu d'un délicieux massage, un entracte au milieu d'un film ou d'une pièce de théâtre qui nous passionne, la suspension quelques instants d'une conversation passionnante, tout cela va nous rendre l'expérience encore plus satisfaisante au final. Face sombre de ces travaux : les publicitaires en tirent argument pour expliquer que finalement les séquences de publicité pendant les émissions ou les films ne gâchent pas le plaisir[21]. Face lumineuse : choisir nous-même de nous arrêter d'être dans l'expérience pour prendre conscience de cette expérience, par une prise de recul mental, représente sans doute un moyen encore plus puissant pour transcender notre plaisir que subir une séquence de publicité. Toujours ce pouvoir fascinant de notre conscience comme grand amplificateur du bien-être et du bonheur !

Succès Nos succès ne sont faits que pour être oubliés. Les ressasser nuit à notre bonheur parce que cela flatte et boursoufle notre ego de manière excessive et mensongère. Le meilleur usage du succès, c'est la gratitude : remercier la vie de nous avoir ainsi verni. Et remercier tous les humains aussi : derrière nos efforts, il y a une chaîne innombrable de personnes qui nous ont initié, encouragé, guidé, aidé. Nous avons avalé et métabolisé tous leurs dons, nous nous les sommes appropriés ; mais sans eux, que serions-nous ?

Sud « Pourquoi, donc, quittons-nous ce lieu idéalement beau et calme et riche en champignons ? », s'interroge Freud, alors qu'il séjourne, en compagnie de sa belle-sœur Minna, dans une petite ville du Tyrol du Sud en septembre 1900. « Simplement parce qu'il ne nous reste qu'une semaine à peine, et que notre cœur, comme nous l'avons constaté, tend vers le Sud, vers les figues, les châtaignes, le laurier, les cyprès, les maisons ornées de balcons, les marchands d'antiquités[22]... » Notre cœur européen tend vers le sud, dès qu'il est question de bonheur. Parce que la douceur du soir, parce que le soleil et les cigales, parce que l'odeur du maquis, les conversations sous la treille et le clapot tranquille de la Méditerranée au petit matin.

Suicide Je rencontre un jour un ami écrivain, en retard à un salon du livre où nous étions tous deux invités[23]. Il est tout ému, car le train qui l'amenait a été bloqué à cause d'un suicide sur les rails : « Tu te rends compte, la plupart des gens pensaient à leur retard et leurs ennuis à cause de ce même retard. Alors que quelqu'un venait de se donner la mort... »

Cette année, j'ai beaucoup voyagé et cela m'est arrivé à deux reprises d'être dans un train bloqué par un suicide. Et, chaque fois j'ai eu le même réflexe : d'abord le « zut, je vais être en retard ! » ; puis la honte, dans la seconde : « Tu plaisantes ou quoi ? ton petit retard minable par rapport à la mort d'un être humain, à une histoire de désespoir absolu ? »

Nous parlons un peu avec mon ami de ces mouvements de nos états d'âme et de nos consciences, lorsque la détresse des autres déboule dans nos petites vies bien réglées. Le lendemain, il m'envoie un mail, avec comme il dit « des questions de romancier » : après notre discussion, il a repensé à la manière dont les passagers de l'Airbus d'Air France récemment écrasé dans l'Atlantique ont dû vivre leurs derniers instants. Il est frappé que tous les journalistes parlent des conditions techniques de l'accident, et pas de la conscience éventuelle que ces humains ont pu avoir des ultimes minutes de leur vie, ce qui le bouleverse.

Pour moi, ce ne sont pas que des « questions de romancier ». Mais les romanciers, grands sensibles, se les posent souvent avec plus de constance et de violence que les autres. Parce que la compassion les habite (même quand ils essayent de prouver le contraire), et avec elle la sensibilité et la curiosité pour toutes les expériences humaines. Même effroyables, même extrêmes, même ultimes...

Superstitions C'est drôle comment certaines personnes ont des superstitions sur le bonheur. Un peu comme sur la santé, chez les gens qui n'osent pas, à la question « comment ça va ? » répondre « je vais parfaitement bien », de peur de s'attirer le mauvais œil et de tomber ensuite malades. De même, j'ai des amis qui n'aiment guère avouer : « en ce moment, je suis parfaitement heureux ». Toujours la crainte que cela ne leur porte malheur. En fait, il est probable que tôt ou tard, quand tout va bien pour nous, notre santé connaîtra des problèmes (grands ou petits) et notre bonheur diminuera. Mais il n'y a évidemment pas d'effet de causalité : ce n'est pas parce que nous nous sommes avoués heureux ou en bonne santé que les choses se sont gâtées, mais parce que ces phénomènes sont l'objet d'une loi classique dite de la « régression vers la moyenne[24] ». Tout phénomène sortant de la moyenne tend à y revenir, très naturellement. Les pics de bonheur et les gouffres de malheur obéissent à cette règle. Une raison de plus pour savourer le bonheur lorsqu'il est là, et pour ne pas désespérer lorsque c'est le malheur : ni l'un ni l'autre ne seront éternels.

Surdoués du bonheur Il y a des gens comme ça, que la vie a bien servis : bons gènes, bons modèles parentaux, chances existentielles, intelligence de la vie, aussi ; comment savoir ? En tout cas, le résultat est là : un vrai talent pour être heureux. Ils bénéficient d'un profil émotionnel parfait : les bonnes choses de la vie leur procurent des bonheurs rapides, intenses, durables ; les mauvaises les touchent sans doute, mais pas plus qu'il ne faut, puis glissent dans l'oubli. Sans effort apparent de leur part : ce qu'on appelle un heureux tempérament. Inutile de les jalouser, leur bonheur n'enlève rien au nôtre. Mieux vaut les observer, pour apprendre, et se tenir souvent à leurs côtés, pour profiter : comme les émotions sont contagieuses, nous finirons bien par attraper un peu de leur bien-être, comme on attrape un rhume. Un rhume de bonheur...

T comme Tristesse

Accueille-la, écoute-la,
Comme une amie qui a raison mais exagère.
Continue de marcher et de vivre,
Et puis retourne-toi : elle n'est plus là.

Téléchargement L'autre jour, je devais télécharger des documents sur Internet. Un peu bousculé, plein de choses à faire, et ce téléchargement qui n'en finit pas… Pfff ! C'est long ! Je m'agace, sans m'en rendre compte. Et tout à coup, l'évidence : comment ça, c'est long ? ! Non, ce n'est pas long, quelques minutes pour récupérer tant de données. C'est toi qui es impatient. Et tes grands discours sur l'instant présent ? Et tes patients avec qui tu travailles sur ça ? Tu n'es pas un peu à côté de la plaque, là ? Respire, vieux, relâche ces épaules crispées. Ferme un peu tes yeux. Et souris, patate ! Là… C'est pas mieux comme ça ?

Télévision Il semble bien que l'usage intensif de la télévision nous rende un peu plus insatisfaits et un peu plus malheureux. En gros, c'est ce à quoi permettent d'aboutir tous les travaux disponibles[1]. Bien sûr, cette causalité fonctionne aussi en sens inverse : quand nous nous sentons insatisfaits ou malheureux, nous sommes plus facilement attirés par la télé, qui est un moyen de moins penser à ce qui ne va pas dans nos vies. Dans les deux cas, dans les deux sens, voilà au moins, parmi tous ceux de ce livre, un conseil très très facile à appliquer : regardez moins la télévision ! Marchez, lisez, parlez : c'est un bien meilleur programme pour prendre soin de votre moral.

Temps pour faire ce que l'on aime C'est sans doute une des plus puissantes recettes du bonheur : avoir du temps pour faire ce que l'on aime[2]. Déconcertant de simplicité, mais c'est toujours comme ça en psychologie positive. Une grande partie de nos activités nous rendrait plus heureux si nous avions plus de temps pour les mener ; et nous rend peu ou pas heureux parce que nous manquons justement de ce temps. Jardiner, s'occuper de ses enfants, faire le marché, certains aspects même de notre travail : tout cela peut représenter du plaisir ou du stress selon le temps dont nous disposons. Disposer de temps en suffisance est un luxe infini : il peut s'acheter par l'argent (les très riches font faire beaucoup de choses ennuyeuses à leur place par des personnes qu'ils payent pour cela, et s'offrent en fait du temps pour faire ce qu'ils aiment vraiment). Il peut aussi, parfois, s'acheter par la sagesse, en procédant à certains choix de vie : moins travailler ou moins dépenser, pour mieux savourer.

Tetrapharmakos On appelle ainsi (cela signifie en grec « quadruple remède ») l'essentiel de la doctrine du philosophe Épicure, résumée en quatre maximes par un de ses disciples, Diogène d'Oenoanda, qui les grava dit-on au fronton d'un portique :

> *Ne crains pas les dieux.*
> *Ne crains pas la mort.*
> *Tu peux apprendre à te réjouir.*
> *Tu peux apprendre à moins souffrir.*

Un programme qui me va tout à fait, et je le graverais bien, moi aussi, au-dessus de la porte d'entrée de mon bureau à Sainte-Anne !

Thérapie « Qu'importe la thérapie, pourvu qu'on n'ait plus la détresse ! » C'est l'un de mes patients, Philippe, qui m'a offert cette maxime en cadeau, pastichant Alfred de Musset (souvenez-vous :

« Qu'importe le flacon, pourvu qu'on ait l'ivresse »). C'était en 2005, lors de la « guerre des psys » entre comportementalistes et psychanalystes. Très bon rappel à l'ordre : la thérapie n'est qu'un outil, et la priorité, c'est aider.

Tiens-toi droit(e)! Notre état mental s'exprime largement au travers de notre corps. Par exemple, lorsqu'on est triste, on a tendance à baisser les yeux, à parler plus lentement, d'une voix plus grave. Et ce que de nombreuses études scientifiques montrent aussi, c'est que la manière dont nous nous tenons (que notre posture soit droite ou voûtée, etc.) influence en retour notre mental. Si l'on fait par exemple remplir des questionnaires de satisfaction existentielle à des volontaires, on obtient des résultats différents selon qu'on leur a fait passer ces questionnaires sur une petite table basse, qui les force à se voûter et à se rabougrir, ou sur un pupitre assez haut, leur permettant de tenir tête et corps bien droits. Remplir le questionnaire dans une posture repliée modifie la satisfaction à la baisse et, à l'inverse, le remplir dans une posture droite pousse à la hausse. Quand vos parents vous disaient : « Tiens-toi droit(e) ! », vous ricaniez ? Vous aviez l'impression que cela ne servait à rien ? Eh bien, vous aviez tort. Pour ma part, j'ai longtemps habité dans un corps que je laissais tout voûté, avec un visage tristounet. Depuis que tout cela m'intéresse, je me tiens droit, avec un tout petit sourire aux lèvres. Il me semble que ça me fait du bien (je dis ça comme ça – *il me semble* – pour ne pas faire le malin, mais en fait j'en suis sûr). Et il me semble aussi que ça fait du bien aux autres : j'ai l'impression (naïvement peut-être) qu'un psychiatre qui se tient droit en consolant ses patients et en leur souriant leur donne quelque chose de plus, par son corps. Je n'ai aucune étude scientifique pour appuyer mes propos, désolé.

Tire-larmes Je suis bon public pour les histoires tristes qui font pleurer. Évidemment, comme la plupart des gens, ou au moins des mâles, je déteste qu'on me voie verser une larme. Au cinéma par exemple, quand ça monte, je m'efforce de sortir du film, de me désengager de l'émotion, je roule mes yeux dans tous les sens pour que les larmes ne s'accumulent pas, etc. Mais il n'y a pas qu'au cinéma, c'est pareil en lisant des histoires. J'avais reçu celle-ci il y a quelques années.

C'est une petite fille qui a utilisé, sans le demander à ses parents, un très beau papier cadeau pour confectionner elle-même un paquet, peu avant Noël. Ses parents la grondent parce qu'elle a fait des dégâts. Elle encaisse sans rien dire. Le lendemain, les parents découvrent une petite boîte maladroitement emballée avec le fameux et coûteux papier cadeau. Embarrassés et touchés, ils regrettent leur réaction et ouvrent la boîte : elle est vide. Le père s'agace : « Tu parles d'un cadeau ! » La petite fille fond alors en larmes, et dit à ses parents : « Elle n'est pas vide, elle est pleine de baisers pour vous ! »

Là, je commence déjà à craquer. En vrai, l'histoire que j'ai reçue allait encore plus loin dans le genre édifiant ; je vous la livre dans son jus : Le père enlaça sa fille, la priant de lui pardonner sa réaction. Peu de temps après, un accident vint faucher la fillette. Le père garda longtemps la boîte tout près de son lit. Chaque fois que le découragement l'assaillait, il prenait la boîte, en tirait un baiser imaginaire et se rappelait l'amour que l'enfant y avait mis.

C'est trop, à la fois pour les larmes et pour le bon goût. Mais tout de même, je ne sais pas pour vous, mais pour moi ce genre d'histoire me remet sacrément les idées en place, et me rend pour un temps bien plus calme et tolérant face aux petits agacements provoqués par mes enfants.

Tombe Sur la tombe de mon père, dans un petit cimetière près de Toulouse, avec mes filles et mon épouse. Nous avons apporté quelques fleurs, arrosé celles qui étaient là. Nous sommes maintenant debout, tous les cinq, silencieux. Pas facile de parler ou de prier à voix haute, ensemble. Mais on ne va pas rester comme ça, attristés et embarrassés, sans rien dire, tout de même ! Dans ces moments, je me sens « chef de famille » : c'est à moi de faire quelque chose.

Alors je demande à chacun(e) d'entre nous de penser à papi, de laisser venir à sa mémoire tous les bons souvenirs qui nous restent de lui, toutes les images, les paroles, les petits gestes et petites attentions qu'il avait au quotidien. Les yeux se mouillent un peu, on avale sa salive, on est content de repenser à ces moments, et bien triste aussi qu'ils soient révolus. On se dit plein de choses, tout se bouscule, c'est compliqué. Mais nous communions et nous éprouvons l'amour et l'affection qui existaient dans le lien que nous avions avec lui. Lui qui n'était pas très à l'aise, comme tant de personnes de sa génération, pour exprimer son affection ; mais finalement, en y repensant aujourd'hui, il n'arrêtait pas de nous la communiquer. Je repense à cette phrase de Montherlant (lue la veille, je vous rassure, les phrases de Montherlant ne viennent pas comme ça à ma conscience dans les grands moments) : « Ce sont les mots qu'ils n'ont pas dits qui font les morts si lourds dans leurs cercueils. » Puis, une de mes filles dit une petite phrase qui fait rire ses deux sœurs, un peu oppressées par la tristesse et la relative solennité de l'instant. C'est fini. C'était bien. Très bien. Je suis heureux.

Tombe, neige... C'est une patiente qui me raconte un rêve : son mari, mort il y a des années, a une maîtresse et est heureux avec elle. Elle fait ce rêve alors qu'elle vient de rencontrer un homme avec qui elle envisage, pour la première fois, de se remettre en couple. En se réveillant, elle ressent des états d'âme de tristesse et de soulagement : tristesse de cette « infidélité » onirique ; et soulagement, car elle va, elle aussi, s'autoriser une nouvelle vie de couple. Elle espère que la liaison de son mari, « là-haut, au paradis », comme elle me dit en souriant, le rend, lui aussi, heureux. Après son départ, je reste quelques minutes tout empli de son histoire de deuil et d'amour, et à regarder la neige qui tombe au-dehors, en songeant à ces vers d'Apollinaire (nous avons évoqué le bon Guillaume pendant notre discussion) :

Ah ! tombe neige
Tombe et que n'ai-je
Ma bien-aimée entre mes bras.

Tout me semble, à cet instant de ma vie, doux et cohérent, avec un petit peu de tristesse. Instant d'équilibre merveilleux.

« Total happiness ! » Un jour un patient bipolaire, qui souffrait donc tantôt de dépressions sévères, tantôt d'euphories maladives finalement tout aussi sévères, me téléphone et m'annonce : « Docteur, c'est fantastique, je ne me suis jamais senti aussi bien. J'ai décidé de lâcher mon boulot et de partir pour l'Australie. Je suis en pleine forme. Total happiness, doc ! » Ce *total happiness*, qui durait depuis quelques jours, n'annonçait rien de bien bon, sinon une hospitalisation en urgence contre son gré. J'aurais préféré pour lui des *microhappiness*.

Tourmentés dans la joie J'ai lu un jour chez Bobin[3] cette phrase qui a accroché mon attention et activé mon esprit : « Tourmentés dans la joie bien plus que dans la peine. » Pour ma part, je comprends parfaitement que l'on puisse être tourmenté dans la joie ; ce que les véritables optimistes parmi mes proches ont du mal à comprendre, quand je leur parle de ce genre de ressenti. Je le comprends car cela évoque pour moi toutes les inquiétudes du bonheur : « Cela va s'arrêter ! comment ? quand ? est-ce qu'un malheur ne va pas suivre, comme pour me faire payer le loyer de ce bonheur ? », etc. Être, comme je le suis, un sous-doué du bonheur (je ne suis qu'un élève studieux) expose à ces tourments. Je m'en fiche. Je les préfère à la morosité du pessimisme cynique et résigné. Je préfère être tourmenté dans la joie que pas joyeux du tout !

Tout simplement bon L'autre jour, en prenant mon petit déjeuner, je lis machinalement (j'essaie de ne pas le faire en général, mais ce jour-là, j'avais craqué...) sur le paquet d'emballage de pain de mie de mes filles : « Cette brioche tranchée est bonne, tout simplement.» Cette humilité publicitaire accroche mon esprit. La déclaration de sobriété est suivie tout de même d'un bon blabla sur les vertus diverses dudit pain... Mais l'accroche fonctionne, puisque mon attention a été captée, et que je m'en souviens encore (de la phrase, plus de la marque du pain...). C'est drôle comment, après avoir épuisé les superlatifs – « délicieux, savoureux, merveilleux» –, on en revient au simple, à l'essentiel, à l'élémentaire – « bon». Enfin, presque élémentaire : comme c'est dur de s'en tenir au minimum, on lui ajoute quand même du superlatif, au « bon» : « bon, tout simplement»... Je me dis que nous faisons un peu de même avec nos moments agréables : au lieu de dire simplement « c'est agréable» nous allons chercher des « super», « fantastique», « extra», « génial» et autres formulations hyperboliques du bien-être, variant au gré des modes. Mais nous avons peut-être une excuse : comme nous devons maintenir un ratio d'émotions positives au moins trois fois plus nombreuses que les émotions négatives, peut-être sommes-nous tentés de nous les survendre à nous-mêmes ?

Tout va bien Être heureux quand tout va bien : un programme pas si absurde. Comme le notait le philosophe Alain[4] : « On devrait enseigner aux enfants l'art d'être heureux. Non pas l'art d'être heureux quand le malheur vous tombe sur la tête ; je laisse cela aux stoïciens ; mais l'art d'être heureux quand les circonstances sont passables et que toute l'amertume de la vie se réduit à de petits ennuis et de petits malaises... »

Tragique Il ne faut pas se fier aux apparences : le bonheur est un sujet tragique. Absolument pas rose bonbon. Le bonheur humain est lié à un mouvement double et indissociable de notre conscience. La première face de ce mouvement est tournée vers le bien-être : le bonheur comme acte de conscience de se sentir agréablement exister, dans des environnements favorables. La seconde est tournée vers la mort : nous sommes des *morituri*, des *qui-vont-mourir*, et surtout nous sommes conscients de l'être, mortels. Ce bonheur est alors notre antidote à la crainte obsédante de la mort, car il offre des bouffées d'immortalité, des bouffées de temps suspendu, arrêté, absent même. Mais il est aussi un puissant et déstabilisant message de fugacité : le bonheur finit toujours par disparaître et les humains par mourir. Le bonheur est donc un sentiment « tragique ». Au sens où le tragique est associé à ces moments où l'on prend conscience d'un destin ou d'une fatalité qui pèsent sur nous. Le tragique, c'est l'acceptation et l'intégration de l'adversité de la condition humaine : la souffrance, la mort. Et le bonheur est la réponse à cette interrogation tragique : comment vivre avec ça ?

André Comte-Sponville[5] écrit que « le tragique, c'est tout ce qui résiste à la réconciliation, aux bons sentiments, à l'optimisme béat ou bêlant ». Ouille ! Puis : « C'est la vie telle qu'elle est, sans justification, sans providence, sans pardon. » D'accord, d'accord... Et enfin, il précise : « C'est le sentiment que le réel est à prendre ou à laisser, joint à la volonté joyeuse de le prendre. » Ouf, on respire. Il ajoute ailleurs[6] : « Quand à ceux qui prétendent que le bonheur n'existe pas, cela prouve qu'ils n'ont jamais été vraiment malheureux. Ceux qui ont connu le malheur savent bien, par différence, que le bonheur aussi existe. » La pragmatique du bonheur et du malheur s'éprouve dans la chair... Oui, la vie est tragique, le monde est tragique. Mais nous préférons sourire quand même et avancer, lucides, que rester figés dans un rictus, incapables de nous réjouir. Peut-être d'ailleurs que le bonheur n'est pas tragique mais simplement *lesté* de tragique, et ce lest lui donne toute sa valeur, sa saveur, et nous rappelle son impérieuse nécessité.

Un autre philosophe, Clément Rosset[7], nous rappelle ceci : « Tout l'acquiescement au réel est dans ce mélange de lucidité et de joie, qui est le sentiment tragique [...] seul dispensateur du réel, et seul dispensateur de la force capable de l'assumer, qui est la joie. » Aspirer durablement au bonheur, à un bonheur qui n'impose pas le retrait du monde dans une citadelle dorée, qui n'impose pas l'abrutissement de nos états d'âme dans l'alcool, les drogues, les jeux vidéo, ou le travail acharné, cela nécessite d'accepter le monde tel qu'il est : tragique. Le bonheur n'est pas une bulle spéculative, dans laquelle on se replierait, fondée sur le pari d'un univers qui serait fait pour le bonheur. L'intelligence de nos états d'âme nous aide à comprendre cela : il ne peut exister d'intériorité climatisée, mais seulement une intériorité vivante, où les états d'âme de souffrance mettent en valeur la nécessité des états d'âme de bonheur.

Traités sur le bonheur On pense souvent que notre époque détient la palme en matière de livres et d'écrits portant sur l'art d'être heureux. Je n'en suis pas si sûr : ce record est probablement détenu par le XVIIe siècle. Voltaire, Rousseau, Diderot, Mme du Deffand, Mme du Châtelet, tous les grands esprits de l'époque ont parlé du bonheur. Les causes historiques de ce phénomène sont multiples, mais elles sont à la fois religieuses (le recul de la toute-puissance du catholicisme sur le quotidien, et le recul de la recherche du Salut avant celle du bonheur), philosophiques (la naissance de l'individu moderne) et politiques (la démocratisation du bonheur). Chaque fois que le poids des religions recule, que les libertés individuelles augmentent, et que la démocratie se répand, la quête du bonheur prend de l'importance. Pourvu que ça dure…

Travail et bonheur Le travail et le bonheur ? L'histoire avait bien mal commencé, quand dans la Genèse, Dieu furieux chasse Adam et Ève du paradis (où ils n'avaient pas à travailler) en les condamnant à gagner leur pain à la sueur de leur front. La même histoire s'était aussi mal continuée, avec cette totale injustice des sociétés préindustrielles : continuant de considérer le travail comme une malédiction et une infamie, les riches n'y travaillaient pas, mais faisaient travailler les pauvres pour eux. Les changements arrivèrent avec les grandes idées révolutionnaires du siècle des Lumières : le bonheur y fut considéré comme un droit, et le travail comme une valeur. C'est l'oisiveté qui devint suspecte, tandis que le labeur conférait bonheur et dignité, comme le notait le philosophe Helvétius : « L'homme occupé est l'homme heureux. » Et même si Diderot tempérait un peu ces propos : « J'aurais plus de confiance dans les délices de la journée d'un charpentier si c'était le charpentier qui m'en parlait », l'image du travailleur pouvant aimer son travail et s'épanouir grâce à lui reste inscrite dans nos esprits. Ce qui est nouveau, c'est qu'on observe aujourd'hui envers le travail des attentes croissantes d'épanouissement personnel : idéalement, il n'est plus seulement un gagne-pain, mais aussi un moyen de créer des liens et du sens dans sa vie, d'apprendre, de se réaliser. C'est sans doute pourquoi, dans une enquête conduite auprès de six mille sujets représentatifs de la population générale[8], une personne sur quatre citait spontanément le travail comme source de bonheur. La moitié des personnes considéraient que, dans leur travail, les aspects positifs l'emportaient ; ce pourcentage augmentait avec la qualification (70 % chez les cadres, 30 % chez les ouvriers non qualifiés). Enfin, dans cette étude, c'étaient les catégories les plus démunies (précaires et chômeurs) qui faisaient du travail une des conditions essentielles du bonheur : comme souvent, c'est lorsqu'une source de bonheur nous est retirée ou interdite que nous en percevons la valeur et l'importance. C'est le cas du travail.

Très vite Je n'aime pas du tout, du tout quand, au téléphone, à la fin d'un message laissé sur mon répondeur, on me dit : « À très vite ! » Ça m'incommode qu'on me colle la pression, qu'on me dise en sourdine : « Rappelle-moi tout de suite, et que ça saute. » Ça me pousserait presque à devenir passif-agressif, tiens ! À rappeler un peu plus tard que je ne l'aurais fait spontanément. Je sais, c'est bête, mais il faut bien freiner l'épidémie d'accélérite qui frappe notre société ! Pour aller bien dans nos têtes, du moins à l'époque qui est la nôtre, nous avons plus souvent à freiner qu'à accélérer.

Triple A antibonheur Le triple A désigne la qualité des andouillettes, ou celle de la fiabilité financière des États. Il concerne aussi le bonheur. Avant, Après, Ailleurs : c'est la déclinaison du triple A anti-instant présent. Et antibonheur. Plus mon esprit prend l'habitude de s'évader avant, après ou ailleurs, au lieu de rester dans l'ici et maintenant, plus mon bien-être diminue. Cela nous offre en plus un petit mantra : « Si tu veux être heureux, éloigne-toi du Triple A ! »

Tristesse La tristesse est une source inépuisable d'inspiration, bien plus féconde que les autres émotions négatives (colère, peur, envie, honte). La raison en est simple : elle nous rapproche de nous-mêmes, nous pousse à réfléchir à notre vie sous l'angle de ses insuffisances et de ses difficultés ET (ce « et » est indispensable) elle est aussi l'émotion douloureuse qui paradoxalement est la plus proche du bonheur : elle nous rapproche aussi d'un certain apaisement, nous pousse à ralentir, à déposer les armes, à renoncer à nous battre avec la vie (ce qui est parfois une bonne idée). Parmi les autres émotions négatives, la colère nous éloigne, au contraire, du bonheur. La peur ne nous le permet qu'une fois que nous sommes cadenassés et claustrés dans nos forteresses antipeur (notre maison, notre conjoint, nos certitudes ou nos rêves).

Mais la tristesse, c'est autre chose, sa douceur la rend parfois cousine du bonheur : voyez par exemple la mélancolie, ce « bonheur d'être triste », selon Victor Hugo. Pour ces deux raisons, la tristesse peut être parfois féconde. Mais à la manière d'une amie un peu pénible, qui a parfois raison mais qui toujours ressasse et exagère. Lorsqu'elle nous tire par la manche, toujours l'écouter et regarder ce qu'elle nous montre. Puis la congédier, mais pas trop vite, pas avant de l'avoir laissé parler. Sinon, elle reviendra inlassablement et recouvrira bientôt toute notre vie, bien au-delà du domaine où elle est légitime : « La tristesse descend et se pose comme la nuit, comme le brouillard, comme la neige, sur toute chose sans discrimination[9]. » Le bon usage de la tristesse est ainsi une des clés du bonheur.

Trois bonnes choses C'est un exercice classique de psychologie positive : le soir, avant de s'endormir, penser à trois bons moments de la journée. Pas des moments exceptionnels, juste de tout petits bons moments : une rigolade avec un proche, une lecture intéressante, un compliment, une musique qui nous a touché, le sentiment fugitif entre 11 h 15 et 11 h 18 que notre vie était belle, etc. Y penser intentionnellement et avec intensité, c'est-à-dire pas juste effleurer le souvenir de ces moments en deux secondes et demie, puis passer aux soucis du jour et du lendemain. Non, vraiment leur faire de la place : les évoquer, les visualiser, les ressentir à nouveau, dans le corps tout entier et pas seulement dans la tête ; pas tellement y réfléchir, mais plutôt les savourer. Pratiquer cela tous les soirs pendant quelques semaines va améliorer notre moral et notre bien-être, et notre sommeil aussi. Et pourtant qui le fait et le refait régulièrement ? Même moi, qui suis un convaincu, qui trouve l'exercice agréable et instructif, et qui connaît tous ces travaux, je dois régulièrement me réactiver, me remotiver, pour m'y remettre. Toute la difficulté de la psychologie positive est là : dans cette simplicité qui cache la nécessité d'une régularité bien plus exigeante qu'on ne le croit.

Trop de bonheur ? Peut-on être trop heureux ? Non, c'est comme la santé : on ne peut pas être en « trop » bonne santé. Cette double impossibilité repose sur une raison simple : bonheur comme santé sont des états fragiles et transitoires, qui ne dépendent pas que de nous. On peut par contre trop parler de son bonheur, trop l'afficher, trop s'y attacher. Ce sont trois erreurs qui font du mal : les deux premières aux autres, lorsqu'ils sont malheureux ; la troisième à nous, lorsque vient le temps du malheur.

Trop heureuse C'est une de mes patientes que j'aime bien (en fait, en y réfléchissant, j'aime bien tous mes patients !) et que j'accompagne depuis longtemps. Sa vie n'a pas été facile, mais elle s'est toujours accrochée, a toujours fait ce qu'il fallait pour rester à flot, et s'affranchir des chaînes de son passé. Comme elle est intelligente et motivée et bagarreuse, elle y est parvenue et, depuis quelques années, ça y est, enfin, il lui semble que sa vie est devenue heureuse, que la somme de ses bonheurs est régulièrement devenue supérieure à la somme de ses malheurs. Elle se sent heureuse, pas tous les jours, pas tout le temps, mais globalement il lui semble (à juste titre) que sa vie est devenue une vie heureuse. Hélas, elle n'y est pas habituée. Nous avons eu beau travailler cela lors de nos discussions, de temps en temps lui remontent des peurs venues du passé : peur que tout cela ne dure pas, et que le temps du malheur revienne. Le sentiment étrange qu'elle ressent est que cela lui soit « repris » : par qui, pourquoi, elle l'ignore, mais c'est ainsi...

L'autre jour, elle était dans son train de banlieue, de retour de son travail, pour retrouver son compagnon et sa maison (deux grandes nouveautés dans sa vie, qui symbolisent pour elle le fait qu'elle est enfin devenue « normale, comme tout le monde » et qu'elle a droit à une vie de bonheurs simples). Son esprit vagabondait sur ces petites choses qui la rendent heureuse, et tout à coup, poum ! Revoilà la pensée « ça ne va pas durer, ça ne peut pas durer, tu vas le payer, ça va t'être retiré... ». Elle ressent à nouveau ce pincement au cœur et aux tripes, ce malaise indésirable dont elle sait bien qu'il est absurde. Elle commence à respirer, à se rassurer, à se rappeler nos discussions à ce propos, quand tout à coup, l'arrachant au monde virtuel du combat contre ses inquiétudes, résonne la voix du réel, sous la forme de celle du contrôleur SNCF : « Mesdames, messieurs, bonjour, contrôle des billets, s'il vous plaît... » Elle fouille dans ses affaires pour chercher sa carte de transport. Mince ! Elle n'a pas pris son sac habituel, et la carte est restée à la maison. Malgré ses explications, la voilà verbalisée et délestée de 45 euros. *Dura lex, sed lex !* Et là, bizarrement, elle est comme soulagée. Un peu agacée par l'intransigeance des contrôleurs, mais surtout soulagée : « Voilà, tu avais peur de trop de bonheur, et vois ce qui t'arrive ! Ne t'inquiète pas, la vie se chargera de te faire payer ton loyer, comme maintenant. Tu n'as pas à redouter de grandes catastrophes, mais juste à prévoir de petits tracas. Ton bonheur te sera peut-être retiré un jour, comme il peut être retiré à tout humain. Mais, en attendant, savoure. Et prépare ta petite monnaie pour les loyers de l'adversité ! »

Au lieu de redouter de perdre notre bonheur, savourons-le, et gonflons-nous de sa force pour traverser avec le sourire nos petits soucis !

Trop tard Je n'aime pas quand mes patients me disent ça : « Ah, quel dommage que je n'aie pas eu ce médicament, cette psychothérapie, ce diagnostic (etc.) plus tôt ! Cela m'aurait évité des années de souffrance. » Alors là, je me penche vers eux, avec l'air très sérieux du type qui vient d'entendre quelque chose de grave, et je leur demande de me répéter ce qu'ils viennent de dire. En général, ils sont surpris parce que d'habitude, quand on dit ça aux autres (« trop tard, quel dommage »), soit les gens s'en fichent, soit ils consolent (« mais non, ce n'est pas trop tard »). Mais là (ils sont chez un psychiatre, tout de même !), on leur demande de répéter. Alors ils me répètent la plainte ; souvent en l'atténuant un peu, d'ailleurs. « Très bien, leur réponds-je, mais alors qu'allez-vous faire si c'est trop tard ? » Là, en général, ils commencent à comprendre et à rigoler. Ben oui : « trop tard » fait partie de ces truismes inutiles et toxiques sur le bonheur que je cherche à déloger de l'esprit de mes patients. Mais plutôt que de leur dire « mieux vaut tard que jamais » (celle-là, on la leur a déjà faite un paquet de fois), je les mets au travail. Comme je sais que nous nous libérons rarement de nos regrets par l'intelligence mais plutôt par l'expérience, je leur fais faire une petite expérience : être pris la main dans le sac du truisme toxique, et en profiter pour l'examiner plus attentivement.

« Tu ne m'avais jamais dit ça » Ça se passe un midi, au déjeuner, avec ma deuxième fille, une émerveillée de la vie. Nous avons décidé de nous faire une omelette. Je lui dis : « Tiens, tu vas me battre six œufs. » Et je la vois s'arrêter et sourire, la boîte d'œufs dans la main, avec l'œil vif de la personne dont le cerveau est en train de monter en régime. Devant mon air interrogatif, elle m'explique :

« C'est drôle, tu ne m'avais jamais dit ça !

— Comment ça ?

— Ben oui, il y a des phrases que tu me dis souvent, genre : "Lave tes mains avant de passer à table ! N'oublie pas tes clés ! Fais de beaux rêves ! Tu as passé une bonne nuit ? C'était une belle journée aujourd'hui ?" Mais celle-là je ne l'avais jamais entendue, c'est la première fois de ma vie ! »

Et nous éclatons de rire.

Elle a raison et elle a l'esprit en éveil : à nos proches, nous disons et répétons si souvent les mêmes choses ! Qu'ils finissent par ne plus écouter ni entendre. Surtout si nous leur délivrons toujours le même discours (comme souvent les parents avec leurs enfants, tout à leur désir d'éduquer). Ils ne nous écoutent alors plus du tout ! Nous sommes devenus des machines à délivrer des mots prévisibles et inutiles. Puis, par la grâce d'une situation un peu différente, un peu décalée, nos paroles sont nouvelles. C'est cet instant que le cerveau vif et joyeux de ma fille venait de saisir au vol.

Je suis resté longtemps réjoui, ce jour-là, par la fraîcheur de son esprit neuf : puissé-je moi aussi vivre souvent dans la pleine conscience de la vie et de ce que l'on me dit !

U comme Urgent

Urgent, urgent, tout est urgent maintenant.
Mais toi tu sais ce qui est important :
regarder l'herbe de ta vie qui pousse.

Urgent ou important ? Ce qui est urgent s'oppose souvent dans nos vies à ce qui est important. Urgent : faire ce que la vie nous demande de faire : travail, courses, bricolage, temps à donner aux autres... Important : marcher dans la nature, contempler les belles choses, prendre le temps de parler à de vieux amis...

L'urgent prend vite la place de l'important, qui peut toujours attendre et n'est presque jamais urgent. Nous le savons en théorie, comme toujours[1]. Et en pratique, que faisons-nous ? Personnellement, je vis ce combat de l'urgent et de l'important, chaque matin : après m'être levé tôt, que faire de ces moments durant lesquels la maison dort encore ? En profiter pour abattre de l'urgent ? Rattraper mon travail en retard, rédiger mes mails, mes écrits en attente ? Tentant, car ça me soulage du fardeau des « choses à faire mais pas faites ». Je me sentirai un peu mieux après, et ce sera palpable tout de suite. Ou bien me dire : « Non, fais d'abord ce qui est important. Assieds-toi sur ton banc, et pratique au moins un quart d'heure de méditation en Pleine Conscience. Le reste viendra ensuite. Et si tu ne fais pas ce qui est important maintenant, tout ce qui est urgent t'aura pris à la gorge tout à l'heure, et la nuit arrivera que tu n'en auras toujours pas fini. Alors, assieds-toi et tourne-toi vers l'instant présent, tu sais à quel point c'est important. » À certaines périodes, j'y arrive et je m'en trouve toujours bien. À d'autres, c'est plus difficile ; alors je me rattrape en m'accordant des tas de petits moments de pleine conscience au long de la journée, des parenthèses bénéfiques. Mais tout au fond de moi, je sens parfaitement que ce n'est pas tout à fait aussi bien. Que je suis en train de me carencer doucement... Je n'ai toujours pas trouvé la solution. Mais, tout de même, le plus grand progrès que j'aie fait ces dernières années en matière de méditation, c'est de comprendre ça : que le combat de l'urgent ou l'important, ça commence dès le matin au lever. Et que ce combat aura lieu tant que j'existerai. Que parfois je serai du côté de l'important. Parfois esclave de l'urgent. Et que c'est très bien comme ça : c'est le signe que je suis vivant...

Utile Il y a tout un courant que l'on pourrait appeler « utilitariste » dans la psychologie positive, qui consiste à en peser les avantages, et à se lancer dans sa quête pour bénéficier desdits avantages. Le bonheur est bon pour la santé ? Alors les médecins s'intéressent à la psychologie positive. Il est bon pour la performance ? Alors les entreprises vont proposer des séminaires à leurs salariés[2]. On peut trouver ça agaçant. Mais on peut aussi se dire qu'il y a des modes, puisque c'en est une, plus vaines et moins utiles que celle-ci. Une fois engagés sur le chemin du bonheur, quelle que soit leur motivation de départ, les gens deviennent en général meilleurs qu'ils ne l'étaient, car le bonheur bonifie plutôt la pâte humaine. Même si les raisons pour lesquelles nous le poursuivons peuvent être contestables.

Utopie Quand nous allons très mal, le bonheur se met à ressembler à une utopie, c'est-à-dire, étymologiquement, à un lieu qui n'existe pas. Mais le bonheur est comme le petit brin d'herbe : même quand le malheur a tout bétonné, tout goudronné, il finit par repousser et trouver un passage vers le soleil.

V comme Vertus

Vertueux : heureux.
Faire le bien te fait du bien.

Vaccin La « terrifiante » obligation de ne jamais s'arrêter de respirer… J'ai rencontré plusieurs fois des patients très anxieux pour qui penser à cela devenait parfois un point de départ à des attaques de panique. Ils me racontaient que depuis qu'ils étaient petits, ça leur venait quand ils prenaient conscience de leur dépendance à l'air, inspirer, expirer, et comme ça jusqu'à la fin des temps…

Je me souviens d'une patiente pour qui le pire cauchemar aurait été de finir dans un poumon artificiel, vous savez, ces énormes machines dans lesquelles on plaçait autrefois les personnes chez qui la poliomyélite avait paralysé les muscles respiratoires. Il fallait toujours quelqu'un pour activer le soufflet. Puis, avec l'électricité, ça marchait tout seul, mais tout de même…

Je me souviens qu'au début je récupérais un peu ses angoisses à force de l'écouter et de travailler sur ça avec elle, et qu'une ou deux fois je me suis réveillé alors la nuit avec l'impression d'étouffer. Puis ça m'a passé, et à elle aussi. Depuis que je pratique la méditation de pleine conscience, je crois bien que cela ne m'est plus jamais arrivé. Je me souviens que le terme « poumon d'acier » m'impressionnait, moi aussi, quand j'étais enfant. Je suis bien content que le vaccin contre la polio ait été inventé, et plein de gratitude envers ses concepteurs.

Vagabondage de l'esprit Une belle étude sur le vagabondage de l'esprit avait montré, parmi plusieurs résultats passionnants, les points suivants : 1) lorsqu'on explore au hasard les
contenus mentaux d'un grand nombre de personnes à différents
moments de la journée (ici, près de 5 000 volontaires de tous
âges, suivis plusieurs semaines), une fois sur deux leur esprit
est en train de se livrer au vagabondage mental (penser à autre
chose qu'à l'activité en cours) ; 2) plus l'esprit vagabonde, moins
il y a de chances qu'il soit heureux (on évaluait aussi l'humeur
au moment du sondage) ; 3) même lorsqu'elles sont agréables,
les émotions ressenties aux moments où notre esprit est ailleurs
ne le sont jamais plus que quand nous sommes attentifs à ce
que nous faisions, même si nous étions en train de rêvasser à
des choses plaisantes. Conclusion des chercheurs, qui en ont fait
le titre de leur publication scientifique[1] : « Un esprit qui vagabonde est un esprit malheureux. » Et autre conclusion, en forme
de conseil : être concentré sur ce qu'on fait, même si c'est du
travail, nous rendra toujours plus heureux que de penser à autre
chose, même autre chose d'agréable. Cette corrélation est également une causalité : ce n'est pas seulement parce que nous
sommes malheureux que notre esprit vagabonde (par exemple
dans de sombres ruminations), mais aussi l'inverse : c'est parce
que nous ne savons pas stabiliser notre esprit et nous rendre présents à ce que nous faisons, que cela diminue souvent nos capacités à être heureux. C'est une des raisons pour lesquelles la
méditation augmente les émotions positives : elle muscle notre
capacité à rester dans le présent et à stabiliser notre esprit.

Vaisselle cassée Nos univers mentaux nous accompagnent
discrètement, au travers de chacun de nos actes, sans que nos
proches ne s'en rendent compte. À moins que nous ne les expri-
mions...
      La scène se passe il y a quelque temps, chez nous, dans la
cuisine. C'est au tour de ma deuxième fille de ranger la vaisselle

dans le lave-vaisselle, et elle s'en occupe en silence pendant que le reste de la famille dessert la table et range. Tout à coup, je vois son visage qui s'illumine du sourire de ceux qui viennent de penser à quelque chose de drôle ou d'intéressant, et elle s'écrie alors : « Dites donc, ça fait longtemps qu'on n'a rien cassé ! » Toute la famille éclate de rire : c'est vrai qu'il y a régulièrement un verre ou une assiette qui volent en éclats, mais ce qui est savoureux, c'est que c'est souvent d'elle que ça vient, ces bris de vaisselle. Et il n'y a donc qu'elle qui pouvait tout à coup, voyant à ce moment qu'elle n'avait encore rien cassé, prendre conscience que tout allait bien, et s'en réjouir ! Ce jour-là, ma fille nous donnait une double leçon.

La première était une leçon de psychologie cognitive : tout ce que nous faisons est accompagné d'un bavardage intérieur, mélangeant ce qui se passe, et nos expériences et nos attentes envers ce qui se passe. Ce que nous vivons de l'extérieur ressemble à ce que tous les autres vivent mais, à l'intérieur, cela n'appartient qu'à nous. La deuxième était une leçon de psychologie positive : même à propos de choses simples, se réjouir de ce que cela se passe bien.

Et il y a même eu, peu après, une troisième leçon pour moi : un matin où elle venait de casser un verre (en ne prêtant pas assez attention à ses gestes), je me suis souvenu de la scène, et j'ai instantanément arrêté mon réflexe de rouspéter, pour la regarder en souriant et lui dire : « Tu peux faire un peu plus attention ? ! » Je me suis souvenu de ma rigolade des jours précédents, un vrai cadeau, et me suis dit que ça valait bien un peu de vaisselle cassée de temps en temps...

Valeur Une valeur est un but existentiel que nous estimons prioritaire, et que, dans l'idéal, nous plaçons dans nos priorités quotidiennes : amour, partage, justice, générosité, bienveillance, simplicité, disponibilité, solidarité, respect de la nature, des animaux, franchise, etc. Agir en accord avec nos valeurs, et les promouvoir, nous donne du bonheur quoi qu'il arrive, même si nos comportements ne sont pas « récompensés » ou reconnus : à long terme, toutes les recherches montrent que pratiquer ces valeurs donne du bonheur.

Valhalla Le paradis des Vikings. Intéressant seulement si vous êtes un guerrier vaillant et agressif, et si vous êtes mort au combat. Dans le Valhalla, on mange du sanglier, on se bat tous les matins jusqu'à ce que mort s'ensuive ; puis, ressuscité par Odin, on y festoie ensuite tout le reste de la journée. Réservé donc à quelques amateurs...

Vaste monde Un jour, je demandais par SMS à une de mes filles à quelle heure elle comptait rentrer à la maison (afin de savoir si nous l'attendions ou non pour dîner). Et à mon message : « Tu es où ? », elle me répondit avec malice et intelligence : « Je suis dans le monde, baby ! » Et elle y est en général avec beaucoup de joie, comme celle que son message me transmit ce jour-là, me faisant renoncer à savoir l'heure de son arrivée : elle rentrera quand elle rentrera, et ce sera parfait.

Velcro ou Téflon ? Voyez comme c'est étrange (et ennuyeux) : face à nos pensées, c'est comme si notre cerveau avait deux faces, une en Velcro, une en Téflon[2]. La face Velcro attire les pensées négatives, celles-ci s'y accrochent solidement et ne quittent alors plus notre esprit : c'est la rumination. La face en Téflon aimante plutôt les pensées positives, qui glissent à notre conscience, puis disparaissent : dommage, ce gaspillage ! Si nous pensions plus souvent à inverser notre fonctionnement mental, en laissant glisser les soucis et en ruminant nos joies ?

Vélo Ça se passait l'autre jour, lors d'un trajet dans Paris, à vélo. Au début, ça commence bien : une voiture s'arrête pour me laisser la priorité à un croisement de rue. Avec un sourire du conducteur, en plus. Je lui fais un petit salut de remerciement, je trouve son geste sympathique : j'avais la priorité mais il lui suffisait d'accélérer au lieu de freiner pour me passer sous le nez... Cinq minutes après, dans un passage un peu étroit, une autre voiture arrive derrière moi et, au lieu d'attendre tranquillement en me suivant que la voie s'élargisse, elle me double, en roulant trop vite et trop près : si je fais le moindre écart, elle me percute. « Espèce de très gros con ! », que je me dis...

Puis, en continuant à pédaler, je me rends compte, évidemment, que mon niveau d'activation émotionnelle est bien plus fort sur cette deuxième aventure que sur la première. Et que, si je ne fais rien, mentalement, c'est ce souvenir-là qui va être mémorisé de manière bien plus vigoureuse. C'est normal, c'était ma survie qui était en jeu. Mais tout de même, si j'en reste à une simple mémoire émotionnelle, ma vision des automobilistes va être biaisée : au lieu d'avoir en tête du 50/50, moitié sympas, moitié pas sympas, je vais stocker des automatismes du genre : tous dangereux avec les vélos.

Alors, je repense au gars sympa qui m'a laissé passer, à tous les neutres qui ne m'ont pas écrasé ni klaxonné quand je me faufilais (moi aussi, je dois les énerver). Pour réajuster un peu ma vision du monde, et aussi, pour me calmer et me faire du bien, je l'avoue...

Vengeur masqué Zorro, ce personnage improbable, vengeur masqué avec une cape noire, est un grand souvenir de bonheurs d'enfance, quand il n'y avait qu'une chaîne à la télévision, en noir et blanc, et quand les aventures de Zorro arrivaient le jeudi après-midi (on n'allait pas à l'école le jeudi en ce temps-là, mais par contre on y allait le samedi). Je me souviens d'un bonheur de la rareté : l'accès libre, permanent et abondant aux images pour la jeunesse n'était pas encore une réalité comme aujourd'hui. Il me semble que c'était mieux, sans doute parce que je suis vieux. Ce qui est sûr, c'est que c'était plus facile pour nous, anciens enfants de cette époque des années 1960 : il est plus simple de savourer ce qui est rare et occasionnel que ce qui nous est offert à jet continu.

Vent d'automne Un jour que je n'arrivais pas à trouver un moment pour rencontrer un ami bouddhiste venu de loin, celui-ci répondit à mes excuses d'Occidental surmené et peu disponible : « Merci pour ta réponse, Christophe. Le vent d'automne souffle doucement sur nos visages. Nous nous rencontrons comme cela pour l'instant. Paix en chaque pas... »

En lisant ces lignes, j'étais tellement bouleversé par la sagesse, la douceur, la simplicité et la générosité de son message que je me sentais prêt à annuler tous mes engagements si importants quelques secondes auparavant pour le rencontrer juste un bref instant...

Vérité Pour un philosophe, mieux vaut vérité qui désole que mensonge qui console. Pour ma part, j'ai du mal avec cette position, que je reconnais pourtant comme difficilement réfutable. C'est parce que je suis un indécrottable soignant. Mon cher André Comte-Sponville, parlant de ce différend entre nous, l'avait ainsi parfaitement (et gentiment) résumé : « Christophe, en bon médecin, veut que ses patients ou lecteurs approchent de la santé ; je voudrais que les miens approchent d'un peu plus de vérité, de lucidité, de sagesse... Or il y a des mensonges ou des illusions qui font du bien, et des vérités qui font du mal. Eh bien voilà : pour le philosophe, mieux vaut une vérité qui fait du mal qu'une illusion qui fait du bien, mieux vaut une vérité qui tue (à condition qu'elle ne tue que moi !) qu'un mensonge qui aide à vivre. Pour le médecin, c'est forcément différent. Cela confirme simplement que philosophie et médecine sont deux choses différentes, évidemment légitimes et nécessaires toutes deux. L'illusion que génère parfois le "développement personnel", c'est de laisser croire que philosophie et médecine sont une seule et même chose, que la philosophie guérit, que la santé peut tenir lieu de sagesse ou y suffire. Je n'en crois rien[3]. » Cela ne rend-il pas votre cerveau heureux de lire des propos si simples, éclairants et intelligents ?

Vertus La vertu désigne l'ensemble des efforts que nous faisons pour nous conduire en accord avec nos valeurs. Être vertueux, c'est faire le bien non par hasard ou par contrainte, mais par volonté. Ces efforts n'empêchent pas le plaisir ni la satisfaction de se bien conduire : au contraire, les émotions positives ressenties lors de la mise en œuvre de comportements vertueux en signent la sincérité (je ne fais pas semblant) et l'authenticité (cela correspond vraiment à une valeur personnelle). C'est pourquoi le développement des vertus fait partie intégrante du travail de psychologie positive : elles mènent la personne et son entourage vers plus de bonheur. Les chercheurs qui ont travaillé sur ces dimensions ont conduit un important travail au travers de toutes les cultures pour recenser, depuis les livres saints de chaque religion aux traités de philosophie ou de savoir-vivre, tout ce que l'humanité considère comme souhaitable. En compilant l'ensemble de ces données, ils sont arrivés à six vertus dites « de niveau supérieur » : sagesse, courage, humanité, justice, modération, transcendance. Chacune étant ensuite associée à des « forces » dont la pratique régulière permet de les atteindre ; par exemple, pour la modération, les forces à pratiquer sont la maîtrise de soi, la prudence et l'humilité. Tout cela est en voie d'évaluation, au travers de nombreux travaux de recherche, et évoluera sans doute dans les années à venir[4]. Mais, une fois de plus, la psychologie positive rejoint les convictions de la philosophie grecque, et la considération d'Aristote : « Le bien pour l'homme consiste dans une activité de l'âme en accord avec la vertu. »

Vice Les vices, selon Aristote, vont par deux : vice par excès et vice par défaut (la témérité et la lâcheté, l'avarice et la prodigalité). Dans la quête du bonheur, quels sont les vices ? Sans doute d'un côté, celui du *trop*, l'obsession perfectionniste : « Suis-je suffisamment heureux ? Autant que les autres autour de moi ? Suis-je au maximum du bonheur possible ? » De l'autre, la négligence, qu'elle ait le visage de l'indolence (« la vie ne me sert pas bien ») ou celui de l'hyperactivité (« trop occupé pour être heureux »). Aristote ajoute qu'entre ces deux extrêmes se situe l'idéal du juste milieu, qu'il ne faut pas percevoir comme une zone de compromis mais comme un chemin de crête entre deux abîmes[5]. Et La Rochefoucauld rajoutait ceci : « Les vices entrent dans la composition des vertus comme les poisons entrent dans la composition des remèdes. La prudence les assemble et les tempère, et elle s'en sert utilement contre les maux de la vie. » Débusqueur d'illusions, La Rochefoucauld nous rappelle de rester modestes jusque dans la pratique de nos vertus. C'est vrai qu'il y a parfois un zeste d'orgueil dans la modestie comme le souligne Jules Renard : « Je m'enorgueillis de ma modestie… » Vrai, par exemple, que certains actes de générosité ne sont pas insensibles au jugement social favorable porté sur eux, etc. Mais c'est une question mineure. L'important est que les actes vertueux soient pratiqués !

Vie La vie est belle. La vie est dure. Ces deux affirmations sont vraies. Inutile de chercher à établir une moyenne. Mieux vaut admettre qu'il y aura des gifles et des caresses.

Vieux habits Lorsque mon père est mort, nous avons vidé l'armoire de ses vêtements, ma mère était très émue ; moi aussi. Ce qui m'a consolé, un peu, c'est de prendre certains de ses vêtements pour continuer de les porter. En écrivant ces lignes, par exemple, je suis vêtu d'un pantalon écossais qui lui appartenait et qui était à la mode dans les années 1980, je crois. Mes filles hurlent lorsque je le mets, ma femme soupire et sourit. Sûr que je ne suis pas à la pointe du bon goût vestimentaire avec les habits de mon père. Mais ça satisfait deux tendances fondamentales chez moi : ne pas jeter des vêtements « encore bons » ; penser souvent à « mes » morts, jusqu'à les côtoyer physiquement. Chacun ses névroses : ces vieux vêtements apaisent les miennes et me rendent sinon heureux, du moins content et cohérent.

Vieux monsieur C'est un de mes maîtres de bonheur. Aujourd'hui, c'est aussi un vieux monsieur malade. Je l'ai revu il y a quelques jours, et nous avons passé plusieurs moments ensemble. J'étais ému face à cet homme qui m'a beaucoup appris depuis vingt-cinq ans. Et inquiet pour lui : il est âgé et souffre d'une maladie menaçante et handicapante, comment va-t-il affronter ces deux écueils ? Un peu inquiet pour moi, aussi, je l'avoue : inquiet de savoir comment mon modèle préféré de bonheur intelligent allait passer ce *crash-test* de la maladie et de la mort approchante, tout là-bas au bout du chemin.

Alors je l'écoute, je l'observe. Il a vieilli et il est plus lent, moins pétillant. Par moments, la souffrance le traverse, marquant son visage et son corps. La lassitude aussi : je vois qu'il renonce discrètement à certains gestes (ramasser un objet tombé à terre) ou à certaines paroles (expliquer quelque chose de compliqué). Mais, à beaucoup d'autres moments, tout se réveille : son visage s'illumine, sa voix s'éclaire, son œil brille à nouveau. Le bonheur fait son retour, comme le soleil qui perce les nuages, ou comme le vent qui regonfle tout à coup les voiles d'un grand bateau ralenti et lui redonne joyeusement de l'allant et de la vitesse. Alors, il se réjouit, s'intéresse, fait scintiller son esprit, répand sa gentillesse et sa bienveillance. C'est toujours lui, tel que je l'ai connu, aimé et admiré. C'est bientôt la fin, sa fin, mais il n'a rien renié, il n'a pas changé, sous la poussière des ans. Mêmes valeurs (l'existence vaut toujours la peine, et elle est bien plus belle quand on sourit chaque fois que c'est possible) et mêmes bonheurs (se réjouir de voir la vie en soi et autour de soi). Il a habité son existence au mieux. Il a vécu heureux et rendu heureux, autant qu'il l'a pu. Il sait que son histoire ici-bas va bientôt prendre fin. Ça le rend un peu malheureux, car il a beaucoup aimé vivre, mais ça ne l'empêche pas de continuer à être heureux.

Je ressens un mélange de tendresse et de gratitude. Je me sens rassuré et apaisé. Motivé plus que jamais à suivre son programme : fais de ton mieux, et n'oublie pas d'être heureux, chaque fois que la vie te le permettra.

Vieux psychiatre Orphée, un de mes filleuls, est invité à la maison avec une de ses sœurs, Aurore. Je leur ai proposé de changer l'eau des poissons d'une de mes filles, alors ils essaient de les attraper avec une petite épuisette avant de vider l'aquarium. Évidemment, ils se chamaillent. Orphée, qui est un garçon délicat et soigneux, trouve qu'Aurore s'y prend de manière trop brusque : « Doucement ! Tu fais peur au gros poisson ! Il est vieux, en plus. Et il ne faut jamais faire peur aux vieux : ça les fait mourir ! » Comment dire ? Après m'avoir fait rire, ça m'a collé un petit coup : je me suis identifié au vieux poisson plutôt qu'aux jeunes enfants ! Puis, je me suis dit qu'ils avaient raison, que la peur n'était pas bonne pour mon cœur (ni pour celui de quiconque) et que cette petite séquence drôle était un bon rappel et un bon conseil pour ma santé : « Tu as entendu, mon vieux ! Alors continue de travailler à diminuer ton anxiété ! »

Visage C'est drôle, je m'aperçois que (du moins dans la version française de cet abécédaire) le mot *visage* va précéder dans ce livre le mot *vitrine*. Sans que je l'aie voulu, même si je m'en réjouis. Le visage est la vitrine de nos émotions. Bien sûr nous pouvons apprendre à cultiver l'impassibilité en toutes circonstances, ce que les Américains appellent *poker face* : l'impassible visage du joueur de poker, qui souhaite que jamais ses adversaires ne sachent ce qu'il ressent, s'il vient de toucher de bonnes ou mauvaises cartes. Si vous voyez la vie comme une vaste partie de poker, où il s'agit de bluffer et d'empocher le magot, travaillez votre *poker face*[6]. Sinon, mettez plutôt vos efforts ailleurs et laissez respirer librement vos émotions sur votre visage. N'oubliez pas que cela se passe comme dans notre cerveau : notre esprit rumine plus facilement le négatif que le positif, et notre visage fait de même, il garde plus longtemps le front plissé par les rides du souci que les yeux rieurs du bonheur. Rééquilibrons !

Vitrine Voici un souvenir de mon enfance, un grand petit moment ! Dans sa ville des Cévennes, Ganges, en face du Café Riche, où mon grand-père m'amenait souvent boire une grenadine, il y avait l'un de ces magasins qu'on appelait à l'époque un « bazar », c'est-à-dire qu'en gros on y trouvait tout ce qui n'était ni alimentation ni vêtements. Il y avait des balais, des cartouches, des casseroles, de la lessive, des peignes... et des jouets ! Plein de jouets, une vraie caverne d'Ali Baba. À l'époque, on avait moins de jouets que les enfants d'aujourd'hui, alors on était encore plus fascinés par eux. Un jour que nous nous baladions avec mon grand-père, nous tombons devant la vitrine du magasin, qui venait d'être refaite : fabuleuse ! Elle représentait une scène du Far West, avec plein de « petits soldats » : un village indien avec une tente et des guerriers à pied et à cheval ; plus loin, des cow-boys qui s'approchaient, avec une diligence ; plus loin encore, un fort de bois, évoquant Fort Alamo. Avec mon grand-père, nous nous arrêtons, et nous commentons la scène pendant un bon moment. Puis au moment où nous allons repartir, il me regarde avec un sourire bizarre, et il me dit : « Viens, on va entrer dans le magasin. » Comme il connaissait tout le monde à Ganges, je me dis qu'il allait bavarder avec le patron. Mais, une fois rentré, je l'entends dire : « On prend toute la vitrine, pour le petit ! » Et nous repartons avec un grand carton où tout a été soigneusement déposé par la vendeuse...

C'est drôle comme la bouffée de bonheur intense qui m'a alors imprégné a fixé pour toujours ce souvenir dans ma mémoire.

J'en ai évidemment plein d'autres de mon grand-père, mais, avec le recul, c'est toujours celui-là qui m'impressionne et m'émeut le plus. Parce qu'il n'était pas riche du tout. Et que, ce jour-là, il avait sûrement cassé sa tirelire, juste pour prolonger cet instant d'émerveillement enfantin que nous venions de partager tous les deux...

Merci pour tout papi, c'est fantastique de t'avoir connu !

Voir le positif chez autrui Il m'est resté de mes années d'enfance, où je complexais souvent face aux autres (que je trouvais souvent plus intelligents, plus beaux ou plus doués que moi), une grande facilité à continuer de voir chez eux ce qui est admirable ou estimable.

En ce domaine, je n'ai gardé de ces années que le meilleur : me réjouir des qualités d'autrui. Je me suis débarrassé du pire : je peux admirer sans pour autant me sentir obligé de me dévaluer en comparaison. Et j'ai eu une grande chance : je n'ai jamais eu besoin de passer par la case « complexe de supériorité » (ne plus admirer et même mépriser pour ne plus complexer).

Volets Ça s'est passé un été. Après une journée très chaude, la famille s'est endormie en laissant toutes les fenêtres ouvertes, pour permettre à la fraîcheur de la nuit d'entrer dans la maison. Vers 3 heures du matin, un énorme orage se déclenche. Parfait pour rafraîchir, mais ça veut aussi dire, vu ce qui dégringole du ciel, de petites inondations autour des fenêtres ouvertes. À moitié éveillé par l'orage et par cette pensée (l'un sans l'autre n'aurait pas suffi), je me lève et commence à faire le tour des pièces pour fermer les fenêtres. Et je croise ma plus jeune fille, levée avec la même idée. Je lui demande ce qu'elle fait debout à cette heure, et elle m'explique qu'elle va, elle aussi, fermer les fenêtres. Nous sommes les deux inquiets de la famille, donc rien d'étonnant à notre présence, mais tout de même, deux choses m'interpellent.

La première, c'est qu'à son âge elle se sente responsable des fenêtres de la maison (mais elle est comme ça, volontiers dans la responsabilité et l'empathie). La seconde, c'est que, mine de rien, les anxieux rendent service aux autres dans l'ombre. Bon, je le sais bien, mais là, je le vérifie : pendant que les trois « peu inquiets » dorment ou se sont rendormis, les deux « trop inquiets » patrouillent et passent la serpillière. Grâce à quoi, ils se rendormiront. Demain matin, les trois dormeurs seront un peu plus en forme que nous et nous feront rire par leurs plaisanteries. C'est ce qu'on appelle la conjugaison des talents, non ?

Volonté La volonté n'est plus à la mode en psychologie. Elle l'est un peu plus en psychologie positive. C'est le philosophe Alain qui notait dans ses *Propos* : « Le pessimisme est d'humeur, l'optimisme de volonté[7]. » Pour Alain, pas de doute, le fond de l'homme est triste comme le fond de l'air est frais : « Tout homme qui se laisse aller est triste », « L'humeur, à parler exactement, est toujours mauvaise », etc. Si nous nous laissons aller à notre naturel, chez beaucoup d'entre nous, la pente nous conduira vers le bas. Gide, qui fut le contemporain d'Alain, recommandait dans son *Journal* : « Il est bon de suivre sa pente pourvu que ce soit en montant. » Être prêt à faire quelques efforts, de persévérance et d'humilité, tout cela est donc l'une des façons d'augmenter son bonheur. Il y en a d'autres, qui dépendent moins de nous, comme de compter sur la chance ou le bon vouloir des autres. Nous aurons besoin de toutes.

Voyages de tristesse Tous ces voyages où l'on va vers de la tristesse et du chagrin : visite à un proche très malade, enterrement d'un ami. La tonalité du voyage est grave, douloureuse, mais aussi étrange, lestée d'une pesanteur inhabituelle à nos vies. Le voyage ressemble à la marche dans une forêt où aucun oiseau ne chanterait ; aucun pas n'est léger ni anodin, chacun nous rapproche de la souffrance, et de la mort, redoutée ou advenue, de la personne que l'on aime, et un peu la nôtre aussi. Tous les détails nous touchent, toutes les rencontres sont intenses. Le visage de la réceptionniste de l'hôtel où l'on va poser sa valise, le regard de l'infirmière qui nous accueille à l'hôpital et nous indique la chambre, l'odeur du couloir, l'entrée et le premier regard. Ou le parvis de l'église, puis le son des graviers dans les allées du cimetière.

Faire bonne figure, ne pas ajouter de la tristesse à la détresse. Doucement sentir de quoi il est possible – peut-être nécessaire – de parler. Quels sont les bons gestes, les bons mots. Ne pas faire semblant de quoi que ce soit, mais ne pas non plus pleurer là où il faudrait consoler, ne pas en rajouter dans la gravité là où il faudrait parler du ciel, du soleil, de la vie. Sentir tout cela, être intensément présent.

Chaque seconde est habitée. Chaque parole, chaque silence pèsent des tonnes. Un mot gentil nous réchauffe le cœur au-delà de l'imaginable. Un mot méchant nous endolorit et nous jette à terre. Plus rien de léger. Goût de tragique dans chaque respiration – tragique : tout ce qui nous rappelle que la souffrance et la mort ne sont jamais loin des rires et de la vie. Mélange indicible d'états d'âme : tristesse, incrédulité, extrême sensibilité aux détails, perméabilité à tout. On respire un air venu du monde des morts, on marche au bord d'un gouffre. Et les oiseaux chantent quand même, tout autour de nous. Les nuages passent quand même dans le ciel, là-haut.

Puis le voyage de retour. Pas de soulagement, juste du répit, la pression est moins forte, peut-être. On est bousculé de souvenirs que l'on est totalement incapable d'organiser pour en faire un récit, souvenirs animaux et bruts : des images, des sons, des odeurs, des impressions, des vertiges, des émotions. Pas de sens à donner à tout ça, pas de sens. Juste de la souffrance ouatée, avec des pointes violentes parfois, qui nous forcent à respirer plus fort, à regarder plus attentivement tout ce qui défile par la fenêtre du train, pour nous reconnecter à la vie.

Puis la lente digestion de tout ce que l'on a vécu. Impression qu'il va être impossible ou très compliqué de reprendre le cours de son existence. Et certitude pourtant qu'on le fera : l'action est antalgique, l'action est amnésiante. Cette facilité à se remettre dans la vie après avoir côtoyé le monde de la mort est à la fois rassurante et inquiétante.

À un moment, arrive un éclat qui éclaire tout. Le sourire sans attentes d'un inconnu, le mouvement régulier de notre souffle qui nous réconforte et nous apaise. On lève la tête, on regarde passer les nuages. Et c'est la brèche où rentre le soleil...

W comme Walden

Thoreau le philosophe vécut deux ans près d'un étang,
Dans une cabane au fond des bois.
Je rêve d'y aller : est-ce une bonne idée ?
Le rêve est bien plus beau s'il est inachevé...

Wagon de la Belle au bois dormant Dans un train parti très tôt le matin, une demi-heure après le départ, je relève la tête de mon livre et je découvre un spectacle étonnant : tout le monde est endormi. Tout le wagon dort, je n'avais encore jamais vu ça. Je cherche du regard d'autres insomniaques comme moi, mais non : à cet instant précis, je suis le seul éveillé. Alors je prends le temps d'admirer le spectacle (pas sûr que cela me soit donné si souvent dans ma vie) : certains ont la tête renversée en arrière, bouche grande ouverte ; quelques-uns l'ont appuyée sur leur main, bras plié ; chez d'autres elle oscille au gré de leurs rêves et des secousses du train. Sentiment d'amusement, mais aussi de bienveillance envers tous ces visages et ces corps uniformément abandonnés au sommeil. Et presque sentiment de responsabilité à leur égard, comme lorsque j'allais regarder mes filles dormir, quand elles étaient petites. J'espère que personne ne va traverser le compartiment avant un bon moment, j'adore ça, être le seul veilleur : c'est comme se lever très tôt le matin pour méditer ou travailler, alors que tout le monde dort encore. Ce n'est pas un sentiment de quelconque supériorité, mais plutôt quelque chose qui comble mon caractère de solitaire sociable : je suis seul et tranquille, tandis que les autres ne sont pas loin et ne me demandent rien. Bonheur de solitude et de connexion.

Walden « Lorsque j'écrivis les pages qui suivent, du moins la plus grande partie, je vivais seul au milieu des bois, sans un voisin dans un rayon d'un mille, dans une maison que je m'étais bâtie moi-même sur les rives de l'étang de Walden, à Concord, dans l'état de Massachusetts gagnant de quoi subsister par le seul travail de mes mains. J'ai vécu là deux ans et deux mois. Aujourd'hui je suis revenu à la vie civilisée. »

Ainsi commence *Walden*, récit autobiographique de l'écrivain américain Henry Thoreau, qui peut se lire comme un passionnant traité sur le bonheur par le dépouillement de tout ce qui n'est pas indispensable. Avoir un toit, de quoi manger, quelques rencontres avec d'autres humains, et surtout un contact quotidien avec la nature : voilà ce qui composa la vie de Thoreau pendant ses deux années de vie dans les bois. Et qui le rendit profondément et calmement heureux. Ce livre culte fascina des générations de lecteurs, de Proust à Gandhi, et reste une source d'inspiration pour les mouvements écologiques contemporains, et leur culte de la « décroissance heureuse ». Je l'aime du début à sa fin, et la dernière phrase du récit (avant le chapitre de conclusion) est un modèle de sobriété : « C'est ainsi que finit ma première année passée dans les bois, la seconde fut semblable à la première. Je quittai définitivement Walden le 6 septembre 1847. »

Wall Street « J'ai fait la course sur la terrasse avec une fourmi et j'ai été battu. Alors je me suis assis au soleil et j'ai pensé aux esclaves milliardaires de Wall Street. » C'est évidemment Christian Bobin qui a écrit cette lumineuse fulgurance[1] sur le bonheur de la vie simple et l'aliénation de la course à l'enrichissement.

Weil Je suis en train de relire *La Pesanteur et la Grâce*, de Simone Weil. Dans sa belle préface, le philosophe Gustave Thibon rappelle qu'elle n'était pas facile à vivre, très exigeante et idéaliste.

Mais elle était également géniale dans son absolutisme. Les grands esprits sont souvent ainsi : difficiles à vivre et étourdissants à lire. Thibon rappelle comment Simone Weil pensait ainsi que le choix est « une notion de bas niveau » : « Il faut être indifférent au bien et au mal, mais vraiment indifférent, c'est-à-dire projeter également sur l'un et sur l'autre la lumière de l'attention. Alors, le bien l'emporte par un phénomène automatique. » Puis, plus loin : « Tant que je balance entre faire et ne pas faire une mauvaise action (par exemple, posséder ou non cette femme qui s'offre à moi, trahir ou non cet ami), même si je choisis le bien, je ne m'élève guère au-dessus du mal que je repousse. Pour que ma "bonne" action soit vraiment pure, il faut que je domine cette oscillation misérable et que le bien que j'accomplis au-dehors soit la traduction exacte de ma nécessité intérieure. » Pas commode, hein ? Mais en attendant d'être capables de faire, parfois, de « pures » bonnes actions, nous pouvons déjà en proposer des impures, de bonnes actions. Les personnes qui en bénéficieront ne seront peut-être pas si regardantes sur leur pureté...

Worry Une amie m'a offert récemment un porte-clés où figurait cette maxime en anglais qui me ressemble (d'où le cadeau...) : « *Live. Believe. Worry a bit.* » Traduction maison : « N'oublie pas de vivre. Garde la foi. Fais-toi un tout petit peu de souci. » Ça ressemble à une recette de cuisine avec l'ingrédient principal (vivre), un ingrédient secondaire (avoir la foi) et un condiment donnant plus de saveur à l'ensemble, indispensable et utile à condition qu'il reste à petites doses (se faire du souci). Une recette et des proportions qui me conviennent tout à fait...

X comme Anonyme

Le malheur fait des beaux romans,
Des vies intéressantes à raconter, mais pas à traverser.
Les vies heureuses sont ennuyeuses ?
Bien sûr que non : juste joyeuses et silencieuses.

X X, c'est la lettre de l'anonymat. J'ai de la chance, je suis souvent confronté à des gestes de gentillesse anonymes de la part de mes lecteurs et lectrices. En une semaine de novembre 2011, je me souviens que deux m'étaient tombés du ciel. Le premier était une grande carte postale, reproduisant le *Jardin de Vétheuil*, de Claude Monet ; une lectrice qui signait Georgette, suivi de son nom et du nom de sa ville (en Suisse) me remerciait avec beaucoup de gentillesse de l'aide que lui avait apportée mon livre sur *Les États d'âme*. Mais elle ne me laissait pas son adresse. Le second était une enveloppe posée sur la table où je venais de dédicacer mes livres, lors d'une petite conférence avec Matthieu Ricard. Je ne me suis aperçu de sa présence qu'une fois tout le monde reparti : elle était là, avec mon nom, toute prête à être oubliée. Elle contenait un CD et deux cartes postales de remerciements pour mes livres ; le CD était une compilation des morceaux de musique qui avaient accompagné depuis des années les états d'âme de cette lectrice discrète jusqu'à l'invisibilité. Là aussi, pas d'adresse, juste un prénom, Sandrine. J'ai été chaque fois touché par ces mots et ces gestes. Et ému par leur anonymat. Jusqu'à me sentir un peu mal à l'aise de ne pouvoir les remercier. Je me suis demandé quelles étaient les sources de cet effacement : était-ce une sorte d'habitude de l'anonymat, un renoncement douloureux, un réflexe pris de ne pas déranger autrui ? Anonymes pour ne pas m'obliger à répondre et remercier ? Ou une démarche de pleine humilité : juste remercier, sans attendre de retour. Une démarche de sagesse, dans la logique de l'oubli et de l'allégement de soi ? J'ai toujours été fasciné par cette démarche d'effacement de soi (dont je suis encore trop loin à mon goût). Et ça m'a rendu heureux de me dire que mes deux lectrices étaient plus avancées que moi sur ce chemin.

Merci à Georgette et Sandrine pour la leçon.

X en action Accomplir des actes de gentillesse totalement anonymes est considéré comme un très bon exercice de psychologie positive. Très bon pour la personne qui accomplit le geste, et pour celle qui en bénéficie, bien sûr (c'est agréable de se dire qu'il y a des personnes qui veulent juste notre bien, pas notre reconnaissance, du moins directement exprimée). On peut par exemple laisser un pourboire (seulement si on est content du service) même si on ne reviendra jamais dans le restaurant ou le bar : le critère ne doit pas être l'utilité (« en laissant un pourboire, je me fais bien voir, utile si je reviens »), mais le plaisir fait à autrui. Une collègue américaine racontait aussi que de temps en temps, quand elle est de bonne humeur, elle s'acquitte du péage pour la personne derrière elle sur l'autoroute[1]. Sans jamais avoir rencontré ladite personne, donc reçu ses remerciements. Faire le bien anonymement, c'est une bonne idée pour améliorer son moral et embellir le monde : effacement de l'ego dans la vertu, au profit du collectif.

Xénisme L'emprunt à une autre langue d'un mot que l'on garde tel quel. C'est étonnant comme il y a beaucoup de xénismes dans le vocabulaire du bien-être et du bonheur : *cool*, *zen*, *top*… Cette réputation des Français râleurs et peu doués pour le bonheur se retrouve même là, dans leurs limites langagières !

Xérophile Une plante xérophile est une plante qui peut vivre dans un lieu sec. Le bonheur lui aussi doit parfois être xérophile, comme un chameau, et se contenter de peu. C'est ce qu'on appelle dans nos vies les traversées du désert (qui sont des lieux fort secs, comme chacun sait) : peu de reconnaissance, peu de succès, parfois même peu d'amour et d'affection (ce qui représente le manque le plus dur, et de loin). Nous ne devons alors pas oublier d'être heureux, et de nous désaltérer tout de même à l'eau fraîche de tout petits bonheurs.

Y comme Yin et Yang

Bonheur dans le malheur : lorsqu'on te console.
Malheur dans le bonheur : le dernier jour d'été.
Les deux se succèdent et nourrissent ta vie.
Tout est bien.

Yacht Certains jours, j'ai envie d'un yacht. Ça ne m'arrive pas très souvent : juste quand je marche en été sur les quais d'un port de plaisance. Dans ces moments, j'ai envie de prendre moi aussi l'apéritif sur le pont de mon beau bateau, au soleil couchant, dans le cliquetis des haubans et l'air tiède de la nuit d'été qui vient. Mais ça me passe vite. Et ça ne me fait pas mal. Avoir rêvé quelques minutes sur cette bouffée de luxe me contente sans laisser d'amertume à mon esprit. Envier les riches ? Écoutons auparavant saint Augustin : « Les riches : vous voyez bien ce qu'ils ont, vous ne voyez pas ce qui leur manque. »

Yes man C'est le titre d'un film comique, où le personnage principal, joué par Jim Carrey, rétracté sur lui-même après son divorce, dit non à tout ce qu'on lui propose (sorties, activités). Il incarne la protection maximale envers toute nouveauté et l'appauvrissement progressif de l'existence dominée par le refus de tout ce qui n'est pas la routine, rassurante et étouffante. À la suite d'une remontée de bretelles par un de ses amis, il s'inscrit à un séminaire célébrant les vertus et la force du *oui*. Et sa vie bascule : des tas d'événements, pas forcément tous agréables, surviennent et s'enchaînent alors, balayant ses repères et introduisant finalement dans son existence beaucoup de joies et beaucoup de stress aussi. Caricatural mais juste dans son message : le plus souvent, le « non » nous protège mais ne nous nourrit pas ; et le « oui » nous bouscule mais enrichit notre vie.

Yin et yang Les deux grands principes qui, dans la philosophie taoïste chinoise, régissent le monde, en totales complémentarité et interdépendance (l'un ne peut exister sans l'autre). Le yin correspond au principe féminin, le yang au masculin. La psychologie positive a retenu la leçon du *Tao*[1], et rappelle aussi qu'au cœur du bonheur peut survenir du malheur et *vice versa*. La vie nous amène régulièrement à constater que non seulement les deux se succèdent, mais aussi qu'ils sont intriqués ou peuvent l'être.

Il y a parfois du bonheur dans le malheur, au moins avec le temps : ce qui ressemble aujourd'hui à un échec s'avérera demain une chance ; ou bien lors des funérailles d'un proche, le bonheur d'être ensemble dans le malheur d'être en deuil.

Et il y a parfois du malheur dans le bonheur : tous ces instants où nous prenons conscience que nos bonheurs vont se modifier et s'altérer et peut-être s'éloigner. Le bonheur des parents dont les enfants vont bientôt quitter la maison : bonheur de voir ses enfants capables de s'éloigner et de voler de leurs propres ailes. Et malheur léger de se savoir bientôt séparé d'eux au quotidien.

Le taiji-tu, symbole de la dualité, mais aussi de l'inter-dépendance et de l'interpénétration entre le yin et le yang.

Youpi ! La devise de l'enthousiasme. Que personne ne dit jamais plus, sauf dans les mauvais livres ou les mauvais films. Origine incertaine, mais sans doute un xénisme, comme il en existe tant en psychologie positive : de l'anglais *Whipee* ou de l'américain *Yippee*, tous deux cris d'enthousiasme. Et vous, c'est quoi votre cri – intérieur ou extérieur – d'enthousiasme ?

Z comme Zen

La voie du zen : travaille à t'alléger.
Ne cherche pas à tout résoudre,
Laisse les nœuds se dissoudre.
Chaque jour de ta vie assieds-toi,
Contemple, médite. Sois.

Zapper Au début, les téléspectateurs zappaient pour fuir la publicité. En anglais, *to zap* signifie au départ « tuer, flinguer, éliminer ». Puis le terme s'est utilisé pour décrire une manière rapide et superficielle de sauter d'une émission à l'autre, pas seulement lors des pubs, mais dès que le rythme se ralentit ou que l'intérêt faiblit (du coup, les réalisateurs nous concoctent des programmes où les images changent toutes les trois secondes, et où il doit se passer un rebondissement toutes les trois minutes). Enfin, zapper a fini par vouloir dire changer d'idée ou de sujet dès que notre attention faiblit. Toutes les études conduites sur ce thème confirment que cette habitude du zapping mental est très mauvaise pour notre attention, notre intelligence et notre bonheur[1].

Zèbres « Pourquoi les zèbres ne font pas d'ulcères ? », nous demande un livre qui fut il y a quelques années un grand succès aux États-Unis[2]. La question est plus importante qu'elle n'en a l'air : imaginez un instant que vous soyez transformé en zèbre... Votre vie serait très souvent menacée, car, dans la savane où vous vivriez, vous représenteriez un des gibiers favoris des grands carnassiers. Régulièrement, des lions vous prendraient en chasse. Le plus souvent, vous en réchapperiez, mais tout de même ! Il est probable que vous auriez en mémoire des tas de souvenirs terrifiants, des cauchemars de poursuites où vous auriez été à deux doigts d'y passer vous réveilleraient toutes les nuits. Et vous ressentiriez des tas d'angoisses pour le prochain moment où vous devriez aller boire au point d'eau : et si des lions (ou plutôt des lionnes, puisque ce sont elles qui font le boulot) étaient en embuscade dans le coin ?

Bref, si les zèbres avaient le même cerveau que nous, ils auraient probablement beaucoup d'ulcères : car ils ne seraient pas seulement stressés lors des poursuites par les lions, mais aussi avant et après ces poursuites. C'est-à-dire toute leur vie. Heureusement pour eux, leurs cerveaux ne fonctionnent pas comme les nôtres : et les zèbres n'ont pas d'ulcères parce qu'ils vivent dans l'instant présent. Quand ils sont en danger, ils stressent à fond. Puis, le danger passé, ils ne stressent plus et savourent ce qu'il y a à savourer. Nous aurions intérêt à être un peu plus souvent zèbres...

Zen En vrai, le zen, branche du bouddhisme mahayana, n'est pas du tout *fun*, pas du tout *cool* ! Pas du tout *zen*, finalement. Comment se fait-il qu'il soit associé dans notre imaginaire et notre vocabulaire à quelque chose de décontracté ? Que ce soit l'école du zen soto, où l'on médite des heures les yeux mi-clos face à un mur, ou celle du zen rinzai, qui popularisa les koans, ces apories paradoxales que l'on ne peut pas résoudre, mais seulement laisser se dissoudre dans la vacuité du non-sens, le zen, en vrai, n'est pas si cool mais très exigeant. Pourtant, là où ma vision du bonheur s'en rapproche, c'est qu'il professe, comme tout le courant bouddhiste mahayana, que chaque humain possède en lui le nécessaire pour atteindre l'éveil. Rien d'autre à atteindre ni à découvrir que cela. Juste à se libérer de l'inutile et à s'affranchir de ce qui encombre notre vie et notre esprit. Comme le suggère Saint-Exupéry : « Il semble que la perfection soit atteinte, non quand il n'y a plus rien à ajouter mais quand il n'y a plus rien à retrancher[3]. » Vrai aussi pour le bonheur ?

Zoom Un après-midi d'été, parfait, pas trop chaud, un petit vent tiède, pas de mouche casse-pieds à me tournicoter autour. Je suis allongé dans l'herbe du jardin, avec l'intention de vaguement bouquiner ou de faire une petite sieste. Mais avant j'observe le spectacle au ras du sol : une jungle joyeuse, un mélange végétal incroyable d'herbes et de fleurs des champs, avec plein de monde dedans, insectes en balade ou au boulot. Toute une vie invisible au regard pressé ou stressé, qui grouille et vibre de son énergie. Mon esprit me murmure « c'est beau », et mon corps me dit « c'est bon ». Les deux me demandent de rester là encore un bon moment, le nez collé au ras du sol. Je sens que je ne suis pas seulement en train d'admirer ou de me changer les idées, mais de me relier à la force de la Vie. Pas de mots clairs pour décrire cela. Je pense à Rimbaud et à son poème « Sensation » : Vous voulez bien que nous terminions notre abécédaire ainsi ?

Par les soirs bleus d'été, j'irai dans les sentiers,
Picoté par les blés, fouler l'herbe menue :
Rêveur, j'en sentirai la fraîcheur à mes pieds.
Je laisserai le vent baigner ma tête nue.

Je ne parlerai pas, je ne penserai rien,
Mais l'amour infini me montera dans l'âme ;
Et j'irai loin, bien loin, comme un bohémien,
Par la Nature, heureux – comme avec une femme.

Conclusion
À l'heure de ma mort

« Dans la station d'essence mitraillée
par la giboulée, attendant que se remplisse
le réservoir de la voiture, je me suis rappelé
soudain que j'étais vivant et la gloire a
d'un coup transfiguré tout ce que je voyais.
Plus rien n'était laid ni indifférent. Je
connaissais ce qui était retiré aux agoni-
sants. Je le goûtais pour eux, je leur offrais
silencieusement cette splendeur effrayante
de chaque seconde. »

Christian BOBIN, *Les Ruines du ciel.*

Je pense souvent à ma mort.

Je me souviens très bien de ma première rencontre avec elle. C'était au cours d'une angoisse nocturne, terrible, foudroyante. Dans mon esprit de petit garçon, l'irruption brutale de cette pensée : tu vas mourir un jour, disparaître et ne plus jamais revenir dans ce monde. Je me souviens exactement de cette nuit d'été, de la pièce, de mon lit. De ma détresse et de mon insondable solitude. Je n'ai pas souvenir des paroles de réassurance de mes parents, réveillés par mes larmes. Juste celui de cette angoisse qui m'a saisi puis relâché, comme une poigne terrible, sûre de sa force, relâche tout de même un moineau insouciant qu'elle a attrapé en plein vol : « Rien ne presse, l'oiseau ; je te retrouverai. » Cette angoisse ne m'a jamais quitté depuis. Et mon métier m'a appris ensuite qu'elle ne quittait personne, aucun humain. Aucun. Je pense souvent à ma mort, donc. Comme tout le monde. C'est pour cela que j'aime tant le bonheur. Comme tout le monde, aussi. Il est un antidote extraordinaire à cette conscience, discrète mais permanente, de notre disparition future. Argent, notoriété, reconnaissance et admiration ne sont que de médiocres philtres d'oubli. Comme ces boissons trop sucrées qui n'étanchent pas vraiment la soif. Le bonheur, lui, est comme un élixir qui seul donne et le goût de la vie et la force de savoir la mort présente. Il est comme une eau fraîche qui console. Et cette eau fraîche coule toujours quelque part dans nos vies et nos jours.

C'est un matin de printemps.

L'hiver, cette année, a été dur, rude, très triste parfois. Des proches sont morts. J'ai été malade. Les deux événements n'ont pas la même importance, mais ils sont advenus ensemble. « Nos maladies sont les essayages de la mort », écrit Jules Renard dans son *Journal*. Et ainsi vient l'âge où l'on se sent vieux : depuis longtemps, nos maladies ne sont plus des occasions de ne pas aller à l'école, qui finissent toujours par guérir. Elles sont devenues comme les balles perdues d'une bataille qui s'approche. Qui nous blessent sans nous tuer. Qui nous annoncent la fin d'une histoire. Et nous murmurent : « Prépare-toi au départ. » Nous avons juste à les écouter, à sourire et à continuer d'avancer.

Printemps, donc, ce matin, et impression de printemps, très forte et très distincte, dans chaque cellule de mon corps.

Les fenêtres sont ouvertes sur l'air et la lumière d'un dimanche matin. Sur sa musique. Je sais reconnaître entre mille la rumeur calme des dimanches matin. Il y a du soleil, un peu de vent encore frais qui s'apprête à devenir tiède. Chacun s'affaire dans la maison. Les enfants jouent et on entend leurs paroles et leurs rires se déplacer sans cesse d'un endroit à l'autre. Au loin, un orgue de barbarie joue un air un peu triste, d'une tristesse intelligente, qui donne quand même envie de vivre et de sourire.

Tout à l'heure des amis viendront pour déjeuner, nous boirons du bon vin et nous parlerons ensemble. À un moment, je me retirerai des conversations, le visage souriant et absent. Je prendrai conscience du chant des oiseaux, de la rumeur des insectes butinant les fleurs du jardin. J'observerai l'abeille sortant à reculons d'une fleur, toute couverte de pollen. Je penserai au miracle du miel. Je n'entendrai plus les voix tout autour de moi que comme des bourdonnements joyeux de bonheur, sans même avoir envie d'en comprendre le sens.

Les cloches de l'église voisine sonnent.

Je n'ai plus besoin de rien. Je peux mourir maintenant, à cet instant. J'aurai connu le bonheur. J'ai souvent deviné son visage, ressenti sa présence. Je l'ai souvent entendu respirer à mes côtés, ou juste derrière moi. Je peux partir. Je peux laisser ma place aux autres. J'ai eu ma part du gâteau. Tout ce qui m'arrivera désormais sera comme une suite de grâces imméritées mais que j'accueillerai et savourerai avec un émerveillement croissant. Je finirai par en mourir de joie.

Je me demande bien ce que je trouverai alors de l'autre côté…

Notes

Introduction
« Appelez-moi le patron ! »

1. Renard J., « 21 septembre 1894 », *Journal 1887-1910*, Paris, Gallimard, « Bibliothèque de la Pléiade », 1965.

2. Lecomte J. (dir.), *Introduction à la psychologie positive*, Paris, Dunod, 2009.

3. Weil S., *La Pesanteur et la Grâce*, Paris, Plon, 1948, p. 15.

4. Voir par exemple : Lucas R. E. et coll., « Reexamining adaptation and the set point model of happiness : Reactions to changes in marital status », *Journal of Personality and Social Psychology*, 2003, 84, p. 527-39 ; Lucas R. E., Clark A. E., « Do people really adapt to marriage ? », *Journal of Happiness Studies*, 2006, 7, p. 405-426 ; Stutzer A., Frey B. S., « Does marriage make people happy or do happy people get married ? », *Journal of Socio-Economics*, 2006, 35, p. 326-347.

5. Lyubomirsky S. et coll., « Becoming happier takes both a will and a proper way : An experimental longitudinal intervention to boost well-being », *Emotion*, 2011, 11, p. 391-402.

6. Bobin C., *Prisonnier au berceau*, Paris, Mercure de France, 2005.

A comme Aujourd'hui

1. Seligman M. E. P. et coll., « Positive psychology progress. Empirical validations of interventions », *American Psychologist,* 2005, 60 (5), p. 410-421.

2. *Manuel d'Épictète*, Paris, Garnier-Flammarion, 1964, V.

3. Voir, pour synthèse, Haidt J., *L'Hypothèse du bonheur. La redécouverte de la sagesse ancienne dans la science contemporaine*, Bruxelles, Mardaga, 2010, notamment le chapitre 7 : « Des usages de l'adversité », p. 161-181.

4. Seery M. D. et coll., « Whatever does not kill us : Cumulative lifetime adversity, vulnerability, and resilience », *Journal of Personality and Social Psychology*, 2010, 99 (6), p. 1025-1041.

5. Garland E. L. et coll., « Upward spirals of positive emotions counter downward spirals of negativity : Insights from the broaden-and-build theory and affective neuroscience on the treatment of emotion dysfunctions and deficits in psychopathology », *Clinical Psychology Review*, 2010, 30 (7), p. 849-864.

6. Bastian B. et coll., « Feeling bad about being sad : The role of social expectancies in amplifying negative mood », *Emotion*, 2012, 12 (1), p. 69-80.

7. Daly M. C. et coll., « Dark contrasts : The paradox of high rates of suicide in happy places », *Journal of Economic Behavior & Organization*, 2011, 80 (3), p. 435-442.

8. Chozen Bays J., *Manger en pleine conscience. La méthode des sensations et des émotions*, Paris, Les Arènes, 2013.

9. Freeman M. P., « Nutrition and psychiatry », *American Journal of Psychiatry*, 2010, 167 (3), p. 244-247.

10. Kiecolt-Glaser J. K. et coll., « Omega-3 supplementation lowers inflammation and anxiety in medical students : A randomized controlled trial », *Brain, Behavior and Immunity*, 2011, 25 (8), p. 1725-1734.

11. Lespérance F. et coll., « The efficacy of omega-3 supplementation for major depression : A randomized controlled trial », *Journal of Clinical Psychiatry*, 2011, 72 (8), p. 1054-1062.

12. Van der Spek V., Bernard A., *Nutrition et bien-être mental. Pourquoi et comment notre alimentation influence notre cerveau ?*, Bruxelles, De Boeck, 2009. Et aussi : Suglia S. F. et coll., « Soft drinks consumption is associated with behavior problems in 5-years-old », *Journal of Pediatrics*, 2013, 163 (5), p. 1323-1328.

13. Lake J. H., Spiegel D., *Complementary and Alternative Treatments in Mental Health Care*, Washington DC, American Psychiatric Publishing, 2007.

14. Lecomte J., *La Bonté humaine*, Paris, Odile Jacob, 2012.

15. Pour synthèse, voir Ricard M., *Plaidoyer pour la bienveillance. La Force de l'altruisme*, Paris, NiL 2013.

16. Dans son poème « Le Chat », dans *Le Bestiaire* (*Alcools suivi de Le Bestiaire*, Paris, Gallimard, « Poésie », 1966).

17. Voir pour synthèse Barofsky I., Rowan A., « Models for measuring quality of life : Implications of for human-animal interaction research », *in* C. C. Wilson, D. C. Turner (éd.), *Companion Animals in Human Health*, Thousand Oaks (CA), Sage Publications, 1997.

18. Harmer C. J. et coll., « Increased positive versus negative affective perception and memory in healthy volunteers following selective serotonin and norepinephrine reuptake inhibition », *American Journal of Psychiatry*, 2004, 161 (7), p. 1256-1263.

19. Rosset C., *Le Réel et son double. Essai sur l'illusion*, Paris, Gallimard, « Folio Essais », 1993.

20. Jollien A., *La Construction de soi. Un usage de la philosophie*, Paris, Seuil, 2006.

21. Éric Chevillard, sur son blog L'Autofictif, 24 septembre 2010.

22. Diener E. et coll., « The relationship between income and subjective well-being : Relative or absolute ? », *Social Indicators Research*, 1993, 28, p. 195-223.

23. Weich S. et coll., « Mental well-being and mental illness : Findings from the Adult Psychiatric Morbidity Survey for England 2007 », *British Journal of Psychiatry*, 2011, 199, p. 23-28.

24. Renard J., « 21 septembre 1894 », *Journal 1887-1910, op. cit.*

25. Kahneman D., *Système 1, système 2. Les deux vitesses de la pensée*, Paris, Flammarion, 2012.

26. Killingsworth M. A., Gilbert D. T., « A wandering mind is an unhappy mind », *Science*, 2010, 330, p. 932.

27. Bobin C., *Ressusciter*, Paris, Gallimard, « Folio », 2003, p. 27.

28. Dans le poème « Signe », du recueil *Alcools, op. cit.*

29. Luhmann M. et coll., « Subjective well-being and adaptation to life events : A meta-analysis », *Journal of Personality and Social Psychology*, 2012, 102, p. 592-615.

30. *Troïlus et Cressida*, acte I, scène II.

31. Peterson C., *A Primer in Positive Psychology*, New York, Oxford University Press, 2006.

B comme Bienveillance

1. Schwartz R. M., Caramoni G. L., « Cognitive balance and psychopathology : Evaluation of an information processing model of positive and negative states of mind », *Clinical Psychology Review*, 1989, 9 (3), p. 271-274.

2. La Brosse O. de, Henry A.-M., Rouillard P. (dir.), *Dictionnaire des mots de la foi chrétienne*, Paris, Cerf, 1968.

3. http://www.toujourspret.com.

C comme Choix

1. Rozin P., Royzman E. B., « Negativity bias, negativity dominance and contagion », *Personality and Social Psychology Review*, 2001, 5, p. 296-320.

2. Baumeister R. F. et coll., « Bad is stronger than good », *Review of General Psychology*, 2001, 5, p. 323-370.

3. Voir, pour synthèse, Todorov T., *Face à l'extrême*, Paris, Seuil, « Points », 1994, notamment p. 83-89.

4. Frankl V., *Un psychiatre déporté témoigne*, Lyon, Éditions du Chalet, 1967.

5. Buber-Neumann M., *Déportée à Ravensbrück*, Paris, Seuil, 1988.

6. Grinde B., *The Biology of Happiness*, Londres, Springer, 2012.

7. Pour revue, voir Wiseman R., *Comment mettre la chance de votre côté !*, Paris, InterÉditions, Paris, 2012.

8. Kotsou I. et coll., « Emotional plasticity : Conditions and effects of improving emotional competence in adulthood », *Journal of Applied Psychology*, 2011, 96 (4), p. 827-839.

9. Herzog H., « The impact of pets on human health and psychological well-being. Fact, fiction, or hypothesis ? », *Current Directions in Psychological Science*, 2011, 20 (4), p. 236-239. Voir aussi : Sable P., « Pets, attachment, and well-being across the Life Cycle », *Social Work*, 1995, 40 (3), p. 334-341.

10. Voir pour synthèse : Schwarz B., *Le Paradoxe du choix. Comment la culture de l'abondance éloigne du bonheur*, Paris, Michel Lafon, 2006.

11. Schwarz B. et coll., « Maximizing versus satisficing : Happiness is a matter of choice », *Journal of Personality and Social Psychology*, 2002, 83 (5), p. 1178-1197.

12. Ces aphorismes figurent dans les *Syllogismes de l'amertume*, Paris, Gallimard, « Folio », p. 75, 151, 131.

13. Bobin C., *La Lumière du monde*, Paris, Gallimard, 2001, p. 44-45.

14. Redelmeier D. A., Kahneman D., « Patient's memories of painful medical treatments : Real-time and retrospective evaluations of two minimaly invasives procedures », *Pain*, 1996, 66, p. 3-8.

15. Wirtz D. et coll., « What to do on spring break ? The role of predicted, on-line, and remembered experience in future choice », *Psychological Science*, 2003, 14 (5), p. 523-524.

16. André C., « Se connaître pour moins se tromper », *Cerveau & Psycho*, 2013, 58, p. 10-11.

17. Lyubomirsky S., Ross L., « Hedonic consequences of social comparison », *Journal of Personality and Social Psychology*, 1997, 37 (6), p. 1141-1157.

18. Camus A., *L'Envers et l'Endroit*, in *Œuvres complètes*, t. I : *1931-1944*, Paris, Gallimard, « Bibliothèque de la Pléiade », 2006, p. 71.

19. Renard J., « 9 octobre 1897 », *Journal 1887-1910, op. cit.*

20. Fowler J. H., Christakis N. A., « Dynamic spread of happiness in a large social network : Longitudinal analysis over 20 years in the Framingham Heart Study », *British Medical Journal*, 2008, 337, a2338, p. 1-9

21. Bobin C., *Prisonnier au berceau, op. cit.*, p. 102.

22. Langer E. J., Rodin J., « The effects of choice and enhanced personal responsibility for the aged », *Journal of Personality and Social Psychology*, 1976, 34, p. 191-198.

23. Gable S. L. et coll., « What do you do when things go right ? The intrapersonal interpersonal benefits of sharing positive events », *Journal of Personality and Social Psychology*, 2004, 87, p. 228-245.

24. Sur son blog L'Autofictif, 18 mars 2013.

25. Friedman R. S., Forster J., « The effects of promotion and prevention cues on creativity », *Journal of Personality and Social Psychology*, 2001, 81 (6), p. 1001-1013.

26. Voir par exemple Afsa C. et Marcus V., « Le bonheur attend-il le nombre des années ? », in *France, portrait social*, Paris, La Documentation française, « Insee Références », 2008.

27. Schaumberg R. L., Flynn F. J., « Uneasy lies the head that wears the crown : The link between guilt proneness and leadership », *Journal of Personality and Social Psychology*, 2012, 103 (2), p. 327-342.

D comme Don

1. Inglehart R. et coll., « Development, freedom and rising happiness : A global perspective (1981-2007) », *Perspectives on Psychological Science*, 2008, 3 (4), p. 265-285. Voir aussi, pour le cas particulier du Danemark : Biswas-Diener R. et coll., « The Danish effect : Beginning to explain high well-being in Denmark », *Social Indicators Research*, 2010, 97 (2), p. 229-246 ; Christensen K. et coll., « Why Danes are smug : Comparative study of life satisfaction in the European Union », *British Medical Journal*, 2006, 333, p. 1289-1291.

2. Loiselet C., Deschamps P., *Démerdez-vous pour être heureux !* Le Bel Espoir du père Jaouen, Paris, Glénat, 2011

3. Voir pour synthèse : Diener E., Suh E. M. (éd.), *Culture and Subjective Well-Being*, Cambridge (MA), Bradford, MIT Press, 2000.

4. Voir Davoine L., « Institutions, politiques et valeurs », in *Économie du bonheur*, Paris, La Découverte, 2012.

5. Delerm P., *Le Bonheur. Tableaux et bavardages*, Monaco, Éditions du Rocher, 1986.

6. Hoffman B. M. et coll., « Exercise and pharmacotherapy in patients with major depression : One-year follow-up of the SMILE study », *Psychosomatic Medicine*, 2011, 73, p. 127-133.

7. Quoy-Bodin J. L., *Un amour de Descartes*, Paris, Gallimard, 2013.

8. Descartes R., « Lettre au marquis de Newcastle », datée du 23 novembre 1646, in *Œuvres et lettres*, Paris, Gallimard, « Bibliothèque de la Pléiade », 1953.

9. Comte-Sponville A., *Le Bonheur, désespérément*, Nantes, Pleins Feux, 2000.

10. Bobin C., entretien dans le hors-série du magazine *La Vie*, *Vivre le deuil*, 2013.

11. C'est aussi le titre d'un magnifique livre d'entretiens de Tzvetan Todorov : *Devoirs et délices. Une vie de passeur*, Paris, Seuil, « Points », 2002. Quant à la formule de Rousseau, elle est issue des *Lettres philosophiques* (lettre à Sophie d'Houdetot, 17 décembre 1757), et elle dit exactement : « On fait tout pour son ami comme pour soi, non par devoir mais par délice. »

12. Bruckner P., *L'Euphorie perpétuelle. Essai sur le devoir de bonheur*, Paris, Grasset, 2000.

13. Thibon G., *L'Illusion féconde*, Paris, Fayard, 1995, p. 98.

14. Bobin C., *Les Ruines du ciel*, Paris, Gallimard, 2009, p. 75.

E comme Efforts

1. Gabilliet P., *Éloge de l'optimisme. Quand les enthousiastes font bouger le monde*, Paris, Saint-Simon, 2010.

2. Voir pour synthèse : Linley A., Harrington S., Garcea N. (éd.), *Oxford Handbook of Positive Psychology and Work*, New York, Oxford University Press, 2010.

3. Losada M., Heaphy E., « The role of positivity and connectivity in the performance of business teams : A nonlinear dynamics model », *American Behavioral Scientist*, 2004, 47 (6), p. 740-765.

4. Heerdink M. W. et coll., « On the social influence of emotions in groups : Interpersonal effects of anger and happiness on conformity versus deviance », *Journal of Personality and Social Psychology*, 2013, 105 (2), p. 262-284.

5. Pour une synthèse de tous ces travaux sur l'élation, lire : Haidt J., *L'Hypothèse du bonheur*, Bruxelles, Mardaga, 2010, p. 224-231.

6. Bobin C., *La Dame blanche*, Paris, Gallimard, 2007, p. 120.

7. Dambrun M., Ricard M., « Self-centeredness and selflessness : A theory of self-based psychological functioning and its consequences for happiness », *Review of General Psychology*, 2011, 15 (2), p. 138-157.

8. Audiberti J., *Race des hommes*, Paris, Gallimard, « Folio », 1968.

9. Comte-Sponville A., *Dictionnaire philosophique*, Paris, Presses universitaires de France, 2013 (2ᵉ édition).

10. Delerm P., *Le Bonheur. Tableaux et bavardages*, op. cit.

11. Bobin C., entretien dans le hors-série du magazine *La Vie*, *Vivre le deuil*, op. cit.

12. *New York Times Magazine*, 1ᵉʳ décembre 2004, p. 37.

13. Baumeister R. F. et coll., « Does high self-esteem cause better performance, interpersonal success, happiness, or healthier lifestyles ? », *Psychological Science in the Public Interest*, 2003, 4 (1), p. 1-44.

14. Renard J., « 19 juin 1899 », *Journal 1887-1910*, op. cit.

15. Lucas R. E., Gohm C. R., « Age and sex differences in subjective well-being across cultures », *in* E. Diener et E. M. Suh, *Culture and Subjective Well-Being*, Cambridge (MA), Bradford, 2000, p. 291-317.

16. Cioran E. M., *Pensées étranglées* précédé de *Le Mauvais Démiurge*, Paris, Gallimard, 1969.

17. Mata J. et coll., « Acute exercise attenuates negative affect following repeated sad mood inductions in persons who have recovered from depression », *Journal of Abnormal Psychology*, 2013, 122 (1), p. 45-50.

F comme Folie

1. Csikszentmihalyi M., *Vivre. La psychologie du bonheur*, Paris, Robert Laffont, 2004.

2. Lyubomirsky S., *Comment être heureux... et le rester*, Paris, Flammarion, 2008.

3. Lyubomirsky S. et coll., « Pursuing happiness : The architecture of sustainable change », *Review of General Psychology*, 2005, 9, p. 111-131.

4. Seligman P., *S'épanouir. Pour un nouvel art du bonheur et du bien-être*, Paris, Belfond, 2013.

5. André C., *Vivre heureux. Psychologie du bonheur*, Paris, Odile Jacob, 2001.

6. Cabrel C., chanson « Elle dort », sur l'album *Les Beaux Dégâts*, Columbia, 2004.

7. Freud S., *Malaise dans la civilisation*, Paris, Payot, 2010.

G comme Gratitude

1. Lyubomirsky S. et coll., « Pursuing happiness : The architecture of sustainable change », art. cit.
2. Post S. et coll., *Why Good Things Happens to Good People*, New York, Broadway Books, 2008.
3. Renard J., « 1ᵉʳ février 1903 », *Journal 1887-1910, op. cit.*

H comme Harmonie

1. D'après Alain de Botton, *Consolations de la philosophie*, Paris, Mercure de France, 2001.

I comme Illusion

1. Cité par Mauzi R., *L'Idée du bonheur dans la littérature et la pensée françaises au XVIIIᵉ siècle*, Paris, Colin, 1979, p. 538.
2. Damasio A. R., *Spinoza avait raison. Joie et tristesse, le cerveau des émotions*, Paris, Odile Jacob, 2003, p. 89.
3. Kurz J. L. et coll., « Quantity versus uncertainty : When winning one prise is better than winning two », *Journal of Experimental Social Psychology*, 2007, 43, p. 979-985.
4. Wilson T. D. et coll., « The pleasures of uncertainty : Prolonging positive moods in ways people do not anticipate », *Journal of Personality and Social Psychology*, 2005, 88, p. 5-21.
5. Gibson B., « Can evaluative conditioning change attitudes towards mature brands. New evidence from the implicit association test », *Journal of Consumer Research*, 2008, 35, p. 178-188.
6. Westermann R. et coll., « Relative effectiveness and validity of mood induction procedures : A meta-analysis », *European Journal of Social Psychology*, 1996, 26, p. 557-580.
7. Maeterlinck M., *La Sagesse et la Destinée*, Paris, Fasquelle, 1898.
8. Houellebecq M., *Rester vivant*, Paris, Flammarion, 1997.
9. Dans son *Faust II*. Goethe J. W. von, *Faust I et II*, Flammarion, Paris, 1999.

J comme Joie

1. Mitchell T. R. et coll., « Temporal adjustments in the evaluation of events : The "rosy view" », *Journal of Experimental Social Psychology*, 1997, 33, p. 421-448.
2. Jérémie 15, 17, *Bible de Jérusalem*, Paris, Cerf, 1961.

K comme Karma

1. Thibon G., *L'Illusion féconde, op. cit.*

L comme Lien

1. Cité par Éric Wilson, dans son livre *Contre le bonheur*, Paris, L'Arche, 2009, p. 146.

2. Comte-Sponville A., Delumeau J., Farge A., *La Plus Belle Histoire du bonheur*, Paris, Seuil, 2006.

3. Thoreau H. D., *Walden ou la Vie dans les bois*, Paris, Aubier-Montaigne, 1967, p. 79.

4. Gibson B., Sanbonmatsu D. M., « Optimism, pessimism, and gambling : The downside of optimism », *Personality and Social Psychology Bulletin*, 2004, 30, p. 149-160.

5. Gordon K. C. et coll., « Predicting the intentions of women in domestic violence shelters to return to partners : Does forgiveness play a role ? », *Journal of Family Psychology* 2004, 18, p. 331-338.

6. Diener E., Chan M. Y., « Happy people live longer : Subjective well-being contributes to health and longevity », *Applied Psychology : Health and Well-Being*, 2011, 3 (1), p. 1-43.

7. Kaplan H. R., « Lottery winners : The myth and reality », *Journal of Gambling Studies*, 1987, 3 (3), p. 168-178.

8. L'écrivain Éric Chevillard, sur son blog L'Autofictif, lundi 3 juin 2013.

M comme Malheur

1. Renard J., « 1ᵉʳ août 1899 », *Journal 1887-1910, op. cit.*

2. Mandela N., *Un long chemin vers la liberté*, Paris, Fayard, 1995.

3. Marc Aurèle, *Pensées pour moi-même*, Paris, Arléa, V, 39.

4. King M. L., sermon du 3 mai 1963, in *Minuit, quelqu'un frappe à la porte. Autobiographie* (textes réunis par Clayborne Carson), Paris, Bayard, 2000.

5. Kasser T., *The High Price of Materialism*, Cambridge (MA), Bradford/MIT Press, 2002.

6. Voir pour synthèse : Davoine L., *L'Économie du bonheur, op. cit.* Et aussi : Frank R. H., *La Course au luxe. L'économie de la cupidité et la psychologie du bonheur*, Genève, Markus Haller, 2010.

7. Elle est de l'écrivain Henri Calet, et elle est tirée des dernières lignes de son roman inachevé, *Peau d'ours*, que Calet écrivit deux jours avant sa mort en 1956 : « C'est sur la peau de mon cœur que l'on trouverait des rides. Je suis déjà un peu parti, absent. Faites comme si je n'étais pas là. Ma voix ne porte plus très loin. Mourir sans savoir ce qu'est la mort, ni la vie. Il faut se quitter déjà ? Ne me secouez pas. Je suis plein de larmes » (Paris, Gallimard, « L'Imaginaire »).

8. Medvec V. H. et coll., « When less is more : Counterfactual thinking and satisfaction among olympic medalists », *Journal of Personality and Social Psychology*, 1995, 69 (4), p. 603-610.

9. Brown K. W., Ryan R. M., « The benefits of being present : Mindfulness and its role in psychological well-being », *Journal of Personality and Social Psychology*, 2003, 84 (4), p. 822-848.

10. Davidson R. J. *et al.*, « Alterations in brain and immune function produced by mindfulness meditation », *Psychosomatic Medicine*, 2003, 65, p. 564-570.

11. Falkenström F., « Studying mindfulness in experienced meditators : A quasi-experimental approach », *Personality and Individual Differences*, 2010, 48, p. 305-310.

12. Segal Z., Bieling P., Young T. *et al.*, « Antidepressant monotherapy vs sequential pharmacotherapy and mindfulness-based cognitive therapy, or placebo, for relapse prophylaxis in recurrent depression », *Archives of General Psychiatry*, 2010, 67 (12), p. 1256-1264.

13. Jeanningros R., André C., Billieux J., « Effects of mindfulness-based cognitive therapy on cognitive emotion regulation and impulsivity », communication présentée au Congrès de l'European Association of Behavioural and Cognitive Therapies, Genève, 2012.

14. Nielsen L., Kaszniak A. W., « Awareness of subtle emotional feelings : A comparison of long-term meditators and nonmeditators », *Emotion*, 2006, 6 (3), p. 392-405.

15. Fredrickson B. L., « The role of positive emotions in positive psychology : The broaden-and-build theory of positive emotions », *American Psychologist*, 2001, 56 (3), p. 218-226.

16. Killingsworth M. A., Gilbert D. T., « A wandering mind is an unhappy mind », art. cit.

17. Dambrun M., Ricard M., « Self-centeredness and selflessness : A theory of self-based psychological functioning and its consequences for happiness », art. cit.

18. Hollis-Walker L., Colosimo K., « Mindfulness, self-compassion, and happiness in non-meditators : A theoretical and empirical examination », *Personality and Individual Differences*, 2011, 50, p. 222-227.

19. Shankland R., André C., « Pleine conscience et psychologie positive : incompatibilité ou complémentarité ? », *Revue québécoise de psychologie*, 2014 (à paraître), 35 (2).

20. Camus A., *L'Envers et l'Endroit, op. cit.*, p. 47-48.

21. Larson R., Csikszentmihalyi M., « The experience sampling method », *New Directions for Methodology of Social and Behavioral Sciences*, 1983, 15, p. 41-56. Voir aussi : Kahneman D. et coll., « A survey method for characterizing daily life experience : The day reconstruction method », *Science*, 2004, 306, p. 1776-1780.

22. Csikszentmihalyi M., LeFevre J., « Optimal experience in work and leisure », *Journal of Personality and Social Psychology*, 1989, 56 (5), p. 815-822.

23. Killingsworth M. A., Gilbert D. T., « A wandering mind is an unhappy mind », art. cit.

24. Cunnigham M. R., « Weather, mood and helping behavior : Quasi experiments with the sunshine samaritan », *Journal of Personality and Social Psychology*, 1979, 37 (11), p. 1947-1956.

25. Lucas R. E., Lawless N. M., « Does life seem better on a sunny day ? Examining the association between daily weather conditions and life satisfaction judgments », *Journal of Personality and Social Psychology*, 2013, 104 (5), p. 872-884.

26. Klimstra T. A. et coll., « Come rain or come shine : Individual differences on how weather affects mood », *Emotion*, 2011, 11 (6), p. 1495-1499.

27. Renard J., « 20 septembre 1905 », *Journal 1887-1910*, *op. cit.*

28. Renard J., « 6 mai 1899 », *Journal 1887-1910*, *op. cit.*

29. Teilhard de Chardin P., *Sur le bonheur. Sur l'amour*, Paris, Seuil, « Points », 1997.

30. Entretien dans le hors-série du magazine *La Vie*, op. cit.

31. Ferris T., *La Semaine de 4 heures*, Paris, Pearson, 2010.

N comme Nature

1. Quelques études intéressantes sur ce thème : Logan A. C. et Selhub E. M., « Vis Medicatrix naturae : does nature "minister to the mind" ? », *BioPsychoSocial Medicine*, 2012, 6, p. 11 ; Mitchell R., Popham F., « Effect of exposure to natural environment on health inequalities : An observational population study », *The Lancet*, 2008, 372 (9650), p. 1655-1660 ; Park B. J. et coll., « The physiological effects of Shinrin-Yoku (taking in the forest atmosphere or forest bathing) : Evidence from field experiments in 24 forests across Japan », *Environmental Health and Preventive Medicine*, 2010, 15, p. 18-26 ; Thoreau H. D., *Journal*, t. I : *1837-1840*, Bordeaux, Finitude, 2012 ; Ulrich R. S., « View through a window may influence recovery from surgery », *Science*, 1984, 224, p. 420-421.

2. http://www.ffrandonnee.fr.

3. Van Tilburg W. A. P. et coll., « In search of meaningfulness : Nostalgia as an antidote to boredom », *Emotion*, 2013, 13 (3), p. 450-461. Voir aussi : Wildschut T. et coll., « Nostalgia : Contents, triggers, functions », *Journal of Personality and Social Psychology*, 2006, 91, p. 975-993. Ou encore : Zhou X. et coll., « Couteracting loneliness : On the restaurative function of nostalgia », *Psychological Science*, 2008, 19, p. 1023-1029.

4. Joormann J. et coll., « Mood regulation in depression : Differential effects of distraction and recall of happy memories on sad mood », *Journal of Abnormal Psychology*, 2007, 116 (3), p. 484-490.

5. Bobin C., *Prisonnier au berceau*, op. cit., p 109.

O comme Ouverture

1. Steiner G., *Dix raisons (possibles) à la tristesse de pensée*, Paris, Albin Michel, 2005.

2. Seligman M., *La Force de l'optimisme*, Paris, InterÉditions, 2008.

3. Shapira L. B., Mongrain M., « The benefits of self-compassion and optimism exercises for individuals vulnerable to depression », *The Journal of Positive Psychology*, 2010, 5 (5), p. 377-389.

4. Voir, pour synthèse, cet article de référence : Fredrickson B. L., Braningan C., « Positive emotions broaden the scope of attention and thought-action repertoires », *Cognition and Emotion*, 2005, 19 (3), p. 313-332.

5. Fredrickson B. L., Joiner T., « Positive emotions trigger upwards spirals toward emotional well-being », *Psychological Science*, 202, 13, p. 172-175.

6. Fredrickson B., Braningan C., « Positive emotions broaden the scope of attention and thought-action repertories », art. cit.

7. Corneille P., *Le Cid*, acte IV, scène III.

8. Cyrulnik B., *Un merveilleux malheur*, Paris, Odile Jacob, 1999.

P comme Pardon

1. Comte-Sponville A., Delumeau J., Farge A., *La Plus Belle Histoire du bonheur*, *op. cit.*

2. Bobin C., entretien dans le magazine *Clés*, avril-mai 2011, n° 70, p. 92-94.

3. Voir aussi : Stiglitz J. et coll., *Richesse des nations et bien-être des individus. Performances économiques et progrès social*, Paris, Odile Jacob, 2009.

4. Afsa C. et Marcus V., « Le bonheur attend-il le nombre des années ? », in *France, portrait social*, *op. cit.*

5. Arntz A. et coll., « Changes in natural language use as an indicator of psychotherapeutic change in personality disorders », *Behaviour Research and Therapy*, 2012, 50 (3), p. 191-202.

6. Lyubomirsky S. et coll., « The costs and benefits of writing, talking, and thinking about life's triumphs and defeats », *Journal of Personality and Social Psychology*, 2006, 90, p. 692-708.

7. Bobin C., entretien avec François Busnel, France Inter, 2013. Retranscription écrite sur : http://www.lexpress.fr/culture/livre/christian-bobin-nous-ne-sommes-pas-obliges-d-obeir_1219139.html#sOQreU4JiTqiDQst.99.

8. Schnall S. et coll., « Social support and the perception of geographical slant », *Journal of Experimental Social Psychology*, 2008, 44, p. 1246-1255.

9. C'était avec Pascal Bruckner, lors d'un forum du journal *Libération* à Rennes, en 2010.

10. Schopenhauer A., *Aphorismes sur la sagesse dans la vie*, Presses universitaires de France, « Quadrige », 2011, p VIII.

11. Assouline P., « Bernanos, électron libre », sur son blog La République des Livres, 12 octobre 2013.

12. D'Ansembourg T., *Qui fuis-je ? Où cours-tu ? À quoi servons-nous ? Vers l'intériorité citoyenne*, Paris, Éditions de l'Homme, 2008.

13. http://psychoactif.blogspot.fr.

14. Sheikh S., Janoff-Bulman R., « Paradoxical consequences of prohibitions », *Journal of Personality and Social Psychology*, 2013, 105 (2), p. 301-315.

15. Pascal B., « Pensée 172-47 », *Pensées*, Paris, Flammarion, 2008.

16. Renard J., « 9 avril 1895 », *Journal 1887-1910, op. cit.*

17. Wood A. M., Joseph S., « The absence of positive psychological (eudemonic) well-being as a risk factor for depression : A ten years cohort study », *Journal of Affective Disorders*, 2010, 122, p. 213-217.

18. Seligman M. E. P. et coll., « Positive psychotherapy », *American Psychologist*, 2006, 61, p. 774-788.

19. Cioran E M., *Syllogismes de l'amertume, op. cit.*, p. 32.

20. Voir pour synthèse : Rapoport-Hubschman N., *Apprivoiser l'esprit, guérir le corps. Stress, émotions, santé*, Paris, Odile Jacob, 2012.

Q comme Quotidien

1. Entretien dans *Philosophie Magazine*, 2012, n° 60.

R comme Respirer

1. Voir pour synthèse André C., « Regrets d'hier et d'aujourd'hui », *Cerveau & Psycho*, 2005, 9, p. 32-36.

2. Ware B., *Les 5 regrets des personnes en fin de vie*, Paris, Trédaniel, 2013.

3. Apollinaire G., « À la Santé », *Alcools, op. cit*

4. Hackney C. H., Sanders C. S., « Religiosity and mental health : Meta-analysis of recent studies », *Journal for the Scientific Study of Religion*, 2003, 42, p. 43-55.

5. Diener E. et coll., « The religion paradox : If religion makes people happy, why are so many dropping out ? », *Journal of Personality and Social Psychology*, 2011, 101 (6), p. 1278-1290.

6. Marx K., *Contribution à la critique de la philosophie du droit de Hegel*, Paris, Entremonde, 2010.

7. Dunn E. W. et coll., « Misunderstanding the affective consequence of everyday social interactions : The hidden benefits of putting one's best face forward », *Journal of Personality and Social Psychology*, 2007, 92, p. 990-1005.

8. Norcross J. C. et coll., « Auld lang syne : Success predictors, change processes, and self-reported outcomes of New Year's resolvers and nonresolvers », *Journal of Clinical Psychology*, 2002, 58 (4), p. 397-405.

9. Renard J., « 28 janvier 1901 », *Journal, op. cit.*

10. O'Hare D., *5 minutes le matin. Exercices simples de méditation pour les stressés très pressés*, Thierry Souccar Éditions, 2013.

11. Hutcherson C. A. et coll., « Loving-kindness meditation increases social connectedness », *Emotion*, 2008, 8 (5), p. 720-724.

12. Cosseron C., *Remettre du rire dans sa vie*, Paris, Robert Laffont, 2009.

S comme Savourer

1. Comte-Sponville A., *Dictionnaire philosophique, op. cit.*

2. Flaubert G., lettre à Louise Colet, 13 août 1846.

3. Diener E., Chan M. Y., « Happy people live longer : Subjective well-being contributes to health and longevity », *Applied Psychology : Health and Well-Being*, 2011, 3 (1), p. 1-43.

4. Veenhoven R., « Healthy happiness. Effects of happiness on physical health and the consequences for preventive health care », *Journal of Happiness Studies*, 2008, 9, p. 449-469.

5. Van Dijk WW et coll., « Self-esteem, self-affirmation, and schadenfreude », *Emotion*, 2011, 11 (6), p. 1445-1449.

6. Damasio A., « La science en 2050 », *Pour la science*, janvier 2000, p. 81.

7. Comte-Sponville A., *Dictionnaire philosophique, op. cit.*

8. Killingsworth M. A., Gilbert D. T., « A wandering mind is an unhappy mind », art. cit.

9. Wellings K. et coll., « Seasonal variations in sexual activity and their implications for sexual health promotion », *Journal of the Royal Society of Medicine*, 1999, 92, p. 60-64.

10. Hundhammer T., Mussweiler T., « How sex puts you in gendered shoes : sexuality-priming leads to gender-based self-perception and behavior », *Journal of Personality and Social Psychology*, 2012, 103 (1), p. 176-193.

11. Tracy J. L., Beall A. T., « Happy guys finish last : The impact of emotion expressions on sexual attraction », *Emotion*, 2011, 11 (6), p. 1379-1387.

12. Snodgrass M. E., *Cliffs Notes on Greek Classics*, New York, John Wiley & Sons, 1988, p. 148.

13. Duneton C., *Je suis comme une truie qui doute*, Paris, Seuil, 1976.

14. Osvath M., « Spontaneous planning for future stone throwing by a male chimpanzee », *Current Biology*, 2009, 19 (5), R190-191.

15. Il m'a été impossible de remonter à la source de cette petite histoire. Je n'ai rien retrouvé de semblable dans Platon, le porte-parole de Socrate. On peut donc imaginer qu'il s'agit d'un conte édifiant sans auteur connu.

16. Voir pour synthèse : Lyubomirsky S., *Qu'est-ce qui nous rend vraiment heureux ? Ce que la science nous révèle*, Paris, Les Arènes, 2014, et notamment le chapitre 4 : « Je ne peux pas être heureux quand... je n'ai pas de partenaire ».

17. Weil S., *La Pesanteur et la Grâce, op. cit.*

18. Strack F. et coll., « Inhibiting and facilitating conditions of the human smile : A nonobstrusive test of the facial feedback hypothesis », *Journal of Personality and Social Psychology*, 1998, 54, p. 768-777.

19. Descartes R., *Éthique*, IV 7.

20. Nelson L. D. et Meyvis T., « Interrupted consumption : Disrupting adaptation to hedonic experiences », *Journal of Marketing Research*, 2008, XLV, p. 654-664.

21. Nelson L. D. et coll., « Enhancing the television viewing experience through commercial interruptions », *Journal of Consumer Research*, 2008, 36, p. 160-172.

22. Freud S., *Notre cœur tend vers le Sud. Correspondance de voyage, 1895-1923*, préface de E. Roudinesco, Paris, Fayard, 2005.

23. Il s'agit de Gilles Leroy, romancier subtil, prix Goncourt 2007 pour son magnifique *Alabama Song*, Paris, Mercure de France, 2007.

24. Pour une explication détaillée, voir Kahneman D., *Système 1, système 2. Les deux vitesses de la pensée, op. cit.*, p. 214-225.

T comme Tristesse

1. Desmurget M., *TV lobotomie*, Paris, Max Milo, 2011.
2. Kahneman D., *Système 1, système 2. Les deux vitesses de la pensée, op. cit.*, p. 470-478.
3. Bobin C., *La Part manquante*, Paris, Gallimard, p. 13
4. Alain, 8 septembre 1910 : « L'art d'être heureux », in *Propos*, t. I : *1906-1936*, Paris, Gallimard, « Bibliothèque de la Pléiade », 1956.
5. Comte-Sponville A., *Dictionnaire philosophique, op. cit.*
6. Entretien dans *Philosophies Magazine*, novembre 2007, n° 14, p. 52-55.
7. Rosset C., *Le Monde et ses remèdes*, Paris, PUF, 1964.
8. Baudelot C., Gollac M., *Travailler pour être heureux ?*, Paris, Fayard, 2003. Voir aussi : Cottraux J. et coll., *Psychologie positive et bien-être au travail*, Paris, Masson, 2012.
9. Éric Chevillard, sur son blog L'Autofictif, 14 octobre 2009.

U comme Urgent

1. Rosa H., *Aliénation et accélération. Vers une théorie critique de la modernité tardive*, Paris, La Découverte, 2012.
2. Brunel V., *Les Managers de l'âme. Le développement personnel en entreprise, nouvelle pratique du pouvoir ?*, Paris, La Découverte, 2004.

V comme Vertus

1. Killingsworth M. A., Gilbert D. T., « A wandering mind is an unhappy mind », art. cit.
2. Image utilisée par Rick Hanson dans son livre, *Le Cerveau de Bouddha*, Paris, Les Arènes, 2011.
3. « Christophe André, médecin des âmes », entretien avec par Marie Auffret-Péricone, *La Croix*, samedi 5 et dimanche 6 juin 2010.
4. Peterson C., Seligman M. E. P., *Character Strengths and Virtues : A Handbook and Classification*, Oxford, Oxford University Press, 2004.
5. Cité par dans Comte-Sponville A., « Médiocrité », *Dictionnaire philosophique, op. cit.*
6. Mais adopter un visage impassible entraîne par ailleurs des inconvénients multiples, comme celui de rendre moins apte à déchiffrer les émotions sur les visages d'autrui. Voir : Schneider K. G. et coll., « That "Poker Face" just might lose you the game ! The impact of expressive suppression and mimicry on sensitivity to facial expressions of emotion », *Emotion*, 2013, 13 (5), p. 852-866.

7. Alain, 29 septembre 1923 : « Il faut jurer », in *Propos*, t. I : *1906-1936*, *op. cit.*

W comme Walden

1. Bobin C., *L'Homme-Joie*, Paris, L'Iconoclaste, 2013, p. 173.

X comme Anonyme

1. Lyubomirsky S., *Comment être heureux... et le rester*, *op. cit.*, p. 142.

Y comme Yin et Yang

1. Lao Tseu, *Tao Te king*, traduit et commenté par Marcel Conche, Paris, Presses universitaires de France, 2003.

Z comme Zen

1. Desmurget M., *TV lobotomie*, *op. cit.*
2. Sapolsky R. M., *Why Zebras Don't Get Ulcers*, New York, Holt Paperbacks, 2004, 3ᵉ édition.
3. Saint-Exupéry A., « L'avion », *Terre des hommes*, Paris, Gallimard, 1939, chapitre III.

Table

TABLE • 397

TABLE • 399

Cet ouvrage a été composé et mis en pages
chez Nord Compo (Villeneuve-d'Ascq)
Achevé d'imprimer sur Roto-Page
par l'Imprimerie Floch à Mayenne en mai 2014
N° d'édition : 7381-2905-02 – N° d'impression : 86891
Dépôt légal : mai 2014

Imprimé en France